贵州师范大学国家级一流专业（汉语言文学）建设点

资助出版

教育部人文社会科学研究青年基金项目"宋祁年谱长编"

（14YJC751042）结项成果

宋祁

年谱长编

王福元 著

中华书局

图书在版编目（CIP）数据

宋祁年谱长编/王福元著. —北京:中华书局,2024. 8. —
ISBN 978-7-101-16683-5

Ⅰ. K825.6

中国国家版本馆 CIP 数据核字第 20242WL867 号

书　　名　宋祁年谱长编
著　　者　王福元
责任编辑　白爱虎
装帧设计　刘　丽
责任印制　韩馨雨
出版发行　中华书局
　　　　　（北京市丰台区太平桥西里 38 号　100073）
　　　　　http://www.zhbc.com.cn
　　　　　E-mail:zhbc@zhbc.com.cn
印　　刷　三河市中晟雅豪印务有限公司
版　　次　2024 年 8 月第 1 版
　　　　　2024 年 8 月第 1 次印刷
规　　格　开本/920×1250 毫米　1/32
　　　　　印张 14⅞　插页 2　字数 350 千字
国际书号　ISBN 978-7-101-16683-5
定　　价　98.00 元

作者简介

王福元

1980 年生，湖南衡阳人。

2013 年毕业于西北师范大学文学院，获文学博士学位。

现为贵州师范大学文学院教师，硕士研究生导师。

主要研究方向为唐宋文献及文学。

雍丘宋氏世系表

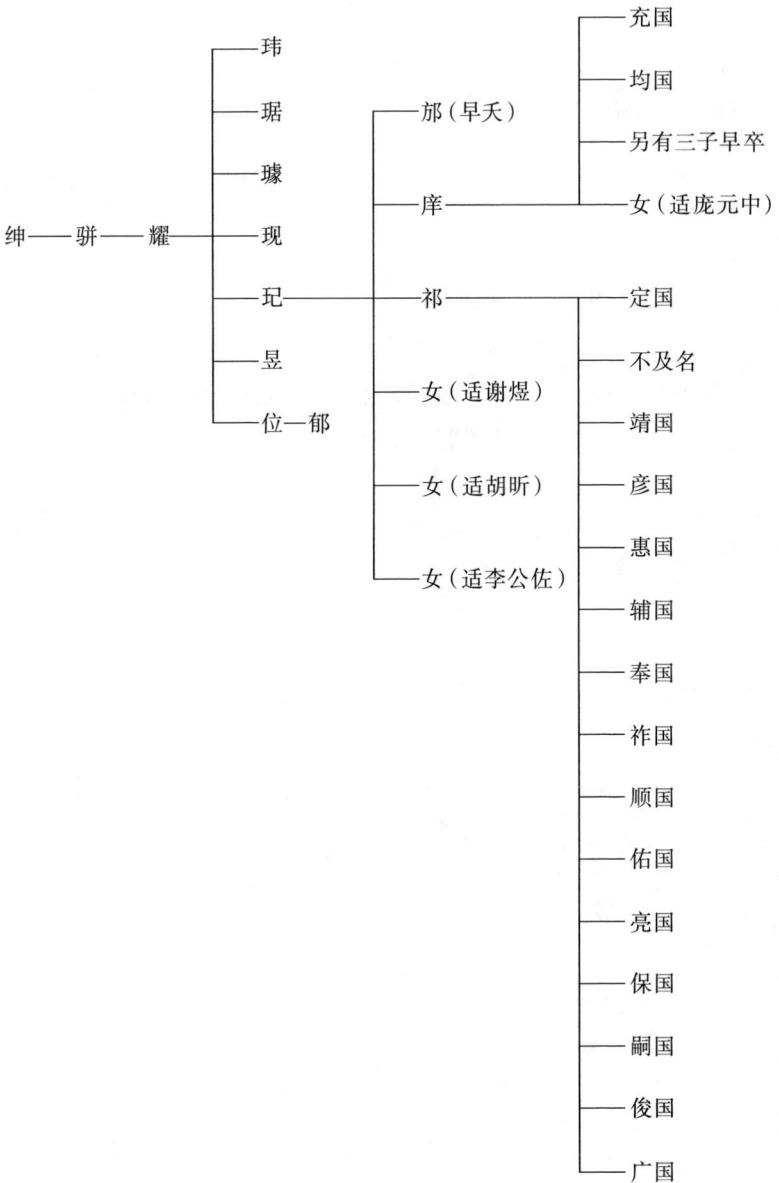

绅 —— 骈 —— 耀

- 玮
- 琚
- 璩
- 现
- 圮 —— 邡（早夭）
  - 庠
    - 充国
    - 均国
    - 另有三子早卒
    - 女（适庞元中）
  - 祁
    - 定国
    - 不及名
    - 靖国
    - 彦国
    - 惠国
    - 辅国
    - 奉国
    - 祚国
    - 顺国
    - 佑国
    - 亮国
    - 保国
    - 嗣国
    - 俊国
    - 广国
  - 女（适谢煜）
  - 女（适胡昕）
  - 女（适李公佐）
- 昱
- 位 —— 郁

目 录

序

宋祁作为北宋著名文人，其宦迹复杂，著述丰富，在文学、史学方面取得了很大成就，名闻当时，与其兄宋庠被称为"二宋"。文学上，宋祁继承了西昆派的文学主张并有所发展，被看作是西昆派后期作家的重要代表，他的诗歌题材丰富多样，不避琐细，语言上好用奇字、俗字，文风僻涩，对于后来的江西诗派有一定影响。宋祁的词作成就较高，因语言工丽而受到时人与后人的追捧。史学方面，宋祁曾参与调查整理国家"三馆"书籍，编撰北宋第一部大型官修书目《崇文总目》；后与欧阳修一起编撰《新唐书》，独立完成"列传"部分，创立体例总体胜于《旧唐书》，又遵循"文省事增"原则增加立传人物数量，并删去所引骈文改以古文叙述。总之，宋祁作为北宋具有代表性的作家、学者，同时也作为一位有争议的宋代文学人物，其人生历程、学术贡献与创作成就值得我们深入探讨。然而，由于历史的原因，宋祁文集长期湮没不闻，直到清中期修《四库全书》时才从《永乐大典》中辑出，成《景文集》六十二卷，于武英殿以木活字刊行，是为聚珍本。近代学者发现日本宫内厅书陵部所藏宋刊本《景文宋公集》残帙，汇编入《佚存丛书》刊行，由此引发了当时学者对宋祁文集的拾遗。宋祁著述较丰富，现存著作主要有《景文集》六十二卷、《景文集拾遗》二十二卷、《新唐书》"列传"一百五十卷、《益部方物略记》一卷、《宋景文公笔记》三卷等。

　　宋祁出身贫寒，因进士及第而得入仕途，后官至尚书，并厕身文林，成为北宋初期著名的文士、儒士，除了人在江湖不得不参与复杂的政治斗争外，宋祁还广泛参与当时的学术与文学活动，活跃于北宋政坛与文坛，展现了北宋前期政治、军事、文化等广阔场景，他的人生经历也典型地反映了宋代士大夫的成长面貌。二十世纪八十年代以来，学界对宋祁生平、著述、史学、文学等方面虽有一定研究，也取得了不少成果，然而，到目前为止，却尚未出现一部翔实可靠、深入考订宋祁生平与创作的宋祁年谱。为宋祁编撰年谱，既能以此梳理宋祁的人生轨迹与政治、著述、文学、学术等活动，也可以揭示北宋初期的政治、历史与文化面貌，特别是能够展示有关西昆派与欧阳修领导的诗文革新的政治与文化背景，将有助于今人的宋代文学史与文化史研究。不过，要想将宋祁一生及著述、作品进行深入系统梳理，并予以翔实地编年考订，却并非易事。弟子王福元在充分把握北宋史事与文献的基础上，花费数年功夫完成了《宋祁年谱长编》稿，书中不仅解决了宋祁生平中的许多重要问题，对其行年、交游、诗文系年等也予以了扎实考辨，从而使此书成为目前研究宋祁生平与创作的一部具有重要参考价值的学术著作。书稿付梓在即，嘱我作序，作为其导师，为其取得的成就感到欣慰，故乐为之序。

　　福元是湖南人，本科就读于湖南家乡，硕士阶段在贵州师范大学读书，博士三年负笈西北，于西北师范大学毕业后又返回贵州工作，所以他性格中既有湖南人的韧劲、执着，又有贵州人的豪爽、勤劳；做学问也同样，既有南方人的细心、绵密，又有西北人的谨慎、通达。在跟随我攻读博士期间，他学习十分勤奋，阅读了大量宋代文献与今人著述，最后迎难而上，毅然决然选定《宋祁年谱》作为其博士学位论题，在他三年的刻苦努力下顺利完成了论文写作。

毕业后,他回到贵阳工作,在教学之余不断对博士论文进行修订充实,并在此基础上申请了教育部人文社会科学研究青年基金项目"宋祁年谱长编",尔后顺利通过了结项。前段时间福元发来他的最终形成书稿,在粗粗阅读之后,我感受到了他这些年的辛勤与努力,同时也感受到了他学问的不断进步与超越。

人物年谱的编撰,自宋代即已发端,仅杜甫年谱,在宋代就有吕大防《杜工部年谱》(或称《杜诗年谱》《子美诗年谱》)、赵子栎《杜工部草堂诗年谱》、鲁訔《杜工部诗年谱》、黄鹤《杜工部年谱辨疑》等,在"知人论世"儒家学术观念的影响下,以谱叙人、以谱证文、以谱存史的"年谱"成为一种集纪传与编年为一体的新兴史著体式。经过元、明、清、近代几个时期的兴盛与发展,年谱的编撰越来越受到学者重视,其间也产生了许多著名学者编撰的人物年谱,如赵殿成《右丞年谱》、段玉裁《戴东原先生年谱》、缪荃孙《徐星伯先生事辑》、钱玄同为刘师培所编《左盦年表》等,甚至这种风气也漂洋过海传之日本,铃木虎雄就曾编过《吴梅村年谱》。当代学者对于年谱编撰更是精益求精,就文学家而言,周勋初《高适年谱》、章培恒《洪昇年谱》即是我阅读过的年谱著述中的佳构。据杨殿珣《中国历代年谱总录》(书目文献出版社1996年增订版)著录,至1996年之前,就有古代、近代人物年谱4450种,反映谱主2396人。可见其数量之丰富。然而,有人却认为年谱就是堆砌资料,不如人物传记来的生动。其实,年谱的作用不仅是展示传主一生的轨迹及其心路历程,还要给进一步的学术史与理论研究提供可信、扎实的资料与信息。因此,年谱的编撰不仅需要搜集引证大量资料,而且还需利用文献材料对传主的生平行迹、交游、著述进行考订,每一个结论的得出都要有文献材料作为依据,要持之有故,即傅斯年所说"有一分材料说一分话",不能随意臆测,更不能凭空武断。在材料的征引方面，也不能凡是相关文献资料都一股脑拿来就用，还要对其予以判断、甄别、分析、考辨，分清哪些是可靠材料，哪些是伪材料，哪些可信，哪些不可信，哪些说法是正确的，哪些说法有疑点甚至有错误。我在为明代作家李梦阳的诗文集做校笺整理的时候，就发现万历时期朱安㳨所编撰的《李空同先生年表》就存在着很多疏误，我为此专门写了文章予以逐一考辨。如果当时我尽信了这部书的记载，那将造成不可挽回的错误，大大影响整理本的学术质量。可见，编撰一部好年谱的确不易，而一部高质量的人物年谱，其学术性也不容置疑。因此，编撰年谱不仅需要驾驭文献的能力，还需要扎实的考据功底。"长编"一词，本是指在写定著作之前，搜集有关材料并整理编排而成的初步稿本，如李焘《续资治通鉴长编》。但是，近代以来开始将年谱后加上"长编"二字，表示年谱资料的宏富性质，同时，年谱的学术性也由此逐步显现出来。因此，当代人编撰的年谱，基本都冠以"长编"的标题。福元这部《宋祁年谱长编》，因为具有"长编"性质，因此，不仅资料丰富，而且对于宋祁生活的时代背景、家世、个人行实、与北宋文坛的关系、诗文创作以及著述情况等，也都有详细的梳理和精密的考证，是一部学术性较强的年谱著述，在宋祁行实研究方面，可谓具有弥补学术界空白的学术意义。全书分前言、正文、附录三个部分。前言主要梳理了宋祁的生平、交游，论述宋祁其人、其诗、其文、其史学及文学成就。正文又分谱前和谱文两部分。谱前，考订了宋祁的字号、谥、籍贯等以及高祖到子孙等人的姓名和生平概况。谱文部分，设时事、事迹两栏。时事栏，记当年政局变化及国内外大事；事迹栏，则考证宋祁生平、仕宦、著述、交游及诗文创作等，史料依据附后。宋祁一生宦海沉浮，亲历了庆历革新等重大事件。谱文对其行实、仕宦有详细考订。明确了他出生于九江廨舍，后随父宦而寓居,二十岁父卒,随继母依舅氏寓居安陆,天圣二年（1024）举进士,入仕后四入翰林、九历州郡,嘉祐六年（1061）卒于京师等基本事实。宋祁一生交友广泛,谱文详细考证了宋祁的交游,明确了与刘筠、晏殊、陈尧佐、章得象、叶清臣、郑戬、庞籍、韩琦、梅尧臣等人的关系,并在交游者首次出现时略述其生平事迹。宋祁现存诗、文、词数量较为庞大,且为后人所辑未按时间编排,谱文对大量诗文进行了系年,并将其作为文学活动加以叙述。书后附录包括《宋史》《东都事略》中记载的宋庠、宋祁传记,范镇所撰《宋景文公祁神道碑》以及作者的一篇论文《北宋文臣宋祁籍贯考实》。前三篇提供了宋祁生平的一些原始材料,最后一篇论文对宋祁的籍贯进行了详细考证,通过相关材料的梳理,明确了宋祁郡望广平,祖籍开封雍丘,出生于江州,侨居安陆等事实,纠正了部分文献将宋祁作为安陆人的错误。

此书详细考述宋祁研究中存在争议的籍贯、科举、寓居问题和宋祁在废后、庆历革新、进奏院等事件中的立场及其与晏殊、范仲淹、韩琦、欧阳修之间的离合关系,考辨细致。如,前人在研究中未注意到宋祁、宋庠二人科考取解地的差异。作者利用《麈史》《宋景文公笔记》《宋史·选举志》《宋史·宋庠传》等资料考证出二宋兄弟虽同一年进士及第,但二人参加科举取解式的地点却不同,宋祁在安陆取解,宋庠在开封取解。又如,范镇《宋景文公祁神道碑》云:“移疾自郑还也,判尚书都省,序迁工部尚书,复领群牧使。”将转迁工部尚书置于宋祁回京之后。福元根据宋祁《谢转工部尚书表》《回贺加尚书启》《乞解郑州还京求医状》《嘉祐庚子秋七月予还台明年始对家圃春物作》等诗文,考证出宋祁授工部尚书在嘉祐五年六月,移疾还京在七月,故迁工部尚书当在其还京之前。另,范镇《神道碑》有:“治平三年五月己酉,祔元宪公葬于颍昌府阳翟县三封乡之先原。"作者通过王珪《宋元宪公庠忠规德范之碑》"其年十月己酉,葬公许州阳翟县之三封原"等语,以及时间推演,考出"五月己酉"当为"十月己酉"之误。既厘清了宋祁的行迹,又纠正了范镇《神道碑》中的疏误。再如,祝穆《古今事文类聚·别集》卷五"文不必换字"条记载欧阳修曾当面讽刺宋祁好用艰深之辞。作者根据宋祁与欧阳修的见面时间,考出自欧阳修始入史局至宋祁进奏《唐书》前,宋祁始终未曾回京任职,故此二人并未在修史期间相见。作者认为《古今事文类聚》记载此事并不可信。有疑问处,作者则采取谨慎客观的态度,如,关于宋祁叔父宋位之生年,作者对《叔父府君行状》中的记载提出质疑,"据《荆南府君行状》《叔父府君行状》,祀与位同母,且他们之间还有同母兄弟昱,则其母二年生三子。十月怀胎方得生育,此种生育之状显然不合常理,疑有误。宋位之生年,待考"。又如,关于宋庠的谥号,王珪《元宪碑》载:"谥曰元宪。"范镇《神道碑》、王得臣《麈史》、陆游《老学庵笔记》、蔡绦《西清诗话》等皆称宋庠谥"元宪",清代四库馆臣辑宋庠文集题为《元宪集》;而《宋史·宋庠传》则曰:"谥元献。"《宋名臣言行录》卷六亦云:"宋庠,郑国元献公。"《(嘉靖)应山县志》卷下也载:"宋司空郑国公宋元献公。"作者疑"元献"与"元宪"因音同、义近而致后人混淆。故暂从《元宪碑》。无论如何,这些考订对澄清北宋有关历史问题、解决相关文学研究的疑难问题具有重要参考价值。

此书利用相关文献以及不同版本的宋祁别集,通过考证的方法为宋祁大量诗文系年,对宋祁读书、著述、文学创作等活动等进行了系统梳理。如,《景文集》卷二一有《还乡》诗,佚存本《景文宋公集》此诗题下自注"明道癸酉",则此诗写作年代应为明道二年(1033)。诗中有"陇桑濡露外""林残野气疏"句,则所描写为秋冬之际景色。另，宋祁《过安陆旧居邻里相送》诗称安陆为"旧居"，佚存本此诗标题为《还故里有感》，作者据以上信息确定此诗所还之"乡"并非安陆，而是籍贯地"雍丘"，也因雍丘离开封不远，便于往返。因此，作者将此《还乡》诗系于明道二年秋冬之季。又如，《景文集》卷一三《移病还台凡阅半岁乃愈始到家园视园夫治畦植花因成自叹二首》，诗题中有"移病还台凡阅半岁"，说明宋祁自嘉祐五年（1060）八月还京至作诗时历时半岁。诗其二"壶公天壤非真死"句下自注云："术士李士宁来谒予病曰：'公殆矣，形神离矣，不可过春分。'……明年至期，不死而愈。"作者查知本年春分在二月二十三日，诗当作于此后。故作者将诗系于嘉祐六年二月。再如，《景文集》卷一〇《晚发》二首诗，其一有"病身非汲黯，安敢薄淮阳"，据此知诗作于宋祁离开寿州时。又据《续资治通鉴长编》卷一三七相关记载，知张耆在庆历二年闰九月十四日徙寿州，则祁离寿州赴陈州也大约在此时。又《景文集》卷三七《陈州谢上任表》云："疾速发赴本任。""臣即以今月九日，还付故章，假领新节，恭趣便道，罔敢留行，以二十五日到任礼上讫。"可知宋祁此次赴任非常紧急，则文中所言"今月九日"当是十月九日。其时间上与《晚发》其一"飒沓凫鹥乱，苍茫葭苇寒"、其二"晓濑虽能迅，寒波不复扬"所描述的气候相符。故将《晚发》诗系于庆历二年十月。另外，关于《新唐书》的成书时间，一般以曾公亮上《进唐书表》的嘉祐五年六月为其成书时间，福元则根据宋祁《让转左丞札子》《谢转左丞表》等文考证出在嘉祐五年三月《新唐书》即已成书，宋祁为此晋官尚书左丞。此年六月宋祁授工部尚书，乃是岁满序迁，而非因《新唐书》。这些考证均为我们进一步深入研究宋祁及其文学、史学乃至宋代文史打下了坚实基础。

为了撰写这部年谱，福元在读博期间就在我指导下阅读了如周勋初先生《高适年谱》、章培恒先生《洪昇年谱》等优秀年谱著作，同时，搜集研读了两宋时期的大量史料，打下了良好的基础。因此，他完成的这部《宋祁年谱长编》的又一特点是文献搜罗完备，从其研究考证中广泛征引的正史、编年史、地方志、宋人笔记、总集、别集、诗文评等各类史料就能窥见一二。如，《景文集》卷一九有《早夏集公会亭饯金华道卿内翰守澶渊得符字》诗。作者先据诗题"金华道卿"交代所饯别之人是叶清臣，清臣，字道卿。又据李焘《续资治通鉴长编》卷一五八考知叶清臣改守澶州在庆历六年三月。另，诗中"感恋陪云筑"句下有自注："道卿留预乾元上寿乃行。"则得知饯别事当在乾元节后。又，检《宋史·仁宗本纪》，"乾元节"乃宋仁宗生日，时间为四月十四日。诗题中也有"早夏"一词。故将此诗系于庆历六年四月。在此条系年考订中，作者不仅利用了宋祁诗文集及其自注，而且还充分利用了《宋史》《续资治通鉴长编》等史书。在考述宋祁行事过程中，作者广征博引的例证俯拾即是，兹举几例：如，为证明宋祁与夏竦初次相见及作《落花》诗，作者征引了《续资治通鉴长编》《宋史》《景文集》《宋景文公笔记》《麈史》《青箱杂记》《元宪集》《武溪集》《优古堂诗话》《能改斋漫录》《侯鲭录》《庚溪诗话》《载酒园诗话》《渔洋诗话》等十数种文献。又如，为考明庆历四年（1044）晏殊罢相出知颍州，宋祁是否救晏，作者征引了《宋史》《续资治通鉴长编》《苕溪渔隐丛话》《龙川别志》、李心传《旧闻证误》、汪应辰《文定集》、谢旻等《江西通志》等七种文献，又附以《宋朝事实类苑》《锦绣万花谷》、谢维新《古今合璧事类备要·前集》、祝穆《古今事文类聚·前集》等几种文献。再如，为厘清皇祐三年（1051）宋祁改史馆修撰为集贤殿修撰，在亳州任上修《唐书》的史事，作者征引了《续资治通鉴长编》《续通鉴》《宋会要辑稿》《神道碑》《景文集》等五种文献。此外,作者借着对宋祁诗文的细读与分析,充分利用诗歌本身及其自注,运用内证与外证相结合的方法,解决了不少宋祁行实和诗歌系年方面的问题。如,利用《荆南府君行状》与《庞秘校掾九江兼归汝南迎侍》诗末自注,考出宋祁出生地在江州(今江西九江);利用诗歌自注考出《初到郡斋》诗作于庆历元年七月后;《仲冬二日使到颁翠毛锦旋襕》诗作于庆历八年十一月,等等,考证细微之处随处可见。

总之,这部书在广泛搜罗征引材料的基础上,严格遵循年谱的编撰规范与原则,通过细致分析和考证,梳理出较全面翔实的宋祁生平行实,澄清了一些典籍记载的错误,为宋祁生平和作品的全面深入研究奠定了扎实的研究基础,为北宋文学、史学的相关研究提供了一份可靠的参考资料,也充分体现了作者扎实的学术功底和严谨的治学之风。

福元于二〇一三年西北师范大学古典文献学专业博士毕业,十年后决定出版其博士论文,书稿经过他无数遍的修改,付出了很多艰辛。此前他已出版《唐国史补校注》一书,十分扎实,充分体现了他的文献学功力,这部书是他勇攀学术之峰的又一重要成果。难能可贵的是,福元对学术研究始终抱有浓厚兴趣,深入其中,乐此不疲,我以为这是作为一名学者必须具有的素质。希望福元不自满足,能以此书的完成出版为契机,精益求精,围绕宋祁及宋代文学展开更深入、更细致的研究,取得更多、更优秀、更高水平的成果,成为一名成就卓著的学者。是为序。

郝润华

2024 年 3 月 18 日于古都奈良

前　言

宋祁以文学名擅天下，其生活的真宗、仁宗时代正是北宋变革的时期，他亲历了仁宗朝的"废后"事件、庆历新政、进奏院事件等，与当时各种人物均有广泛的交游。宋祁在文学、史学、礼乐等方面都取得了较大的成就。文学上，现存有《景文集》62卷、《拾遗》22卷，其中诗1500多首，文1200余篇。另有词7首。史学上，有《新唐书》列传150卷、《益部方物略记》1卷等。音韵学上，编有《集韵》。礼乐上，撰有《景祐广乐记》《大乐图义》。宋祁长期被视为"西昆余绪"，然而他的文学创作和成就非西昆体所能拘限。他从各方面对西昆体进行了革新，也得到了后人的认同，宋祁在文学史上是应该受到关注的。

宋祁，字子京，开封雍丘（今河南杞县）人，后徙居安州安陆（今湖北安陆）。宋真宗咸平元年（998）生于江州，后随父宦寓居常州、光州、应山等地。天禧元年（1017），父卒，与兄庠随继母朱氏回安陆依舅氏。天圣二年（1024），与兄庠同时登进士第，列甲科第十名，释褐为复州军事推官。代还，改大理寺丞、国子监直讲。明道元年（1032），召试学士院，授直史馆。二年，迁太常博士、知礼院。景祐元年（1034），修《广韵》《韵略》，又考定乐律，修乐书。宝元二年（1039），因兄宋庠为参知政事，而改天章阁待制、同判太常礼院。时陕西用兵，调费日蹙，作《上三冗三费疏》。庆历元年（1041），遭吕夷简排斥,出知寿州。逾年,徙陈州。三年三月,召还,改知制诰。八月,以龙图阁学士知杭州,未行,留为翰林学士,知审刑院兼提举诸司库务。四年,参与庆历新政,请复古劝学,定科场新制。五年,受诏修《唐书》。八年,坐张贵妃事出知许州。皇祐元年(1049),召还。三年,又坐其子与张彦方游,出知亳州。四年,徙知成德军。五年,徙定州。嘉祐元年(1056),授吏部侍郎移知益州。四年,召为三司使,未到任,改加龙图阁学士知郑州。五年七月,以病乞还京,入判尚书都省。逾月,拜翰林学士承旨。六年(1061),复为群牧使,五月,卒。

在宋祁生活的六十四年中,北宋政权基本稳定,但边境仍战争不断,国内各种矛盾也逐渐暴露。景德元年(1005)十二月,宋与辽签订"澶渊之盟",以每年输辽岁币银十万两、绢二十万匹的条件换得了百年的和平。自景祐五年(1038)李元昊称帝建立西夏,宋夏之间战争不断。宝元三年(1040)三川口之战,庆历元年(1041)好水川之战,二年定川寨之战,均以宋军失败而告终。庆历四年(1044),宋以每年给西夏银五万两,绢十三万匹,茶二万斤的代价换取西夏称臣,这次和议使宋夏间维持了近二十年的和平。与外患并存的是宋朝内部各种矛盾逐渐显现,终于引发了庆历三年(1043)九月开始的庆历新政。但是一年四个月后,在守旧派的攻击下,新政失败,范仲淹被贬邓州,而各种社会矛盾进一步加剧。宋太祖所定下的崇文政策,通过太宗、真宗两朝的延续,仁宗时期已经在全国形成了尚文的风气,科举成为士人入仕的主要途径。在这种背景下,宋祁以文学崭露头角,并经科举考试入仕。《宋史》卷二八四:"祁兄弟皆以文学显,而祁尤能文,善议论。"[1] 天圣二年

---

[1] 脱脱等《宋史》卷二八四,中华书局,1977 年,第 9599 页。

（1024），宋祁省试《采侯诗》，为京师所传诵，时人呼为"宋采侯"。宋祁一生涉足政事、文学、学术三个方面，体现了宋代士人三位一体的特征，以下从这三个方面略加介绍。

一

作为朝臣，宋祁一生四入翰林，九历州郡，可谓宦海沉浮。在朝时建设礼乐、修撰典籍；在州郡时，主政一方，治事明峻。在朝为官时宋祁主要从事典籍编撰和礼乐制定等工作。天圣五年（1027）秋，宋祁经孙奭推荐还朝任国子监直讲。其间，为方便举人习读，与本监直讲校定明法科律文及疏。明道元年（1032），试学士院，授直史馆，开始参预朝廷典籍的修撰。景祐元年（1034），与郑戬、王洙等修《广韵》《韵略》。又参与《崇文总目》《庆历编敕》的修撰。晚年，入史局修《唐书》。宋祁在朝为官的主要功绩为礼乐建设。景祐年间，宋祁为太常博士、知礼院，"有司言太常旧乐数增损，其声不和。诏祁同按试。李照定新乐，胡瑗铸钟磬，祁皆典之"[①]。康定元年（1040），同判太常寺、兼礼仪事。针对赵希言等恢复七庙制的提议，祁言本朝以同殿七室代七庙之法，相承已久，不可轻改。又请建神御库于宗正寺西，以藏祖宗神御法物，这些建议皆切合实际。皇祐二年（1050），诏九月大飨明堂，祁时判太常寺，上多道奏章议明堂之礼，如《明堂通议》《五室议》《配帝议》《杂制议》等，为明堂礼的完成做出了贡献。

宋祁后期主政州郡前后长达十三年，历寿州、陈州、许州、亳州、成德军、定州、益州、郑州等八军州，其晚年自皇祐三年（1051）

---

① 脱脱等《宋史》卷二八四，第9593—9594 页。

至嘉祐五年（1060）在州郡近十年。宋祁在州郡，治事明峻，好作条教。庆历元年（1041），因吕夷简排斥而出知寿州。寿州郡大事多，农贾相参，民好利而少儒教，法纪松弛，官吏畏于奸欺，常刚到任即调走。宋祁在寿州，重修浮桥，劝导农事，欲使三年任后可知教，然而愿望未实现，一年后即被徙陈州。皇祐三年（1051），宋祁坐其子与张彦方游而出知亳州。逾年，徙成德军。他感于边事，为解决军队马匹供应，请求弛河东、陕西马禁，复唐驮幕之制。在定州，虽疾病缠身，仍考察边情，建议扬己之长，增步兵以抵挡北方骑兵。又上《御戎论》七篇，详论治边之方略。嘉祐二年（1057）、三年知益州时，在修《唐书》之余，对于西南学者的请教皆循循指教，莫不中其偏。又建文翁祠，绘文翁、司马相如、扬雄、蒋堂等先贤像于其间，以兴儒教。

　　宋祁本有较强的政治和军事才华。景祐中，他批评统治者"与贤人谋而与不肖者断，重选大臣而轻任之，大事不图而小事急"而被史家评为"切中时病"①。宝元二年（1039），作《上三冗三费疏》，认为国有不足在于"大有三冗，小有三费"，三冗即冗官、冗兵、冗僧道，三费即道场斋醮、多建寺观、靡费公用。主张计员补吏以去冗官，罢厢兵以去冗兵，还僧道徒弟子为民以去冗僧道。道场斋醮寺观置官设徒卒、使相非边任而享公给者罢之，以节三费。宋祁此疏立论深刻，切中时务。其知定州时，作《上便宜札子》，强调"天下根本在河北，河北根本在镇、定，以其扼冲要，为国门户"，建议合镇、定为一路，以解决帅令不一、兵力分散的矛盾，显示了卓越的见识。嘉祐六年（1061）病重时，犹以五事切谏于帝，其一为立太子。"为社稷深计，莫若择宗室贤材，进爵亲王，为比邕之主。若六

---

① 脱脱等《宋史》卷二八四，第 9596 页。

宫有就馆之庆,圣嗣蕃衍,则宗子降封郡王,以避正嫡,此定人心、防祸患之大计也。"① 显示了他对宋朝的责任感。宋祁的这种责任感在另外两件事中也有体现。明道二年(1033),皇太后以天子衮冕谒太庙,宋祁即言"皇太后谒庙非后世法"②,对颇具野心的章献太后有所警示,防止了唐朝武后故事重演,维护了赵姓的统治。庆历新政时期,宋祁见范仲淹相权过大,乞求仁宗收回刑赏权。"臣闻天子之所以能制四海,役万民而臣之者,其柄有二,曰刑曰赏而已。……然而任用臣下,主柄外移,委弃刑赏,不自总摄。"(《乞专刑赏状》)虽然此事宋祁可能夹杂有对范仲淹的个人恩怨,然而其中所体现对朝廷的忠诚是无疑的。

　　宋祁虽颇有才华,然而其一生四入翰林却始终未能入二府,不能不让人感到遗憾。《东轩笔录》载:"嘉祐中,禁林诸公皆入两府。是时包孝肃公拯为三司使,宋景文公祁守郑州,二公风力名次最著人望,而不见用。京师谚语曰:'拨队为参政,成群作副枢。亏他包省主,闷杀宋尚书。'明年,包亦为枢密副使,而宋以翰林学士承旨召。"③ 宋祁不入二府的原因其门人范镇有分析:"知公者,谓公为全能,不知公者,以为礼、乐、刑、政皆出公手,用是毁公,公亦用是多出入藩镇,不大用矣。"④ 这当然是一方面原因,而仁宗对宋祁的态度才是他不入二府的关键。《续资治通鉴长编》载:"上既罢范仲淹,问章得象谁可代者,得象荐庠弟祁,帝雅意属庠,乃复召

---

① 脱脱等《宋史》卷二八四,第9598页。
② 脱脱等《宋史》卷一〇,第196页。
③ 魏泰《东轩笔录》卷一一,中华书局,1983年,第126页。
④ 范镇《宋景文公祁神道碑》,杜大珪编《名臣碑传琬琰之集》上卷七,影印文渊阁《四库全书》本。

用之。"①朱弁《曲洧旧闻》更进一步解释："或有荐宋莒公兄弟可大用,昭陵曰:'大者可,小者每上殿来,则廷臣更无一人是者。'已而莒公果作相,而景文竟以翰长卒于位。"②宋祁好游宴,表现出文人的习气,每为论者所抨击,这大概也是他不入二府的原因。《钱氏私志》载:"宋相郊居政府。上元夜,至书院内读《周易》,闻其弟学士祁点华灯,拥歌妓,醉饮达旦。"③《宋人轶事汇编》卷七引《老学庵笔记》曰:"宋景文好客,会饮于广厦中。外设重幕,内列宝炬,歌舞相继,坐客忘疲,但觉漏长,启幕视之,已是二昼。名曰不晓天。"④宋祁早年在朝时与晏殊交往密切,而晏殊正以好游宴而闻名,祁当受其影响。知益州时,宋祁仍保留着好游宴的习气,以至于授三司使时遭到谏官吴及和御史中丞包拯的弹劾。"先是,右司谏吴及言祁在定州不治,纵家人贷公使钱数千缗,及在蜀奢侈过度;而拯亦言祁在益部多游宴。"⑤宋祁确实有好游宴的一面,然而好游宴乃宋代士人的共同习气,且宋祁并未因为游宴而误政,诚不宜深责。宋祁卒后,成都士民哭于其祠即是明证。《邵氏闻见后录》载:"未几,不幸讣至成都,士民哭于其祠者数千人。谓'不安其奢侈者'诬矣。"⑥

对于庆历新政,宋祁的态度颇为冷漠。从宋祁所作《上三冗三费疏》等奏疏看,他对宋朝的积弊认识得非常清楚,理应支持革新。早年宋祁与范仲淹也有过交往,更应该支持革新了。景祐三

① 李焘《续资治通鉴长编》卷一五四,中华书局,2004 年,第 3742 页。
② 朱弁《曲洧旧闻》卷一,中华书局,2002 年,第 90 页。
③ 钱世昭《钱氏私志》,影印文渊阁《四库全书》本。
④ 丁传靖辑《宋人轶事汇编》卷七,中华书局,1981 年,第 311 页。
⑤ 李焘《续资治通鉴长编》卷一八九,第 4554 页。
⑥ 邵博《邵氏闻见后录》卷一九,中华书局,1983 年,第 147 页。

年（1036）五月，范仲淹因指斥吕夷简，落职出知饶州，宋祁作《送范希文》诗送之。然而事实是庆历新政中宋、范关系颇为疏远，宋祁对新政也十分冷漠。宋祁与范仲淹关系的转变当与其兄宋庠有关。庆历元年（1041）夏，范仲淹擅通书元昊，又焚其报。时吕夷简欲倾宋庠，闻此事，故意"谓庠曰：'人臣无外交，希文何敢如此？'庠以夷简诚深罪仲淹也，他日于上前议其事，庠遽请斩仲淹"①，吕夷简此时反救仲淹，宋庠以是为范氏所恨，政治上不成熟的宋庠就这样为吕夷简所陷。不久，吕夷简以朋党罢宋庠参知政事，出知扬州。宋祁与其兄宋庠命运相连，在此之后逐渐疏远了范仲淹。虽然此后宋庠有悔意，欲补救之，然与范氏的关系已不可逆转。《孔氏谈苑》载："又二年，希文作参知政事，宋尚在扬，极怀忧挠，以长书谢过云：'为憸人所使。'其后，宋公作相，荐范纯仁试馆职，纯仁尚以父前故，辞不愿举。"②另外，从宋祁所交游之士人看，他也不可能完全支持范仲淹。宋祁与庆历新政的主要支持者，如韩琦、欧阳修，虽有交往，然而并不密切。明道二年（1033）宋祁与韩琦同试学士院，祁甚少之，为韩琦所不满。《麈史》载："魏公少年巍科，与宋景文同召试秘阁《琬圭赋》。景文赋独行于世，魏公叹服。景文语客曰：'既赋《琬圭》，又与韩氏少年同场。'意甚少之，魏公闻之不平。"③《邵氏闻见后录》："韩魏公与宋尚书同试中书，赋《琬圭》。宋公太息曰：'老矣，尚从韩家郎君试邪！'"④今宋祁文集中虽有与韩琦交游的诗文，但数量甚少。宋祁与欧阳修交往的

① 李焘《续资治通鉴长编》卷一三二，第3127—3128页。
② 孔平仲《孔氏谈苑》卷一，《宋元笔记小说大观》本，上海古籍出版社，2001年，第2235页。
③ 王得臣《麈史》卷中，上海古籍出版社，1986年，第30页。
④ 邵博《邵氏闻见后录》卷一九，第148页。

诗文也不多,宋祁文集中直接与欧阳修有关的仅诗一首,文三篇。《春集东园赋得笋字并序》乃与欧阳修、李淑、王举正、王洙、刁约、杨仪六人集东园分题所赋之诗。《授知制诰举欧阳修自代状》《上欧阳内翰》二文,前者乃程式之文,后者主要询问修《唐书》之事,亦为公事,可见二人交往并不深。宋祁与庆历新政的反对者,如夏竦、贾昌朝、王拱辰,却交往颇深。夏竦自天圣元年(1023)守安陆时已识宋祁,并对其赞誉有加。夏竦卒时,宋祁作文悼之。《老学庵笔记》:"夏文庄,初谥文正,刘原父持以为不可,至曰:'天下谓竦邪,而陛下谥之正。'遂改今谥。宋子京作祭文,乃曰:'惟公温厚粹深,天与其正。'盖谓夏公之正,天与之,而人不与。"① 今宋祁文集中与夏竦交往之文颇多。如《回夏尚书南京上任启》《上夏太尉启》《河阳夏侍中启》等。宋祁与贾昌朝交游颇厚。宝元二年(1039),宋祁与贾昌朝同受命修礼书。宋祁文集中与贾昌朝交游的诗不少。如《感事寄子明中丞》《和贾相公览杜工部北征篇》《守塞三年上北京留守贾相公》等。宋祁又为贾昌朝之父作《贾令公墓志》。宋祁曾应王拱辰之请为其母李氏撰《陇西郡君李氏墓志铭》,其文集中有寄王拱辰诗《和君贶学士宿淮上见寄》《寄君贶王学士》《和王君贶禁中寓直》等,可见他与王拱辰交往不浅。考察宋祁的交游,可以帮助理解宋祁对庆历新政的态度。

在庆历新政中,宋祁主要做了两件事,其一是定科场新制,其二是助王拱辰劾奏王益柔。前者《续资治通鉴长编》记载:庆历四年三月,"范仲淹等意欲复古劝学,数言兴学校,本行实。诏近臣议。于是翰林学士宋祁,御史中丞王拱辰,知制诰张方平、欧阳修,殿中侍御史梅挚,天章阁侍讲曾公亮、王洙,右正言孙甫,监察御史

---

① 陆游《老学庵笔记》卷七,中华书局,1979年,第93页。

刘湜等合奏……"①，可见这是一次集体上书而宋祁名列于首。宋
祁自天圣五年（1027）至明道元年（1032）一直任国子监直讲，其
间天圣七年尝受命考试开封府举人，他对科场的弊端极为熟悉，其
参与定科场新制亦在情理中。若细审此次上书者名单，会发现后
来力劾王益柔的王拱辰、张方平也在其中，说明参预定科场新制
与支持庆历新政没有必然的联系。关于第二件事，《续资治通鉴
长编》记载：庆历四年十一月，"自仲淹等出使，谗者益深，而益柔
亦仲淹所荐。拱辰既劾奏，宋祁、张方平又助之，力言益柔作《傲
歌》，罪当诛，盖欲因益柔以累仲淹也。章得象无所可否，贾昌朝阴
主拱辰等议。及辅臣进白，琦独言：'益柔少年狂语，何足深治。天
下大事固不少，近臣同国休戚，置此不言，而攻一王益柔，此其意有
所在，不特为《傲歌》可见也。'上悟，稍宽之"。②宋祁曾长期知礼
院、判太常寺，礼制谙熟于胸，对于王益柔此种狂傲的行为自然不
能容忍，然而谓宋祁欲以此累范仲淹，恐怕也是出于臆测。从宋庠
以范仲淹与元昊通书而请诛仲淹到宋祁以王益柔作傲歌而请诛益
柔，可以看到二宋兄弟对礼制的遵从。江少虞《宋朝事实类苑》载：
"其（按：指宋庠）在中书，堂吏书牒尾，以俗体书宋字，公见之，不肯
下笔，责堂吏曰：'吾虽不才，尚能见姓书名，此不是我姓。'"③宋庠
不承认俗体宋字即是拘于礼的表现。《宋会要辑稿》礼三六之一〇
载："景祐二年，郭稹为出嫁母行服，太常博士、同知礼院事宋祁以
（当不）[不当]行服。"④宋祁认为郭稹不当为出嫁母行服也是拘
于礼的体现。由此可见，宋祁在庆历新政中所做的这两件事并不

①　李焘《续资治通鉴长编》卷一四七，第3563页。
②　李焘《续资治通鉴长编》卷一五三，第3716页。
③　江少虞《宋朝事实类苑》卷一〇，上海古籍出版社，1981年，第114页。
④　徐松辑《宋会要辑稿》礼三六之一〇，中华书局，1957年，第1313页。

能作为判断其支持还是反对新政的依据,其对新政的态度可用"冷漠"二字来形容。

二

对于宋祁的文学成就与得失,千年来亦聚讼纷纭。王得臣已批评《新唐书》列传"言艰""思苦"①。楼钥更进一步说:"其自所为文,往往奇涩难读。"②赞扬者亦有之。晁公武分析了其文艰涩的原因,"通小学,故其文多奇字",并引苏轼语证之,"苏子瞻尝谓其渊源皆有考,奇崄或难句,世以为知言"③。陆游则赞扬宋祁诗"妙于用事"④。元人方回将宋祁归入西昆派,其《瀛奎律髓》选评了宋祁诗36首,实为难得。延至清代,《四库全书总目》评宋祁诗文曰:"实则所著诗文博奥典雅,具有唐以前格律。残膏剩馥,沾匄靡穷,未可尽以诘屈斥也。"⑤则较为公正。清人贺裳《载酒园诗话》称宋祁诗善写牢骚之况;王士禛《带经堂诗话》则称其近体诗无一字无来历,对仗精确;而翁方纲《石洲诗话》称他的诗去杨亿、刘筠不远。近人梁昆《宋诗派别论》称宋祁诗文"皆博奥典雅,熙熙然有承平之气"⑥。建国后很长的一段时间里,因为西昆体被当作形式主义大加批判,殃及被视为"西昆余绪"的宋祁。其实,要正确认

---

① 王得臣《麈史》卷中,第53页。
② 楼钥《攻媿集》卷六六《答綦君更生论文书》,影印文渊阁《四库全书》本。
③ 晁公武撰,孙猛校证《郡斋读书志校证》卷一九,上海古籍出版社,1990年,第982页。
④ 陆游《老学庵笔记》卷七,第92页。
⑤ 纪昀等《钦定四库全书总目》卷一五二,中华书局,1997年,第2039页。
⑥ 梁昆《宋诗派别论》,商务印书馆,1941年,第31页。

识一个作家,必须视其全部人生和全部作品,关注他所处的历史背景,在此基础上才有可能做出全面、公正的评价。

宋祁的文学主张继承了西昆派而又有所发展。早年进士及第时,宋祁写给座主刘筠的《座主侍郎书》集中体现了他对西昆派文学主张的继承。文曰:

> 窃惟吟咏之作,神明攸系。内导情性,旁概谣俗。造端以讽天下之事,变义以戛万物之蕴。音之急缓,随政之上下。大抵三百篇,皆有为为之,非徒尔耳。后虽体判五种,时经三变,音制弥婉,体裁益致,以浮声切响相镇,以雕章缛采相祎,然而大方之家,往往披华于沈宋之林,收实乎曹王之圃,窒其流宕,归之雅正。是以垂虹霓、骑日月,而不为怪;砺泰山,吞云梦,而不为广;矜蠵首,状佩玉,而不为丽;兴蜩螗,比朴樕,而不为烦;道治世,语幽国,而不为佞且怨。灵均以来,未有不睹斯奥而能垂名不朽者也。……伏惟侍郎明公……倡始多士,作为连章。钩深缔情,上薄于粹古;促节入律,下偶乎当世。……与夫订锦襄之品,诧簟袍之夺,赋韵竞病,咀父膏腴,一何区区哉!

文章强调文学要"内导情性,旁概谣俗",并通过"造端""变义""披华""收实"以使文章趋于"雅正",又主张为文要"钩深缔情,上薄于粹古;促节入律,下偶乎当世"。这些主张与西昆派的文学观一脉相承。宋祁不仅继承了西昆派的文学主张,对西昆派诗人也极力推崇。他曾评价当世的诗人,称:"天圣初元以来,搢绅间为诗者益少,惟故丞相晏公殊、钱公惟演、翰林刘公筠数人而已。至丞相王公曙、参知政事宋公绶、翰林李公淑,文章外亦作诗,而不专也。其后石延年、苏舜钦、梅尧臣，皆自谓好为诗，不能自名矣。"[1] 然而宋祁的文学观也有变化，特别是晚年修《唐书》，尽见前世诸著之后，对各种文学风格采取兼容并包的态度，而对于个人创作则主张自名一家。《新唐书·文艺传序》言唐有天下三百年，而文章三变，皆各有成就："若侍从酬奉则李峤、宋之问、沈佺期、王维，制册则常衮、杨炎、陆贽、权德舆、王仲舒、李德裕，言诗则杜甫、李白、元稹、白居易、刘禹锡，谲怪则李贺、杜牧、李商隐，皆卓然以所长为一世冠，其可尚已。"[2] 对唐代文人采取兼容并包，是史家客观公正的态度。《宋景文公笔记》载其"自名一家"的主张曰："夫文章必自名一家，然后可传不朽，若体规画圆，准方作矩，终为人之臣仆。古人讥屋下作屋，信然。陆机曰：'谢朝华于已披，启夕秀于未振。'韩愈曰：'惟陈言之务去。'此乃为文之要。"[3] 强调个人创作要有自己的特色。对于诗歌题材宋祁则主张表现多方面内容，所谓"览山川，采谣俗，观风云怪奇，草荣木悴，岁时故新，朋昵判合，时寓诸诗"（《西州猥稿系题》）。宋祁一贯坚持诗歌的情感倾向，晚年认为"诗者，探所感于中而出之外者"（《西州猥稿系题》），与早年《座主侍郎书》所言"内导情性"具有一致性。宋祁对待杜甫的态度也不像杨亿那样一概排斥，而是持较为公正的态度，他创作有多篇拟杜、和杜诗。如《拟杜工部九成宫》《拟杜子美峡中意》。其他诗中也间有对杜诗的推崇之言，如"相君览古慨前事，追美子美真诗流"（《和贾相公览杜工部北征篇》），"少陵佳句后，物色付吾僚"（《题蜀州修觉寺》）。《竹坡诗话》还载宋祁有手书杜少陵诗一卷，可见

---

[1] 宋祁《宋景文公笔记》卷上，《百川学海》本。
[2] 欧阳修、宋祁《新唐书》卷二〇一，中华书局，1975年，第5726页。
[3] 宋祁《宋景文公笔记》卷上。

其对杜诗的喜爱。①

宋祁的诗歌在题材上对西昆派既有继承也有突破。《景文集》虽然存在大量应制、唱和等诗，但也有些咏物、咏史诗清新可读，甚至还出现了描写农事、边塞和风俗的诗。如《落花》："坠素翻红各自伤，青楼烟雨忍相忘。将飞更作回风舞，已落犹成半面妆。沧海客归珠进泪，章台人去骨遗香。可能无意传双蝶，尽委芳心与蜜房。"这是首纯粹的咏物诗，其中颔联尤为后人所欣赏，它将落花赋予了人格特征，象征在人生旅途中不放弃、不悲观的精神，即使是最后一刻也要展现最美的一面。又如《新竹》："早叶危衔露，昏枝巧住烟。"《咏酒壶》："屡转疑投节，将休似取妍。"《泉》："记方谁辨玉，杂溜自成琴。"《欹枕》："栖迟自乐周人什，偃息终非魏国藩。"《残花》："香归蜜房尽，红入燕泥干。"等咏物诗皆托物寓意，有所寄托。宋祁出知寿州时所作的《寿州十咏》，分咏熙熙阁、白莲堂、清晖亭、式燕亭、秋香亭、狎鸥亭、齐云亭、美阴亭、望仙亭、清涟亭等十景，皆写得清新细密，以致梅尧臣也作诗和之②。宋祁的咏史诗不多，但其所取角度却很特别。如《东晋》："仓卒浮江日，声名建号初。群臣让禁裔，上宰制单絺。气锐开桁战，心欢折屐书。纤儿竟撞坏，不念好家居。"不责其偏居，而赞其君臣齐心。《宣室》："宣室崔嵬冠未央，殿帷深掩上书囊。贾生始得虚前席，董偃寻闻献寿觞。"反过来赞扬"宣室"的功绩。由于晚年长期居于州郡，远离了台阁，使宋祁诗歌题材在馆阁酬唱、流连光景之外更为多样化、细致化。诗集中出现了《春野观农事》《出野观农二首》

① 周紫芝《竹坡诗话》，影印文渊阁《四库全书》本。
② 参梅尧臣著，朱东润校注《梅尧臣集编年校注》卷一二《和寿州宋待制九题》，上海古籍出版社，2006年，第208—211页。

《湖上见担稻者》《邑居》这样的农事诗,还出现了《塞垣》和《敝俗》这样描写边塞或风俗的诗。这些诗虽然数量不多,但毕竟使他的诗走出了台阁。宋祁的诗在题材上有不避琐细的特征,而且同类题材不避重复。他将生活的各个方面都写入诗歌,见邻居卖饼会写入诗中(《观邻人卖饼大售》),与友人下棋也会作一首诗(《招希元奕》),午睡、睡晚了抑或是夜不能寐都有诗记之(《昼寝》《晏寝》《秋夕不寐》),甚至是旬休沐浴也会在诗中留下一笔(《初伏休沐》《休沐》《归沐》)。一些非常普通的事物也常常在他笔下出现,如石、蛙、柳絮(《咏石》《池蛙》《闻蛙二首》《柳絮》《柳花》)。宋祁还有大量同类题材的诗,完全不避重复,从艺术创新上看明显不足。如写月的诗有《对月》《望月》《月》《新月》《残月》《马上见残月》《落月》《中秋对月》等二十余首,写雪的诗有《春雪》《春雪寄郑府尹》《看雪》《望仙亭置酒看雪》《对雪二首》《马上逢雪》《小雪》《雪夕》等十多首。另外,写九月九日重阳节的有十余首,写中秋的诗也不少。虽然宋祁诗歌在题材上有所开拓,但是与欧阳修、梅尧臣等不同,他极少写政治题材和社会题材的诗。他的诗极少关涉时政,不作讥讽之辞,这使得他远离了文祸,却也使他的诗歌缺少了一份社会关怀。

宋祁与西昆派诗人明显的不同还在于他在诗中大量抒写自我的情感,表达对衰老的叹息,对仕途的失意、惊恐和担忧,这使诗歌对内心世界的描写向前推进了一步。其诗直接以"病"为题的多达十首,另有以"老"为题的诗二首,以"衰"为题的诗三首。在这些诗中他不停地诉说着时光的流逝,自己的衰老。如"老还东观复怀铅,坐对秋风鬓飒然"(《老还》)。《秋日四首》《感秋》《秋日书怀》等诗将悲秋与叹老密切结合,时时联想早生的华发。像《晓栉》《揽镜》这样的诗更是将感物与叹衰融合无间。即使是在其他的抒怀诗中，如《杂咏三首》《杂兴》《夜绪》《偶作二首》《自讼》等诗，也常常能感受到宋祁对衰老的叹息。宋祁一生四入翰林，九历州郡，常常奔波于回朝与"去国"之间，晚年更是长达十年守郡，因此对仕途的惊恐、失意和担忧也就构成了诗中抒情的重要方面。每当被贬到州郡，他总是牢骚满腹，感叹故人的疏远，仕途的渺茫。如"学慵前志忘，身远故人疏"（《初到郡斋》），"世路风波恶，天涯日月遒。危心正无泊，持底喻穷愁"（《侨居二首》其一）。即使在与友人的诗书中他也不忘抒写自己的失意。如"君趋召节向中台，我滞边州未得回"（《省判李度支硕相过叙别兼述感怀》），"有志慕孤直，多言畏奇中。往往犯怒狙，时时遭嚇凤。胁肩方病畦，洗足几成渾"（《抒怀上孙侍讲学士》）。这些诗的价值，正如谢思炜先生所说："只停留在士大夫个人得意与失意这个层次上，但这些诗却为宋诗打开了返回内心的道路。"[①]

在诗歌风格方面，不可否认，宋祁许多诗仍然保留了西昆体堆砌典故、语句华丽、旨意僻涩等特点。如《大礼庆成》"豫动森华盖，乾行俪绛螭。山河对旒冕，辰象倚旂旗。祢祐前增谥，皇灵下告慈。密都俄奠玉，清庙遍尝粢"这些句子用词华丽。再如《进幸南园观刈宿麦诗》中"田趋农帝耒，塍错夏王沟。褒栗攒周甸，茨梁属舜眸。簌长包圈虎，箱重载星牛。九扈开灵圃，三辰驻彩斿"等句用典密集。《奉和御制后苑赏花诗》："诏跸回清籞，宸旒驻紫烟。乔云霏汉幄，法曲度文弦。猎翠雄风度，凝香甲帐寒。仙葩浮羽葆，藻卫缛芝廛。式宴千钟酒，迷魂七日天。宸章纡宝思，休咏掩楼船。"雕琢之迹明显。宋祁的诗在语言上有好用奇字的一面。邵博曾言："大儒宋景文公学该九流，于音训尤邃，故所著书用奇

---

① 谢思炜《宋祁与宋代文学发展》，《文学遗产》，1989 年第 1 期。

字,人多不识。"①其诗如"鹊鸦依空墙,蟏蛸已在户"(《凉蟾》),用
"蟏蛸"表蜘蛛;"过门休骯髒,逢路定汍澜"(《偶书》),用"汍澜"
表流泪;"晓光衔睥睨,秋色静罘罳"(《晨赴书局》),用"罘罳"表
宫室的连阙曲阁。《邵氏闻见后录》还记载了宋祁嘲笑刘禹锡不敢
用"糕"字:"刘梦得作《九日诗》,欲用糕字,以五经中无之,辍不复
为。宋子京以为不然。故子京《九日食糕》有咏云:'飙馆轻霜拂
曙袍,糗餈花饮斗分曹。刘郎不敢题糕字,虚负诗中一世豪。'遂为
古本绝唱。'糗饵粉餈',糕类也,出《周礼》。"②则宋祁又有好用俗
字的一面。

　　然而宋祁诗歌也不乏妙于用事,对仗工整的一面。如《落花》
中"将飞更作回风舞,已落犹成半面妆",上句用《洞冥记》之典极
写落花之神态,下句用《南史》元帝徐妃半面妆的故事写落花残败
之美。贺裳评曰:"若使事着题,又无痕迹,当以子京为第一。"③陆
游称宋祁《秋夜》诗妙于用事:《诗正义》曰:'络纬鸣,懒妇惊。'
宋子京《秋夜》诗云:'西风已飘上林叶,北斗直挂建章城。人间底
事最堪恨,络纬啼时无妇惊。'其妙于用事如此。"④宋祁诗如"执戟
不知身寂寞,写书犹得罪风流"(《自讼》),"十驾似驽宁取道,五能
如鼠不藏身"(《屡乞近郡诏不许》),"辕下已疲犹恋主,道边宁死
不为钩"(《得杭州郑资政书》)等都对仗工整,意蕴深厚。宋祁也
有许多完全不用典,明白晓畅的诗歌。如《湖上》:"雪后云归露晚
嵚,冻舟犹自滞溪门。潜鱼不上湖光静,漠漠寒沙印雁痕。"完全用

---

① 邵博《邵氏闻见后录》卷二七,第212页。
② 邵博《邵氏闻见后录》卷二七,第148页。
③ 贺裳《载酒园诗话》卷一,郭绍虞编选《清诗话续编》本,中华书局,1983
　年,第211页。
④ 陆游《老学庵笔记》卷七,第92页。

白描手法写雪后湖上之景。《八月望夜不见月有感》:"素波凉晕淡层城,怊怅三年此夜情。独卷疏帷成默坐,暗虫相应作秋声。"写在外郡时中秋夜的惆怅,直抒胸臆。虽然宋祁的诗仍保留有西昆体的某些特征,但是我们也应看到诗人在努力寻求突破。

宋祁的辞赋和散文也取得了一定的成就。《全宋文》收宋祁赋46篇,相比北宋前期其他作家数量已算不少。其赋作题材丰富,包含咏物抒情,歌颂皇德祥瑞,说理规劝等各方面。《右史院蒲桃赋》托物言志,表达身处台阁的无聊和苦闷。《怜竹赋》描写竹的高风亮节,寄托对风流闲散生活的向往。《古瓦砚赋》由一片瓦砚折射历史的变迁,寄托兴亡之感。《感交赋》描写了亡友王贺高洁的品质和不凡的志向。《伤贤赋》对亡友质美而见弃给予了深深的同情。《陈州瑞麦赋》《圜丘赋》《上苑牡丹赋》《皇太后躬谒清庙赋》等直接颂美圣德、歌咏祥瑞,雍容华贵。《好贤如缁衣赋》《为君难赋》《三王不相袭礼赋》等讨论治国之道,议论说理,令人信服。宋祁的散文或直接表现自我心境或托物言志,皆有感而发,文字洗练。宋祁的词,虽然数量不多,完整的只有六首,然而置之宋词大家中亦毫不逊色。《玉楼春》一首广为流传,那句"绿杨烟外晓寒轻,红杏枝头春意闹",为他赢得了"红杏尚书"的美名。《鹧鸪天》一词更是成就了一段美好的姻缘。

三

除官员、文人的身份之外,宋祁还兼有学者的身份。景祐元年(1034),宋祁与郑戬、王洙刊修《广韵》《韵略》,宝元二年(1039)书成,仁宗赐名《集韵》,此书在音韵学和文字学上都有重要价值。"韵目名称和次序都与《广韵》有所不同,反切也根据实际语音进行了更订。训释的繁略也进行了调整,或增或删,与《广韵》有较大差异。《集韵》的收字原则是'务从该广',只要有据,各种异体统统收入,一字多体是《集韵》的一大特点。异体字中有些是古老字体的保留,在文字学中也有一定的价值。《集韵》共收字五万三千五百二十五个,是目前为止收字最多的字典。"①

景祐二年(1035),宋祁上所撰《大乐图义》二卷。其在《大乐图义序》中说:"辄推本前人六律五声八音七均之说,及三大禘所用之乐,古今宫县升歌之异,上列为图,后诂其义。并今乐署阙典所当厘补者,更为杂论七篇附焉。总目曰《大乐图义》,析其卷为上下。惟歌舞于律吕差远,故不著于篇。"章得象认为宋祁所撰《大乐图义》"订正今古,研究乐事,辞约义畅,深见该洽"。② 景祐二年(1035)至景祐三年(1036),宋祁与冯元、聂冠卿、李照等修《景祐广乐记》,此书虽因李照废而不用,但宋祁在礼乐建设方面的贡献仍不应忽视。皇祐二年(1050),大飨明堂之礼,他是直接的参与者,撰有《明堂通议》二篇,奏疏多篇。

史学方面,宋祁撰有《益部方物略记》一卷、《新唐书》列传一百五十卷。《益部方物略记》作于宋祁知益州时,书中收集益州动植物共六十五种,皆列而图之,各系以赞,是一部珍贵的益州方物图记。宋祁在《益部方物略记序》中备述其成书曰:"嘉祐建元之明年,予来领州,得东阳沈立所录《剑南(阳)[方]物二十八种》,按名索实,尚未之尽。故遍询西人,又益数十物,列而图之,物为之赞。图视状赞,言生之所以然,更名《益部方物略记》。凡东方所无及有而自异,皆取之,冀裨风土聚丘之遗云。"《四库全书总目》卷

---

① 丁度等编《宋刻集韵》卷首《出版说明》,中华书局,1989年。
② 徐松辑《宋会要辑稿》乐三之一二,第313页。

七〇《益部方物略记》提要对其评价曰："凡草木之属四十一,药之属九,鸟兽之属八,虫鱼之属七,共六十五种。列而图之,各系以赞,而附注其形状于题下。赞居前,题列后,古书体例,大抵如斯。今本《尔雅》,犹此式也。其图已佚,赞皆古雅,盖力摹郭璞《山海经图赞》,往往近之。注则颇伤謇涩,亦每似所作《新唐书》,盖祁叙记之文类如是也。"①

庆历五年(1045),朝廷下诏修《唐书》,宋祁时因修《庆历编敕》未及时到局,后史局人员变动,竟致《唐书》由他独自一人下笔,晚年出知州郡皆携带史稿。《春明退朝录》载:"初,景文修《庆历编敕》,未暇到局,而赵少师请守苏州,王文安丁母忧,张、杨皆出外,后遂景文独下笔。"②自皇祐三年(1051)始,宋祁出知亳州、成德军、定州、益州等军州,皆以史稿自随。嘉祐五年(1060),终于完成了列传一百五十卷。与《旧唐书》相比,《新唐书》列传有以下突破:

第一,创立体例。王鸣盛在《十七史商榷》中说《新唐书》创立体例远胜《旧唐书》:"《循吏》《儒林》《酷吏》《游侠》《佞幸》《滑稽》,子长所立品目也。各列传中固已忠佞并著,愚智兼载矣,而偏美偏恶,抽出别题之,后之作者,或因或革,随事为名,亦无不可。《新唐书》又特变前例,而别为一体。凡方镇之守臣节者,既入之列传矣。其余桀骜自擅而犹羁縻为臣者,则自名《藩镇传》,而聚于《酷吏》以下,盖此辈皆未至于叛而近于叛者也,故其位置如此。至于恶之甚者为《奸臣》,敢为悖乱者为《叛臣》,称兵犯上僭窃位号者

① 纪昀等《钦定四库全书总目》卷七〇,第965页。
② 宋敏求《春明退朝录》卷下,中华书局,1980年,第44页。

为《逆臣》，此皆创前史之所未有。"①

　　第二，增加立传人物数量并广采杂说。宋祁遵循"文省事增"的原则，删去了《旧唐书》列传中六十一人，新增了三百三十一人，又广泛采用小说、笔记、野史等材料，对《旧唐书》未详者，特别是对唐宣宗以后的史实进行了补充。《新唐书》"文省事增"曾受到批评，清人赵翼有较公允的评价。他说："五代纷乱之时，唐之遗闻往事，既无人记述，残编故籍，亦无人收藏，虽悬诏购求，而所得无几，故《旧唐书》援据较少。至宋仁宗时，则太平已久，文事正兴，人间旧时记载多出于世，故《新唐书》采取转多。……试取《旧书》各传相比较，《新书》之增于《旧书》者有二种，一则有关于当日之事势，古来之政要，及本人之贤否，所不可不载者；一则琐言碎事，但资博雅而已。"②

　　第三，删去骈体之文，改以古文叙之。宋祁编撰《新唐书》列传时凡遇到制、诰、章、疏等四六文，几乎尽删之。批评者认为其使唐之馆阁台省之文，不见于世，又改变了资料的原貌。若仔细考察，宋祁虽删四六之文，但也有例外，"凌烟阁续图功成一诏，系骈体，独全载于《李晟传》，则以事本严重，非四六之诏不足相称，此正宋子京相题之巧。其他骈体中有新语不忍弃者，则宁代为改削存之"③。宋祁对奏疏的态度正如赵翼所说："《新书》于《旧书》内奏疏当存者，或骈体，或虽非骈体而芜词过多，则皆节而存之，以文虽芜而言则可采也。……有关国计利害，民生休戚，未尝不一一著于

① 王鸣盛《十七史商榷》卷八五，上海书店出版社，2005年，第744页。
② 赵翼著，王树民校证《廿二史札记校证》卷一七，中华书局，1984年，第358页。
③ 赵翼著，王树民校证《廿二史札记校证》卷一八，第380页。

篇。此正宋子京作史之深意,非徒贵简净而一切删汰也。"[①] 言《新唐书》删去骈文使史料不存于世亦差矣,宋敏求已辑有《唐大诏令集》一百三十卷,实可补《新唐书》之阙。宋祁自己对史书中删去四六文也有解释,他说:"大抵史近古,对偶宜今,以对偶之文入史策,如粉黛饰壮士,笙匏佐鼙鼓,非所施云。"[②]

《新唐书》编撰虽有所失,但功大于过,代表了当时的史学成就。它问世后,广为流传,致使《旧唐书》几乎被废弃,影响巨大,而宋祁之功不可没。

以上介绍了宋祁在政治、文学、学术三方面的成就。作为北宋具有重要影响的人物,其生平事迹仍晦暗不明,对于全面深入研究宋祁造成了困难,为其编写一部翔实可靠的年谱实有必要。宋祁年谱的编撰,前人做得极少。本年谱的编撰,在汲取前人成果的基础上,注意以宋祁作品为主要依据并广泛搜罗,慎加考辨,然而由于学力浅陋,识见不广,疏失之处在所难免,企望读者及专家不吝赐教。

---

① 赵翼著,王树民校证《廿二史札记校证》卷一八,第381—382 页。
② 宋祁《宋景文公笔记》卷上。

凡　例

一、本谱主要考订宋祁生平事迹、交游，且为其诗文编年。

二、本谱首列〔时事〕一栏，记当年政局变化及国内外大事。次列事迹与交游，每条谱文下，列举史料依据，必要时加按语进行辨证说明。

三、凡引用史料明显误字，予以校正。误字加圆括号，改正字加方括号置于误字之后。所补缺字均加方括号。

四、本谱以朝代纪年，月、日均用农历。

五、本谱所引谱主作品以《湖北先正遗书》本《景文集》（含《景文集拾遗》）、《佚存丛书》本《景文宋公集》为据，为了便于查检所引诗文在题前标明卷数。

六、为避免冗赘，所引史料频率高、名称字繁者使用简称。《景文集》简称《文集》，《景文集拾遗》简称《拾遗》，《续资治通鉴长编》简称《长编》，《续资治通鉴》简称《续通鉴》，《宋会要辑稿》简称《会要》，范镇《宋景文公祁神道碑》简称《神道碑》，王珪《宋元宪公庠忠规德范之碑》简称《元宪碑》。

谱　前

宋祁，字子京，小字选哥，封常山郡开国侯，谥景文。

《神道碑》："谥曰'景文'。……公讳祁，字子京。"《宋史》本传："祁字子京……久之，学士承旨张方平言祁法应得谥，谥曰景文。"王得臣《麈史》卷中"神授"条："乡人传元宪母梦朱衣人畀一大珠，受而怀之，既寤，犹觉暖。已而，生元宪。后又梦前朱衣人携《文选》一部与之，遂生景文，故小字'选哥'。"

《文集》卷三八《谢覃恩转给事中表》："伏奉制命，授臣给事中，依前充职，进封常山郡开国侯，加食邑五百户，散官、勋如故者。"

《宋文鉴》卷三七刘敞《翰林学士给事中知制诰欧阳修可礼部侍郎端明殿学士吏部侍郎宋祁可尚书左丞礼部郎中知制诰范镇可吏部郎中刑部郎中知制诰王畴可右司郎中三司度支判官太常博士集贤校理宋敏求可工部员外郎并依旧职任》："端明殿学士、兼翰林侍读学士、龙图阁学士、朝请大夫、守尚书吏部侍郎、充集贤殿修撰、知郑州、上柱国、常山郡开国公、食邑二千三百户、食实封六百户、赐紫金鱼袋宋祁创立统纪，裁成大体。……祁可特授守尚书左丞、依前集贤殿修撰，充端明殿学士、兼翰林侍读学士、龙图阁学士，散官、差遣、勋、封、食实封、赐如故，仍放朝谢。"

祁与兄庠人称"二宋"，以大小别之。

《宋史》本传："人呼曰'二宋'，以大小别之。"《麈史》卷中："二公文学词艺冠世，天下谓'二宋'。"

郡望广平，祖籍开封雍丘，后徙安州安陆。

《神道碑》："公讳祁，字子京。其先，周武王封微子于宋，因以为氏，望于广平。"《元宪碑》："公讳庠，字公序。开封雍丘人。"《麈史》卷中"度量"条："宋元宪，继母乃吾里朱氏也，与仲氏景文以未第，因依外门，就学安陆。"《舆地纪胜》卷七七《德安府》"宋庠宋祁"条："父玘，为应山令，侨寓安陆，今城中锦标坊即其居止。"

高祖绅，唐昭宗时为御史中丞，以言得罪，贬州司马。家于开封雍丘，生有四子。

《元宪碑》："自其高祖绅，尝为唐御史中丞，其后三世仕不显。"《神道碑》："至公之高祖绅，唐昭宗时为御史中丞，以言得罪，遂家于开封之雍丘。生四子，以伯仲叔季列东南西北四院，公之系实出西院。"《文集》卷六二《荆南府君行状》："府君事唐昭宗，位至御史中丞，坐法贬州司马。"按：关于宋绅之事迹，王瑞来《二宋年谱》言："绅之事，至庠、祁时已不可详考，故祁撰《新唐书》只字未及，且于《荆南府君行状》中叙家世难以回避处，仅含糊言之。"[1]

曾祖骈，历事后唐、后晋、后汉，多为剧邑，后汉时任兖州乾封县令。宋追赠开府仪同三司、太傅、太师，封齐国公。清尚素节。娶王氏，丁氏。王氏追封为齐国太夫人，丁氏追封为魏国太夫人。

《神道碑》："曾祖骈，汉兖州乾封令。……自曾祖而下并赠开府仪同三司、太师、中书令兼尚书令，开齐、楚、秦三国为公。曾祖

---

[1] 王瑞来《知人论世：宋代人物考述》，山西教育出版社，2015年，第127页。

姒王氏、丁氏。"《元宪碑》:"曾祖骈,为汉兖州乾封县令。……自
公显,曾祖而下皆赠开府仪同三司、太师、中书令兼尚书令,封齐、
楚、秦三国公。曾祖姒王氏,继丁氏。"《文集》卷六二《荆南府君
行状》:"乾封府君事后唐,历晋、汉,多为剧邑。清尚素节,乡品
亡二。"

　　胡宿《文恭集》卷二一有《集贤相宋庠曾祖骈皇赠太傅可赠
太师制》。制曰:"敕:朕考慎才杰,缉熙政谋。得《诗·雅》岩岩之
瞻,属以时柄;用《春秋》尊尊之谊,褒厥曾门。所以崇立辅之仪,
厚追远之典。具官某曾祖某,履和含正,厚德秉彝。服展季之小
官,恬弗以怪;韫次公之远业,郁未及伸。庆乃垂于后昆,时则生
于上哲。屏藩左右,冯赖谟谋。向总几庭,已峻褒先之典;今升宰
路,益疏进等之恩。贲宠维师,增荣私庙。往修一卣之告,尚歆八
命之章。"胡宿《文恭集》卷二一有《集贤相宋庠曾祖母王氏可追
封齐国太夫人曾祖母丁氏可追封魏国太夫人制》。制曰:"敕:夫
孝必务于本,礼不忘其先。朕选栋材之隆,任以台宰;图曾世之懿,
峻厥仪品。虽褒贤之礼优,亦本祖之义著。具官某曾祖母某氏,贤
明异禀,法训躬行。修祭职于采蘩,承其先祖;泣报因于丹笔,裕
乃后昆。时惟哲孙,都我茂宰,前陪枢幄之论,追用密章之褒。名
爵既新,汤沐宜巨,进祚东齐之壤,升优全魏之名。滋宠营魂,尚识
恩礼。"

　　祖耀(913—960),任后周寿州霍丘县令。通王霸之术,曾随
周世宗征淮南。宋时追赠开府仪同三司、太师、中书令,封楚国公。
娶贾氏。贾氏追封为楚国太夫人。

　　《神道碑》:"祖耀,周寿州霍丘令。……自曾祖而下并赠开府
仪同三司、太师、中书令兼尚书令,开齐、楚、秦三国为公。……祖
姒贾氏。"《元宪碑》:"祖耀,后周寿州霍丘县令。……自公显,曾

祖而下皆赠开府仪同三司、太师、中书令兼尚书令,封齐、楚、秦三国公。……祖妣贾氏。"《文集》卷六二《荆南府君行状》:"霍丘府君弱冠秀发,通王霸之术。是时诸侯据藩岳,招豪英,因感艰运,濡足当世,由是连应沧、魏、兖、冀之辟。周世宗用兵淮上,铺敦罙入。府君自田里献书行在,陈灭吴之策。世宗奇其材,拜真令。随王师东下而安辑之,淮人忘亡。遭内忧去官。宋受禅,铨符追集,调蔡州团练判官,谢病不行。俄而易箦,年四十八。"

胡宿《文恭集》卷二一有《集贤相宋庠祖(曜)〔耀〕累赠太师可特赠中书令制》。制曰:"敕:朕选有德相大政,惟是名数之重,进都岩廊;则宜爵命之加,并崇祖庙。示庆源之所本,亦褒典之攸先。具官某祖某,蹈道淳深,诒谋清白。浚都之贤好善,世则有闻;太丘之德可师,位曾未达。遗恩在物,留庆钟孙。挺生时栋之材,进膺衮路之拜,用乂于我,实惟尔先。迈种之美所滋,裕后之祥乃茂。昔枢柄之云总,已贲维师;今鼎席之是居,益兼右相。褒荣偕峻,庆灵弗诬,歆此纳书,保尔显阀。"胡宿《文恭集》卷二一有《集贤相宋庠祖母贾氏可特追封楚国太夫人制》。制曰:"敕:亮天工者政之先,尊人本者义之率。惟国爵之重,弥大于孙谋;则家庙之荣,益延于祖配。所以厚民风而昭国体也。以尔具官某祖母某氏,贤有至行,穆著柔风。作合名门,尽虔共中馈之美;交修善道,得辅佐君子之宜。覆育垂慈,燕诒著庆,惟孙经哲,若时奋庸。进增汤赋之名,升荐密章之刻。句吴已宠,全楚用荒,尚歆告第之荣,益右充闾之美。"

按:关于宋耀生卒年,《荆南府君行状》曰:"宋受禅,铨符追集,调蔡州团练判官,谢病不行。俄而易箦,年四十八。"北宋建立在建隆元年(960)正月,宋耀卒于是年,由此逆推知约生于后梁乾化三年(913)。

父玘（949？—1017），又名珣，行五。早孤，依母贾氏，以孝闻邑中，与隐士邢敦游。年四十始游京师，太宗端拱二年，明经及第，释褐为宁州襄乐主簿。历江州司理参军、常州掾、光州录事参军、安州应山令、终荆南节度使推官。天禧元年卒。宋时追赠太子中允，再赠屯田员外郎，更赠开府仪同三司、太师、中书令，封秦国公，更封荣国公，进封郑国公。治《春秋》三家，长于《左氏》，治狱有阴德。娶王氏、高氏、后王氏、钟氏、朱氏。庠、祁即钟氏所生。

《文集》卷六二《荆南府君行状》："先府君蚤孤，事母贾夫人至谨。诸兄以宦学，远或千里，近或数年乃还。唯府君朝夕瞻省，以孝闻邑中。里人邢敦盘桓遁世，罕通谢问，独以府君为益者之友。治《春秋》三家，长《左氏》。……年四十，亲友劝以仕，始游京师。太宗端拱二年明经及第，为宁州襄乐主簿。时四方馕道数棘，外台郑文宝檄府君行部中，董索输护，如令而办，大见褒识。代还，调江州司理参军。慨然叹曰：'是不足为仁耶？位无大小，顾力行何如耳。'因精思于讯鞫爰书之间。属邑尉邢积捕疑盗数十人，锻锢周密，移之郡狱。太守李朝以证左明具，即俾论死。府君疑有枉状，因微挺囚械，物色以问之，因对不仇，乃自白于朝。朝弗察，府君即申牒：'大狱四十日，所以防冤诬，尽情实。今旬甲未浃，不敢如教。'朝大怒。居数日，邻州获真盗，自首于官，传檄株送。朝执书惭且骇曰：'掾其神乎！'……居官八年，弗得代。时故贰卿文定赵公以美俗使江表，廉其淹恤，疾置言状。是冬，集吏部，复掾常州。三考皆最。掌狱凡十年，所蔽数千，无一謰诿者。……俄为光州录事参军、安州应山令、江陵府从事。……居六官，更三十载，结考十七，讫无玷漏。而间关栖迟，终不获迁。力与命其相戾也。雅性强记，暗诵诸经及梁《昭明文选》，以教授诸子。遇家人嗃嗃严厉，虽盛暑必正冠束带。居常讽梵书，日十数过，以为常。……天禧元年,调都下,疾终于僦庑,实六月二十九日。……五合姓,曰高氏,曰二王氏,继以钟氏,最后朱氏。……天圣五年郊祀,诏书一追赠府君为太子中允。……明道东耕,再赠屯田员外郎。……景祐二年,圜丘礼成,进加今赠。"荆南府君即父宋玘,终荆南节度推官。

《神道碑》:"父玘,终荆南节度使推官。……至公之兄弟遂大显。自曾祖而下并赠开府仪同三司、太师、中书令兼尚书令,开齐、楚、秦三国为公。……妣王氏、高氏、王氏、钟氏、朱氏。"《元宪碑》:"父玘,端拱二年以明经及第,治狱有阴德,终荆南节度推官。"

《文集》卷六二《叔父府君行状》:"同祖兄六人,曰玮,终安州云梦令;曰琚,曰璩,曰现,皆文行孝友,不及仕途;曰珣,终江陵府节度推官,赠工部郎中;曰昱,举进士。"文中所列六人加宋位合七人与《荆南府君行状》所列七人仅"珣"一人名字不同,又江陵府节度推官即荆南节度推官,颇疑珣乃玘之别名,待考。

胡宿《文恭集》卷二一有《集贤相宋庠父玘累赠中书令兼尚书令追封荣国公可进封郑国公制》。制曰:"敕:相王室者德之盛,尊考庙者孝之隆。惟庆源之深长,则灵气之回复。时乃冢嗣,柄吾大钧,属当赞策之辰,爰举纳书之典,恩礼须究,名数乃宜。具官某父某,位不配才,性惟合道。诚心恕物,仁何止于放麛;阴德在民,庆乃昌于纳驷。挺生良器,用乂本朝。向总率于繁机,已进褒于先烈。三师升冠,二令兼荣。今膺拜于文昌,益进疏于大国。遂荒原武,寔曰陪京。弥昭爵命之崇,滋厚烝彝之荐。尚歆称室,益右庆门。"

胡宿《文恭集》卷二一有《集贤相宋庠母王氏可追封越国太夫人母高氏可追封汉国太夫人母王氏可追封秦国太夫人母朱氏可追封燕国太夫人制》。制曰:"敕:岩路延登,有国繄其弼亮;亲庙崇饰,故事著于追褒。谊惟继嫡之均,时乃宠灵之洽。具官某母某氏,柔明著范,淑哲含风。以门阀之华,来嫔盛德;因图史之训,居法宪言。存著善猷,没章遗懿,右乃哲嗣,践于中阶。妥当枚卜之初,弥积先慈之感,愍章前峻,胙典益加。考按舆地之图,进崇大国之号,用昭庆善,胥示恩荣。庶几原穸之灵,尚识治朝之渥。”

按:江陵府从事即荆南节度推官,前者是泛称,后者是具体称谓。江陵府即荆南,五代时又称南平。《宋史》卷八八《地理志四》:“江陵府,次府,江陵郡,荆南节度。”从事,节度使、观察使幕职官总称。龚延明《宋代官制辞典》“幕职官”条:“节度使、观察使各置判官、推官一人,及节度掌书记、观察支使一人。”“从事、州从事。源于唐时使府幕职官泛称部从事、从事。”同书“从事郎”条:“简称从事。……《宋史·选举志》4:‘凡选人官阶为七等,其四曰防御、团练、军事推官,军、监判官,即后来从事郎。’”[①] 故可用“从事”称“节度推官”。又《荆南府君行状》在叙述“江陵府从事”之后云“居六官更三十载”,而后卒,则是以江陵府从事为其父终官。而《元宪碑》《神道碑》均言父玘终荆南节度推官,可知江陵府从事即指荆南节度推官。

关于宋玘生卒年,《荆南府君行状》曰:“年四十,亲友劝以仕,始游京师。太宗端拱二年明经及第。”《元宪碑》曰:“端拱二年以明经及第。”由端拱二年逆推,则最迟生于后汉乾祐二年(949)。《荆南府君行状》:“天禧元年,调都下,疾终于僦庑。”知卒于天禧元年(1017)。

母钟氏,出身显贵,后追封晋国太夫人。

《元宪碑》:“公实钟夫人所生。”《文集》卷六二《荆南府君行状》:“郊、祁,钟出也。”胡宿《文恭集》卷二一《集贤相宋庠母钟氏可追封晋国太夫人制》:“敕:任天下之重,国以贤为本;稽内治之

---

① 龚延明《宋代官制辞典》,中华书局,1997年,第542、576页。

则,母以子而贵。况存著慈范,而挺生杰才,时则相予,庆缘裕后。宜举追褒之典,用旌贤善之风。具官某母某氏,出高华之门,蹈柔嘉之则,来仪名阀,承训大家。间于两社之占,实生哲辅;徙乃三邻之学,遂跻大儒。属当肇位之升,倬冠烝髦之首。粤从枢筦,入正台阶。载崇陪幄之联,弥动累茵之感。褒章前峻,淑德益宜。进胙参墟之封,增昭亲庙之懿。厥灵不泯,兹渥是歆。”

继母朱氏,安陆人。

《文集》卷六二《荆南府君行状》:“五合姓,曰高氏,曰二王氏,继以钟氏,最后朱氏。”《麈史》卷中“度量”条:“宋元宪,继母乃吾里朱氏也,与仲氏景文以未第,因依外门,就学安陆。”

按:钟氏、朱氏二人非亡继关系。《宋史》卷四七八《舒元传》:“舒元,颍州沈丘人。少倜傥好学,与道士杨讷讲习于嵩阳,通《左氏》及《公》《穀》二传。与讷同诣河中谒李守贞,与语奇之,俱馆于门下。守贞谋叛,遣元与讷间道乞师江南。江南遣大将军皇甫晖等率众数万次沭阳,为之声援。会守贞败,元与讷留江南。元易姓朱,杨讷更姓名为李平。……宋初,从平李重进,改沂州防御使。为滑州巡检使,与节帅不协,诬奏元为同产妹婿宋圮请求。事得释。诏元复姓舒氏。开宝五年,为白波兵马都监。太平兴国二年,卒,年五十五,特赠武泰军节度。”据《舒元传》,其为妹婿请求官职一事当在开宝五年(972)之前,此时宋圮尚不满三十岁,已娶朱氏。朱氏卒于天圣八年(1030),宋庠、宋祁兄弟为钟氏所出,分别生于至道二年(996)和咸平元年(998),疑钟氏与朱氏二夫人尝同在,二人当非亡继关系。王瑞来《二宋年谱》亦认为钟、朱二夫人“非为亡继关系”[1]。

---

[1] 王瑞来《知人论世:宋代人物考述》,第129页。

舅舒元（923—977），因战乱易姓为朱。卒于太平兴国二年。

《宋史》卷四七八《舒元传》："舒元，颍州沈丘人。……会守贞败，元与讷留江南。元易姓朱。……为滑州巡检使，与节帅不协，诬奏元为同产妹婿宋玘请求。事得释。诏元复姓舒氏。开宝五年，为白波兵马都监。太平兴国二年，卒，年五十五，特赠武泰军节度。"舒元尝易姓朱，其同产妹朱氏为宋玘夫人。

舅朱氏。行四，曾掾英州。

宋庠《元宪集》卷三《送外门朱秀才见访都下却归安陆旧隐》诗自注云："予昔侨居安陆，小圃正在翁宅之南。"据宋庠《送英州理掾朱舅》（《元宪集》卷三）、宋祁《送四舅朱掾赴英州》（《文集》卷一九），知舅排行第四，曾为英州理掾。宋庠另有与朱舅诗《和朱舅暮春积雨》（《元宪集》卷一一），宋祁另有与朱舅诗二首文一篇，即《文集》卷一九诗《喜同朱舅秀才小饮》、《文集》卷二〇诗《舅氏自寿阳由京师归安陆》、《拾遗》卷一五文《送英州理掾诗序》。

伯父玮，终安州云梦令。

《文集》卷六二《荆南府君行状》："同母昆弟七人：长曰玮，终安州云梦令。"《文集》卷六二《叔父府君行状》："同祖兄六人：曰玮，终安州云梦令。"

伯父琚、璩、现，三人咸先父玘而殁，文行孝友，不及仕途。

《文集》卷六二《荆南府君行状》："同母昆弟七人：长曰玮，终安州云梦令；次曰琚，曰璩，曰现，咸先殁。"

《文集》卷六二《叔父府君行状》："同祖兄六人：曰玮，终安州云梦令；曰琚，曰璩，曰现，皆文行孝友，不及仕途。"

叔父昱，举进士，早逝。

《文集》卷六二《荆南府君行状》："弟曰昱，举进士，早世。"

叔父位（？—1018），少孤，喜游侠，重然诺，通戴氏《礼记》及《周》《仪》。端拱元年明经释褐，补陇州陇安簿。历虔州石城簿、耀州观察推官，静安军节度推官，大理丞、出宰大名府朝城县，太子右赞善大夫、宰河南登封，殿中丞，通判麟州，判镇戎军，终国子博士。天禧二年卒。天资强济，于法令尤邃，有吏才，曾为寇准所赏。与父玘容貌克肖。娶王氏，继娶孙氏。子郁。

《文集》卷六二《叔父府君行状》："府君少孤，逮冠，喜游侠，重然诺。……通《戴氏礼》及《周》《仪》二书。太宗端拱元年以明经释褐，补陇州陇安簿。再调虔州石城簿。代还，以结课尤异，迁耀州观察推官。……又调静安军节度推官。……冬，进改大理丞、出宰大名府朝城县。以建封之庆，就改太子右赞善大夫，仍赐五品服，移宰河南之登封，……列进殿中丞，俄而通判麟州，又移镇戎军。天禧初，有司稽劳，转国子博士。……以天禧二年某年月日启手足于京师。前夫人王氏，后夫人孙氏封长安县君，皆前卒。子一人，曰郁。……府君天资强济，于法令尤邃，前后操吏治，详民瘼。文牍倥偬，群虑眩而不解，府君一见皆唾掌立决，情得奸露，人人厌伏。故所莅之政，旬未浃而声已驰矣，使韬郡将，争为荐宠。忠愍寇公抚全魏，闻朝城之政，恨知君晚。……与江陵府君华颠从官，比诸昆最寿，而姿宇风韵，纤微克肖，虽近亲昵友，或不之辨。"

按：宋位之生年，《叔父府君行状》曰："比诸昆最寿。"则位寿高于玘。位卒于天禧二年（1018），即玘卒天禧元年六月之明年，又称位为"叔"，则位生年在玘之后。较玘晚卒一年，而年寿高于玘，且生于玘之后，则位当于生于乾祐二年（949）玘生之后或乾祐三年（950），而据《荆南府君行状》《叔父府君行状》，玘与位同母，且他们之间还有同母兄昱，则其母二年生三子。十月怀胎方得生育，此种生育之状显然不合常理，疑有误。宋位之生年，待考。

兄郊，后王氏所出，早夭。

《文集》卷六二《荆南府君行状》："三子，长曰郊，早夭。仲曰郊，季曰祁。郊，后王氏出也。"

兄庠（996—1066），字公序。初名郊，字伯庠。至道二年生于江州，治平三年卒于京师。封莒国公，徙郑国公。谥元宪。子五人，充国，尚书都官郎中；均国，国子博士；其他三子早卒。女一人，封寿安县君，嫁太子右赞善大夫庞元中。孙八人。

《元宪碑》："治平三年四月辛丑，司空致仕郑国公薨于京师。……其年封莒国公。……英宗即位，以为武宁军节度使、徐州大都督府长史加检校太师徙封郑国公。……享年七十一。……公初名郊。在翰林时，有指公姓名傅以他说者，仁宗以语公，公因请更之。"《宋史》卷二八四《宋庠传》："宋庠字公序……庠初名郊，李淑恐其先己，以奇中之，言曰：'宋，受命之号；郊，交也。合姓名言之为不祥。'帝弗为意，他日以谕之，因改名庠。"宋庠卒于治平三年，享年七十一，知其生于至道二年。

《文集》卷二〇《庞秘校掾九江兼归汝南迎侍》诗尾自注："先君昔掾九江，予与伯氏皆生于廨舍。"九江即江州。

《元宪碑》："子男五人：充国，尚书都官郎中；均国，国子博士；其三人早卒。女一人，封寿安县君，嫁太子右赞善大夫庞元中。孙八人。"

按：关于宋庠的谥号，《元宪碑》："谥曰元宪。"《宋史》卷二八四《宋庠传》："谥元献。"《宋史新编》同。《宋名臣言行录·前集》卷六："宋庠，郑国元献公。"《（嘉靖）应山县志》卷下："宋司空郑国公宋元献公。"晏殊，谥元献。殊至和二年卒，先于宋庠十一年。范镇《神道碑》、王得臣《麈史》、陆游《老学庵笔记》、蔡绦《西清诗话》等皆称宋庠谥"元宪"，又四库馆臣辑宋庠文集题为

《元宪集》。盖"元献"与"元宪"音同,又宋庠与晏殊交往密切,后人由此而混淆。今从《元宪碑》。

妹三人,一适谢煜,一适胡昕,一适李公佐。

《文集》卷一一《送蒙城簿谢煜先辈》题下原注:"案:谢妻即祁女弟。"

《文集》卷六〇《胡府君墓志铭》:"昕为光禄寺丞、开府兵曹参军,余之女弟实归之。"

宋庠《元宪集》卷五《李公佐归汉东》题下自注:"予之妹婿。"

从兄弟郁,叔父位之子,以族父之荫入仕,曾为荣州录事参军。

《文集》卷六二《叔父府君行状》:"子一人,曰郁,以族父之荫,今为荣州录事参军。"

夫人刘氏,封彭城郡君。

《神道碑》:"娶刘氏,彭城郡君。"

子十五人。依次为定国、不及名、靖国、彦国、惠国、辅国、奉国、祚国、顺国、佑国、亮国、保国、嗣国、俊国、广国。

《神道碑》:"子男十五人:定国,进士及第,终太常博士;次不及名;靖国;彦国,国子博士;惠国,尚书虞部员外郎;辅国;奉国;祚国,太子右赞善大夫;顺国,大理寺丞;佑国,终秘书省正字;亮国;保国,大理评事;嗣国;俊国;广国,太常寺太祝。嗣国早亡。"《碑》言"十五人",而实列出有名者十四人,又有"不及名"者一人。《宋景文公笔记》卷下《右铭》:"若等兄弟十四人。"又明指为十四人,《右铭》作于祁卒前不久,当可信。聚珍本《景文集》唐庚序曰:"元符二年,其子裒臣为利路转运判官,予典狱益昌,始得尚书所为文,读之粲然。"则祁有子为"裒臣",然其名不合取名之常例,颇疑"裒臣"为字。待考。

定国，进士及第，嘉祐三年为著作佐郎、签书判官厅事，终太常博士。

《长编》卷一八八：嘉祐三年"十一月辛未，太常博士、秘阁校理、知滨州王起，著作佐郎、签书判官厅事宋定国，各追一官勒停"。《神道碑》："定国，进士及第，终太常博士。"

靖国，熙宁四年前后为将作监丞，八年前后为国子博士、同知宗正丞，十年以前为开封府推官，此后知密州。尝与欧阳修交往。

《长编》卷二二七：熙宁四年"诏将作监丞宋靖国、权发遣户部判官吕嘉问相度以闻"。《长编》卷二六六：熙宁八年"国子博士、同知宗正丞宋靖国，内侍高品卢世永降一官"。《长编》卷二八四：熙宁十年"庚子，诏国子博士、开封府推官宋靖国知密州。以御史知杂蔡确言靖国人物庸下，众所轻鄙，因缘附托，久官京师，乞别与一闲慢差遣故也"。明王祎《大事记续编》卷四二："宋庠《纪年通谱》，欧阳修语宋靖国曰：'魏武定元年当在大统九年，不当在八年。'"

彦国，尝官国子博士、大理寺丞，夫人为参知政事程戡女。

《神道碑》："彦国，国子博士。"《乐全集》卷三六《程公神道碑铭》："七女，适供奉官郭承则，殿中丞崔良孺，大理寺丞宋彦国，虞部员外郎文恭祖，侍禁、阁门祗候王咸允，杭州节度掌书记孙贲，濮州推官李恂。"

惠国，尝官尚书虞部员外郎。

《神道碑》："惠国，尚书虞部员外郎。"

辅国，尝官太常寺奉礼郎。

《临川先生文集》卷五二《前太常寺奉礼郎宋辅国等并旧官服阕制》："敕某：尔以亲丧去位，日月既除。其来造朝，复就官次。终身之孝，可不勉哉！可。"据题可知辅国尝官太常寺奉礼郎。

奉国，尝官太常寺太祝，官至奉直大夫致仕，宣和元年春卒。

《名臣碑传琬琰之集》中卷四五苏颂《孙文懿公抃行状》："女子四人，长适戎州僰道县尉蒲献卿，早亡；次适太子中舍彭敏行；次适尚书都官员外郎勾谌；次适太常寺太祝宋奉国。"

王瑞来《二宋年谱》："官至奉直大夫致仕，宣和元年春卒。"①

祚国，尝官太子右赞善大夫。

《神道碑》："祚国，太子右赞善大夫。"

顺国，尝知剡县，又官大理寺丞。

宋高似孙《剡录》卷一《古令长》"皇朝令题名"有"宋顺国"。《神道碑》："顺国，大理寺丞。"

佑国，终秘书省正字。

《神道碑》："佑国，终秘书省正字。"

保国，累官至监济南龙山镇，迁大理评事，熙宁八年坐江汝猷毁谤案，降散官，黄州安置。后尝任宣德郎、通直郎。元符元年除官，寻卒。与王安石交厚。崇宁三年入元祐党籍。

苏轼《仇池笔记》卷上"佛菩萨语"条："济南龙山镇监税宋保国出其所集王荆公《华严解》。"《长编》卷二六八：熙宁八年"大理评事宋保国降散官，黄州安置"。《长编》卷五〇四：元符元年"三省检会元祐七年宣德郎宋保国奏请太皇太后行躬诣太庙之礼。诏故通直郎宋保国追毁出身已来文字除名"。王安石《临川先生文集》卷七八有《答宋保国书》，又卷二七有交游诗《酬宋廷评请序经解》。《宋元学案》卷九八将宋保国列为"荆公学侣"。宋李心传《道命录》卷二《元祐党籍碑》列有宋保国。

---

① 王瑞来《知人论世：宋代人物考述》，第130页。

俊国，尝官秘书省正字。

王安石《临川先生文集》卷五二《翰林学士丞旨宋祁遗表男俊国广国守秘书省正字令持服制》："敕某等：尔考承密命于翰林，而不幸至于大故。眷怀旧德，甄序尔官。往其有成，祗服予采！可。"

广国，尝知剡县，太常寺太祝，秘书省正字。

宋高似孙《剡录》卷一《古令长》"皇朝令题名"有"宋广国"。《神道碑》："广国，太常寺太祝。"

王安石《临川先生文集》卷五二《翰林学士丞旨宋祁遗表男俊国广国守秘书省正字令持服制》："敕某等：尔考承密命于翰林，而不幸至于大故。眷怀旧德，甄序尔官。往其有成，祗服予采！可。"

孙十人。

《神道碑》："孙十人：松年；延年，光禄寺丞；儋年，进士及第，试秘书省校书郎；羲年，试将作监主簿；昌年，未仕；姚年，太庙斋郎；颐年，大理评事；余尚幼。"

王安石《临川先生文集》卷五二《宋祁遗表孙松年延年颐年并守将作监主簿制》："敕某等：贵臣之世，贤者之后，朕所不能忘也。故尔等皆在冲幼，而列于工官。兹所以佑序尔家，亦云至矣，尔所以保其禄位，可不勉哉！可。"

卷　一

宋真宗赵恒咸平元年戊戌（998）　一岁

〔时事〕

八月，钱若水等上《太宗实录》八十卷。九月，以《太祖实录》"笔削非工，多所漏略"，命吕端、钱若水重修。十月，张齐贤、李沆为相，杨砺、宋湜并为枢密副使。

生于江州，小字选哥。时父纪为江州司理参军。

《神道碑》："嘉祐五年秋，常山宋公自郑州移疾还京师。明年夏四月，疾益侵。召门弟子蜀郡范镇而谓之曰：'疾病者，既死，毋受赠典，毋丐子孙恩，毋请谥，毋立碑。我虽戒诸子，恐其弱，不能闻于朝。子其为我达之。'某退而白于中书，中书诸公相顾戚然。粤五月丁酉，公薨。""享年六十四。"由嘉祐六年逆推之，知祁生于咸平元年。《文集》卷二〇《庞秘校掾九江兼归汝南迎侍》诗尾自注："先君昔掾九江，予与伯氏皆生于廨舍，旧老今犹识之。"九江即江州，时父纪任江州司理参军。《文集》卷六二《荆南府君行状》："太宗端拱二年明经及第，为宁州襄乐主簿。时四方馕道数棘，外台郑文宝檄府君行部中，董索输护，如令而办，大见褒识。代还，调江州司理参军，……居官八年弗得代。"由端拱二年顺推三年，则父纪淳化三年调江州，居官八年，则祁生时仍在江州。

《麈史》卷中"神授"条："又梦前朱衣人携《文选》一部与之，遂生景文。故小字'选哥'。"按：祁生之前，其母所梦，或为后世因其文才而托，不足信。

兄庠三岁。

《长编》卷二〇八：治平三年四月"司空致仕郑国公宋庠卒"。《元宪碑》："享年七十一。"逆推之，则庠生于至道二年，是年三岁。《宋史》卷二八四《宋庠传》："父㐅尝为九江掾，与其妻钟祷于庐阜。钟梦道士授以书曰：'以遗尔子。'视之，《小戴礼》也，已而庠生。他日见许真君像，即梦中见者。"《麈史》卷中"神授"条："乡人传元宪母梦朱衣人畀一大珠，受而怀之，既寤，犹觉暖。已而，生元宪。"兄庠亦生于江州。

是年：

晁迥四十八岁。（《宋史》卷三〇五本传）

陈尧叟三十八岁。（《宋史》卷二八四本传）

陈彭年三十八岁。（《宋史》卷二八七本传）

李维三十八岁。（宋敏求《春明退朝录》卷中）

寇准三十七岁。（《名臣碑传琬琰之集》上卷二孙抃《寇忠愍公准旌忠之碑》）

王钦若三十七岁。（《续通鉴》卷三六，夏竦《文庄集》卷二九《文穆王公墓志铭》）

丁谓三十三岁。（《长编》卷一二〇，《隆平集》卷四《丁谓传》）

刘筠二十八岁。（《长编》卷一〇六，《续通鉴》卷三七）

钱惟演二十二岁。（《长编》卷一一五）

杨亿二十五岁。（《宋史》卷三〇五本传，《武夷新集》卷八《故信州玉山令府君神道表》）

王曾二十一岁。(《琬琰集删存》卷二富弼《王文正公行状》)

吕夷简二十一岁。(《乐全集》卷三六《吕公神道碑铭》)

章得象二十一岁。(《景文集》卷五九《文宪章公墓志铭》)

夏竦十四岁。(《华阳集》卷三五《夏文庄公神道碑》)

郑戬十一岁。(《长编》卷一六七，《文恭集》卷三六《文肃郑公墓志铭》)

范仲淹十岁。(《欧阳文忠公集》卷二〇《文正范公神道碑铭》)

张先(乌程人)九岁。(夏承焘《张子野年谱》)

陈执中九岁。(《乐全集》卷三七《陈公神道碑铭》)

晏殊八岁。(《欧阳文忠公集》卷二二《晏公神道碑铭》)

胡宿四岁。(《欧阳文忠公集》卷三四《胡公墓志铭》)

王洙二岁。(《欧阳文忠公集》卷三一《翰林侍读侍讲学士王公墓志铭》)

高若讷二岁。(《景文集》卷六〇《高观文墓志铭》)

贾昌朝十岁。(《临川先生文集》卷八七《赠司空兼侍中文元贾魏公神道碑》)

咸平二年己亥(999)　二岁

〔时事〕

六月,宰臣、监修国史李沆进重修《太祖实录》。七月,置翰林侍读、侍讲学士。十二月,甲寅,真宗往河北察边境。

曾公亮生。(《宋史》卷三一二本传)

包拯生。(《隆平集》卷一一)

咸平三年庚子（1000）　三岁

〔时事〕

正月，范廷召追契丹至莫州，斩首万余级。益州军变，推王均为首作乱，雷有终帅师往讨之。十月，王均伏诛，益州平。是年，京东水灾，河决郓州。

父玘调常州掾，随父徙居常州。

《文集》卷六二《荆南府君行状》：“端拱二年，明经及第，为宁州襄乐主簿。时四方馕道数棘，外台郑文宝檄府君行部中，董索输护，如令而办，大见褒识。代还，调江州司理参军。……居官八年弗得代。……是冬，集吏部，复掾常州。”《宋史》卷一六三《职官三》“刑部”条曰：“初入以三年为任，次以三十月为任。”知初任官一般为三年，则宋玘在淳化三年调江州司理参军，后推八年，则是年方调常州掾。二宋随父任官移居常州。

叶清臣生。（《长编》卷一六六，《隆平集》卷一四）

余靖生。（《欧阳文忠公集》卷二三《余襄公神道碑铭》）

柳开卒。（《河东先生集》卷一六附张景《柳公行状》）

咸平四年辛丑（1001）　四岁

〔时事〕

四月，王钦若为左谏议大夫、参知政事。九月，李继迁攻陷清远军。宋白上《续通典》，邢昺上《周礼》《仪礼》《公羊》《穀梁》正义。十月，张斌破契丹。十一月，王显破契丹。

尹洙生。（《安阳集》卷四七《尹公墓表》）

咸平五年壬寅（1002）　五岁

〔时事〕

三月，李继迁陷灵州。七月，召终南隐士种放，九月对于便殿，授官赐宅。

父玘调光州录事参军，随父寓居光州。

《文集》卷六二《荆南府君行状》："调江州司理参军……居官八年弗得代。……是冬，集吏部，复掾常州，三考皆最。掌狱凡十年，所蔽数千，无一谇诼者。……九江毗陵二郡父老至今能言之。俄为光州录事参军。"宋制，通常一任三考（约三年），宋玘为常州掾，历三考，"俄"为光州录事参军，知玘在常州约三年，又"掌狱凡十年"，则江州、常州之任合约十年，由玘淳化三年调江州，后推十年，知是年调任光州。二宋随父任官寓居光州。

梅尧臣生。（《欧阳文忠公集》卷三三《梅圣俞墓志铭》）

咸平六年癸卯（1003）　六岁

〔时事〕

三月，种放上表谢归故山，帝宴饯之。四月，李继迁寇洪德砦，契丹来侵。六月，寇准为三司使。十二月，李继迁攻西凉。

宋真宗赵恒景德元年甲辰（1004）　七岁

〔时事〕

正月，改元。二月，李继迁中流矢死。四月，京师、冀、益、黎、雅、邢、瀛等州地震。七月，李沆卒。八月，毕士安、寇准为相。闰九月,契丹大规模南侵。十一月庚午,真宗北巡;丙子,次澶渊。
十二月,与契丹议和,即"澶渊之盟"。

富弼生。(《东坡集》卷三七《富郑公神道碑》)

吴育生。(《欧阳文忠公集》卷三二《吴公墓志铭》)

景德二年乙巳(1005)　八岁

〔时事〕

二月,李继隆卒。三月,赐晏殊进士出身,授秘书省正字。四
月,置资政殿学士。十月,毕士安卒。十二月,置资政殿大学士。
本年,淮南、两浙、荆湖北路饥。

侍父于光州,受学。

宋庠《元宪集》卷二《余卧病畿邑御史王君假守潭楚道出于舍
下特见存访且寻先子之旧钦承风仪因为诗抒感云》"已识栖鸾人"
句自注:"景德中,余侍先子为弋阳督邮。君时勾稽属邑,始授余以
学术。"注言景德中,姑系于本年。弋阳即指光州,时父玘为光州录
事参军,庠与祁随父同在光州受学。

景德三年丙午(1006)　九岁

〔时事〕

二月,以宋州为应天府。寇准罢相为刑部尚书,旋出知陕州。
以王旦为相,以冯拯、王钦若、陈尧叟并知枢密院事,以赵安仁为参
知政事。本年,京东西、河北、陕西饥。

文彦博生。(《温国文正司马公集》卷六五《洛阳耆英会序》)

景德四年丁未（1007）　十岁

〔时事〕

正月己未，真宗往西京洛阳拜陵。二月己巳，至西京。八月，诏修太祖、太宗史，以王旦监修，王钦若、陈尧叟、赵安仁、晁迥、杨亿同修。

欧阳修生。（胡柯《庐陵欧阳文忠公年谱》）

张方平生。（《东坡后集》卷一七《张文定公墓志铭》）

宋真宗赵恒大中祥符元年戊申（1008）　十一岁

〔时事〕

正月，真宗以近臣诡言左承天门有天书降，改元。四月，诏十月封泰山。六月，有言天书再降泰山。十月，真宗封泰山。十一月，回途经曲阜幸孔陵，谒文宣王庙，加谥孔子曰玄圣文宣王。十一月，诏以正月三日天书降日为天庆节。十二月，以封泰山之功，加王旦、王钦若等官。

狄青生。（《华阳集》卷三五《狄武襄公神道碑》）

秋，《西昆酬唱集》结集。

王仲荦《西昆酬唱集注·前言》："这部唱和诗集开始于宋真宗景德二年（1005）的秋天，结束于大中祥符元年（1008）的秋天，前后刚有三年的时间。"①

---

① 杨亿编，王仲荦注《西昆酬唱集注》卷首《前言》，中华书局，1980 年，第1 页。

苏舜钦生。(《欧阳文忠公集》卷三一《湖州长史苏君墓志铭》)

韩琦生。(《安阳集》附《忠献韩魏王家传》)

范镇生。(《东坡集》卷三九《范景仁墓志铭》)

赵抃生。(《东坡集》卷三八《赵清献公神道碑》)

大中祥符二年己酉(1009) 十二岁

〔时事〕

正月丁巳,召辅臣至内殿朝拜天书,此后以为常。庚午,诏戒文辞浮靡。十月,诏天下置天庆观。十二月,丁谓上《封禅朝觐祥瑞图》,刘承珪上《天书仪仗图》。是年,陕西旱。晏殊献赋,召试学士院,为集贤校理。

舒雅卒。(《新安志》卷六)

李觏生。(魏峙《直讲李先生年谱》)

大中祥符三年庚戌(1010) 十三岁

〔时事〕

四月,后宫李氏生子,即仁宗。七月,置龙图阁学士。八月,诏明年春祀汾阴后土。十一月,陕州黄河清。十二月,陕州黄河再清。本年陕西饥。江、淮南旱。

约是年,父玘调任安州应山县令,二宋兄弟随父寓居安陆。

《文集》卷六二《荆南府君行状》:"俄为光州录事参军、安州应山令、江陵府从事。"宋玘咸平五年调任光州,若仍按三年一任,则为安州应山令最早在景德二年。光州任上也可能长于三年,观《行状》行文语气,"八年弗代"当是其父所历时最长的一任官,则光州之任最长不超过八年，那么玘为应山令最迟在大中祥符三年。祁随父宦而迁徙，侨居安州应山。王象之《舆地纪胜》卷七七《德安府》"宋庠宋祁"条："父玘，为应山令，侨寓安陆，今城中锦标坊即其居止。"

《（嘉靖）应山县志》卷上"古迹"条载："二宋少随父宦寓法兴寺读书。有胡僧相曰：'小宋他日魁天下，大宋亦不失甲科。'后十年，僧惊问大宋曰……天圣（三）［二］年同举进士。"法兴寺在应山县治之南，胡僧两遇二宋兄弟，相隔十年，而后二宋同时及第。据此，则二宋最迟于天圣二年前十年即大中祥符七年已寓居应山县，与上据《行状》所作推测合。今姑系祁寓居应山于本年。

生母钟氏卒。

《拾遗》卷二二《祈福醮文》："十有三岁，慈母见损。"据祁生年推之，钟氏当卒于本年。

二宋兄弟应连舜宾之请，读书法兴寺，连氏二子连庶、连庠从学。

《（嘉靖）应山县志》卷上"古迹"条载："二宋少随父宦寓法兴寺读书。"又"流寓"条："宋庠，初名郊，安陆人。与弟祁读书于法兴寺，天圣二年进士第一，见张耒《四贤堂记》。"《麈史》卷中"贤德"条："应山二连，伯氏庶字君锡，仲氏庠字元礼。少从学于二宋，相继登科。……二宋谓元宪、景文。"又卷下"杂志"条："应山县连处士舜宾命二子从二宋学，二子庶及庠也，请二公居于邑之法兴寺。"二连从学于二宋当在其年龄稍长之时，今以事为类，姑系于此。

法兴寺，在应山县治之南。《（嘉靖）应山县志》卷上"寺观"条："法兴寺，在县治南三百五十步。"连舜宾，字辅之，应山人。以布衣终一生。欧阳修《欧阳文忠公集》卷二四有《连处士墓表》。

连庶,字君锡,安州应山人,庆历二年进士及第,守道好修,有节义,被称为"大连"。《宋史》卷四五八有传。连庠,字元礼,敏于政事,号良吏。被称为"小连"。事迹见《(嘉靖)应山县志》卷上"人物"条。祁与二连交游诗有《连秀才东归》(《文集》卷九)、《送连庶》(《文集》卷一〇)、《答连生见寄兼简同邑胡希元》(《文集》卷一一)、《送连氏昆仲还省侍》(《文集》卷一四)、《寄连元礼屯田员外》(《文集》卷一五)、《喜连君锡过郡》(《文集》卷二一)。

马亮厚遇二宋。

《宋史》卷二九八《马亮传》:"陈执中、梁适为京官,田况、宋庠及其弟祁为童子时,亮皆厚遇之,曰:'是后必大显。'世以亮为知人。"言"童子时",姑系于此。

与胡铣游甚勤。

《文集》卷六〇《胡府君墓志铭》:"且予视府君,丈人行也,故不得辞而铭之。予为儿时,从先公牛马走,及见,与府君游甚勤。"胡府君即胡铣,安定人。进士及第,七调吏部铨,自县尉至节度府判官皆有政绩,天圣七年卒。祁妹嫁其子昕。事迹见《文集》卷六〇《胡府君墓志铭》。《墓志铭》言"儿时",姑系于此。

大中祥符四年辛亥(1011)　十四岁

〔时事〕

真宗祀汾阴后土。正月发京师,二月到达汾阴,四月回到京师。正月,诏以天书再降日六月六日为天贶节。八月,刻御制《大中祥符颂》于左承天祥符门。本年,河决于通利军。

吕蒙正卒。(《长编》卷七五)

邵雍生。(《宋史》卷四二七本传)

大中祥符五年壬子（1012） 十五岁

〔时事〕

六月，赐林逋粟帛，长吏岁时劳问。时逋隐居杭州西湖孤山二十年。十二月，立德妃刘氏为皇后。本年，河决棣州，江、淮、两浙旱，河北、淮南饥。

王拱辰生。（《忠肃集》拾遗载《王开府行状》）

蔡襄生。（《欧阳文忠公集》卷三五《蔡公墓志铭》）

李宗谔卒。（《宋史》卷二六五本传）

大中祥符六年癸丑（1013） 十六岁

〔时事〕

八月，王钦若等上新编修《历代君臣事迹》一千卷，帝赐名《册府元龟》。刘筠因书成，进左正言，直史馆。

刁衎卒。（《宋史》卷四四一本传）

大中祥符七年甲寅（1014） 十七岁

〔时事〕

正月，改应天府为南京。六月，王钦若罢为吏部尚书，寇准为枢密使、同平章事。十月，玉清昭应宫建成，历时七年。刘筠试于中书，迁右司谏，知制诰。本年，河决澶州。

大中祥符八年乙卯（1015）　十八岁

〔时事〕

三月,范仲淹进士及第,时年二十七。四月,寇准为武胜军节度使、同平章事,王钦若、陈尧叟并为枢密使、同平章事。荣王元俨宫火,延烧内藏左藏库、崇文院、秘阁,建隆以来所搜藏馆阁书籍,所存无几。本年,陕西饥。

大中祥符九年丙辰（1016）　十九岁

〔时事〕

二月,王旦上《两朝国史》一百二十卷。本年,京畿蝗。

宋真宗赵恒天禧元年丁巳（1017）　二十岁

〔时事〕

七月,宰相王旦以疾罢。八月,以王钦若为相。九月,王旦卒。本年,诸路蝗。

兄庠至都下侍父疾,祁留止南方。

《文集》卷六二《荆南府君行状》:"府君之归全也,朱夫人留止南方,独郊侍疾。"知宋庠随父至都下侍疾,祁留安陆侍朱夫人。

六月,父玘卒。二宋兄弟力不克葬,权窆京城之偏。

《文集》卷六二《荆南府君行状》:"天禧元年,调都下,疾终于傲庑,实六月二十九日。……及斩焉在疚,力不克葬,乃权窆京城之偏。"

秋，侨寓安陆，随继母朱氏依舅。

《麈史》卷中"度量"条："宋元宪继母乃吾里朱氏也，与仲氏景文以未第，因依外门，就学安陆。"知二宋在父丧后，回到安陆依外门。外门，即舅氏。宋庠诗《送外门朱秀才见访都下却归安陆旧隐》（《元宪集》卷三）诗末自注云："予昔侨居安陆，小圃正在翁宅之南。"外门朱秀才，即二宋舅朱氏。宋庠有诗《天禧初侨寓安陆有宅一区尝于斋前手植橘树才尺余许未几擢第随牒游方天圣庚午冬屏居畿邑守舍儿自安陆馈余丹橘一篚因曰此即斋前所植抚物怀旧凄然不平者久之因成感咏》（《元宪集》卷二），由诗题亦可知庠本年已侨居安陆，有宅，在舅氏宅之南。

二宋与令狐揆往谒郡守，值守出方归，兄弟见而叹慕。

《麈史》卷中"志气"条："令狐先生子先，安陆名儒也，与二宋同时。尝谒郡守，值守出方归。三人遂立于戟门后，驺骑传呼而来。二宋相顾叹慕，且曰：'我属至此亦足矣！'令狐曰：'何其隘耶！吾辈不出入将相，皆不足道。'后元宪为丞相，景文至八座，令狐止于山南东道节度推官、监本州税而终。命不副志，可惜！"此事在二宋寓居安陆时，然未知何年，姑系于此。令狐揆，字子先，安陆人。曾任齐安理掾，山南东道节度推官、监本州税。《宋史》卷二〇二《艺文志》著录令狐揆《乐要》三卷。

《宋诗纪事》卷一〇"令狐揆"条："王得臣《麈史》：令狐子先，安陆乡先生也。筮仕齐安理掾，岁满还里，卜筑涢溪之南。耕钓之外，著书弹琴而已。时入城，至集贤张君房之第借书。布衣林逸，善绘事，乃拟摩诘写浩然故事，以为《令狐秋掾雪中渡郎溪图》。其序略曰：'张侯畜书万卷，掾尝就阅，或假辍以归。兼出入跨羸马，顶戴华阳纱巾，著墨惨布裰，系条，小童携书篑，负琴以随。冬中复来假书，时值微雪飘洒，景物萧索。掾度溪以归，常服外加以皂缯暖帽,委辔长吟曰:"借书离近郭,冒雪渡寒溪。"闻者毛骨寒耸。是知至人操履卓越,风韵体裁,乃与天地四时之气相参焉。'先生讳揆云。"

二宋交游令狐揆诗,宋庠《送令狐揆南游》(《元宪集》卷一一)云:"楚泽离愁不避春,柳梢梅萼送行人。绿波易荡销魂水,紫陌难遮拂面尘。道困秦仪犹掉舌,歧多杨阮始沾巾。剑缑髀肉无穷恨,羞向耕畴独问津。"《赠令狐进士》(《元宪集》卷一三)云:"阙里高谈擅席珍,多年嵇痹叹沉沦。封轺续食论乡士,采服承颜断织亲。风直鹪郊伤六翮,机藏黡弩惜千钧。载看谁就扬雄宅,覆瓿书成担石贫。"宋祁《送令狐秀才赴举》(《文集》卷一四)云:"荐衡上表独垂蜺,密雪梁园逼赋期。秦市千金怀拱璧,舜韶九奏待长离。刘桢病久曾淹卧,宋玉才多故剩悲。几日绣衣荣白昼,郡章惊绂驷车驰。"《寄令狐揆二首》(《文集》卷一八)云:"楚山千叠隐南辕,汉渚风樯箭浪翻。流水东西俱怨别,离亭长短共销魂。歌翻白雪知难和,注怯黄金故易昏。玉骨更赢诗笔苦,客裾犹欲曳何门。""紫汉参横宿雾收,烟江南渡怅夷犹。梦中未省能知路,天上何缘许寄愁。岂有文鳞凭远客,枉缘香杜怨芳洲。遥知花艳惊郎目,几曲新诗播郢楼。"

陈尧叟卒。(《宋史》卷八《真宗本纪三》)

天禧二年戊午(1018)　二十一岁

〔时事〕

八月,立昇王受益为皇太子,改名祯。晏殊除知制诰、判集贤院,时年二十八。

春，与赵侍禁游安陆白兆山，有诗文纪之。

《文集》卷四五《春日同赵侍禁游白兆山寺序》文末署云："时天禧二年三月序。"《文集》卷一五《白兆山寺值雨呈同坐》,《文集》卷一七《白兆山桥亭》,《文集》卷一八《游白兆山寺》皆作于此时。白兆山,安陆之名胜。祝穆《方舆胜览》卷三一"德安府"："白兆山,在安陆西三十里。《北史》：'于翼为安州刺史,遇旱,祈雨于白兆山。'李白有《桃花崖寄李侍御诗》。"《舆地纪胜》卷七七《德安府》"景物"条载："白兆山在安陆县西三十里。"《麈史》卷中"辨误"条："白兆山,最安陆之胜,处郡西三十里,颇多灵迹。"赵侍禁,不详。

春，访友人王贺，视其疾。

《文集》卷二《感交赋》序曰："是言吾见于太原王生矣。生名贺,字赞尧,其先太原人也。……天禧元祀,予以父怙缠悲,穷阎削迹,企入室而孔迩,卜亲邻而有初。而君不我遐遗,惠然肯顾。切偲之义弥笃,簪盍之情在兹。乃至劚切艺文,推明友契。……越明年春,食剂愆和,竖膏遘疢。……一日予往候其疾,生举手而言曰：'吾殆将死矣! 胸臆结轖,气血周偾,楚魂外散,蜀肺中焦,自兹恐不得复见。'因泣下数行。夏四月卒,年三十有七。"王贺,字赞尧,其先太原人,居安陆,在祁服丧时,与之交往。据此赋,是年春,贺病笃,祁往视疾。是年夏四月,贺卒。此赋为追怀亡友王贺而作,参本谱天禧四年。

秋，立皇子昇王为皇太子，行册礼，有诗纪之。

《文集》卷一九《大醺纪事十四韵》诗题下原注"天禧二年",诗有："太极登徽册,鸿恩润庆图。三秋少皞月,五日汉家醺。"《宋史》卷八《真宗本纪三》：天禧二年"九月丁卯,册皇太子。……庚辰,御乾元门观醺"。诗与史所述合。

二宋就学安陆,居贫,以父遗留之剑鞘裹银办冬至节。

《麈史》卷中"度量"条:"宋元宪继母乃吾里朱氏也,与仲氏景文以未第,因依外门,就学安陆。居贫。冬至,召同人饮。元宪谓客曰:'至节,无以为具,独有先人剑鞘上裹银得一两,粗以办节。'乃笑曰:'冬至吃剑鞘,年节当吃剑耳。'时予先君年未冠,处座下。尝语予曰:'观二公居贫,燕笑自若,后享名位如此。'"

是年,叔父位卒。

《文集》卷六二《叔父府君行状》:"晚节连倅边守,皆西陲劲兵处。边土惨烈,寒中肌骨,髀肉销尽,壮趾成灾。及还台,不能拜伏,辄取长床卧里舍。痌瘝浸剧,遂臻大病,以天禧二年某年月日启手足于京师。"

天禧三年己未(1019)　二十二岁

〔时事〕

正月,钱惟演、王曙、杨亿、李谘权同知贡举。六月,王钦若判杭州。以寇准为相,丁谓参知政事。八月,大会释道于天安殿,建道场,凡万三千余人。本年,河决滑州。江、浙及利州路饥。

魏野卒。(《长编》卷九四)

曾巩生。(曾肇《曾公行状》)

刘敞生。(《欧阳文忠公集》卷三五《刘公墓志铭》)

宋敏求生。(《宋史》卷二九一本传)

司马光生。(《东坡集》卷三九《司马温公神道碑》)

王珪生。(《宋史》卷三一二本传)

天禧四年庚申(1020) 二十三岁

〔时事〕

五月,诏礼部罢贡举一年。六月,寇准谋请太子监国,谋漏,罢为太子太傅、莱国公,授太常卿、知相州。七月,周怀政谋奉帝为太上皇,传位太子,而废皇后。事泄伏诛。八月,朱能叛,旋败。十一月,诏自今除军国大事仍旧亲决,余皆委皇太子同宰相、枢密使等参议。十二月,皇太子亲政。

南涉大江,访故友王贺遗孤,作《感交赋》寄怀。

《文集》卷二《感交赋》题下原注:"案:赋系真宗天禧四年祁在安陆时作。"赋有:"庚申岁,予南涉大江,戾止斯郡。访君之孙,已三岁矣。天骨特异,童游不杂。谅夫善庆之所积,宜其孝谨之不衰。藐是若人,庶乎必复。墓木将拱,州来之叹曷胜;青简尚新,秣陵之言永已。追为此赋,式用寄怀。"言"庚申岁",知赋作于本年。

杨亿卒。(《宋史》卷三〇五本传)

天禧五年辛酉(1021) 二十四岁

〔时事〕

十一月,王钦若降为司农卿,分司南京。本年,京东、西水灾。

王安石生。(蔡上翔《王荆公年谱考略》)

宋真宗赵恒乾兴元年壬戌(1022) 二十五岁

〔时事〕

正月,改元。二月,真宗崩,皇太子赵祯即位,是为仁宗,时年十三。因真宗之驾崩,诏停贡举。贬寇准为雷州司户参军。七月,王曾为相,吕夷简、鲁宗道参知政事,贬丁谓为崖州司户参军。八月,刘太后垂帘听政。本年,苏州水灾。

作《皇帝神武颂》。

《文集》卷三四《皇帝神武颂》题下原注:"案:《仁宗本纪》,乾兴元年六月,诛雷允恭,七月,贬丁谓。此篇当是祁未登第时所作。"颂曰"允恭事败,先谓伏诛"当指诛雷允恭,贬丁谓。《宋史》卷九《仁宗本纪一》:乾兴元年,"六月……庚申,入内内侍省押班雷允恭坐擅移皇堂伏诛。丁谓罢为太子少保,分司西京",七月"辛卯,贬丁谓为崖州司户参军"。

二宋分题课赋,作《鸷鸟不双赋》,祁去庠远甚。

《青箱杂记》卷一〇:"宋莒公兄弟,平时分题课赋,莒公多屈于子京,及作《鸷鸟不双赋》,则子京去兄远甚,莒公遂(坛)〔擅〕场。赋曰:'天地始肃,我则振羽而独来。燕鸟焉知,我则凌云而自致。'又曰:'将翱将翔,讵比海鹣之翼;自南自北,若专霜隼之诛。'则公之特立独行,魁多士、登元宰,亦见于此赋矣。"《宋朝事实类苑》卷三八:"宋莒公兄弟,平时分题课试,莒公多屈于子京,及作《鸷鸟不双赋》,则子京取况远甚,莒公遂擅场。赋曰:'天地始肃,我则振羽而独来。燕雀焉知,我则凌云而自致。'又曰:'将翱将翔,讵比海鹣(原注:明抄本作"鸥")。之翼?自南自北,若专霜隼之诛。'则公之特立独行,魁多士,登真宰,亦见于此赋矣。"文中言"平时分题课赋"当在及第前,姑系于此。按:今宋庠《元宪集》不存此赋,宋祁《鸷鸟不双赋》今存,见《文集》卷三。

孙奭见祁,奇之,引为知己。

欧阳修《归田录》卷一:"宋尚书为布衣时,未为人知。孙宣公奭一见奇之,遂为知己。后宋举进士,骤有时名,故世称宣公知人。公尝语其门下客曰：‘近世谥用两字，而文臣必谥为文，皆非古也。吾死得谥曰“宣”若“戴”足矣。’及公之卒，宋方为礼官，遂谥曰‘宣’，成其志也。”事在及第前，姑系于此。孙宣公即孙奭。孙奭是宋祁的早期赏识者，在祁未及第时已为知己。孙奭，字宗古，博州博平人，谥曰宣。仁宗时，召为翰林侍讲学士，知审官院，判国子监。《宋史》卷四三一有传。

二宋及第前，尝于安陆永阳僧舍课《尚书》《文选》等书。

《麈史》卷中“学术”条：“予幼时，先君日课，令诵《文选》，甚苦其词与字难通也。先君因曰：‘我见小宋说：手钞《文选》三过，方见佳处。汝等安得不诵。’由是知前辈名公为学，大率如此。”又“论文”条：“里人传宋景文未第时，为学于永阳僧舍，连处士因问曰：‘君好读何书？’答曰：‘予最好《大诰》。’故景文率多谨严。至修《唐书》，其言艰，其思苦，盖亦有所自欤？”按：《大诰》出自《尚书》。课书当在祁进士及第前，又言连处士问，则当在安陆时。姑系于此。

二宋及第前，曾就学于荆州州学。

宋庠《元宪集》卷一二《杨寺丞以新集见授》题下自注：“君与仆尝于荆州聚学。”钱世昭《钱氏私志》曰：“宋相郊居政府。上元夜，至书院内读《周易》，闻其弟学士祁点华灯，拥歌妓，醉饮达旦。翌日，谕所亲令诮让云：‘相公寄语学士，闻昨夜烧灯夜宴，穷极奢侈，不知记得某年上元同在某州州学内吃齑煮饭时否？’学士笑曰：‘却须寄语相公，不知某年同在某处州吃齑煮饭是为甚底？’”可知二宋尝在荆州州学就学，事在及第前，姑系于此。

宋仁宗赵祯天圣元年癸亥（1023）　二十六岁

〔时事〕

正月，改元。五月，诏礼部贡举。九月，冯拯罢，以王钦若同中书门下平章事。闰九月，寇准卒于雷州，冯拯卒。本年，河决滑州。

二宋为安州书表吏代笔，而为谪守安陆夏竦所悉。

《麈史》卷中"知人"条："夏英公谪守安陆，有书表吏郑生者，邻二宋，情迹甚熟，凡郡守所欲笺状，多谒二公为之。英公怪而问之曰：'若尝学而自为此邪？'对曰：'非也，乃二宋秀才之文也。'英公他日见二宋，得其所著，大嗟赏。英公守三月而罢，谓元宪曰：'三人下不可就。'谓景文曰：'非等甲不可居。'后卒如言。"夏竦守三月而罢，祁年二十四投文夏公，则祁兄弟为书表吏代笔必在本年作《落花诗》之前。夏竦是二宋兄弟的早期赏识者，其为文偏于西昆体，二宋兄弟与夏竦交往自此时起。夏竦，字子乔，江州德安人，官至枢密使，谥文庄。竦多识古文奇字，好作条教，其性贪，积家财巨万，世谓其奸邪。《宋史》卷二八三有传。

以文谒见夏竦，见奇于夏竦，遵命作《落花》诗，夏以诗察人，以为兄庠当状元及第、入相，祁亦当取甲科。

《宋景文公笔记》卷上："余少为学，本无师友，家苦贫无书习作诗赋，未始有志立名于当世也。愿计粟米养亲，绍家阀耳。年二十四，而以文投故宰相夏公，公奇之，以为必取甲科。"

《麈史》卷中"知人"条："英公他日见二宋，得其所著，大嗟赏。英公守三月而罢，谓元宪曰：'三人下不可就。'谓景文曰：'非等甲不可居。'后卒如言。"

《青箱杂记》卷四："又文庄守安州，宋莒公兄弟尚皆布衣，文庄亦异待，命作《落花》诗，莒公一联曰：'汉皋佩解临江失，金谷楼危

到地香。'子京一联曰：'将飞更作回风舞，已落犹成半面妆。'是岁
诏下，兄弟将应举，文庄曰：'咏落花而不言落，大宋君当状元及第。
又风骨秀重，异日作宰相。小宋君非所及，然亦须登严近。'后皆如
其言。"

　　按：《长编》卷一〇〇：天圣元年五月，"庚午，诏礼部贡举"。
《青箱杂记》言"是岁诏下，兄弟将应举"，则事当系于此年。又《宋
史》卷二八三《夏竦传》载："仁宗即位……徙寿、安、洪三州。"则
夏竦知安州在仁宗即位后。检《长编》卷一〇一：天圣元年十一
月，"先是，知洪州夏竦言"。则竦知安州在天圣元年十一月前，又
竦知安州仅三个月。合而观之，则二宋与夏竦交往事当系于本年。
《宋景文公笔记》言"年二十四，以文投故宰相夏公"，然祁年二十四
时，仁宗未即位，夏竦亦未知安州，无法相识，恐为误记。

　　《文集》卷一三《落花》其二："坠素翻红各自伤，青楼烟雨忍相
忘。将飞更作回风舞，已落犹成半面妆。沧海客归珠进泪，章台人
去骨遗香。可能无意传双蝶，尽委芳心与蜜房。"即夏竦所命作之
《落花》诗。

　　按：《落花》诗乃宋祁早期的名篇。祁共有三首《落花》诗，
《文集》卷一三《落花》其二为最著名的一首。《落花》其一（紫房
丹萼旋辞春）与《落花》其二（坠素翻红各自伤）列于同一题下，未
知是否同时作。《落花》其一云："紫房丹萼旋辞春，素瑟悲多不忍
闻。暮雨便从巫峡散，余香犹上魏台分。魂销南浦波空绿，望绝长
门日易曛。翠被已空桃榾远，自今搔首更离群。"另一首为《文集》
卷二三《落花》（前溪夜雨锦张红），未知何时所作，诗曰："前溪夜
雨锦张红，坠萼残英绕暗丛。已与吹开复吹谢，无情毕竟是春风。"
宋庠《落花》："一夜春风拂苑墙，归来何处剩凄凉。汉皋佩冷临江
失，金谷楼危到地香。泪脸补痕劳獭髓，舞台收影费鸾肠。南朝乐

府休赓曲，桃叶桃根尽可伤。"（《元宪集》卷一二）余靖亦有《落花》诗，诗曰："小园斜日照残芳，千里伤春意未忘。金谷已空新步障，马嵬徒见旧香囊。莺来似结啼鸾怨，蝶散应知梦雨狂。清赏又成经岁别，却歌团扇寄回肠。"（《武溪集》卷二）当世及后世多有评二宋及余靖《落花》诗者。

吴开《优古堂诗话》"金谷楼危到地香"条："前辈称宋莒公赋《落花》诗，其警句有'汉皋佩冷临江失，金谷楼危到地香'之句，盖本于唐张泌《惜花》诗：'看多记得伤心事，金谷楼前委地时。'其弟景文公同赋云：'将飞更作回风舞，已落犹成半面妆。'亦本于李贺《残丝曲》云：'落花起作回风舞，榆荚相催不知数。'"

吴曾《能改斋漫录》卷八"金谷楼危到地香"条："前辈称宋莒公赋《落花》诗，其警句有'汉皋佩冷临江失，金谷楼危到地香'之句。盖本于唐张泌《惜花》诗：'看多记得伤心事，金谷楼前委地时。'其弟景文公同赋云：'将飞更作回风舞，已落犹成半面妆。'亦本于李贺《残丝曲》云：'落花起作回风舞，榆荚相催不知数。'"

赵令畤《侯鲭录》卷二"宋莒公兄弟诗"条："宋莒公兄弟皆以高名擢用。仁庙时，本朝文章多人，未有二公比者。少时作《落花》诗，为时脍炙。莒公诗云：'一夜东风拂苑墙，归来无处剩凄凉。汉皋佩冷临江湿，金谷楼危到地香。泪脸补痕劳獭髓，舞台收影费鸾肠。南朝乐府休赓曲，桃叶桃根尽可伤。'景文诗云：'坠素翻红各自伤，青楼烟雨忍相望。欲飞更作回风舞，已落犹成半面妆。沧海客归珠迸泪，章台人去骨遗香。可怜无意传双蝶，尽委芳心与蜜房。'"

陈岩肖《庚溪诗话》卷下："前人咏落花，世传'二宋'兄弟元宪公（庠，公序）、景文公（祁）诗为工。元宪诗云：'汉皋佩冷临江失，金谷楼危到地香。'景文诗云：'将飞更作回风舞，已落犹成半面妆。'固佳矣,而余襄公靖安道诗亦工,云:'金谷已空新步障,马嵬徒见旧香囊。'不减'二宋'也。"

　　贺赏《载酒园诗话》"用事"条:"《落花》诗,宋人推宋莒公兄弟'汉皋佩冷临江失,金谷楼危到地香''将飞更作回风舞,已落犹成半面妆',余襄公'金谷已空新步障,马嵬徒见旧香囊'。余意三诗俱善形容,语亦工丽,若使事着题,又无痕迹,当以子京为第一,公序次之,襄公又次之。'将飞''已落',不问而知为落花。余公诗如不读至'清赏又成经岁别',再不看题,几疑为悼亡矣。此皆祖于义山咏蜂:'宓妃腰细难胜露,赵后身轻欲倚风。'思路至此,真为幽渺。至山谷咏竹而曰:'程婴杵臼立孤难,伯夷叔齐食薇瘦。'终嫌晦涩。此不过言'苦节'二字耳。"又"二宋"条:"大宋《落花》诗,'泪脸补痕劳獭髓',盖用邓夫人药中琥珀屑多,颊成红点,益助其妍,以形容堕瓣残香之零断也。思路至此,曲而细矣。'舞台收影费鸾肠',孤鸾不舞,花枝倚风,有似于舞,妙用一'影'字,似幻似真,说得圆活。花落则影收,鸾应思之,此诗之不可以辞害志者也。余尝叹二诗之妙,极不难知,夏子乔独以通篇不露出'落'字,事业远过其弟,子京果终于侍从,人因服夏藻鉴之精。余谓此真是富贵人相诗法,风骚家恐不烦尔尔。"

　　王士祯《渔洋诗话》卷下:"宋元宪、景文兄弟,少赋《落花》诗,得大名,刻画可谓极工。"

　　秋,祁安陆取解,试《仲尼五十而学易赋》《周成汉昭孰优论》,得首荐。兄庠在开封取解,获第一名。

　　《麈史》卷中"场屋"条:"宋景文应举安陆,试《仲尼五十而学易赋》。次日,试《周成汉昭孰优论》。景文质其是非于令狐子先,答以两可之说。既出,各举程文。令狐乃以孝昭觉上官桀谋为优于成王不察四国之流言也。景文由是不怿。是年,景文首荐,令狐被黜。故景文谢启有云：'言虽执于盈庭，文不同而如面。'盖谓是也。"《宋景文公笔记》卷上："天圣甲子，从乡贡试礼部。"此次安陆应试乃取解试。《宋史》卷一五五《选举志一》："初，礼部贡举，设进士、'九经''五经''开元礼''三史''三礼''三传'、学究、明经、明法等科，皆秋取解，冬集礼部，春考试。"据此，则取解在秋天。按：《仲尼五十而学易赋》《周成汉昭孰优论》二文不见于今之宋祁文集。

《宋史》卷二八四《宋庠传》："庠，天圣初，举进士，开封、试礼部皆第一。"则庠在开封参加取解试，获第一。按：宋庠参加两次取解试，第二次在开封，第一次未知在何地。《麈史》卷下"谐谑"条："元宪宋公应举，再上及第，初任通判襄州。景文一上及第，初任复州推官。"

冬，二宋集于京师，当入见，礼部进奏，庠姓名偶列众人之首。

陆游《老学庵笔记》卷九："天圣初，宋元宪公在场屋日，梦魁天下。故事，四方举人集京师，当入见，而宋公姓名偶为众人之首，礼部奏举人宋郊等，公大恶之，以为梦征止此矣，然其后卒为大魁。绍兴初，张子韶亦梦魁天下，比省试，类榜坐位图出，其第一人则张九成也。公殊怏怏。及廷试，唱名亦冠多士，与元宪事正同。"《宋史》卷一五五《选举志一》："皆秋取解，冬集礼部，春考试。"

是年，应山县令忿二宋不出谒，往谒，又怒其不以襕幞装谒，复如言而往。后二宋及第，县令驰谒于道左。

《麈史》卷下"杂志"条："有县令经生者忿二公不出谒，屡形颜色，连劝二公强谒之。已而令恚尤甚，连特询其情，令怒不以襕幞也。二公复如言而往。明年，元宪状元，景文第十人，南归，令驰谒道左。"按：二宋及第在天圣二年，此前自天禧元年至及第时侨居安陆。《麈史》言"明年，元宪状元"，则事在本年，时二宋已失父依，故有此遭遇。

祁作于天圣二年进士及第前，然不能编年之作品有：

1.《反骚》

《文集》卷七《反骚》："我闻上天乐，仙圣并游宾。离骚何所据，招回逐客魂。谓门有九关，虎豹代守阍。砥舌饥涎流，触之辄害人。讥呵自有常，帝意宁不仁。穷壤苦恨隔，传闻恐失真。我欲稽首问，无梯倚青云。块然守下土，此愤何由伸。"诗言"离骚何所据"，安陆属古楚地，诗或作于安陆寓居时。

2.《早秋有感》

《文集》卷七《早秋有感》："一叶飞足惊，要是变衰始。毛泽自兹竭，多露方夜委。凉蜩抱空号，腐燐变幽毁。怊然感物化，须发不常美。羲和鞭白日，已复向蒙汜。功名未及见，轩冕胡足恃。坐客悯予忧，粲然启玉齿。辍嗟谢诸郎，长年行自尔。"诗言"功名未及见"，则功名未成，可知在及第之前。

卷　二

天圣二年甲子（1024）　二十七岁

〔时事〕

三月，王钦若上《真宗实录》一百五十卷。十一月，祀天地于圜丘，立郭氏为皇后。

春，省试《采侯诗》，为京师传诵，时人呼为"宋采侯"。

欧阳修《六一诗话》："自科场用赋取人，进士不复留意于诗，故绝无可称者。惟天圣二年省试《采侯诗》，宋尚书祁最擅场，其句有'色映堋云烂，声迎羽月迟'，尤为京师传诵，当时举子目公为'宋采侯'。"

何文焕《历代诗余》卷一一四引《古今词话》："宋子京为天圣中翰林，以赋《采侯》中博学宏词科第一，有'色映堋云烂，声连羽月迟'之句，时呼为'宋采侯'。"按：祁庆历三年始为翰林学士，其他史料亦未见祁中博学宏词科，《古今词话》所记疑有误，今从《六一诗话》。《宋史》卷一五五《选举志一》："凡进士，试诗、赋、论各一首，策五道，帖《论语》十帖，对《春秋》或《礼记》墨义十条。"今宋祁文集不存《采侯诗》，《全宋诗》辑为残句。

兄庠省试《良玉不琢赋》。

《湘山野录》卷上："宋郑公庠省试《良玉不琢赋》,号为擅场。时大宗胥内翰偃考之酷爱,必谓非二宋不能作之,奈何重叠押韵,一韵有'瑰奇擅名'及'而无刻画之名'之句,深惜之,密与自改'擅名'为'擅声'。后坍之于第一。殆发试卷,果郑公也。胥公挚挚于后进,故天圣、明道间得誉于时,若欧阳公等皆是。后虽贵显,而眷盼亦衰。故学士王平甫撰《胥公神道碑》,略云:'诸孤幼甚,归于润州。公平日翦擢相踵,而材势大显者无一人所助,独宋郑公恤其家甚厚。'盖兹事也。"《宋朝事实类苑》卷五七"胥内翰"条:"宋郑公省试《良玉不琢赋》,号为擅场。时大宗胥内翰考之酷爱,必谓非二宋不能作之,奈何重叠押韵,一韵内有'瑰奇擅名'及'曾无刻画之名'之句,深惜之,密与自改'擅名'为'擅声',后列之于第一。迫发试卷,果郑公也。胥公挚挚于后进,故天圣、明道间,得誉于时。若欧阳公等,皆是后进,虽贵显而眷盼亦衰。故学士王平甫撰《胥公神道碑》,略云:'诸孤幼甚,归于润州。公平日澄擢相踵,而材势大显者无一人相助,独宋郑公恤其家甚厚。'盖兹事也。"按:今《元宪集》无此赋,《景文集》亦无,傅璇琮主编《宋登科记考》本年考试官中亦不载胥偃,事待考。

三月八日,以诗五十首及《座主侍郎书》献座主刘筠。

《文集》卷五〇《座主侍郎书》:"三月八日,门生宋祁谨斋沐献书座主侍郎:数日前,入侍郎坐,伏蒙以《汝阴诗笔》一编俾之细览,捧戴震汗,罔识所置。亦即返穷庑,隐危几,振衣三薰,正冠一沐,然后徐绎篇次,寖求指归。炜乎其采也,沨乎其大也。若洞庭之奏,始闻而惧;如章台之观,三休乃跻。适然得肉以大嚼,杳然御风以忘返。飘飘凌云气,乃游天地间;肃肃入宗庙,但见礼乐器,不足喻也。甚幸甚幸。窃惟吟咏之作,神明收系。内导情性,旁概谣俗。造端以讽天下之事，变义以夐万物之蕴。音之急缓，随政之上下。大抵三百篇，皆有为为之，非徒尔耳。后虽体判五种，时经三变，音制弥婉，体裁益致，以浮声切响相镇，以雕章缛采相矜。然而大方之家，往往披华于沈宋之林，收实乎曹王之圃，窒其流宕，归之雅正。是以垂虹霓，骑日月，而不为怪；砺泰山，吞云梦，而不为广；矜蝚首，状佩玉，而不为丽；兴蜩螗，比朴樕，而不为烦；道治世，语幽国，而不为佞且怨。灵均以来，未有不睹斯奥而能垂名不朽者也。自唐德有荡，人文寝微。巷委其（欲）〔歌〕，披扇成俗。执古者过尧以入貉，徇今者袭鲁而成鱼。讪怒则咄咄逼人，幽忧则跕跕堕水。摘句则惊离朱諔诉之索，限局则均折杨皇荂之谣。衰微及国，无闻焉耳。至于幽人苾刍，遁世长往，短章悴句，时时投曲，然皆哇咬殽音。局趣（其）〔猿〕韵，不足论也。伏惟侍郎明公禀道至明，为人先觉，虑含蓍蔡之吉，言坤金玉之度。三入秘禁，亲逢圣期。且以席间谈笑经大猷，以笔端肤寸润天下。赞累盛之布度，操斯文而主盟。而乃念雅颂之沦，轸风流之弊，渡橘成枳，众雌靡雄，下垂百年者杳默遗响。于是倡始多士，作为连章。钩深缔情，上薄于粹古；促节入律，下偶乎当世。震枹鼓以竦介士，运斗杓又准四时。复而不厌，茂而有间。使味之栩然骇其理胜，览之又窅然恐乎卷尽。及夫盛气注射，英辞鼓动，思泉流唇，云纸落手，诸儒愿喙长而不克诵，小史惧腕废而不及书，此又精入于神，不可得而闻也。与夫订锦襄之品，诧篝袍之夺，赋韵竞病，咀父膏腴，一何区区哉！祁被蒙奖怜，擢厕荣伍，不以鞭箠之使，俾与杖履之游。手探秘笥，面命成矩。导以真人之謦欬，洒其屯膏之钝昏。徒一孤生，而再受大赐，其何况如之！且慕有道者，折角以效巾；爱太傅者，掩鼻而成咏。况其亲接音旨，密漱灵润？窃用感发，自忘顽愚，谨亦搜次旧诗，得五十首，具稿执献。昔刘琨遗卢谌以二诗，谌不能晓，乃以

常体酬报。斯文之族，无乃类旃。轻渎宗工，伏地俟罪。"座主侍
郎即刘筠。《会要》选举一之九："以御史中丞刘筠权知贡举，知制
诰宋绶、陈尧佐、龙图阁待制刘烨权同知贡举。"《座主侍郎书》较
完整阐述了祁早年文学思想。刘筠，字子仪，大名人。与杨亿等预
修《册府元龟》，相互唱和，为西昆派的重要作家。《宋史》卷三〇五
有传。

三月十日，仁宗奉真宗御容于景灵宫，作文颂之。

《文集》卷三四《景灵宫颂》题下原注："案：《宋史》真宗大中
祥符五年作景灵宫，仁宗天圣二年奉真宗御容。此篇当是祁登第
后所作。"《宋史》卷九《仁宗本纪一》：天圣二年三月，"丁酉，奉安
真宗御容于景灵宫奉真殿"。《长编》卷一〇二：天圣二年二月"景
灵宫，旧晋邸也，真宗生于是。上即位，修万寿殿，名曰奉真，将以
奉安塑像。庚辰，命王钦若为礼仪使"。三月"丁酉，奉安真宗御容
于景灵宫奉真殿"。丁酉日即十日。《颂》云："故即位之二年，诏迓
先帝真像于是宫。"可知颂作于是年。

兄庠殿试《德车结旌赋》，偶失韵。

《能改斋漫录》卷一四："宋莒公殿试《德车结旌赋》，第二韵当
押'结'字，偶忘之。考试官奏过，得旨，因得在数，以魁天下。其
后《谢主文启》云：'掀天波浪之中，舟人忘楫；动地鼓鼙之下，战士
遗弓。'盖叙此也。"按：宋庠此文题为《德车载旌赋》，见《元宪集》
卷一。

**三月十八日，兄庠以甲科第一名登进士第；祁以甲科第十名登
进士第。初，礼部奏名祁第一，庠第三，章献太后不欲弟先兄，乃擢
庠第一，置祁第十。**

《长编》卷一〇二：天圣二年三月，"乙巳，御崇政殿，赐宋
郊、叶清臣、郑戬等一百五十四人及第，四十六人同出身。不中

格者六人，以尝经真宗御试，特赐同三礼出身。丙午，又赐诸科一百九十六人及第，八十一人同出身。郊与其弟祁俱以辞赋得名，礼部奏祁名第三，太后不欲弟先兄，乃推郊第一，而置祁第十。刘筠得清臣所对策，奇之，故推第二。国朝以策擢高第，自清臣始。郊，安陆人；清臣，长洲人；戬，吴县人。郊授大理评事、同判襄州，戬授奉礼郎、签书宁国军节度判官事"。乙巳日即十八日。

《会要》选举七之一四："仁宗天圣二年三月十八日，礼部上合格进士吴感已下二百人，诏翰林学士晏殊、龙图阁直学士冯元编排等第。翌日，帝御崇政殿召对，赐宋郊已下一百五十四人及第，翟翁已下四十六人同出身，曹平已下七人同三礼出身，诸科李九言已下三百五十四人并赐及第、同本科出身。（原注：《文献通考》仁宗天圣二年，赐举人宋郊、叶清臣、郑戬以下及诸科凡四百八十余人赐及第、出身有差。先是，上封事者言经学未究经者旨，乞于本科问策一道，对者纰缪。上以执经肄业，不善为文，特命取其所长，周广仕路，并不黜落。国朝以策擢高第者，自清臣始。郊与弟祁俱以词赋得名，时奏祁第一，太后不欲弟先兄，乃擢郊第一，祁第十。时天下登者，不数年辄赫然显贵，取士之路，可谓盛矣。）"

《会要》职官六之六二："先是，应辰言：'兄涓见任起居郎。窃见本朝故事，宋郊与弟祁同举进士，有司奏祁名第一，郊第三。章献明肃太后不欲弟先其兄，乃擢郊第一，而置祁第十。盖虽科举取士，而亦存兄弟长幼之序，至今以为美谈。'"

《元宪碑》："仁宗在亮阴，诏礼部贡举，公与其弟祁，皆奏名廷中。已而擢公为第一。"

《神道碑》："仁皇帝在谅暗，公兄弟试礼部，糊名籍奏公第一，兄元宪公第三。章献太后曰：'弟不先兄。'遂擢元宪第一，降公为第十人。"

《(乾隆)杞县志》卷一〇:"宋庠,仁宗天圣二年举第三,太后改第一,见《事功传》。""宋祁,庠弟。同年举第一,太后改第十,见《文苑传》。"

按:《会要》《神道碑》《(乾隆)杞县志》皆言礼部奏名宋祁第一,宋庠第三,唯《长编》言礼部奏名宋祁第三,《长编》所称"三"疑乃"一"之误。

座主刘筠赞祁所试辞赋,称之于朝,以为诸生冠。

《宋景文公笔记》卷上:"天圣甲子,从乡贡试礼部,故龙图学士刘公叹所试辞赋,大称之朝,以为诸生冠。"宋庠《缇巾集记》(《元宪集》卷三六)"辄为名公训奖"句自注:"余与子京初试吏,罢归,中山刘公子仪见索近诗,因各献一编。他日刘公取当世文士古、律诗作句图置斋中,人不过一两联,惟余兄弟所作独占三十余联,自是刘公深加训奖。"可见刘筠对二宋的奖掖。

有启谢及第。

《文集》卷五三《谢及第启》:"雪袂传趋,并集规庭之秘;芝函诞告,茂倾纶采之荣。获预言扬,举增夕惕。窃以周家共贤者之乐,式订思皇之篇;唐室获彀中之雄,大署前乡之号。皆以寤求侧陋,尊吁畯良。拔十之取至精,群百之廉竞爽。粉泽贤业,于以畅同文之规;笙簧帝谟,于以赞丕天之律。……谨当稽参官式,勤缉政纲。疏瀹乃心,服朝家之成宪;僶俛从事,讲肉食之远谋。仰酬如卵之私,俯厉析肝之誓。过兹已往,未知所图。"据题知文作于进士及第后。

同榜进士胡宿代庠作谢及第表。

胡宿《文恭集》卷九《代宋状元谢及第表》:"太常试艺,谬参籍奏之荣;法坐第名,滥塞言扬之选。沐清光之下济,仰华旦之亲逢。祇荷宠灵,伏增欣惧。窃以群材博举,鸿化肇先。慎简乃僚,

纪历代之宝训；誉髦斯士，垂大雅之美谈。克树泰宁之基，允为
盛德之集。若乃右贤抚运，左篇隆文，率由上圣之姿，规恢前帝之
宪。……臣等敢不慎修履素，惕奉绅书，慕汉吏之惟良，副尧心之
在宥。恪居官次，益敦宿业之方；怀畏简书，弥励夕冰之节；少酬覆
露，共誓捐糜。"

同科中式者主要有：

叶清臣（《长编》卷一〇二、《宋史》卷二九五本传）

郑戬（《长编》卷一〇二、《文恭集》卷三六《郑公墓志铭》）

高若讷（杜大珪《名臣碑传琬琰之集》中卷六《高文庄公墓志铭》）

曾公亮（杜大珪《名臣碑传琬琰之集》中卷五二《曾太师公亮
行状》）

余靖（蔡襄《端明集》卷四〇《余公墓志铭》）

尹洙（韩琦《安阳集》卷四七《尹公墓表》）

胡宿（《欧阳文忠公集》卷三四《胡公墓志铭》）

王洙（《范文正公集》卷一八《代人奏乞王洙充南京讲书状》）

四月，预琼林苑新及第进士宴。

《会要》选举二之六："仁宗天圣二年四月七日，宴新及第进士
于琼林苑，诏翰林、龙图阁直学士、直馆已上并赴。"祁为新及第进
士，当预宴。

南归安陆。

《麈史》卷下："明年，元宪状元，景文第十人。南归，令驰谒道
左。"宋庠《元宪集》卷一四《擢第南归道中早发》："紫汉回天斗柄
横，萧萧羸马困遄征。南归昼绣恩偏厚，应有乡人笑夜行。"及第后
二宋同归安陆。

八月，祁释褐复州军事推官，兄庠释褐大理评事、通判襄州。

《神道碑》："降公为第十人，调复州军事推官。"《宋史》本传：

"释褐复州军事推官。"《隆平集》卷五《宋祁传》:"初释褐,授复州军事推官。"复州(今湖北天门),古为竟陵郡,北周置复州,五代晋时改复州为景陵郡,后周改沔州,宋太祖时再改复州为景陵郡。《文集》卷五七《复州广教禅院御书阁碑》:"复州者,古为景陵郡。"《(嘉靖)沔阳志》"郡纪"条:"(后)[北]周置复州,治建兴。……武德五年改复州,属山南道。……玄宗天宝元年改竟陵郡。肃宗乾元元年改复州。……晋高祖天福元年,改复州曰景陵郡,竟陵曰景陵县。周改沔州,宋太祖建隆三年改复州景陵郡,领县二:景陵、沔阳。"

《会要》选举二之六:天圣二年,"八月,诏新及第进士第一人宋郊为大理评事、通判(庐)[襄]州,第二人叶清臣、第三人郑戬为奉礼郎、金书诸州两使判官公事,第四、第五人节察推官,余初等职官判司簿尉"。《元宪碑》:"天圣二年,释褐为大理评事、通判襄州。"王存《元丰九域志》卷一:京西南路,"襄州,襄阳郡,山南东道节度。治襄阳县"。按:《会要》言宋庠"通判庐州",当为"通判襄州"之误,《宋史》本传、《隆平集》本传、《东都事略》《元宪碑》皆作"襄州"。

授官之时,二宋兄弟相互谐谑,甚得意。

《麈史》卷下"谐谑"条:"元宪宋公应举,再上及第,初任通判襄州。景文一上及第,初任复州推官。元宪谓曰:'某多幸,才入仕不识州县况味。'景文答曰:'某亦多幸,才应举便不知下第况味。'兄弟相与笑谑而罢。"此事当在二宋授官而未赴任之时。

祁有诗送同年及第者赴任。

《会要》选举二之六:天圣二年,"八月,诏新及第进士……第二人叶清臣、第三人郑戬为奉礼郎、金书诸州两使判官公事,第四、第五人节察推官,余初等职官判司簿尉。"《文集》卷八《送张士安

同年赴上元尉》：“千名联唱第，一尉滞徒劳。山入黄旗国，江浮白
鹭涛。苑葩依日晚，官树共秋高。少赋思归恨，潘才是二毛。”《文
集》卷八《送王鼎同年尉荥阳》：“毡毫联署榜，兰酒怅离杯。作吏
缁衣国，工吟白社才。浮凉御风至，澄翠溢荥来。盗息连殊课，章
封刺史台。”《文集》卷九《同年李宗太平法掾》：“俊名参吏启，掾
事补编堂。尽取黄金酒，重纡碧鹤裳。佐庖鲑菜厚，束峡秘厨香。
认得公庭步，鬏须白皙郎。”《文集》卷一一《胡同年恢信州弋阳
簿》：“笼樱沉醲宴，津鼓怆离群。道出东南水，心留西北云。秋田
供酝剂，练幅换书裙。嫖阙方呼俊，归来伫献文。”《文集》卷一七
《同年成楷潍州理掾》：“东风莺友旧联飞，雕岁鹍弦此怆离。路怨
亭皋长续短，客嗟京邑素为缁。且欣便道还家近，未厌无同得掾
卑。汉殿有人能夜诵，君才不减子虚辞。”《文集》卷一七《吴感勾
归安簿》：“苑花联醉七经春，犹佩当年一采纶。京邑风尘初倦客，
楚伧涂辙欲妨人。信潮暮送吴艎稳，公秫秋供箸酎醇。江外何因
凭尺素，宕渠波恶损文鳞。”《文集》卷一七《送同年孙锡勾簿巢
县》：“千牍公车与愿违，却怀黄绶去江湄。中都食酪忧莼老，要路
编苦笑锦迟。酒帜亭长离帝罿，浪花风稳暝帆移。惊秋感别俱成
恨，瘦尽森森琼树枝。”《文集》卷一七《送同年张孝孙勾簿颍阴》：
“雪序繁云掠苑回，行人此地一衔杯。东西沟上歌流水，南北枝头
怨赠梅。绵竹诵篇沉秘幄，堵坡题字晦轻埃。莫辞县枳淹鸾翮，密
启天官伫荐才。”《拾遗》卷二《同年谭综掾江陵》：“乡树湘云外，
行辕楚塞东。不辞淹拔萃，聊欲辨无同。暝紫生寒岫，疏丹点暮
枫。登楼有归讯，为附北归鸿。”诸诗之诗题或诗意与《会要》“初
等职官判司簿尉”合。

叶清臣签书苏州观察判官事，有诗赠之。

《拾遗》卷三《送叶苏州》：“卧锦潜郎种种丝，为邦独爱阮咸

麾。中台给契鱼初剖,外闼升车雉尚随。风汴杂花飘夕棹,雨吴
芳树隐春旗。为寻刘白高吟地,酒熟螯香左右持。"叶苏州即叶清
臣,天圣二年及第,授太常寺奉礼郎、签书苏州观察判官事。《宋
史》卷二九五《叶清臣传》:"天圣二年,举进士……授太常寺奉礼
郎、签书苏州观察判官事。"叶清臣,字道卿,苏州长洲人,天圣二
年甲科第二名进士及第,与祁兄弟交往密切。《宋史》卷二九五
有传。

是年,作《放生池记》。

《文集》卷四六《放生池记》云:"圣上初元之二年,诏立放生池
于郡国。"则文可能作于是年。姑系于此。

天圣三年乙丑（1025）　二十八岁

〔时事〕

七月,诏诸路转运使察举知州、通判不任事者。十月,晏殊为
枢密使。十一月,王钦若卒。

春,送贤上人归山。

《文集》卷四五《送贤上人归山序》:"天圣三祀,驻锡澧阳,黑
白归之,所在成市。难拒有情之请,遂唱别行之教。应病与大小之
药,随扣发春容之音。净名遣言,真入法门之不二;亢仓与处,但觉
岁计之有余。众德普闻,一方薪向。始师与今参豫清源公,实领妙
契,为忘年之交,款兹同风,有命驾之适。庋止京寺,且过敝庐。予
方欲以道理往来而劳苦之,师举手曰……春郊苍然,春柳盎然。送
师者自厓而反,师自兹远矣。宁于疆锁尘谛,鸡鹜仕涂者,可希其
辙迹哉!"贤上人,不详。

五月，仁宗幸玉津园观刈麦，作诗文颂之。

《宋史》卷九《仁宗本纪一》：天圣三年五月，"癸巳，幸御庄观
刈麦"。《长编》卷一〇三：天圣三年五月"癸巳，幸南御庄观刈麦。
闻民舍机杼声，召问之，乃一贫妇也，因赐以茶帛。谕辅臣曰：'其
勤如此，而不免于贫，可无恤哉？'"《文集》卷三四《皇帝幸玉津园
省敛颂》题下原注："案：《仁宗本纪》，天圣三年五月癸巳，幸御庄
观刈麦。此篇当是祁未之复州推官任时所作。"姑系于此。《文集》
卷一九《进幸南园观刈宿麦诗有表》题下原注："案：《仁宗本纪》系
天圣三年五月事。"《佚存丛书》本（简称"佚存本"）"农扈方迎夏，
宫田首告秋"句自注："臣谨按，物成熟者为秋，取揫敛之义，故谓四
月为麦秋。"言四月为麦秋，与仁宗幸御庄观刈麦合。黄朝英《靖
康缃素杂记》附录"补辑"之"麦秋"条："宋子京有《帝幸南园观刈
麦》诗云：'农扈方迎夏，官田首告秋。'注云：'臣谨按，物成熟者谓
之秋，取揫敛之义。故谓四月为麦秋。'余按，《北史·苏绰传》云：
'布种既讫，嘉苗须理。麦秋在野，蚕停于室。'则麦秋之说，其来旧
矣。"吴曾《能改斋漫录》卷一"麦秋"条："黄朝英《缃素杂记》云：
'宋子京有《帝幸南园观刈麦》诗云："农扈方迎夏，官田首告秋。"
注云："臣谨按，物成熟者谓之秋，取揫敛之义。故谓四月为麦秋。"
余按，《北史·苏绰传》云："布种既讫，嘉苗须理。麦秋在野，蚕停
于室。"则麦秋之说，其来旧矣。'已上皆朝英说。予考麦秋之始，
在《礼记·月令》，自有成说，何必引苏绰说耶？释其义，则景文之
说尤尽。及观王荆公绝句云：'荷叶初开笋渐抽，东陂南荡正堪游。
无端陇上儵儵麦，横起寒风占作秋。'此又何也？然景文所注，本出
蔡邕《月令章句》，曰：'百谷各以其初生为春，熟为秋。故麦以孟夏
为秋。'"

至复州，为州内广教禅院御书阁撰写碑文。

《文集》卷五七《复州广教禅院御书阁碑》有："直城西出一里，有院曰广教。"题下原注："祁本传：释褐为复州推官。当在天圣三年。碑云乾兴元年，意建阁在前，碑文在后耳。"文中又云："祁宿官甫迩，落成斯觌，淳濯至化，颂次成功。"则作于祁出任复州军事推官后不久，姑系于此。

秋，作《南亭独瞩》诗以抒怀。

《文集》卷一八《南亭独瞩》题下自注："在景陵。"则在复州时所作，又诗中有"宇下雄风细细凉"，则作于秋天。姑系于此。

六月，聂冠卿因尝妄校《十代兴亡论》从蕲州罢归，归途有诗，祁作诗美聂氏诗而叹其落职。

《文集》卷一七《览聂长孺蕲春罢归舟中诗笔》："姑山羽客冰为骨，金掌仙人露代餐。化作妙辞真扣玉，写成初稿剩惊鸾。心随零雨蒙蒙密，恨过清溪曲曲寒。此秘东阳夸未睹，灵均千载有余叹。"《宋史》卷二九四《聂冠卿传》："迁大理寺丞，为集贤校理、通判蕲州。坐尝校《十代兴亡论》谬误落职。"《长编》卷一〇三：天圣三年六月，"丙辰，降直昭文馆陈从易为直史馆，集贤校理聂冠卿、李昭遘并落职。先是，从易等校太清楼所藏《十代兴亡论》，字非舜误，而妄涂窜，以为日课。上因禁中览之，故及于责"。聂冠卿，字长孺，歙州新安人。《宋史》卷二九四有传。祁景祐年间同聂冠卿修乐书，参本谱景祐二年、三年。

在复州，望汉江，叹其景，有诗纪之。

《文集》卷八《望汉江》："西导岷源阔，南浮楚望开。"汉水经复州西部、南部流过。姑系于此。

约是年，作《石楠树赋》，咏襄汉石楠树。

《文集》卷二《石楠树赋并序》序有："予尝被台檄北走襄汉，襄汉间家树石楠为园池之玩，树率高不过二三丈，柯叶婆娑，如帷盖然。惜其上国之远，不能移植。窃用赋之，以竢知己者。"则赋作于复州时，姑系于此。

天圣四年丙寅（1026）　二十九岁

〔时事〕

六月，建、剑、邵武等州军大水，京师大水，平地水数尺。

春，游复州乾明寺院，题诗院内湖亭。

《文集》卷一四《题景陵乾明院湖亭》："东眺湖波十里平，竹椽疏舍瞰澄瀛。山花暗落谈经地，水鸟时闻念佛声。莽树绕天春色晚，彩云垂地夕凉生。后车官冷曾过此，只得幽人笑缚缨。"言"山花""春色"知作于春季，景陵即复州，参本谱天圣二年。姑系于此。《文集》卷四六《复州乾明禅院记》："复州者，捷江汉之北望，古曰景陵郡。乾明院者，直谯门之东趣。唐为开元寺，会昌之难，剪焉荆棘。劫火沉烬，山灵见鞭。像法中兴，改题院额。祀不失物，益作四事之严；天定胜人，复会六合之众。然或外请尊者，以号住持；或即付上首，以为传袭。教失厥序，人有其私。金注益殙，但取小乘之爱；井饮相捽，寖隳大事之缘。运之少还，物乃倾否。天禧中，比部员外郎邢若思来领州事，因目胜地久为人废，乃率郡之大檀越及比丘众，奉公檄诣鄂州灵竹院，请今长老契稳以尸之。……师以仆尝任州幕，具知胜因，列状载勒，刻识为托。且欲令后付嘱者不私于己，其以吾为兹院之初祖也。矧国有著令，来者得不信受奉行之。时年月日记。"文有"仆尝任州幕"，则文作于离任复州推官之后，未知具体日期，姑系于此。

春,往襄阳访兄庠,旋回复州。

《拾遗》卷三《晚春至自襄阳》:"刀头归约月残时,辈几流尘满兔枝。阴地雨蛙欺鼓吹,后园烟茗老枪旗。风回曲榭花英聚,泉喷坳堂藓晕移。卧看屋梁周粟饱,不嫌五管号支离。"据诗题,晚春祁已自襄阳回,则访襄阳在稍前,时祁为复州军事推官,兄庠自去年八月释褐为大理评事、通判襄州,参本谱天圣二年记事。襄州与复州二地相近,故祁得便访之。

在复州,常与元净预北禅祚公法席。

《文集》卷一五《送元净归中岩并序》序云:"予昔家景陵,与师同预北禅祚公法席。后三十年,予守成都,师自富顺监肯来,洒然话旧。昔之壮也今瘁,昔之鬓也今华,师虽忘怀,予不能无感。俄而告还,作诗一解,以慰其行。"景陵即复州。元净,不详。

天圣五年丁卯(1027)　三十岁

〔时事〕

正月,夏竦代晏殊为枢密副使。二月,吕夷简、夏竦修先朝国史,王曾提举。十一月,祀天地于圜丘,大赦。

二月二十三日,上书孙奭,望其荐引还朝。

《文集》卷五〇《上侍讲孙贰卿书》:"二月二十三日,景陵幕佐宋祁,不敢显然布币有请,窃因伯氏附书以私于下执事。……若惠顾一日之雅,徽福先君之祀,拔于煨烬,生以羽毛,请为上言,俾塞诏旨,使得充下馆,备冗列,游精艺文,毕力补掇。长言足叹,绍乎崧高;掇要著篇,别其朱紫。则是执事于我,生死人而肉白骨也。"题下原注:"案:本传祁以孙奭荐改大理丞国子直讲,当在此时。"孙贰卿即孙奭,参乾兴元年。祁经孙奭推荐改大理寺丞、国子监直讲。

连秀才来访,归应山,有诗赠之。

《文集》卷九《连秀才东归》:"烟树遍云中,迎君马首东。鸣鸡关下晓,归鸟汉阳穷。倦客辞城阙,深耕托灌丛。还将数日恶,故故恼衰翁。"诗末自注:"谢安曰:中年以来伤于哀乐,与亲友别,辄作数日恶。余年逾三十,多难早衰,窃用自况耳。"知诗作于宋祁三十岁或稍后,时祁在复州,处应山县之西,故诗题言"东归"。本年秋,祁已离复州,则诗当作于本年离开前。连秀才,指连庠或连庶,待考。连庠,是否及第,未知;连庶,庆历二年进士及第,参本谱大中祥符三年。

七月十二日,兄庠试学士院,策颂俱优,除太子中允、直史馆。

《会要》选举三一之二七:天圣五年"七月十二日,学士院试大理评事宋郊,策稍优、颂优,诏为太子中允、直史馆"。

《元宪碑》:"召删定本朝令,遂试学士院,除太子中允、直史馆、判登闻鼓院。"《元宪集》卷一九《谢宣召入学士院表》有:"判摄事经,出入四期。"则表当作于此时。

秋,复州秩满,因孙奭之荐,改大理寺丞、国子监直讲。

《神道碑》:"代还,改大理寺丞、国子监直讲、直史馆。"《宋史》本传:"孙奭荐之,改大理寺丞、国子监直讲。"《宋史》卷一六三《职官三》"刑部"条曰:"初入以三年为任,次以三十月为任。"可知初任一般为三年。祁自天圣二年八月释褐复州军事推官,至此时三年。孙奭,参本谱乾兴元年。

将解职,有诗酬恩郡守。

《文集》卷一三《将解职抒怀上郡守》:"空函檄草聚浮埃,日愧西园缀上才。著帽每容司马进,脱巾多伴使君来。孤根易变江南橘,归梦先随陇首梅。惟有酬恩无限泪,异时应溅别离杯。"祁外郡为属官唯在复州,故诗作于复州时。

初除国子监直讲,有诗寄判国子监冯元、孙奭。

《文集》卷一九《初除直讲献内阁冯学士孙侍郎》:"圆海崇遗教,中陵育茂材。雾从仙市合,风向舞雩来。宝篆伴东壁,儒篇访曲台。泮芹参上俎,燕箸拥轻埃。鼓箧华冠聚,丘山缥帙开。虫形浮墨沼,鼠耳绽经槐。有客缘承乏,无庸愧滥陪。难重汉家席,易眩鲁门杯。学困青箱广,书愁皓首催。空尘博士议,不称洛阳才。高阁连云景,层城枕斗魁。惟应仲尼冶,未惜铸颜回。"据诗题知作于此时。冯学士即冯元。冯元,字道宗。冯元曾与孙奭同判国子监,后为翰林学士、判都省三班院、史馆修撰、判流内铨兼群牧使。《宋史》卷二九四有传。冯元与宋祁交游甚厚,元尝属祁为其作铭志,祁文集中有《冯侍讲行状》(《文集》卷六二)、《章靖冯公哀词》(《文集》卷九)。孙侍郎即孙奭,参本谱乾兴元年。

十一月十七日,郊祀,追赠父玘太子中允,朱夫人寿光县太君。

《文集》卷六二《荆南府君行状》:"天圣五年郊祀诏书一,追赠府君为太子中允,封朱夫人为寿光县太君。"《宋史》卷九《仁宗本纪一》:天圣五年十一月,"癸丑,祀天地于圜丘,大赦"。《长编》卷一〇五:天圣五年十一月"癸丑,合祭天地于圜丘,大赦。贺皇太后于会庆殿"。癸丑日即十七日。

十一月,与杨安国等校勘明法科律文及疏,孙奭、冯元详校,至天圣七年校毕。

《会要》崇儒四之六至四之七:天圣五年"十一月,翰林侍读学士判国子监孙奭言:'诸科举人,惟明法一科律文及疏未有印本,是致举人难得真本习读。乞令校定,镂板颁行。'从之。命本监直讲杨安国、赵希言、王圭、公孙觉、宋祁、杨中和校勘,判监孙奭、冯元详校,至七年十二月毕"。言"本监直讲……宋祁",则在祁除国子监直讲之后。

冬,往国子监观书,有诗呈同舍。

《文集》卷二四《庠局观书偶呈同舍》:"蠹简时披落暗尘,昼窗风冷冰蟾津。不须长叹夫差事,恐有邻房儳和人。"言"风冷冰蟾津"当在冬季,祁本年除国子监直讲。

是年,同年巩汉卿为五原理掾,胡宿为合肥县主簿,有诗赠之。

《文集》卷九《送巩汉卿同年赴五原理掾》:"再赴天官调,仍还多士乡。华阴余雾散,光禄故垣长。春柳侵湖绿,秋云际幕黄。片言民讼息,编美冠州堂。"言"再赴天官调",当在释褐后代还改官时,以三年一任推之,则在本年,时祁已改国子监直讲。

《文集》卷一七《送胡宿同年主合肥簿》:"归路青袍杂彩裳,何言县枳滞鸾翔。恨无旨酒邀枚叟,愁听斑骓送陆郎。四剖楚萍资夕膳,一弦淮月望春艎。铃斋坐镇儒林丈,密启行闻达上方。"《会要》选举三一之二八:"明道元年十二月十八日,学士院试……庐州合肥县主簿胡宿(普)[并]赋稍堪、诗平,诏……宿馆阁校勘。"《长编》卷一一一:明道元年十二月,"合肥县主簿胡宿并加为馆阁校勘"。则明道元年胡宿自合肥县主簿改馆阁校勘。《宋史》卷三一八《胡宿传》:"登第,为扬子尉。……以荐为馆阁校勘,进集贤校理。"则胡宿在扬子尉与馆阁校勘之间曾为合肥县主簿。《会要》选举二之六:天圣二年,新及第进士"初等职官判司簿尉"。宿与祁同年,中进士乙科,若按三年一任,则为合肥县主簿当为释褐后改官,约在本年。姑系于此。胡宿,字武平,常州晋陵人。与祁同年登第,明道元年同试学士院。《宋史》卷三一八有传。

天圣六年戊辰（1028） 三十一岁

〔时事〕

二月，张知白卒。三月，张士逊为相，建西太一宫。八月，河决于澶州。九月，祠西太一宫。

二月十七日，张知白卒，有诗哀之。

《文集》卷九《哀故文节公》云："顺采思忠荩，宣谋叹巧劳。愁遗无一老，投吊剩三号。撤奠哀箫引，追荣敛衮褒。欲知凭厚庆，弟览得传刀。"题下原注："《宋史》列传：张知白谥文节。"宋庠《元宪集》卷三有《赠太傅中书令张文节公挽词三首》。《宋史》卷九《仁宗本纪一》：天圣六年二月，"壬午，张知白薨"。《长编》卷一〇六：二月"壬午，工部尚书、平章事张知白卒。知白在相位，惜名器，无毫发私。常以盛满为戒，虽显贵，其清约如寒士。然体素羸，忧畏日侵。在中书忽感风眩，舆归第。帝亲问疾，已不能语，卒。为罢社燕，赠太傅、中书令，太后临奠之。其家以贫辞敕葬，诏送终之具，悉从官给。且谕王曾等，令共恤其家。礼官谢绛议谥文节，御史王嘉言以为绛止因车驾临问，睹其寝处俭素，为之动容，乃引好廉自克为谥，似略其大而录其小。以知白守道徇公，当官不挠，可谓正矣，请谥文正。王曾曰：'文节，美谥矣。'遂不改。嘉言，禹偁子也"。壬午即十七日，诗作于此时或稍后。张知白，字用晦，谥文节，沧州清池人。《宋史》卷三一〇有传。

夏，京畿献瑞麦，进《陈州瑞麦赋》赞之。

《文集》卷一《陈州瑞麦赋并表》表曰："臣位属冗闲，辞流涩讷，隔从臣之品，无预奏囊；效游童之谣，亦均嬉壤。冒闻黼几，集惧严渊。谨夙夜斋戒，撰成《陈州瑞麦赋》一首，随表上进。"祁此时刚从复州回朝，官品较低，故有此言。兄庠有《瑞麦图赋》（《元

宪集》卷一），其序曰："天圣之六载也，陪京近地，宛丘奥封，厥有
瑞麦，飞驿闻上。……鲰臣不敏，敢扬言而赋之。"知献瑞麦在天圣
六年。

七月，蔡齐出知密州，有诗送之。

《拾遗》卷三《龙图蔡学士镇高密》："厌直坡銮引郡章，玉虬移
刻对清厢。留符恳避离宫篇，怀绶贪过白昼乡。书阁回巢双凤羽，
诏泥残和五芝房。追锋只恐归期迫，胥蟹腴鱼计早尝。""怀绶"句
自注："公先有西洛保釐之命，以就养恳乞东藩。"《长编》卷一〇
六：天圣六年七月，"丙辰，以翰林学士、兼侍读学士蔡齐为龙图阁
学士、知河南府。罗崇勋趣齐上修《景德寺记》，曰：'参知政事可得
也。'齐故迟其记不上，崇勋怒，谮于太后，命齐出守。参知政事鲁
宗道固争留之，不能得。寻以亲老易密州"。《宋史》卷二八六《蔡
齐传》："蔡齐，字子思，其先洛阳人也。曾祖绾，为莱州胶水令，因
家焉。……崇勋谮之，罢为龙图阁学士、知河南府。参知政事鲁宗
道固争留之，不能得。以亲老，改密州。"诗注与所载合。

闰八月，刘筠再知庐州，智成上人奉陪往赴，祁有诗送之。

《文集》卷一二《智成上人奉陪中山公赴浥上》："宗工方出守，
大士此相亲。不有今平叔，难酬彼上人。毡毹连榻具，笋脯对盂
珍。别后临川偈，同翻几叶新。"《拾遗》卷三《中山公镇浥上》：
"长鬣生氂满帐前，甘棠载憩示优贤。篿函握节中军府，奎字成钩
宝阁天。丹匕去寻鸿苑录，佛花来供净名禅。朝家人有三公拜，未
信东山得久眠。"诗题"中山公"指刘筠。

宋人多称刘筠为刘中山，宋祁诗文中多次言及刘筠，称中山
公。李一飞《宋集小考三题》"《景文集》中的中山公"条有考，移
录如下：

宋祁《景文集》卷二一《哭中山公三十韵》题注："中山公即陈

元佐。"《全宋诗》卷二二○收此诗照录原注。今按：原注误，中山公指刘筠。

宋祁诗文屡言及刘筠，称中山公，其《景文集》卷五九《文宪章公（得象）墓志铭》云："虢略杨亿以雄浑奥衍革五代之弊，公与中山刘筠、颍川陈越推而肆之，故天下靡然变风。"见于祁诗的，有《景文集》卷一三《闻中山公沘上家园新成秘奉阁辄抒拙诗寄献》（《全宋诗》卷二一二第2443页），卷一六《中山公损疾二首》（《全宋诗》卷二一五第2474页），《景文集拾遗》卷三《中山公镇沘上》（《全宋诗》卷二二四第2596页）等，这些诗屡有自注，谓"公两镇沘上"，"祥符大记，公入西掖"，"罢内制镇沘上"，"罢宪司，出镇颍上"，"复入北门承旨"，"复沘上"，与《宋史·刘筠传》载刘筠仕历"迁左司谏、知制诰，……以右谏议大夫知庐州。……拜御史中丞……知颍州。召还，复知贡举，进翰林学士承旨兼龙图阁直学士，……再知庐州"（庐州，治合肥县，县有沘水，故称沘上；颍州，境有颍水，颍上，代指颍州。见王存《元丰九域志》卷五、卷一）相符；《闻中山公沘上家园新成秘奉阁》题及句中自注："公尝削奏于上求飞白题榜，俄蒙允赐。"《史传》及《续资治通鉴长编》载其事，《长编》卷一○六云：天圣六年八月戊寅，翰林学士承旨、兼龙图阁学士刘筠，以龙图阁学士知庐州，"筠前尝知庐州，爱其土，遂筑室城中，构阁藏前后所赐书。上为飞白书曰'真宗圣文秘奉之阁'。及再至，即营冢墓，作棺，自为铭刻之。后三岁，竟卒于书阁"，叙其事原委甚详。

《哭》诗句中有自注云："始永定祥符暨今上天圣，凡三典贡部。"据《宋史》卷三○五本传、《续资治通鉴长编》卷八四、卷一○二、卷一○五，刘筠于大中祥符八年、天圣二年、五年，三知贡举。《文献通考·选举考》载："仁宗天圣二年，赐举人宋祁、叶清

臣、郑戬以下及诸科凡四百八十余人及第出身有差。"知刘筠于宋
祁为座主，宋祁于刘筠为门生。祁有《送胡宿同年主合肥簿》（《景
文集》卷一七；《全宋诗》卷二一六第 2495 页）"铃斋坐镇儒林丈，
密启行闻达上方"，自注："君本出中山门下，今复在部中。"又有
《刘立德同年赴滁州幕》（《景文集拾遗》卷三；《全宋诗》卷二二四
第 2598 页）"幕中仍是红莲客，门下今为玉笋生"句自注："君再擢
第，即今中山公门下。"知胡宿、刘立德与宋祁同年登第，胡为合肥
主簿、刘佐合肥幕时，座主刘筠正守庐州。

宋代其他史料中，称刘筠为刘中山者亦屡见，如《蔡宽夫诗话》
云："祥符、天禧之间，杨文公、刘中山、钱思公专喜李义山，故昆
体之作，翕然一变。"严羽《沧浪诗话·诗辩》云："杨文公、刘中山学
李商隐。"魏了翁《鹤山集》卷六三《跋杨文公真迹》云："刘中山与
公齐名，其出处大致亦近之。"宋敏求《春明退朝录》卷下云："徐坚
等讨论故事，兼前世文辞，撰《初学记》，刘中山公子仪爱其书，曰：
'非止初学，可为终身记。'"晁公武《郡斋读书志》载录："刘中山
《刀笔》三卷，右皇朝刘筠字子仪。"

称刘姓为中山人，其来有自，《三国志·蜀书·先主传》："先主
姓刘，讳备，字玄德，涿郡涿县人，汉景帝子中山靖王胜之后也。"后
世刘氏自称中山便屡见，如《刘禹锡集》卷三九《子刘子自传》云：
"子刘子，名禹锡，字梦得。其先汉景帝贾夫人子胜，封中山王，谥
曰靖，子孙因封为中山人也。"故韩愈《柳子厚墓志铭》有"中山刘
梦得禹锡亦在遣中"语。宋人多称刘筠为刘中山、门生宋祁尊称刘
筠为中山公，就是很自然的了。

回头看原注之陈元佐，宋史料未见有其人，当为陈尧佐之误。
《景文集》卷一〇《遣吏视诸公茔树回有感》（《全宋诗》卷二〇九
第 2395 页）之四《文惠陈丞相》，为怀吊陈尧佐而作。尧佐于大中

祥符、天禧年间及明道、景祐年间，即在刘筠两知庐州前后，亦曾两知庐州；然与三典贡举、构阁藏先帝赐书今上为题榜等事不符。知以宋集之中山公刘筠一误作陈尧佐，出自原注；再误作陈元佐，为后人转刻传抄所致。①

按：湤上即庐州。庐州，治合肥县，县有湤水，故称湤上，见《元丰九域志》卷五。《长编》卷九七：天禧五年正月"翰林学士刘筠见上久疾，丁谓浸擅权，叹曰：'奸人用事，安可一日居此！'表求外任，乃授右谏议大夫、知庐州"。卷一〇六：天圣六年闰八月"戊寅，翰林学士承旨、兼龙图阁学士刘筠以龙图阁学士知庐州"。刘筠两次知庐州，首次在天禧五年，时祁未识刘筠，诗当作于刘筠再次知庐州时。

九月，太一宫成，作文颂之。

《文集》卷三五《太一新宫颂并序》题下原注："案：《仁宗本纪》，天圣六年九月祠西太一宫。《宋会要》，雍熙元年建东太一宫，天圣六年建西太一宫。此篇当是祁已改大理丞、国子直讲时所作。"

《长编》卷一〇六：天圣六年三月，"壬戌，诏于顺天门外八角镇建西太一宫"；九月，"辛丑，西太一宫成"，"癸卯，幸西太一宫"。范镇《东斋记事》卷一："天圣六年，又言：'戊辰自黄室趣蜀分。'乃于八角镇筑西太一宫。春、夏、秋、冬四立日，更遣知制诰、舍人率祠官往祠之。"《颂》有"诏建太一宫于都城之西南"，又有"觌告成之迹"，则文作于西太一宫建成时或稍后。

秋，仁宗于后苑燕射，祁有赋颂之。

《文集》卷一《皇帝后苑燕射赋并表序》："执徐统岁，少皞司

---

① 李一飞《宋集小考三题》，《中国韵文学刊》，2007年第1期。

秋。月著授衣之令，日纪吹花之游。仙盘露变，神阙云浮。田畯告
茨粱之获，乡童启豫助之讴。上乃留瞩良辰，载怀茂苑。"题下原
注："案：《仁宗本纪》不载后苑燕射事，此赋首云执徐统岁，当是天
圣六年祁改国子监时上。""执徐"，《尔雅·释天》："太岁在辰曰执
徐。"天圣六年即戊辰年，故言"执徐"。《赋》中又有"少皞司秋"，
则为秋天所作。

任国子监直讲一周年，有诗纪之，抒怀才不遇之感。

《文集》卷一三《直讲周岁》："本自悲凉葆发多，何缘末至滥中
阿。马肝不食非论味，狗曲犹轻枉为歌。旧学空疏缘病废，壮情牢
落伴年过。终然野鹿江鱼性，长在云林与素波。"抒发经术为人所
轻，讲经与自己个性不符，且其壮志不能实现的感叹。祁自去年秋
改大理寺丞、国子监直讲，至此一周年。

太学学舍有石榴数十株，有诗咏之。

《文集》卷一三《学舍石榴》："曾见芳英上舞裙，缘何此地寄轮
囷。烟滋黛叶千条困，露裂星房百子匀。未羡扶南收作酿，曾经骑
省赋为珍。须知博望来时晚，莫促幽芳趁暮春。"题下自注："太学
中石榴数十株，少他杂木，然其树率多蟠蠹。"诗作于任国子监直讲
时，姑系于此。

太学建讲殿，割王第西偏以营置，有诗纪之。

《文集》卷一三《太学建讲殿割王第西偏营置》："王家赐第曾
开府，天子营宫此向儒。坏壁有经还阙里，废台无鹿叹姑苏。泉疑
自涌供池溜，柱欲飞来荷栋桴。献岁成工观盛礼，愿陪希瑟趁风
雩。"诗题言"太学"，当在国子监直讲时，姑系于此。

学舍直归，有诗咏之。

《拾遗》卷六《学舍直归》："衣满天街车马尘，学庐番下已迎
曛。敝裘欹帽驱羸马，官长多能骂广文。"《文集》卷八《学舍直归

晚霁三首》其一：“骤雨挫炎威，归轩广陌西。渠声流作瀑，日脚侧
成霓。换锦龙媒垺，淹花燕子泥。比来巾角垫，李郭定相携。”其
二：“雨罢残阳在，风微酷暑收。余昏淡云黟，聚沫泛河流。桃簟双
纹展，盘瓜五色浮。潘郎最多感，庭树莫先秋。”其三：“密雾披层
宙，浓云雾四溟。乱流初漱玉，红日不藏萍。万叶张晴幄，千山卓
翠屏。无烦事铙吹，蛙响自堪听。”由诗意知诗作于夏季，时祁任国
子监直讲，姑系于此。

太学诸生罕至学舍，或累旬倚席不讲，愧而作诗。

《文集》卷一四《学舍诸生罕至或累旬倚席不讲愧而成咏》：
“直舍沉沉掩迴廊，古坛槐柳对苍凉。一囊有客愁饥死，三尺无人
问喙长。瞑据槁梧真用拙，束归高阁分深藏。日斜广陌驱归鞅，
更似答箸作漫郎。”《拾遗》卷六《学舍昼上》：“风射长廊雪絮春，
经筵无客有流尘。扪心自问何功德，五管支离治缣人。”两诗均言
“学舍”，则诗作于任国子监直讲时，姑系于此。

约是年，作《西斋休偃记》，美其居之闲适。

《文集》卷四六《西斋休偃记》云：“自予游都城，官太学，官最
闲。外僦私舍，滨蔡漕，地尤岑寂。居有西斋，因得为畸人休景之
地。”“每令辰归沐，黉直番休，脱幘褫巾，箕坐自纵。……蘧蘧适
适，不知周粟之薄、颜闾之陋也。”文中言“官太学”知文作于天圣
五年为国子监直讲之后，明道元年直史馆之前。姑系于此。

天圣七年己巳（1029）　三十二岁

〔时事〕

二月，张士逊罢相，以吕夷简为相，夏竦、薛奎参知政事。闰二
月，复制举六科。五月，诏戒文弊。六月，王曾罢相。八月，吕夷简

为首相，夏竦复为枢密副使，陈尧佐、王曙参知政事。

二月一日，鲁宗道卒，有诗挽之。

《文集》卷九《肃简鲁公挽词四首》其一："拂世谟谋盛，端朝载采熙。上前推汲直，天下咏曹随。密启多焚草，加餐屡嗜葵。不图霜露疾，奄忽丧元龟。"其二："震邸陪翔凤，天坛侍祭牲。参谋大丞相，别对小延英。上栋方隆国，颓山遽奠楹。武公年不至，辅德是功名。"其三："忧国神无爱，呼医体浸臞。人忧一台坼，帝遣两驺扶。临视回襄御，遗言入舜谟。七兵荣赠册，沉础贲龟趺。"其四："密勿千龄旦，生平三命恭。承家男得凤，择婿女乘龙。鄚邑穷遗产，邢山卜素封。空余吊客泪，倾海望长松。"题下原注："案：《宋史》，鲁宗道，字贯之。谯人。参知政事，即鱼头参政也。初谥刚简，改肃简。"肃简鲁公即鲁宗道。《宋史》卷九《仁宗本纪一》：天圣七年，"二月庚申朔，鲁宗道卒"。鲁宗道，字贯之，亳州谯人，谥肃简。《宋史》卷二八六有传。

闰二月二十三日，诏复制科，或言祁将应试，作诗明其不应试之志。

《文集》卷二三《诏复制科有谓予应诏者》："汉幄思贤尺诏飞，不材充赋谅非宜。就令能奏三千牍，未免长安欲死饥。"天圣七年闰二月诏复制科。《长编》卷一〇七：天圣七年闰二月，"壬子，诏曰：'朕开数路以详延天下之士，而制举独久置不设，意吾豪杰或以故见遗也，其复置此科。'于是，稍增损旧名，曰：贤良方正、能直言极谏科，博通坟典、明于教化科，才识兼茂、明于体用科，详明吏理、可使从政科，识洞韬略、运筹决胜科，军谋宏远、材任边寄科，凡六，以待京朝官之被举及应选者。又置书判拔萃科，以待选人之应书者。又置高蹈邱园科、沉沦草泽科、茂材异等科，以待布衣之被举及应书者。又置武举，以待方略智勇之士。其法，皆先上艺业于有司,有司较之,然后试秘阁,中格,然后天子亲策之。若武举则仍阅其骑射焉"。壬子日即二十三日。

闰二月三十日,有诗咏春景。

《文集》卷一〇《闰月晦日》:"春物都城晚,欢游一倍慵。轻风生树态,暖日淡云容。小阁时翻燕,闲花更少蜂。幽襟真潦落,所得是无惊。"言"春物""都城",知作于祁在京之春季,而又闰月,则在本年,闰二月大,其晦日为三十日。

三月,内苑出牡丹三种,特异于常,有诗及赋颂之。

《拾遗》卷五《应诏内苑牡丹三首》含《千叶》《双头》《三花》三首。《千叶》:"一豫凝皇览,千英荐瑞葩。压枝高下锦,斜蕊浅深霞。叠采晞阳媚,鲜苞照露斜。九茎休衔叶,五出浪言花。郁郁云柯覆,葱葱气瓣嘉。群心识天意,成数佐皇家。"《双头》:"化工凭协气,花品效尤祥。旖旎双苞艳,氤氲一种香。参差迎夕露,左右傃朝阳。有意同绷干,无言并绛房。万灵天会帝,三月史书王。故此呈繁卉,还将助乐康。"《三花》:"九城蕃瑞殖,三出俨英蕤。巽采昭天造,同心奉帝嬉。繁疑交昼影,重欲亚晴枝。恩露方均泫,王风亦遍吹。并柯由内附,纷艳表重熙。幸觌由庚瑞,惭陪可嬉嗣。"《文集》卷一《上苑牡丹赋并序》题下原注:"案:赋系天圣七年祁为国子监直讲时上。"序有"圣上即位之七年春三月,内苑出牡丹三种,特异常卉。其一,双头并干;其二,千叶一房;其三,二花攒萼……下臣无庸,窃耳嘉致,饰是蹈舞,永为文词。不敢预枚皋之伦,庶将备遒人之采"之语,则赋作于本年三月无疑,诗亦作于同时。

晏殊建私邸西园,常游于此,并作诗咏西园之景。

夏承焘《二晏年谱》:天圣七年,"《景文集拾遗》六《赋成中丞临川侍郎西园杂题十首》。称中丞侍郎,则西园或经始于本

年。……宋祁时为国子监直讲"。《拾遗》卷六《赋成中丞临川侍
郎西园杂题十首》含十首咏物诗，分别为《双假山》《烟竹》《柏
树》《牡丹》《酴醾架》《小池》《李树》《小桃》《柳》《射埻》十
首。其中《酴醾架》题下自注："圆阴婆娑，公尝列坐榻其下。"
《射埻》有："栖鹘云侯迥势开，主人留客侑金罍。"既能"列坐榻
其下"，又能"留客侑金罍"，或西园已部分建成。中丞临川侍郎即
晏殊。《长编》卷一〇六：天圣六年八月，"晏殊之出也，上意初不
谓然，欲复用之。会李及卒，乙酉，召殊于南京，命为御史中丞，仍
令班翰林学士上"。则晏殊去年八月已为御史中丞。晏殊，字同
叔，抚州临川人。七岁能文，景德初，以神童召试，位至宰相，至和
二年卒。殊平居好贤，范仲淹、孔道辅、欧阳修等皆出其门。《宋
史》卷三一一有传。晏殊与祁交往甚厚，二人唱和颇多，祁深受其
影响。

六月，王曾罢相出知青州，祁有诗送之。

《拾遗》卷五《昭文王相公出镇青社》："西汉无双彦，中兴第一
流。二篇应商梦，七圣首轩游。昔会光华旦，时当物色求。从容赐
官笔，都穆润缇油。芝押兼泥熟，鳌峰驾浪浮。扪天陪累碨，敲鼎
识捈钩。帝欲中阶正，公参九庙谋。危言天下事，坐胜幄中筹。斤
斤宣嘉绩，岩岩树壮猷。异时思大冶，此日咏崇邱。承弼图勋盛，
蕃宣席宠优。均劳九州伯，重序富民侯。真庙方凭几，祗宫奉委
裘。扶天八柱正，披日五云收。尧后除凶代，周王访落秋。尽归千
里马，无复少阳牛。熙绛官咸事，端朝茹不柔。兜烽闲塞警，财饵
抚夷酋。再侍钦柴祭，仍赓筑瓠讴。奉承汤恤祀，力赞禹勤沟。国
赖萧公画，言无赵孟偷。深恩及行苇，和气蔼鸣球。几欲辞名遂，
何尝为智忧。屡居移病苦，连赐上尊醑。敦免深慈宸，猗违动邃
旒。坐槐聊罢府，剖竹更为州。昼锦贪过里，晨装趣戒驺。邠垠访

祠石,稷下按行楸。列第今容驷,横川本是舟。娱宾罗鼎食,坐阁便巾帻。故事南宫在,渢歌北海流。人祈卫武岁,三入对王休。"昭文王相公即王曾,青社即青州。《长编》卷一〇三:天圣三年十二月,"癸丑,宰臣王曾加门下侍郎、兼户部尚书、昭文馆大学士"。《宋史》卷九《仁宗本纪一》:天圣七年六月,"丁未,大雷雨,玉清昭应宫灾。甲寅,王曾罢"。《宋史》卷三一〇《王曾传》:"会玉清昭应宫灾,乃出知青州。"王曾,字孝先,青州益都人。《宋史》卷三一〇有传。

常与晏殊探讨诗法。

《老学庵笔记》卷五:"李虚己侍郎,字公受,少从江南先达学作诗,后与曾致尧倡酬。曾每曰:'公受之诗虽工,恨哑耳。'虚己初未悟,久乃造入。以其法授晏元献,元献以授二宋,自是遂不传。然江西诸人,每谓五言第三字、七言第五字要响,亦此意也。"

《宋景文公笔记》卷上:"晏丞相尝问曾明仲云:刘禹锡诗有'瀼西春水縠纹生''生'字作何意?明仲曰:作生育之'生'。丞相曰:非也,作生熟之'生',语乃健。"邵博《邵氏闻见后录》卷一七亦载此文,但以"宋景文"代"曾明仲"。今从《笔记》。祁与晏殊交游甚深,无论是为京官或外任均有诗文往来,其诗法之讨论当贯穿整个交游,非一时之事,姑系于此。

八月,与张逸等受命考试开封府举人。

《会要》选举一九之九:天圣"七年八月十一日,命殿中侍御史张逸、直史馆高锐、宋祁考试开封府举人,殿中侍御史陈琰封弥卷首。殿中侍御史张逸、秘阁校理吴遵路考试国子监举人,屯田员外郎司马池封弥卷首,集贤校理钱仙芝、秘阁校理范仲淹考试亲戚举人,屯田员外郎王涣封弥卷首"。祁直史馆在明道元年,兄庠本年在直史馆任,此记恐有误,待考。

是年，盛度知扬州，有诗送之。

《拾遗》卷三《盛谏议赴维阳》：“汉家规地遍青蒲，绣扆恩深拜命初。朱画车轓频出守，仙移院额别修书。贡图星橘兼苞柚，宴箸金齑和鲙鱼。奉计不应三满岁，荷囊法许从雕舆。”盛谏议即盛度。《宋史》卷二九二《盛度传》：“迁太常少卿、知筠州，更虔、滁、苏三州。还知审刑院，以右谏议大夫知扬州，加集贤院学士。”吴廷燮《北宋经抚年表》卷四：天圣七年，“苏州盛度知扬。《吴郡志》”。盛度，字公量，世居应天府，后徙杭州余杭县。《宋史》卷二九二有传。

约是年，有僧药山来访，有诗赠之。

《文集》卷一二《喜药山贤师见过》：“风林曾语别，王舍此相逢。净月常涵水，孤云易去峰。供缘宾阁饮，耳界帝城钟。却举当年话，无言促麈松。”言“王舍”，当于都下相逢，姑系于此。《文集》卷一二又有《寄题药山牛栏庵壁》：“昔人牛口下，胥宇化南州。祖地千灯续，荒垣八字留。漏长莲叶晦，园胜柰阴稠。后嗣推崇意，同风古佛流。”或亦作于此时。另《文集》卷一〇《寄药山长老省贤》亦与药山相关。药山，在澧州州治澧阳县。祝穆《方舆胜览》卷三〇：“药山，在澧阳县南八十里，昔多芍药。”

天圣八年庚午（1030） 三十三岁

〔时事〕

六月，吕夷简上新修国史。八月，诏近臣宗室观祖宗御书于龙图、天章阁。十一月，祀天地于圜丘，大赦。

春，常游西园，有诗。

《文集》卷一一《西园晚眺》：“弱柳蒙蒙密，新花衮衮繁。贪寻芳蒨远,遂到落霞昏。亭橑衔山霭,池波撼月痕。惜春还语客,慎勿诉余樽。"此诗佚存本《景文宋公集》卷三一题作《二月十四日西园晚眺》,诗写早春之景。《文集》卷一〇《西园早春二首》其一:"芳意稍菲菲,春城浓淡晖。霞留早阴住,风遣薄寒归。细溜兼沙漾,初禽隐叶飞。要知刀笔暇,文酒得相依。"其二:"樽酒不常满,年华只自春。言归虽薄浣,业已负良辰。野翠欣欣遍,林红扑扑新。其如好风景,料理爱诗人。"《拾遗》卷二《西园》:"日涉中园路,昌昌春意深。鸟新无罘罳,云暖不常阴。秀色平连野,芳姿细著林。欢言挈斋酒,值兴即徐斟。"诸诗均涉西园春景。西园,晏殊私邸,去年始建,参本谱天圣七年记事。

二月二十七日清明节,预西园宴集,赋诗。

《文集》卷一七《清明日集西园》:"日日西园春思催,携觞结客上高台。正缘从事青州至,更许书生洛下来。早叶已成花半落,新巢未定燕千回。芳辰物物皆堪爱,并作高阳倒载媒。"佚存本"更许"句下自注:"时州酝既美,又命座客赋诗。"本年清明在二月二十七日。

三月十一日,再游西园,有诗。

《拾遗》卷二《西园三月十一日》:"春园来继日,叠叶暗东西。荫树都成幄,寻花旋作蹊。沼鱼衔尾戏,林鸟合声啼。宁暇并州问,山公醉自迷。"

四月,张保雍改两浙路转运使,祁作序送之。

《文集》卷四五《送张端公转运两浙序》:"岁在庚午夏四月,清河张君冠柱后惠文,以二千石持节领使,东南之利,得尽商之。"庚午年即本年。张端公、清河张君即张保雍。曾巩《元丰类稿》卷四七《刑部郎中张府君神道碑》:"汉阳距江为城,潦至堤辄毁,岁调薪石,发民完之,工四千人,两县以病,府君身省护作者,工费半,堤完至今。迁祠部郎中，满岁，更两浙转运使。加刑部。行部至婺州，得其守罪，留治之。未既，疾作，遂不起。"张保雍，字粹之，禹城人，景德二年进士。事迹见曾巩《元丰类稿》卷四七《刑部郎中张府君神道碑》。

晚夏，游西园，有诗咏园内之景。

《拾遗》卷五《晚夏西园二首》其一："道樾阴阴密，畦泉活活流。梨成津向润，瓜熟子相钩。"其二："日晏坐中园，清襟注迴轩。轻飔逢叶动，小雨得荷喧。"

八月，预龙图阁、天章阁观太祖、太宗、真宗御书，进诗。

《文集》卷一九《被召观三圣御书诗有状》，其状曰："臣今月九日蒙召赴迎阳门观三朝御书者。天作上圣，神付多能。珍毫霈丽，睿文森积。星日列象，云汉为章。诏范后昆，作成希宝。皇帝陛下仰奉祖则，钦怀宗轨，列签分帙，跋尾署年，将秘禁中，永冠缇籍。何图近列，咸预荣观。庆尚临颜，物皆改色。欢犹在臆，歌不检言。谨斋被抒成诗一章，凡六十字，以伸感会，尘昧聪览。伏用震惶，其诗谨随状上进以闻。"诗曰："列圣多能备，俱留乙夜勤。出图天与画，观迹帝成文。露洒纷仙液，鸾回杂瑞群。毫均五色丽，书对十行分。玉轴罗新帙，芝泥俨旧薰。嗣皇尊世哲，金匮冠攸闻。"题下原注："案：《仁宗本纪》系天圣八年八月事。"《宋史》卷九《仁宗本纪一》：天圣八年八月，"丁亥，诏近臣宗室观祖宗御书于龙图、天章阁"。《长编》卷一〇九：天圣八年八月，"丁亥，召近臣及宗室观三圣御书于龙图、天章阁"。

是年，继母朱氏卒，二宋丁母忧。

《文集》卷六二《荆南府君行状》："朱夫人后府君十三年而终。"父玘卒于天禧元年，后十三年即本年。《元宪碑》："召删定本朝令，遂试学士院，除太子中允、直史馆、判登闻鼓院，为三司户部

判官。丁母忧，服除，迁太常丞、判户部勾院、同修起居注，迁左正
言。"王瑞来认为二宋丁母忧当在是年冬，其《二宋年谱》"天圣八
年"条云："从《元宪集》卷八《庚午春观新进士锡宴琼林苑因书所
见》诗题可知，是年春二宋当未丁忧，而从卷二诗题中'天圣庚午
冬屏居畿邑''余退居近畿''卧病畿邑'及卷一《感鸡赋序》'予
寓居畿邑'等语，可知是时已在服丧。"①

母丧，内心痛楚，作诗遣之。

《文集》卷一一《答书》其一："栾栾余病骨，踽踽本孤臣。夷饿
怀餐粟，轲居忆徙邻。旧围宽胁带，镵刻暗书筠。亲见扬雄者，容
仪不动人。""轲居"句下自注："予方婴内艰之痛。"与本年继母朱
氏卒合。《元宪碑》："丁母忧。"在庠除太子中允之后，二宋生母大
中祥符三年已卒，此必为丁朱氏忧。

张先（乌程人）登进士第。（夏承焘《张子野年谱》）

天圣九年辛未（1031）　三十四岁

〔时事〕

三月，始赐州学九经。七月，孙奭请老，命知兖州。闰十月，孙
奭辞，曲宴太清楼送之。

是年，刘筠卒于庐州家园，有诗哭之，述筠生平及功绩。

《文集》卷二一《哭中山公三十韵》："天欲鸣文铎，公先露上
珍。谈锋贯千载，文纬补三辰。海浪扶鹏徙，雠朝簉鹭振。荡邪
初奏雅，辟路近还淳。汗竹刊讹遍，仙藜递宿勤。汉家方授记，赵
世本多神。稍上窣辽禅，亲逢堀吻巡。每篇称陆贾，四颂识崔骃。

---

① 王瑞来《知人论世：宋代人物考述》，第142页。

接昼来词禁,轩霞切睿宸。金声兼振(王)[玉],丝绪遂成纶。预
读兰图字,时参豹尾尘。批成五色诏,乞守两朱轮。虎幄思贤数,
鳌山召节新。请闻裨帝采,有意靖宫邻。畀虎潜兴潜,犹龙讵肯
驯。符鱼贪六六,国狲避猜猜。东震重光启,南箕哆焰沦。触邪
观豸久,敛手避聪频。勇退宁无谓,斜飞故有因。终承紫芝召,还
返碧桃春。丁直何尝屈,兰幽止自纫。歌成接舆凤,书止太初麟。
竟遂东平乐,非忧宣子贫。蒙庄祥止止,尼父诲循循。久负骑星
望,非图撤瑟晨。夜歌忽稀薤,仙寿顿摧椿。奠乏刍如玉,碑须曰
受辛。成蹊三榜士,坠泪四州民。自此亡遗直,谁将赎百身。他
年虎贲饮,无复老成人。"题下原注:"案:中山公即陈元佐。"注
误。中山公指刘筠,参本谱天圣六年闰八月。《长编》卷一〇六:
天圣六年闰八月,"戊寅,翰林学士承旨、兼龙图阁学士刘筠以龙
图阁学士知庐州。……筠前尝知庐州,爱其土,遂筑室城中,驾阁
藏前后所赐书,上为飞白书,曰'真宗圣文秘奉之阁'。及再至,即
营冢墓,作棺,自为铭刻之。后三岁,竟卒于书阁"。筠再次知庐
州在天圣六年,后推三年即本年卒。诗作于卒后。又《文集》卷
一六《中山公损疾二首》。其一云:"自有西京七发才,蠲痾不待
更延枚。摐金广乐迷魂癌,蔽月飞云病膜开。宫鼠晦须抛赐琯,
蓬鱼霏缕强晨杯。何人过问维摩室,定有文殊作礼来。"其二云:
"恳避严庐十拜章,一麾重许出东方。批成诏凤多焚草,戏入仙禽
不乱行。丽正书编争授简,荆州象笏别持囊。绛帷有客悲秋早,
预怯临流奉祖觞。"其二诗尾注:"时公有滪川之命。"则二诗作于
刘筠卒前不久。

宋仁宗赵祯明道元年壬申（1032） 三十五岁

〔时事〕

二月，吕夷简上《三朝宝训》三十卷。仁宗生母李宸妃卒。三月，颁《天圣编敕》。八月，晏殊为枢密副使，旋改参知政事。十一月，赵德明卒，以子元昊为定难军节度使、西平王。

春，屏居，有诗寄孙奭。

《文集》卷九《屏居寄献侍讲孙尚书》："侨版农廛陋，飞灰岁琯周。危疴负薪困，生事播精求。雨露遗幽谷，乾坤占一丘。惟余道边树，独为报春游。"孙尚书，即孙奭。孙奭去年七月请老，知兖州。《宋史》卷四三一《孙奭传》："仁宗即位，宰相请择名儒以经术侍讲读，乃召为翰林侍讲学士。""三请致仕。召对承明殿，敦谕之，以年逾七十固请，泣下，帝亦恻然，诏与冯元讲《老子》三章，各赐帛二百匹。以不得请，求近郡，优拜工部尚书，复知兖州。"《长编》卷一一〇：天圣九年七月，"癸酉，以翰林侍讲学士、兼龙图阁学士、兵部侍郎孙奭为工部尚书，知兖州。帝每御经筵，设象架庋书策外向，以便侍臣讲读。奭年高视昏，或阴晦，即为徙御坐于阁外。奭讲至前世乱君亡国，必反复规讽，帝竦然听之。尝画《无逸图》以进，帝施于讲读阁。帝与太后见奭，未尝不加礼。三请致仕，召对承明殿，敦谕之，奭以年逾七十固请，泣下，帝亦恻然。诏与冯元讲《老子》三章，各赐帛二百匹。以不得请，求近郡，故优拜焉，仍诏须宴而后行"。

二宋服除，庠迁太常丞，判户部勾院、同修起居注。祁十二月召试学士院，作《琬圭赋》，盛度极褒称之，以殿中丞直史馆。同试者有韩琦、杨伟、郭稹、石延年、赵宗道、吴嗣复、胡宿等。

《元宪碑》："丁母忧，服除，迁太常丞，判户部勾院、同修起居注，迁左正言。"

《会要》选举三一之二八："明道元年十二月十八日，学士院试殿中丞宋祁赋优、诗稍堪，太子中允韩琦诗、赋稍优，太常博士杨伟、郭稹并试赋稍堪、诗稍优，大理评事石延年赋平、诗稍堪，赵宗道赋稍堪、诗平，江宁府上元县主簿吴嗣复、庐州合肥县主簿胡宿（普）［并］赋稍堪、诗平，诏祁本官直史馆，琦太常丞、直集贤院，伟、稹本官充集贤校理，延年、宗道、嗣复、宿馆阁校勘。琦献所业，宗道以父谏议大夫知永兴军贺陈乞，祁等特旨命试。"

《长编》卷一一一：明道元年十二月，"太常博士杨伟、郭稹并为集贤校理，殿中丞宋祁为直史馆，太子中允韩琦为太常丞、直集贤院，大理评事石延年赵宗道、上元县主簿吴嗣复、合肥县主簿胡宿并加为馆阁校勘。仍诏馆阁校勘自今须召试，毋得陈乞"。

《宋史》本传："召试，授直史馆。"《文集》卷三《琬圭赋》文后原注："案：此赋系明道元年召试学士院所作，祁即直史馆。见《东原录》。"龚鼎臣《东原录》："宋子京明道初召试学士院，试《琬圭赋》。其辞有曰：'尔功既昭，则增圭之重。彼绩不建，则贻玉之羞。是以上无虚授，下靡妄求。'又曰：'尔公尔侯，宜念吾王之厚报。'时翰林盛公度奏御日极褒称之，曰：'此文有作用，有劝戒，虽名为赋，实若诏诰词也。'即授直史馆。"盛度，参本谱天圣七年。

与韩琦同召试，甚少之，琦不悦。

《麈史》卷中"不遇"条："魏公少年巍科，与宋景文同召试秘阁《琬圭赋》。景文赋独行于世，魏公叹服。景文语客曰：'既赋《琬圭》，又与韩氏少年同场。'意甚少之，魏公闻之不平。"

《邵氏闻见后录》卷一九："韩魏公与宋尚书同试中书，赋《琬圭》。宋公太息曰：'老矣，尚从韩家郎君试邪！'盖宋公文称已著，韩公以从官子弟第二名登科，然世尚未尽知也。或闻韩公则愧谢曰：'某其敢望宋公，报罢必矣。'已而韩公为奏篇之首，宋公反出其下。

后韩公帅中山,作阅古堂,宋公词有云:'听说中山好,韩家阅古堂。画图名将相,刻石好文章。'韩公见之不悦。"

韩琦,字稚圭,相州安阳人。天圣五年进士。封魏国公,熙宁八年卒,谥忠献。《宋史》卷三一二有传。

召试中选,谢恩启有空疏之谦言,王德用以言激励之,祁反讽之。

《文集》卷五六《谢直馆》:"今月十九日,蒙恩充前件职者。祇服言纶,入尘藏室。用浮才表,愧溢情涯。窃念祁仆遫无能,倥侗有素。世微膴仕,天与数奇。甫冠而孤,未堪多难。过时乃学,遂不名家。由乡老以宾兴,参仕途而扬历。"题下原注:"案:《仁宗本纪》,修内告成在明道元年十一月。祁于此时试直史馆。"启文又有"茂充秘馆,磨研编削,盛东观之游"与"直史馆"合。启文雕章华丽,西昆色彩颇浓。

《邵氏闻见后录》卷二一:"韩忠献公、宋景文公同召试中选,王德用带平章事,例当谢,二公有空疏之谦言。德用曰:'亦曾见程文,诚空疏,少年更宜广问学。'二公大不堪。景文至曰:'吾属见一老衙官,是纳侮也。'后二公俱成大名,德用已薨,忠献为景文曰:'王公虽武人,尚有前辈激励成就后学之意,不可忘也。'予得之李先仲,王公外孙云。"王德用,字元辅,王超子。《宋史》卷二七八有传。

同试学士院郭稹有诗来贺授直史馆,作诗答之。

《文集》卷一五《答郭仲微以予记注见庆之作》:"晓趁霞暾立殿螭,翠凹濡墨庆逢时。褚生徒记为郎事,方朔犹惭待诏饥。目极天关趋窈窕,步依宫柞荫华滋。故人雅意相怜厚,亲唱阳春护草衰。"诗中"记注""立殿螭"皆指直史馆。郭仲微即郭稹。郭稹,字仲微,开封祥符人。与祁同年进士。《宋史》卷三〇一有传。按:

郭稹亦有诗贺宋庠新任，庠酬之，其诗为《酬仲微以舍弟忝直螭阶余近尘凤署见庆之作》（《元宪集》卷一三）。

　　冬，梅询知并州，祁有诗送之。

　　《文集》卷一五《送梅学密赴并州》："连天橐笔侍天台，始见东方画隼开。路避晚风嶂外转，人瞻冬日绛中来。筋箫后队联幽侠，璧马中军聘楚材。自昔河东股肱地，不应归节叹淹徊。"据诗知作于冬天。《文集》卷二〇《送枢直梅学士守并州》："素领登朝旧，黄枢递直新。还持汉家节，坐福晋墟民。旆羽凌霜晓，袍花犯雪春。连云祖坛幄，隘道舞骖尘。橄楯边书息，羹羊府宴均。唐诗存雅俗，亥字访遗人。缘饰资良守，都俞重老臣。莫为期月调，行此冠华绅。"亦作于此时。梅学密、梅学士即枢密直学士梅询。吴廷燮《北宋经抚年表》卷三：明道元年"梅询，枢密直学士梅询知并州"。梅询，字昌言，宣州宣城人，梅尧臣之叔父。《宋史》卷三〇一有传。

　　约是年，江休复为潞州司法参军，有诗送之。

　　《文集》卷九《江休复潞掾》："君家能赋别，释褐重凄然。客袂移缁素，离杯并圣贤。坐曹烦折狱，奏牍伫怀铅。十载青袍困，须饶草色鲜。"《长编》卷一一四：景祐元年六月，"丙午，以应书判拔萃科、潞州司法参军江休复为大理寺丞。张伯玉、林亿、阎询并除两使幕职官。休复，陈留人；亿，开封人；询，凤翔人也"。若以三年为一任，逆推之江休复任潞州司法参军在本年，姑系于此。江休复，字邻儿，开封陈留人。《宋史》卷四四三有传。

明道二年癸酉（1033）　三十六岁

〔时事〕

　　二月，刘太后服衮衣、仪天冠飨太庙。三月，刘太后卒，仁宗亲

政。四月，吕夷简、夏竦、陈尧佐、范雍、晏殊等罢，以张士逊、李迪
为相。十月，张士逊罢，吕夷简为首相，王曙为枢密使。十一月，薛
奎以疾罢参知政事。十二月，仁宗废郭皇后，御史中丞孔道辅、右
司谏范仲淹等谏之，不从，出道辅知泰州，仲淹知睦州。

正月，有诗及表贺长宁节。

《文集》卷三六《长宁节贺表》题下原注："案：《仁宗本纪》，天
圣二年正月，以皇太后生日为长宁节。"注误，长宁节始于天圣元
年。《宋史》卷九《仁宗本纪一》：乾兴元年十一月"乙亥，以皇太后
生日为长宁节"。《宋史》卷一一二《礼志一五》："正月八日皇太后
为长宁节。"则长宁节始于乾兴元年第二年即天圣元年正月八日。
《宋史》卷一〇《仁宗本纪二》：明道二年三月"甲午，皇太后崩"。
则长宁节终于明道二年正月。《长宁节贺表》云："臣久滥迩行，近
分优寄。"则此文作于祁复州任满，京城为官之时。《文集》卷一九
《纪圣诗》："沙麓披祥牒，金刀袭裔昆。嫄虞冠妫汭，生子首姜嫄。
自昔仪椒壸，乘时正翟轩。祎褕躬象服，黄老好名言。慈荫天同
广，柔风律并暄。露光流月姊，秘纬应星鼋。嗣统开横兆，遵遗奉
寿原。爱亲周道始，加太汉仪尊。参务丝言慎，临朝玉色温。"佚存
本《景文宋公集》卷二六此诗题作《长宁节纪圣诗》。诗或作于长
宁节时。祁自天圣五年经孙奭推荐回朝，至庆历元年知寿州一直
在京为官，所遇长宁节甚多，无法确定此诗、文之具体作年。姑系
于此。

**二月九日，皇太后以天子衮冕谒太庙，仁宗作《上皇太后恭谢
太庙》诗，次韵和之，得仁宗嘉奖，又献《皇太后躬谒清庙赋》。**

《宋史》卷一〇《仁宗本纪二》：明道二年二月"乙巳，皇太后服
衮衣、仪天冠飨太庙，皇太妃亚献，皇后终献"。《文集》卷二三《和
御制皇太后恭谢太庙》："柔极深慈冠古先，谢成宗祐奉斋袿。欲知

太姒嗣音盛,亲见周王作雅年。"诗末原注:"案:此诗为仁宗所嘉赏,事见《挥麈录》。"按:检今本《挥麈录》,不载此事。

《东原录》:"顷之,仁宗御制《上皇太后恭谢太庙》诗而子京次韵在诸公之右,其词云:'柔极深慈冠古先,谢成宗祏举斋牷。欲知太姒徽音盛,亲见周王作雅年。'仁宗嘉之,赐缣三百匹。"

《文集》卷一《皇太后躬谒清庙赋并表》题下原注:"案:《仁宗本纪》,谒庙时,祁直史馆,在明道二年。"《赋》又有"若夫策勋舍爵,兹事体大,则候夫皇帝之躬耕",则作于仁宗躬耕藉田之前。

二月十一日,仁宗躬耕藉田,作诗文颂之,明藉田之大义。

《宋史》卷一〇《仁宗本纪二》:明道二年二月,"丁未,祀先农于东郊,躬耕藉田,大赦"。

王应麟《玉海》卷七六《明道藉田》:明道二年"二月丙午,上斋宿于东郊,日旁有黄气如龙凤。丁未,服衮冕、执圭祀神农后稷于坛,乃就耕位,搢圭、执耒行礼。礼仪使张士逊奏三推而止。上曰:'朕既亲耕,不以古礼为式,愿耕之终亩,以劝天下之农。'士逊奏曰:'王者三推,礼经旧式。皇慈勉劝,度越古先。请命公卿进耕,以循典礼。'帝曰:'朕志在千亩,卿等固请,遂耕十有二踏而止。'帝升观耕台,南面坐,观公侯等耕。王公以下执耒悉过五九之数,藉田令奉穜稑之种,司农卿受而播之。率属以终千亩,帝受贺于受禧殿,还御正阳门,大赦天下。进藉田青牛四,下芳林园养之。十六日赐百官福酒有差。辛亥,上作《藉田诗》赐近臣。己未,命宰臣吕夷简、参政晏殊撰《藉田记》"。

《文集》卷三六《进藉田颂表》,其后《全宋文》整理者题下注:"明道二年。"《表》云"撰《藉田颂》一首,干渎宸扆",即指《文集》卷三五《藉田颂》。《藉田颂》题下原注:"案:此篇是仁宗明道二年,祁直史馆时所作。"文中有"皇帝再纪元之明年春二月,率群臣耕于东郊",仁宗再纪元即明道。《拾遗》卷六《藉田礼毕因成七言》:"青旗斜倚耕坛雾,膏壤遥迎御耦春。二步不应逾旧礼,天心自欲劝蒸民。"亦作于此时。

二月,赠父玘屯田员外郎,追封钟夫人为颍川县太君。

《文集》卷六二《荆南府君行状》:"明道东耕,再赠屯田员外郎,追封钟夫人为颍川县太君。""明道东耕"指本年二月十一日仁宗躬耕籍田。

五月十二日,为检讨官,受诏修《藉田记》及《恭谢太庙记》。

《长编》卷一一二:明道二年五月,"丙子,命宰臣张士逊撰《藉田》及《恭谢太庙记》,以翰林学士冯元为编修官,直史馆宋祁为检讨官。既而祁言皇太后谒庙事不可为后世法,乃命止撰《籍田记》"。《续通鉴》卷三九同。《宋史》卷一〇《仁宗本纪二》:明道二年五月"丙子,命宰臣张士逊撰《谢太庙》及《躬耕藉田记》。检讨宋祁言,皇太后谒庙非后世法,乃止撰《藉田记》"。丙子日即十二日。

《文集》卷一三《癸酉六月奉诏修藉田记十一月诏罢赋诗》:"三时受诏拥缇油,曲笔无功苦思抽。不得成书同太史,须知非我异春秋。空言自合因人废,残稿犹应盖瓿留。归卧私庭深阁笔,饱尝鸡膳太悠悠。"诗题言六月奉诏,误,当在五月。《文集》卷一《右史院蒲桃赋》:"癸酉之仲夏,予受诏修书。"亦知修《藉田记》在五月。

五月,因修书寓于右史院,院内有葡萄一株,作《右史院蒲桃赋》咏之。

《文集》卷一《右史院蒲桃赋有序》序云:"癸酉之仲夏,予受诏修书,寓于右史院。紬绎多暇,裴回堂除。有蒲桃一本,延蔓疏瘠,垂实甚寡。予且玩且喈,以为省户凝切,禁廷敞闲。人不天摧,禽不栖喙，与平原槁壤有间，匪灌蕖宿莽所干，而条悴叶芸，不为时珍，何耶？得非地以所宜为安，根以屡徙为危。封殖浸灌，信美非愿。因为小赋，代其臆对云。"言"癸酉之仲夏"，知作于本年夏五月。

夏，晏殊以礼部尚书出守亳州，代其作谢上表。

《文集》卷四〇《代晏尚书亳州谢上表》云："初违四近，出守一麾。祗禀诏条，奉扬民政。拥左鱼于官次，傣疲马于君轩。揆宠循躬，兢荣惭刻。……但以孤特少助，依违取容。独木不林，众怨如府。积为拱默之罪，上孤振拔之私。"明道二年三月，章献太后崩，仁宗亲政。四月，晏殊罢参知政事，以礼部尚书知江宁府，未行，旋改知亳州。据此表，可知晏殊因受排挤而出守州郡，此次出守或因撰仁宗生母李氏志文之过。

《长编》卷一一二：明道二年四月"己未，门下侍郎、兼吏部尚书、平章事吕夷简罢为武胜节度使、同平章事、判澶州；枢密使、昭德节度使、右仆射、检校太师、兼侍中张耆罢为左仆射、检校太师、兼侍中、护国军节度使、判许州，寻改陈州；枢密副使、尚书左丞夏竦罢为礼部尚书、知襄州，寻改颍州；礼部侍郎、参知政事陈尧佐罢为户部侍郎、知永兴军；枢密副使、礼部侍郎范雍罢为户部侍郎、知荆南府，寻改扬州，又改陕州；枢密副使、吏部侍郎赵稹罢为尚书左丞、知河中府；尚书右丞、参知政事晏殊罢为礼部尚书、知江宁府，寻改亳州。"

吕中《宋大事记讲义》卷八：明道二年"四月上始亲政，诏宗戚毋得于禁中通表祈恩。凡内批有司未得行者，审取处分，中外大悦。吕夷简谏八事曰：正纲纪、塞邪径、禁货赂、辨佞士、绝女谒、疏近习、罢力役、节冗费。上与夷简谋，以张耆、夏竦、陈尧佐、范雍、赵稹、晏殊皆太后所任用，悉罢之。以李迪同平章事，焚垂帘仪制"。

苏辙《龙川别志》卷上："章懿之崩,李淑护葬,晏殊撰志文,只言生女一人,早卒,无子。仁宗恨之。及亲政,内出志文,以示宰相曰:'先后诞育朕躬,殊为侍从,安得不知? 乃言生一公主,又不育,此何意也?'吕文靖曰:'殊固有罪,然宫省事秘,臣备位宰相,是时虽略知之而不得其详。殊之不审,理容有之。然方章献临御,若明言先后实生圣躬,事得安否?'上默然良久,命出殊守金陵。明日,以为远,改守南都。"

作《回晏尚书到任启》。

《文集》卷五二《回晏尚书到任启》:"伏自尚书暂辞机轴,近抚藩垣,揭天节以载华,总斋航而右溯。便时叶吉,树政有经。恭惟天一奥区,郁华胜里。文坛藉蒍,经顺拜于宸游;封屋连云,有望霓之故老。式倚神明之化,往敦恺悌之风。何辱谦仪,特贶音咠。笃尝僚之曩谊,露存阙之深情。况切营求,谅非远复。冀绵绵而存用,副赫赫之攸瞻。披晤尚遥,编摩非述。"言"伏自尚书暂辞机轴,近抚藩垣"知作于是年,时直史馆。

六月,迁太常博士、知礼院。

《神道碑》:"再迁太常博士、知礼院。"《文集》卷四三《赠尚书右仆射孙奭谥议》:"博士宋祁议曰:仆射清明庄重,体柔而用健。扬和吸精,储为英华。在布衣韦带,有深沉不器之韵,缓玦弹冠,宾于王门。是时宋兴四十余岁,天子上文向学,开太平之原,薪樵髦士,充布台阁,而未有卓然以儒名家。"孙奭卒于本年六月,此时宋祁已自称"博士",则在此之前已为太常博士。《归田录》卷一载:"宋尚书为布衣时,未为人知。孙宣公奭一见奇之,遂为知己。后宋举进士,骤有时名,故世称宣公知人。公尝语其门下客曰:'近世谥用两字,而文臣必谥为文,皆非古也。吾死得谥曰"宣"若"戴"

足矣。'及公之卒，宋方为礼官，遂谥曰'宣'，成其志也。"则祁在孙
奭卒时为太常博士不久。姑系于此。

有诗寄孙奭，抒畏讥忧谗之叹。

《文集》卷六《抒怀上孙侍讲学士》："仆本寒乡士，始愿托田
陇。偶与亨会并，遂窃空名宠。黄冑信清闲，文书无倥偬。牵丝玷
外举，挟册陪春诵。缥帙芸叶香，清池璧流甕。虽均五能知，犹冀
三陌踊。有志慕孤直，多言畏奇中。往往犯怒狙，时时遭嚇凤。胁
肩方病畦，洗足几成渾。言充卫士爨，赋盖吴人瓮。但望不汝瑕，
安能贾予勇。丛云属帝辰，烝汕乐贤共。前追三代风，旁鼓天下
动。方正召华邰，贤良命晁董。务擢平津对，无罪贾生恸。哀然群
隽来，烂若春葩纵。咨予苦涩讷，望风犹阴拱。愁多目似蒿，疾久
带移孔。直虑醒而狂，遂同微且熥。三千御上方，八九吞云梦。订
正清庙诗，白罢旅葵贡。夫宁本无志，良忧拙于用。击辕固歌鄙，
殉金诚外重。中夕抚躬叹，明恩愧孤奉。况复年苒苒，坐惊头种
种。闲居昔有潘，广宅今非仲。尘容化衣襘，雨气昏刀鞚。所赖庇
明哲，盰衡顾闲冗。每辨骥垂耳，力排儒发冢。不尔谢病归，锄钓
事江莳。"孙侍讲学士指孙奭。奭本年六月卒，参本谱本年记事。
本年祁上言皇太后谒庙事不可为后世法，或受他人攻击，故有此
感，诗或作于此时。姑系于孙奭病卒之前。

是月，孙奭卒，为请谥曰宣，有文祭之，又为其作行状。

《长编》卷一一二：明道二年六月，"辛亥，太子少傅致仕孙奭
卒。帝谓张士逊曰：'朕方欲召奭，奭遂死矣。'嗟惜者久之，罢朝一
日，赠左仆射，谥曰宣"。辛亥日即十八日。《文集》卷四三《赠尚书
右仆射孙奭谥议》祁为孙奭请谥曰宣。《文集》卷四八《祭孙仆射
文》作于孙奭卒时。《文集》卷六一《孙仆射行状》："卜窆有日，节
惠兹在，敢摭雅行，告于有司。"知行状作于卒后葬前。

《归田录》卷一载:"宋尚书为布衣时,未为人知。孙宣公奭一见奇之,遂为知己。……公尝语其门下客曰:'近世谥用两字,而文臣必谥为文,皆非古也。吾死得谥曰"宣"若"戴"足矣。'及公之卒,宋方为礼官,遂谥曰'宣',成其志也。"孙奭,参本谱乾兴元年。

秋冬间,还雍丘故里。

《文集》卷二一《还乡》,此诗佚存本《景文宋公集》卷二〇题作《还故里有感》,题下自注:"明道癸酉。"宋祁有诗《过安陆旧居邻里相送》(《文集》卷一七),称安陆为旧居,此所还之故里当为开封雍丘。《还乡》诗曰:"自昔去先闬,乃今还故庐。陇桑濡露外,岩桂遣风余。稍识乌衣巷,相过栗里舆。感存横涕数,道旧愬杯徐。水涸溪容耗,林残野气疏。鸟喧晴处陌,烟宿暝时墟。彭泽期归去,临邛喜第如。击鲜无久恩,趋局畏官书。"其景在秋冬之季,则还乡在秋冬。

十月,祔葬庄懿太后于永定陵,有诗哀挽。

《拾遗》卷二《庄懿皇太后哀挽应制二首》其一云:"烝哉王者孝,别庙奉姜嫄。"《宋史》卷一〇《仁宗本纪二》:明道二年四月"癸亥,上大行太后谥曰庄献明肃,追尊宸妃李氏为皇太后,谥曰庄懿",十月"丁酉,祔葬庄献明肃皇太后、庄懿皇太后于永定陵。……己酉,祔庄献明肃太后、庄懿太后神主于奉慈庙"。事与诗所言合。

因言皇太后谒庙非后世法,十一月,命止撰《藉田记》,有诗。

《文集》卷一三《癸酉六月奉诏修藉田记十一月诏罢赋诗》,曰:"三时受诏拥缇油,曲笔无功苦思抽。不得成书同太史,须知非我异春秋。空言自合因人废,残稿犹应盖瓿留。归卧私庭深阁笔,饱尝鸡膳太悠悠。"据诗题,诏命止撰《藉田记》事在是年十一月。

《长编》卷一一二：明道二年五月，"丙子，命宰臣张士逊撰《藉田》及《恭谢太庙记》，以翰林学士冯元为编修官，直史馆宋祁为检讨官。既而祁言皇太后谒庙事不可为后世法，乃命止撰《藉田记》"。《续通鉴》卷三九：明道二年五月"丙子，命张士逊撰《藉田》及《恭谢太庙记》，以翰林学士冯元为编修官，直史馆宋祁为检讨官。既而祁言皇太后谒庙非后世法，乃止撰《藉田记》"。《宋史》卷一〇《仁宗本纪二》："检讨宋祁言，皇太后谒庙非后世法，乃止撰《藉田记》。"

仁宗废郭皇后，范仲淹、孔道辅、宋庠谏不可废，道辅因此出知泰州，祁有文赠之。

《长编》卷一一三：明道二年十二月"乙卯，诏称皇后以无子愿入道，特封为净妃、玉京冲妙仙师，赐名清悟，别居长宁宫。台谏章疏果不得入，仲淹即与权御史中丞孔道辅率知谏院孙祖德、侍御史蒋堂、郭劝、杨偕、马绛，殿中侍御史段少连，左正言宋郊，右正言刘涣诣垂拱殿门，伏奏皇后不当废，愿赐对以尽其言。护殿门者阖扉不为通，道辅抚铜环大呼曰：'皇后被废，奈何不听台谏入言。'寻诏宰相召台谏，谕以皇后当废状。道辅等悉诣中书，语夷简曰：'人臣之于帝后，犹子事父母也。父母不和，固宜谏止，奈何顺父出母乎！'众哗然，争致其说。夷简曰：'废后自有故事。'道辅及仲淹曰：'公不过引汉光武劝上耳，是乃光武失德，何足法也！自余废后，皆前世昏君所为。上躬尧、舜之资，而公顾劝之效昏君所为，可乎？'夷简不能答，拱立曰：'诸君更自见上，力陈之。'道辅与范仲淹等退，将以明日留百官揖宰相廷争。而夷简即奏台谏伏阁请对，非太平美事，乃议逐道辅等。丙辰旦，道辅等始至待漏院，诏道辅出知泰州，仲淹知睦州，祖德等各罚铜二十斤。故事，罢中丞，必有告辞。至是，直以敕除。道辅比还家，敕随至，又遣使押道辅及范仲淹亟出城。仍诏谏官御史,自今并须密具章疏,毋得相率请对,骇动中外"。

《文集》卷五五《贺孔谏议上任启》:"伏承谏议改佩使符,近临乡社。"孔谏议即孔道辅。《宋史》卷二九七《孔道辅传》:"明道二年,召为右谏议大夫、权御史中丞。会郭皇后废,道辅率谏官孙祖德、范仲淹、宋郊、刘涣,御史蒋堂、郭劝、杨偕、马绛、段少连十人,诣垂拱殿伏奏……于是出道辅知泰州。"道辅,曲阜人,文中所言"近临乡社"与"知泰州"地点正合。仁宗废郭皇后在本年十二月。孔道辅,字原鲁,初名延鲁,曲阜人,孔子四十五代孙。《宋史》卷二九七有传。王安石《临川先生文集》卷九一有《给事中赠尚书工部侍郎孔公墓志铭》)。

是年,晏殊作《吊刘苏哥》,议者以为盖指祁而言。

《苕溪渔隐丛话·前集》卷二六引《西清诗话》:"元献初罢政事,守亳社,每叹士风雕落。一日,营妓曰刘苏哥,有约终身而寒盟者,方春物暄妍,驰骏马出郊,登高冢旷望,长恸遂卒。元献谓士大夫受人昒睐,随燥湿变渝,如翻覆手,曾狂女子不若,为序其事,以诗吊之云:'苏哥风味逼天真,恐是文君向上人。何日九原芳草绿,大家携酒哭青春。'……苕溪渔隐曰:'元献《吊刘苏哥诗序》,盖指宋子京而言也。'"

是年,陈尧佐以户部尚书出知庐州,代其作谢表。

《文集》卷四〇《代转户侍充职知庐州谢表》有:"伏奉制命,特授臣户部侍郎、充龙图阁学士、知庐州军州兼管内劝农事者。……出奉会稽之最,非敢告劳;归成丽正之书,誓无私恨。逢辰论报,没齿为期。"题下原注:"案:陈尧佐,字希元。历官翰林学士、参知政事。明道二年以户部侍郎知庐州。"

宋仁宗赵祯景祐元年甲戌（1034）　三十七岁

〔时事〕

正月起，元昊屡扰边。七月，元昊攻庆州。枢密使王曙加同平章事。八月，王曙卒。王曾为枢密使。九月，立曹氏为皇后。

三月，与郑戬建言重修《韵略》《广韵》。

《宋刻集韵》卷末宋跋："景祐元年三月，太常博士直史馆宋祁、三司户部判官太常丞直史馆郑戬等奏：昨奉差考校御试进士，窃见举人诗赋多误使音韵，如叙序，座坐，底氏之字，或借文用意，或因释转音，重叠不分，去留难定，有司论难，互执异同。上烦圣听，亲赐裁定。盖见行《广韵》《韵略》所载疏漏，子注乖殊，宜弃乃留，当收复阙，一字两出，数文同见，不详本意，迷惑后生。欲乞朝廷差官重撰定《广韵》，使知适从。"按：此文又见《藏园群书经眼录》卷二。《全宋文》卷四九四收录此跋，题为宋祁《乞重定广韵奏》。

胡宿《郑公墓志铭》："景祐初，同修起居注，改太常博士，继为开封府发解官及考校御试进士，与今翰林宋公子京建议，礼部所行《韵略》及《广韵》，繁简失当，训诂不正，有司考士，多以声病被黜，请修三韵，是正音训。"

《能改斋漫录》卷一"郑宋修韵略"条："《互注礼部韵略叙》云'自庆历间，张希文始以圈子标记，礼部因之，颇以为便。元祐复诗赋，尝加校正，寻又罢'云云。然予尝考之，《礼部韵略》凡三经修矣。景祐初，郑文肃戬天休为太常博士，考校御试进士，与宋景文建议：'礼部所行《韵略》及《广韵》，繁简失当，训诂不正。有司考士，多以声病被黜。'三韵是正音训，书成，学者以为便。然则景祐初，郑、宋已修《韵略》，不始张希文也。"

郑戬,字天休,苏州吴县人。与祁同年甲科第三名进士及第。《宋史》卷二九二有传。郑戬与祁交往甚厚。

张唐卿状元及第,授将作监丞、通判陕府,有诗送之。

《文集》卷一七《送张状元监丞通理陕郊先觐亲蜀道》:"苑树樱残罢宴瓯,骊驹籍籍望西州。左思丽赋都中贵,张载新铭剑外留。几日戏裳贪洁膳,即时归雨劝耕畴。如何蔽芾甘棠国,再见临淄第一流。"张状元指张唐卿,景祐元年状元。韩琦《安阳集》卷四七《张君墓志铭》:"景祐元年春三月十八日,上御崇政殿,亲试天下所贡士,命近臣较其文,而以张君唐卿为之冠。越八日,上复临轩,赐君第一人及第。君素以文行为东州士人所称,又乡举与礼部试俱在高等。及春榜下,众论翕然,以为得人。君时集同榜诸进士于相国佛舍处,凡动作无一不如宜者,故虽宿儒旧学当世知名之士,无不瞻企叹伏,甘处其下。曰:'得状元者如此,吾榜之光矣!'释褐授将作监丞、通判陕府事。"张唐卿,字希元,山东青州人。事迹见《隆平集》卷一五《张唐卿传》、韩琦《安阳集》卷四七《张君墓志铭》。

蒋堂出为江南东路转运使,有诗送之。

《文集》卷一三《送蒋御史漕江南》:"柱后峨冠久未还,江南行府使旗鲜。陈陈洪庾催输粟,往往吴山即铸钱。暝月早霞千里国,废楼残社六朝天。时清宪笔无弹劾,供助骚人藻思妍。"蒋御史即蒋堂。《宋史》卷二九八《蒋堂传》:"再迁侍御史、判三司度支勾院,出为江南东路转运使。"《长编》卷一一四:景祐元年四月,"新江东转运使蒋堂言:'窃见诸路差武臣知州军者,多是素昧条教,不知民事,欲乞自今除扼束边陲之处,合选任近上武臣外,其余州军,即改差文资。'上谕令枢密院,今后差武臣知州军并须择人"。则蒋堂在四月稍前出为江南东路转运使。姑系于此。蒋堂,字希鲁,常州宜兴人。《宋史》卷二九八有传。

四月，受命与张环、胡宿及张宗古覆校《南史》《北史》，康定元年十月毕。

江少虞《宋朝事实类苑》卷三一："景祐元年四月，命直史馆宋祁、秘阁校理张环、馆阁校勘胡宿、张宗古覆校南、北史。康定元年冬十月上之。闰六月，命翰林学士张观、知制诰李淑、宋郊编校三馆书，判馆阁盛度、章得象、石中立、李仲容覆校。"张环、张宗古，不详。按："张环"疑"张瓌"之误，瓌本年官太常博士、秘阁校理、同知礼院。

四月，与郑戬、王洙刊修《广韵》《韵略》，丁度、李淑详定。宝元二年，书成，赐名《集韵》。

《长编》卷一一四：景祐元年四月，"诏直史馆宋祁、郑戬，国子监直讲王洙同刊修《广韵》《韵略》，仍命知制诰丁度、李淑详定。时祁等言《广韵》《韵略》，多疑混字，举人程试间或误用，有司论难，互执异同，乃致上烦亲决，故请加撰定"。《宋刻集韵》出版说明："《集韵》是一部重要的中古韵书，始撰于宋景祐四年（1037）。当时郑戬、宋祁等人上书批评《广韵》'多用旧文、繁略失当'，宋仁宗遂下令命丁度等人刊修《广韵》。宝元二年（1039）修订完毕，诏名曰《集韵》。"[①] 王洙，字原叔，一作源淑。应天宋城人，与祁同年进士及第。《宋史》卷二九四有传。丁度，字公雅，其先恩州清河人。《宋史》卷二九二有传。丁度与祁交往厚。李淑，字献臣。《宋史》卷二九一有传。邵博《邵氏闻见后录》卷一七："庆历中，翰林侍读学士李淑守郑州，题周少主陵云：'弄耜牵车晚鼓催，不知门外倒戈回。荒坟断陇才三尺，刚道房陵半仗来。'时上命淑作《陈文

---

① 丁度等编《宋刻集韵》卷首《出版说明》，中华书局，1989年。

惠公尧佐墓铭》，淑书'尧佐好为小诗，间有奇句'，及有'尫忧弗咸'等语。陈氏子弟请易去，淑以文先奏御，不可易。陈氏子弟恨之，刻淑《周陵诗》于石，指'倒戈'为谤。上亦以艺祖应天顺人，非逼伐而取之，落淑学士。淑上章辨《尚书》之义，盖纣之前徒，自倒戈攻纣，非武王倒戈也。上知淑深于经术，待之如初。宋内翰祁曰：'白公云"户大嫌甜酒，才高笑小诗"。其献臣之谓乎？'献臣，淑字也。为文尤古奥，有樊宗师体。"

因修韵书，与郑戬递宿史馆中，相互唱和。

《文集》卷二一《寄天休学士》："春暝蓬山直，知君思绪多。玉蟾吟泻滴，朱幕卧生波。谈麈飘无几，书刀削久讹。鱼沉江上梦，鸡唱汝南歌。落带灯煤暗，双盘露蕊和。烟浮温室树，云澹客星河。牟首传清戏，章沟叠迥鼍。子云惟寂寞，尚自奈嘲何。"题下自注："时递宿馆中。"郑戬，字天休。明道二年直史馆。《长编》卷一一二：明道二年一月"己丑，宰臣吕夷简、枢密副使夏竦上所注御制《三宝赞》、皇太后发愿文。以检讨注释官、直集贤院李淑为史馆修撰，集贤校理郑戬直史馆"。祁明道元年直史馆，参本谱明道元年记事。二人本年四月受命同刊修《广韵》《韵略》。

应叶清臣之请，作《秀州重修鼓角楼记》。

《文集》卷四六《秀州重修鼓角楼记》："景祐元年夏四月，嘉兴郡新作台门，书时，且言功也。越翌日，掾属邦人从二千石南阳叶君道卿，陟降而达观之，酾酒大会以修衈。礼成，率吁墙进，愿以更张经始及悦以使成勿亟之能，咨《春秋》之徒，善叙其状，发闻馨香，与石皆泐。君抑不止，乃绘图以谂予，且俾列其崖略。"叶清臣，字道卿，参本谱天圣二年。

闰六月，兄庠受诏与张观、李淑编三馆、秘阁书籍。

《长编》卷一一四：景祐元年闰六月"辛酉，命翰林学士张观、知制诰李淑、宋祁编三馆、秘阁书籍。仍命判馆阁盛度、章得象、石中立、李仲容覆视之"。按：所编三馆、秘阁书目成书后更名为《崇文总目》。王瑞来认为《长编》所言"宋祁"当为"宋郊"之误。其《二宋年谱》曰："据祁《宋史》《东都事略》本传及祁《神道碑》，议及祁为知制诰时，已为宝元二年，缘其兄庠为参知政事而未任，迟至庆历三年方为知制诰。而据前引所见，庠是年正为知制诰。盖是时庠尚名郊，'郊''祁'形近，《长编》误之。《宋朝事实类苑》卷三一《词翰书籍》载此事，正作'宋郊'。"①

《宋朝事实类苑》卷三一："景祐元年四月，命直史馆宋祁、秘阁校理张环、馆阁校勘胡宿、张宗古覆校南、北史。康定元年冬十月上之。闰六月，命翰林学士张观、知制诰李淑、宋郊编校三馆书，判馆阁盛度、章得象、石中立、李仲容覆校。"张观，字仲宾，常州毗陵人。《宋史》卷二七六有传。

八月，与燕肃、李随、李照考定乐律，上《论以尺定律奏》。

《会要》乐一之二至乐一之三："仁宗景祐元年八月二十三日，判太常寺燕肃等言：'本寺编钟磬年岁深远，累经采饰，用铜绿、胶墨涂染，填瘗字号，及有破璺合无声韵者。今虽将元定律准及钟磬三料堪充祗应，欲乞选差臣僚与判寺官员集本局通知音律者，将律准同共考击按试，定夺声韵。所有钟磬声损璺损不堪者，欲乞送造作添修抽换。'诏宋祁与内殿崇班李随同本寺按试，又令祠部员外郎、集贤校理李照参其事。"又《会要》乐二之一至乐二之二：景祐"元年秋九月，太常燕肃建言：'金石不调，愿以周世王朴律准更加考按。'有诏许之。又命李照、宋祁及中人李随共领其事。明年正月，金石一部成，帝御延福宫临阅焉。因问李照：'乐

---

① 王瑞来《知人论世：宋代人物考述》，第146页。

果和否？'照对：'金石之音，与王朴律准已协，然朴准比古乐差高五律，比禁坊乐差高二律。臣愿制管以度调。'帝曰：'试为之。'乃取京县秬黍累尺成律，铸钟。审之，其声犹高。更用太府布帛尺为法，乃下太常四律。别诏潞州取羊头山秬黍上送于官。照乃自为律管之法，以九十黍之量为四百二十星，率一星占九抄，一黍之量得四星六抄，九十黍得四百二十（量）〔星〕。以为十二管定法。于是诏内东头供奉官邓保信与照监视群工，改作金石；命聂冠卿检阅典实，佐其兴作；入内内侍省都知阎文应董其事，丞相府总领焉。凡所改制，皆关相府详定以闻。别诏臣元、臣冠卿、臣祁讨论乐理，为一代之典。乃诏天下有深知钟律者以自言，在所亟以名上。照乃铸铜立龠。龠、合、升、斗四物，以兴钟、镈声量之法。龠之率六百三十黍，黍为黄钟之容；合三倍于龠，升十二倍于合，斗十倍于升。乃改造诸器，以定其法。俄又以镈之容受差大，更增六龠为合，十合为升，十升为斗。铭曰'乐斗'。后数月，潞州上秬黍，照等择大黍纵累之，检考长短尺。尺成，与太府尺合法，乃坚定。先时，太常钟磬每十六枚为一（虚）〔虡〕，而四清声相承不击。照因是上言：'十二律声已备，愿去四清声。'于时诸臣议驳，帝令权用十二枚为一格，且诏曰：'俟有知音者能考四钟，协调清浊，有司别议以闻。'钟旧饰旋虫，改为龙云。乃遣使采四滨浮石千余段，以为县磬"。二文所言考定乐律时间不一，或建言在八月，下诏在九月。

《宋史》卷一二六《乐志一》："景祐元年八月，判太常寺燕肃等上言：'大乐制器岁久，金石不调，原以周王朴所造律准考按修治，并阅乐工，罢其不能者。'乃命直史馆宋祁、内侍李随同肃等典其事，又命集贤校理李照预焉。"

《宋史》卷二九八《燕肃传》："入判太常寺兼大理寺，复知审刑。肃言：'旧太常钟磬皆设色，每三岁亲祠，则重饰之。岁既久，所涂积厚，声益不协。'乃诏与李照、宋祁同按王朴律，即划涤考击，合以律准，试于后苑，声皆协。"

《国朝二百家名贤文粹》卷二六宋祁《论以尺定律奏》："方今去圣既远，知音又寡，但取朴准，调叶八音。属者太常臣燕肃，以律准尺之三分，欲为十二律管，而黄钟九寸，遂不得声。更广空道，乃与律应。虽管内均厚未悉如法，然深疑今尺比古差短，太常钟石，遂及于清，流至法部，转用高急。臣以为宜求索上党秬黍，如达奚震之言，选其精圆，累定寸尺，求管得管，求声得声。以所管之声合周时之准，苟高下符会，清浊无差，即可遂为定法，颁布方国，足以示陛下同律度量衡之制……"与《会要》等所述之事合。题下原注："案：《宋史》燕肃言钟律不调，在景祐元年。祁时直史馆，迁太常博士。"祁去年六月迁太常博士，参本谱明道二年记事。

景祐五年，李照新乐因有违古乐而废用。《长编》卷一二二：景祐五年五月"右司谏韩琦言：'前奉诏详定钟律，尝览《景祐广乐记》，睹李照所造乐，不合古法，皆率己意，别为律度，朝廷因而施用，识者久以为非。今将亲祀南郊，不可重以违古之乐上荐天地宗庙。窃闻太常旧乐见有存者，郊祀大礼，请复用之。'诏资政殿大学士宋绶、御史中丞晏殊同两制详定以闻。绶等言：'李照新乐，比旧乐下三律。众论以为无所考据。愿如琦请，郊庙复用和岘所定旧乐。旧乐钟磬不经照镌磨者，犹存三县奇七虡，郊庙殿廷，可以更用。'乃诏太常旧乐悉仍旧制，李照所造勿复施用"。

九月，仁宗御观文殿视王朴律准，并题"律准"二字于其底，为文赞之。

《会要》乐一之三：景祐元年，"九月，帝御观文殿，诏取王朴律准观视，御笔篆写'律准'字于其底，复付太常秘藏。本寺模勒，刻石于厅事，博士、直史馆宋祁为之赞曰：'在周有臣，嗣古成器。（绲）[弦]写琯音，柱分律位。俾授攸司，谨传来世。上圣稽古，规庭阅视。嘉御正声，亲铭宝字。奎钩奋芒，河龙献（执）[势]。乐府增荣，乾华府贲。用协咸韶，永和天地。'"

秋，刘沆知衡州，祁有诗送之。

《文集》卷一三《送刘学士守衡阳兼还故里》："名帖唐家十二时，囊封自乞阮咸麾。三行牛酒过乡墅，九向云山驻使旗。兰露夕薰欢洁膳，桂风秋遣怨丛枝。不应晚计还台约，紫掖深沉伫演辞。"知诗作于秋季。刘学士即刘沆。《宋史》卷二八五《刘沆传》："再迁太常丞、直集贤院，出知衡州。"《梅尧臣集编年校注》卷四《赋秋鸿送刘衡州》："秋鸿整羽翮，去就自因时。往春南方来，遂止天泉池。天泉水清泚，鸳鹭日追随。蒲藻岂不乐，江湖信所宜。今朝风色便，暂向衡阳归。洞庭逢叶下，潇湘先客飞。渚有兰杜美，心无稻粱卑。矰缴勿尔念，鹰隼宁尔窥。烟波千万里，足以资盘嬉。峰前想回日，青冥生路歧。"题下原注："沆。"又补注："《欧集》卷五十二有《送刘学士知衡州》一首，题景祐元年。"[1]则此次送刘沆还有欧阳修、梅尧臣。欧阳修《欧阳修全集》卷五二《居士外集》卷二《送刘学士知衡州》："杨子懒属书，平居惟嗜酒。一沐或弥旬，解酲须五斗。淡尔轻荣利，何常问有无。忍忆四马归，行为一麾守。湘酎自古醇，醽水闻名久。簿领但盈几，圣经不离口。湖田赋稻蟹，民讼争垅亩。兀尔即沉冥，安能知可否。聊为寄情乐，岂与素怀偶。藏器思适时，投刃宁烦手。行

---

① 梅尧臣著，朱东润校注《梅尧臣集编年校注》，上海古籍出版社，1980年，第62页。

当考官绩，勿复困罂缶。"刘沆，字冲之，吉州永新人。《宋史》卷
二八五有传。

十月，同燕肃、李照按试王朴律准。

《长编》卷一一五：景祐元年十月，"壬午，命龙图阁待制燕肃、
集贤校理李照、直史馆宋祁同按试王朴律准"。《续通鉴》卷三九
同。按：祁此时已迁太常博士，《长编》言十月按试王朴律准，与
《会要》及《宋史·乐志》时间不合，待考。

约是年，夏竦到任应天府，作《回夏尚书南京上任启》。

《文集》卷五二《回夏尚书南京上任启》："伏承荣膺显都，肃开
上府，道风所被，礼俗载康。恭惟尚书识照圣邻，谋含国采。早同
寅于成务，济凝续以蕃君。"夏尚书即夏竦。《长编》卷一一五：景
祐元年"八月己未，罢京东安抚使，知青州、礼部尚书夏竦加刑部
尚书"。《宋史》卷二八三《夏竦传》："太后崩，罢为礼部尚书、知襄
州，改颍州。京东荐饥，徙青州兼安抚使。逾年，罢安抚，迁刑部尚
书，徙应天府。宝元初，以户部尚书入为三司使。"知夏竦徙南京应
天府在景祐元年，《启》作于此时。

景祐二年乙亥（1035） 三十八岁

〔时事〕

二月，李迪罢相，王曾为相。十一月，废郭后卒，祀天地于圜
丘，大赦。十二月，范仲淹权知开封府。

二月五日，上《大乐图义》二卷。

《长编》卷一一六：景祐二年二月"庚申，太常博士、直史馆宋
祁上《大乐图义》二卷"。《续通鉴》卷四〇：景祐二年二月"庚申，
太常博士、直史馆宋祁上《大乐图义》二卷"。庚申日即二月五日。

《文集》卷四五《大乐图义序》："臣闻至乐之作也，本于天理，藏于人心。天理难乎象见，故推数以成律吕；人心易以假物，故探和以写金石。……臣窃不自揆，辄推本前人六律五声八音七均之说，及三大禘所用之乐，古今宫县升歌之异，上列为图，后诂其义。并今乐署阙典所当厘补者，更为杂论七篇附焉。总目曰《大乐图义》，析其卷为上下。惟歌舞于律吕差远，故不著于篇。臣又闻先民有言，知而复知，是为重知。陛下攽总聪睿，胸合天德，乐之元本已知之矣。而臣重以为言者，乃悁悁于效忠，亦思不出位，以备稗官之一说云尔。浅闻孤学，惧不足采。谨上。"题下原注："案：《崇文总目》，祁著《大乐图义》上下二卷，当在景祐时上。"文作于此时。

《会要》乐三之一一至乐三之一二：景祐二年九月"二十九日，直史馆宋祁上《大乐图义》并《杂论》七篇。诏送两制详定。翰林学士承旨章得象言：'按祁所论，其一论武舞所执九器各有所用。臣等参考礼典，盖是音官因循，致使前后不伦，有乖古仪。今请并如祁奏，凡武舞，始入，执旌最前，鼗次之，铎次之，镯又次之，相又次之。分左右。及舞成，则鸣铙筑雅以出。雅亦分左右。总九器，其入也，铙、雅不作；其出也，鼗、铎、镯等亦不作。其二乞别撰郊庙歌曲，述祖宗积累之业。臣等窃详，太常合用乐章，皆咸平以后选官缀撰，又有太宗、真宗圣制《朝天》《平晋》二曲及圣祖乐章，铺宣德美，播在乐府。今祁请陛下取三圣实录，撷其武功文德，作为歌诗，别诏近臣略依《生民》《公刘》《猗那》《长发》之比，裁属颂声。此则系自圣虑，非外廷敢议。其三论太乐局设雷鼓、灵鼓、路鼓，备而不击，及无三鼗。其四论有春牍之名，而无春牍。其五论竽及巢笙。其七论以尺定律。以上四者，臣等切闻朝廷昨命李照考定钟律，多已厘正。欲望以祁今议送冯元，令与照等参议，如命修改，别禀处分。其六请精选太常乐工，及募知音者备太常官属。窃见昨降诏书已行搜访，所请备置官属、精择乐工，事系朝廷，行之为允。祁所撰《图义》，订正今古，研究乐事，辞约义畅，深见该洽。今冯元等方纂乐事，欲望以祁此书付元，如可参用，即取缵缀附入；仍委修乐书所别写一本送上秘府，编入部类。庶当制乐之日，并宜稽古之能。'从之"。按：《会要》言上《大乐图义》在本年九月，同上者尚有《杂论》七篇，待考。

四月，与冯元、聂冠卿、李照同受命修乐书；约是时，迁同知太常礼院。

《长编》卷一一六：景祐二年四月"戊寅，命翰林侍讲学士兼龙图学士冯元、度支判官集贤校理聂冠卿、直史馆同知太常礼院宋祁同修乐书"。《续通鉴》卷四〇：景祐二年四月"戊寅，命冯元、聂冠卿、宋祁同修乐书。冠卿，新安人"。

《会要》乐一之四："帝令照于锡庆院试作编钟。既成奏御，照遂欲改大乐，又令内侍礼宾副使邓保（言）［信］参其事。照并引司封员外郎、集贤校理聂冠卿为检讨雅乐制度故实官，因更定尺律，别创乐器。其（刑）［形］制诡异，多非经说。时诏冯元、宋祁等修撰乐书，冠卿、照亦预编修。"又乐二之二："于是诏内东头供奉官邓保信与照监视群工，改作金石；命聂冠卿检阅典实，佐其兴作；入内内侍省都知阎文应董其事，丞相府总领焉。凡所改制，皆关相府详定以闻。别诏臣元、臣冠卿、臣祁讨论乐理，为一代之典。乃诏天下有深知钟律者以自言，在所亟以名上。"冯元，参本谱天圣五年。聂冠卿，参本谱天圣三年。李照，参本谱景祐元年。

与判许州张士逊、知陈州晏殊有书启往来。

《文集》卷五二《上许州张相公陈州晏尚书启》："近听恩制，序进卿联。列让靡还，冒荣增愧。伏念某本缘天幸，忝参国均。会聪睿之日跻，乏谋猷而誉处。有轩窃禄，不稘余困。未登考岁之期，遽滥赏风之典。外哗乡议，仰累朝猷。敢谓阁下锡以公言，与其礼进。绚书邮之庆问，分台舍之余辉。愿佩优评，庶亡祇悔。丹愚萃感，搦翰匪宣。"文中有"绚书邮之庆问"则彼此有书信往来。张相公，即张士逊。晏尚书，即晏殊。《长编》卷一一三：明道二年十月"己未，张士逊为山南东道节度使、同平章事、判许州"。《长编》卷一一六：景祐二年"夏四月丙辰，镇国节度使、驸马都尉李遵勖判许州"。则张士逊自明道二年判许州，景祐二年四月为李遵勖所代。夏承焘《二晏年谱》：景祐二年"二月，自亳州徙知陈州"。则启文作于二月至四月之间。《文集》卷五一《上陈州晏尚书书》："祁惶恐奏记尚书执事，伏念经道右驰，孤怀南住，迫分尔职，遂限所天，时剽徒谣，聆树嘉政。既大庇于善俗，复见劳于明神。福禄具蕃，优游至适。比华从事至，具道执事因视政余景，必置酒极欢。图书在前，箫笛参左。剧谈虚往，遒句暮传。第养园吏天倪之和，不恤汉人淮阳之薄。非天宇泰定，国爵屏荣，畴及是耶！然有乐者，居且同忧；无愠者，后将复喜。人望弥切，皇揆斯隆。苟旧人是图，则政将焉往。鸿渚咏曰归之句，龙门期可见之荣。今兹少留，愿姑安节，不任区区瞻祷之至。"《文集》卷五二《上陈州晏尚书启》："伏审祇奉朝俞，取升台坐，伏惟庆慰。恭惟知府尚书文经天极，照洞民彝。入对光华之辰，亟扬久大之业。微言茂藻，贲尧思之安安，嘉话远猷，赞皋谟之采采。退安吉履，迭守近封。冥物畛之亏成，放道枢之曼衍。冲机潜应，休问自升。逮景风之赏期，进白云之官纪，露陈赐冕，聊夸六枳之藩，驰执觐圭，行正三槐之位。民瞻久竦，帝赉有闻。祁钦听除音，丛欢劳府。属攸箴之有守，邈申庆以难阶。倾抒所深，名言非状。"两文皆是与晏殊往来之书启，作于晏殊知陈州时，即景祐二年至宝元元年。夏承焘《二晏年谱》：宝元元年，"自陈州召还为御史中丞三司使，与宋绶详定李照新乐"。张士逊，字顺之，家阴城。《宋史》卷三一一有传。

五月，在礼院，议祖宗配侑，上《礼院议祖宗配侑》。

《文集》卷二六《礼院议祖宗配侑》："臣等闻王者建庙祐之严，合昭穆之缀，祖一而已，始受命也；宗无豫数，待有德也；由宗而下，等胄之疏戚，以为迭毁之制，使后嗣虽有显扬褒大，犹不得与祖宗并列，所以一统乎尊尊，古之道也。……陛下重宗祧之事，鉴照前载，抑畏虔巩，让而不专，故令臣等得申愚管，谨用敷馨。"题下原注："案《仁宗本纪》，系景祐二年，祁迁太常同知礼仪院时上。《历代名臣奏议》作皇祐二年，误。"祁于明道二年迁太常博士，此文当作于景祐二年。《宋史》卷一〇《仁宗本纪二》：景祐二年五月"庚子，议太祖、太宗、真宗庙并万世不迁；南郊升侑上帝，以太祖定配，二宗迭配。"《长编》卷一一六：景祐二年五月"庚子，太常礼院言：'王者建庙祐之严，合昭穆之缀，祖一而已……'诏恭依。（原注：要见当时礼官姓名，今宋祁集有此奏议，与《实录》同，必祁主此也）"。按《长编》所言"此奏议"即《礼院议祖宗配侑奏》。

八月，郭稹为出嫁母行服，祁以为不当行服，乃上奏，诏议之。

《长编》卷一一七：景祐二年八月，"同知太常礼院宋祁言：'前祠部员外郎、集贤校理郭稹幼孤，母边更适士人王涣，生四子。稹无伯叔兄弟，独承郭氏之祭。今边不幸，而稹解官行服。按《五服制度敕》齐衰杖期降服之条曰："父卒母嫁及出妻之子为母。"其左方注："谓不为父后者。若为父后者，则为嫁母无服。"'下礼院、御史台详定。……诏自今并听解官，以申心丧（原注：刘夔议在此月己卯，两制、御史台、礼院再定及冯元议，并在明年九月戊寅，今并从本志联书之，略其月日。）"。

　　《宋史》卷一二五《礼志二八》"服纪"条："子为嫁母。景祐二年，礼官宋祁言：'前祠部员外郎、集贤校理郭稹幼孤，母边更嫁，有子。稹无伯叔兄弟，独承郭氏之祭。今边不幸，而稹解官行服。按《五服制度敕》齐衰杖期降服之条曰："父卒母嫁及出妻之子为母。"其左方注："谓不为父后者。若为父后者，则为嫁母无服。"'诏议之。……诏自今并听解官，以申心丧。"

　　《会要》礼三六之一〇："景祐二年，郭稹为出嫁母行服，太常博士、同知礼院事宋祁以（当不）[不当]行服，乃奏曰：'礼者，叙上下，制亲疏，别嫌明微，以为之节也。故三年之丧，虽天下达礼，至于情文相称，必隆杀从宜。故尊有所伸则亲者有所屈，不敢以所承之重而轻用于其私者也。伏见前祠部员外郎、集贤校理郭稹，生始数年而父丧，其母边氏更适士人王涣，稹茕然孤苦，以致成立。见无伯叔，又鲜兄弟，奉承郭氏之祭者，惟稹一人而已。边氏既适王氏，更生四子。今边不幸而死，稹乃解官行服，以臣愚管见，深用为疑。伏见《五服制度敕》齐衰杖期降服之条，曰："父卒母嫁及出妻之子为母服。"注曰："谓不为父后者。若为嫁母无服。"今详边氏嫁则从夫，已安于王室，死将同穴，永非于郭耦。而稹既为父后，则宜归重本宗，虽欲怀有慈之爱，推无绝之义，亦不得为已嫁之母亢父而进其礼也。何者？轻奉父统，则郭之承重更无他亲；备执母丧，则王之主祀自有诸子。臣详求礼制，疑稹不当解官行服。夫礼有所杀，君子之俯就也；义有所断，圣人从宜也。况当孝治，宜谨彝经。伏乞降臣此状，下有司详议，其郭稹为父后为出嫁母，[不]应解官行三年之丧，然后明垂定制，俾守洪规。臣备礼官，不敢侵默。'"

　　《文集》卷二六《郭（正）[稹]不应为嫁母持服状》："臣窃惟礼者，叙上下，制亲疏，别嫌明微，以为之节也。故三年之丧，虽天下达礼，至于情文相称，必降杀从宜。故尊有所申，则亲有所屈，不敢以所承之重，而轻用于其私者也。伏见前祠部员外郎、集贤校理郭（正）［积］，生始数岁，即钟父丧，而母边氏，更适士人王涣，（正）［积］茕茕孤苦，以讫成立。见无伯叔，又鲜兄弟，奉承郭氏之祭者，惟（正）［积］一身而已。母边氏适王氏，更生四子。今边不幸而讣闻，（正）［积］乃解官行服。以臣愚管见，深用为疑。伏见《五服制度敕》齐衰杖期降服之条曰：‘父卒母嫁及出妻之子为母。’其左方注曰：‘谓不为父后者。若为父后者，则为嫁母，无服。’今详边氏嫁则从夫，已安于王室；死将同穴，永非于郭偶。而（正）［积］既为父后，则宜归重本宗。虽欲怀有慈之爱，推无绝之义，亦不得为已嫁之母抗父而尽其礼。何者？轻奉父统，则郭之承重更无他亲；备执母丧，则王之主祀自有诸子。臣详求制旨，疑（正）［积］不当解官行服。夫礼有所杀，君子俯就也；义有所断，圣人不专也。况当孝治宜谨彝经。伏乞降臣此状下有司，博令详议。其郭（正）［积］为父后为嫁母，应与不应解官行三年之丧，然后明垂定制，俾守共规。臣备礼官，不敢寝默，谨具状奏闻。”文作于此时。郭积，祁同年进士。参本谱明道元年。按：此事经礼院、御史台等议定，而后有诏曰：“自今并听解官，以申心丧。”

九月二十九日，所上《大乐图义》订正今古，深见该洽，送秘府。

《会要》乐三之一一至乐三之一二：景祐二年九月，“二十九日，直史馆宋祁上《大乐图义》并《杂论》七篇，诏送两制详定。翰林学士承旨章得象言：‘按祁所论，其一论武舞所执九器各有所用。臣等参考礼典，盖是音官因循，致使前后不伦，有乖古仪。今请并如祁奏，凡武舞，始入，执旌最前，鼗次之，铎次之，镯又次之，相又次之。分左右。及舞成，则鸣铙筑雅以出。雅亦分左右。总九器，其入也,铙、雅不作;其出也,鼗、铎、镈等亦不作。其二乞别撰郊庙歌曲,述祖宗积累之业。臣等窃详,太常合用乐章,皆咸平以后选官缀撰,又有太宗、真宗圣制《朝天》《平晋》二曲及圣祖乐章,铺宣德美,播在乐府。今祁请陛下取三圣实录,撷其武功文德,作为歌诗,别诏近臣略依《生民》《公刘》《猗那》《长发》之比,裁属颂声。此则系自圣虑,非外廷敢议。其三论太乐局设雷鼓、灵鼓、路鼓,备而不击,及无三鼗。其四论有春牍之名,而无春牍。其五论竽及巢笙。其七论以尺定律。以上四者,臣等切闻朝廷昨命李照考定钟律,多已厘正。欲望以祁今议送冯元,令与照等参议,如命修改,别禀处分。其六请精选太常乐工,及募知音者备太常官属。窃见昨降诏书已行搜访,所请备置官属、精择乐工,事系朝廷,行之为允。祁所撰《图义》,订正今古,研究乐事,辞约义畅,深见该洽。今冯元等方纂乐事,欲望以祁此书付元,如可参用,即取缮缀附入;仍委修乐书所别写一本送上秘府,编入部类。庶当制乐之日,并宜稽古之能。'从之"。

《长编》卷一一七:景祐二年九月,"翰林学士承旨章得象等言:'宋祁所上《大乐图义》,其论武舞所执九器,经礼但举其凡而不著言其用后先。故旅进辈作而无始终之别。且鼗者,所谓导舞也;铎者,所谓通鼓也;镈者,所谓和鼓也;铙者,所谓止鼓也;相者,所谓辅乐也;雅者,所谓陔步也。宁有导舞方始而参以止鼓,止鼓既摇而乱以通铎?臣谓当舞八之时,左执干,右执戚,离为八列,别使工人执旌最前,鼗、铎以发之,镈以和之,左执相以辅之,右执雅以节之。及舞之将成也,则鸣铙以退行列,筑雅以陔步武,鼗、铎、镈、相皆罢而不作。如此庶协舞仪。请如祁所论。'奏可"。

章得象,字希言,世居泉州。谥文宪,后改谥文简。《宋史》卷三一一有传。

十一月，祀天地于圜丘，章得象摄事南郊，祁侍祠，有诗；礼成，上《阳郊庆成颂》六篇。

《文集》卷二二《南郊祠所上章摄事二首》："七里城南路，斋祠宿下房。远烟晨燎地，斜日夕牲场。""上辛兹摄事，瑞祝本通天。自此春秋笔，还书大有年。"章摄事指章得象，时为翰林学士承旨、判太常院。《长编》卷一一五：景祐元年十月，"改崇信节度使、赠侍中钱惟演谥曰思。先是，太常博士、秘阁校理、同知礼院张瓌议曰：'惟演历清华，升有密，博学业文，此其所优也。自母后助治，逮主上躬政，而附援求益，迎合轻议，为执法所纠，左降偏郡。夫位兼将相，不为不达矣；任易中外，不为不用矣；宜引满覆之诚，而贪慕权要，衅生不足，此其所劣也。前史称沈约昧于荣利，有志台司，元稹大为赂遗，经营相位，惟演之谓矣。谥法，敏而好学曰文，贪而败官曰墨。请谥文墨。'其家诉于朝，诏判太常礼院章得象等覆议"。知章得象景祐元年已判太常礼院。又同书卷一一六：景祐二年四月"己未，翰林学士承旨章得象、天章阁待制燕肃与翰林侍读学士冯元祥定刻漏"。知景祐二年四月章得象已为翰林学士承旨。

《文集》卷三五《阳郊庆成颂》序曰："臣某言，臣向者幸得以博士奉侍大祠，清庙圆丘，恭导升降。伏见陛下接神措事，饬躬备物，亹亹夙夜，如不敢康。至诚上通，灵贶如答。辇出殿幄，而瑞霰先涂；斋款宗祐，而祥飙迎辂。景至之夕，步自帷宫。改衣云散，登坛月皎。收戢凄凛，煦如阳春。旂无荡斿，燎无摇景。已事还轸，官不告勤。三灵洪洞，交相为庆，涤秽荡瑕，纳于昭清。此则上帝所以顾諟，陛下所以钦奉，天人之际，不为远已。臣亲覩盛礼，昧于知量，辄订诗人之义，作《阳郊庆成颂》六篇。义大词褊，无以游扬万一。庶几侲童谣汉、击辕慕韶之比。窃用缮录，冒昧以闻。"

《颂》包含《瑰宫》《我将》《枚枚》《嘉坛》《南阙》《垂鸿》共六篇。题下原注："案:《仁宗本纪》景祐二年十一月乙未祀天地于圜丘,祁时为太常博士,此篇即其时所作。"文中有"臣向者幸得以博士奉侍大祠"语,知此文作于是年。《宋史》卷一〇《仁宗本纪二》:景祐二年十一月"乙未,祀天地于圜丘,大赦"。《文集》卷八《太庙侍祠雪霁有作》:"喜雪静氛埃,繁云即日回。清光动冠剑,余素著楼台。树杂琼枝竦,途平玉辙开。惟应余两骑,知是海神来。"诗作于此时。

圜丘礼成,追赠父玘为中书令兼尚书令、封秦国公。

《文集》卷六二《荆南府君行状》:"景祐二年圜丘礼成,进加今赠。"《宋史》卷一〇《仁宗本纪二》:景祐二年十一月"乙未,祀天地于圜丘"。《元宪碑》:"父玘,端拱二年以明经及第,治狱有阴德,终荆南节度推官。自公显,曾祖而下皆赠开府仪同三司、太师、中书令兼尚书令,封齐、楚、秦三国公。"《神道碑》:"父玘,终荆南节度使推官。初,四院之子孙仕者数十人,或以荫,或以明经,或以明法,或举进士,皆有才名,然不甚显。至公之兄弟遂大显。自曾祖而下并赠开府仪同三司、太师、中书令兼尚书令,开齐、楚、秦三国为公。"

是年,仁宗作《景祐乐髓新经》,凡六篇,赐群臣,祁得赐一册。

《拾遗》卷一二《乐书局谢赐〈景祐乐髓新经〉表》:"臣等伏蒙圣慈各赐臣等《景祐乐髓新经》一册者。乐教通伦,茂昭于广博;常言知选,铺诏于本元。蔼垂范以坦明,亟镂方而流布。颂文胥泪,拜赐知荣。……"《全宋文》整理者此文题下注:"景祐二年。仁宗制《景祐乐髓新经》以赐群臣在景祐二年,见《宋史》卷一二六《乐志》一。"《宋史》卷一二六《乐志一》:"又为《景祐乐髓新经》,凡六篇:第一,释十二均;第二,明所主事;第三,辨音声;第四,图律吕相生，并祭天地、宗庙用律及阴阳数配；第五，十二管长短；第六，历代度、量、衡。皆本之于阴阳，配之于四时，建之于日辰，通之于鞮靬，演之于壬式遁甲之法，以授乐府，以考正声，以赐群臣焉。"

是年，在史馆作《山东德州重修鼓角楼记》，记德州知州张保雍修楼之功。

《文集》卷四六《山东德州重修鼓角楼记》："明道元年，清河张君以尚书曹员外，佩二千石印绶，来莅州事。君之下车也，以县官诏书慰安元元。事无尤违，狱无颇额，吏不诿官，军不愿农。曩之捐瘠富而教，向之愁叹歌且舞。五月报成，邦人宜之。于是考前守之遗虑，兴公家之长利，细大贯行，各有后先。惟时州门，因陋且久，风雨弛其桴栋，尘墙澉其丹垩。众谋不辑，惮于改为。……未几，天子修复旧章，即拜君本路详刑使者。掾属郁陶咏叹，金谓成功不可以不纪。以仆职在东观，悉衰沿改之绩，愿刻金石，尽信其传。谨按，君为州之明年，营新楼，役且百人。兴正月，止四月。楼成，东西八筵有奇，南北三丈而赢。雉堞高显，率皆称是。谨始以书时，褒君以不名，用古《阳秋》之法也。后二年，记成甫刊勒云。谨记。"明道二年之明年再后二年即是本年。清河张君即张保雍，参本谱天圣八年。

景祐三年丙子（1036）　三十九岁

〔时事〕

五月，范仲淹因指斥吕夷简，落职知饶州。余靖、尹洙、欧阳修并落职补外。诏戒百官越职言事。十一月，杨太后卒。

五月，范仲淹因指斥吕夷简落职出知饶州，有诗送之。

《文集》卷二〇《送范希文》："日夕朋簪远，空成咄咄嗟。危言犹在口，飞语已磨牙。室救鸱鸮毁，庭喧獬豸邪。青蒲空顿首，白简遂为瑕。身历千金险，头经一夕华。便应过楚泽，何异向长沙。簣土障河拙，园葵望日赊。尽焚温室草，尚得使君车。胜壤堪怀古，扁舟复载家。此时能痛饮，努力咏余霞。"《长编》卷一一八：景祐三年五月"丙戌，天章阁待制、权知开封府范仲淹落职知饶州。仲淹言事无所避，大臣权幸多忌恶之。时吕夷简执政，进者往往出其门。仲淹言，官人之法，人主当知其迟速、升降之序，其进退近臣，不宜全委宰相。又上《百官图》，指其次第曰：'如此为序迁，如此为不次。如此则公，如此则私，不可不察也。'夷简滋不悦。帝尝以迁都事访诸夷简，夷简曰：'仲淹迂阔，务名无实。'仲淹闻之，为四论以献，一曰《帝王好尚》，二曰《选贤任能》，三曰《近名》，四曰《推委》，大抵讥指时政。又言：'汉成帝信张禹，不疑舅家，故终有王莽之乱。臣恐今日朝廷亦有张禹坏陛下家法，以大为小，以易为难，以未成为已成，以急务为闲务者，不可不早辨也。'夷简大怒，以仲淹语辨于帝前，且诉仲淹越职言事，荐引朋党，离间君臣。仲淹亦交章对诉，辞愈切，由是降黜。侍御史韩渎希夷简意，请以仲淹朋党牓朝堂，戒百官越职言事。从之。时治朋党方急，士大夫畏宰相，少肯送仲淹者。"按：祁在几乎无人肯送仲淹之时，写下《送范希文》一诗，可见其正直。

六月，典阮逸、胡瑗等所定旧钟律。

《宋史》本传："召试，授直史馆，再迁太常博士、同知礼仪院。有司言太常旧乐数增损，其声不和。诏祁同按试。李照定新乐，胡瑗铸钟磬，祁皆典之。事见《乐志》。"

《宋史》卷一二七《乐志二》：景祐三年九月"阮逸言：'臣等所

造钟磬皆禀于冯元、宋祁，其分方定律又出于胡瑗算术，而臣独执《周礼》嘉量声中黄钟之法及《国语》钧钟弦准之制，皆抑而不用。臣前蒙召对，言王朴律高而李照钟下。窃睹御制《乐髓新经》《历代度量衡》篇，言《隋书》依《汉志》黍尺制管，或不容千二百，或不啻九寸之长，此则明《班志》已后，历代无有符合者。惟蔡邕铜龠本得于《周礼》遗范，邕自知音，所以只传铜龠，积成嘉量，则是声中黄钟而律本定矣。谓管有大小长短者，盖嘉量既成，即以量声定尺，明矣。今议者但争《汉志》黍尺无准之法，殊不知钟有钧、石、量、衡之制。况《周礼》《国语》，姬代圣经，翻谓无凭，孰为稽古？有唐张文收定乐，亦铸铜瓯，此足验周之嘉量以声定律，明矣。臣所以独执《周礼》铸嘉量者，以其方尺深尺，则度可见也；其容一龠，则量可见也；其重钧，则衡可见也；声中黄钟之宫，则律可见也。既律、度、量、衡如此符合，则制管歌声，其中必矣。臣昧死欲乞将臣见铸成铜瓯，再限半月内更铸嘉量，以其声中黄钟之宫，乃取李照新钟就加修整，务合周制钟量法度。文字已编写次，未敢具进。'诏送度等并定以闻。"

《长编》卷一一八：景祐三年二月"丙辰，诏翰林学士冯元、礼宾副使邓保信与镇江节度推官阮逸、湖州乡贡进士胡瑗，较定旧钟律。瑗，海陵人，以经术教授吴中。范仲淹前知苏州，荐瑗知音，白衣召对崇政殿，与逸俱命"，六月"丙寅，礼宾副使邓保信上所制乐尺并龠，且言其法本《汉志》，可用合律度量衡。诏冯元、聂冠卿、宋祁同较定以闻"。按：阮逸、胡瑗所作钟磬律度与古多不合，未用。

七月十二日，与冯元、聂冠卿等上所修乐书，赐名《景祐广乐记》，迁尚书工部员外郎。

《文集》卷六二《冯侍讲行状》："景祐二年春二月，至自河阳，改礼部侍郎、兼翰林侍讲学士、兼知审官院,复判太常礼院、国子监。……会上留意雅乐,闵经文残缺,规创大典。夏四月,诏公领修乐书,俄复为南郊卤簿使,管祥源观事。明年七月,书成,上号其书为《景祐广乐记》。特还户部,赏劳也。"《神道碑》:"修《广乐记》成,擢尚书工部员外郎。"宋敏求《春明退朝录》卷上:"景祐中,宋景文修乐书成,迁工部员外郎。"

《会要》乐二之一:"景祐三年六月九日,冯元等上言:'奉诏修撰乐书,望特降书名。'诏以《景祐广乐记》为名。七月十三日,冯元等上《景祐广乐记》八十一卷。"

《长编》卷一一九:景祐三年七月"戊子,翰林侍讲学士、兼龙图阁学士、礼部侍郎冯元,度支判官、工部郎中、集贤校理、同修起居注聂冠卿,太常博士、直史馆宋祁等,上《景祐广乐记》八十一卷。己丑,以元为户部侍郎,冠卿为刑部郎中、直集贤院,祁为工部郎中。"

《续通鉴》卷四〇:景祐三年七月"戊子,冯元、聂冠卿、宋祁等上《景祐广乐记》八十一卷。己丑,元等并进官"。按:《会要》与《长编》所言上书时间不同。己丑日,即七月十三日,为授官日,前一天戊子日为上书日,乃先上书后授官。《景祐广乐记》即前一年四月宋祁、冯元、聂冠卿等受命所修乐书。《景祐广乐记》因不合古法,未施用。

八月,兄庠为契丹生辰使,出使契丹。

《长编》卷一一九:景祐三年八月"丙辰,左正言、知制诰、史馆修撰宋祁为契丹生辰使,礼宾副使王世文副之"。王瑞来认为此处"宋祁"当为"宋郊"之误。其《二宋年谱》:"左正言、知制诰、史馆修撰均非此时宋祁官职,而正为郊任。且考之《辽史》卷一八《兴宗纪》,亦有此次宋郊贺生辰之明确记载:'(重熙五年十月壬子)宋遣宋郊、王世文来贺永寿节。'"①

受托为孙奭作墓志铭。

《文集》卷五八《仆射孙宣公墓志铭》："圣上嗣位之初，丕承淳烈，将以雍言布度，召隽老惇儒入崇政殿中，以兴金华之学。时惟乐安孙公奭蟠颙魁垒，授道帷幄，辰告日跻，渊静扬休，出入十年。……明年夏五月，感疾甚笃。己丑，奉禅衣复于东荣，实明道癸酉，于是公之生七十二年矣。讣闻。帝震悼，废朝，制赠文昌左相，赗泉二十万，录孤若孙一官，易名曰宣……得今丙子岁冬十月癸酉吉，奉公及夫人之丧，克窆于某县某乡某原。从先茔之穆位，顺也。以祁曩为经生，实被公荐，参掌仪署。又节惠以举周法，知公之绩也熟，见托论撰。是用次叙其行，而纳于窆埏。"墓志铭作于葬前。

作《荆南府君行状》《叔父府君行状》，纪父纪及叔父位事迹。

《文集》卷六二《叔父府君行状》："即以今岁孟冬之癸酉，奉江陵及府君之枢，偶穴同兆……"则行状作于叔父位葬之年，即本年。《文集》卷六二《荆南府君行状》："今得吉卜于许州阳翟县三封乡之南原，以景祐丙子孟冬之癸酉，举公之枢，以钟氏、朱氏二夫人合祔焉。"父纪与叔父位葬于同日，则《荆南府君行状》作于同时。

十月二十九日，举父纪及叔父位之枢葬于许州阳翟县三封乡之南原，偶穴同兆。以母钟氏、朱氏合祔于父纪。

《文集》卷六二《荆南府君行状》："今得吉卜于许州阳翟县三封乡之南原，以景祐丙子孟冬之癸酉，举公之枢，以钟氏、朱氏二夫人合祔焉。"

《文集》卷六二《叔父府君行状》："其孤郁与兄子郊等，别启新

---

① 王瑞来《知人论世：宋代人物考述》，第150页。

域于许州阳翟县三封乡之南原,即以今岁孟冬之癸酉,奉江陵及府君之枢,偶穴同兆,且以终手足之爱,从象数之吉也。"颍昌府,许昌郡,忠武军节度。唐称许州。元丰三年升颍昌府,县六。阳翟,州西北九十里。见《元丰九域志》卷一。

冬,寄书郭稹,述及近况。

《文集》卷四九《郭仲微书》题下原注:"案:祁以预修《广乐记》成,迁尚书工部员外,在景祐三年七月。郭仲微名(正)[稹]。"文有"祁自六七月间,迫于成书,诏限严急。早入晏归,私事并废,失于询问,不得赍赠一助绋者之末,心焉惭怅,于今恨恨。俄属国家录䌷绎之素,因褒典领,覃及下士,弗论岁课,超升郎曹",即指修《广乐记》事。文又有"今孟冬二十九日,克葬之。窆在阳翟之西南偏,乡曰三封",指本年十月葬父许州阳翟县三封乡,则文作于此后。郭稹,字仲微。参本谱明道二年。

是年,上多篇奏疏论礼乐。

《文集》卷二六《奏乞减编钟事》:"准中书送下监铸编钟所李照状,为乞减编钟十六为十二事……臣考视图载,皆有趣义,愿圣上览其意而定焉。"题下原注:"案:以下诸疏当在景祐三年命官校太常钟律之时。"本年二月命胡瑗铸钟磬,六月祁校定之。"以下诸疏"指《文集》卷二六《论太乐置雷鼓灵鼓路鼓备而不击及无三鼖》《论太乐署有春牍之名而无春牍之器》《论竽及巢笙和笙》《论引武舞所执九器各有所用》。

是年,应泗州知州张保雍之请,作《泗州重修水窦窗记》。又应他人之请,作《重修彭祖燕子二楼记》。

《文集》卷四六《泗州重修水窦窗记》:"景祐二年,泗上守清河张君缮防成城。既弥水患,部刺史交章言状,治在异等,帝庸嘉之,荣劳增秩。未几,又以江南漕使之节界即受焉。騑牡焜煌,改辕而

东。泗人郁陶以叹，佥谓君有大造于我邦，式克还定。巨功细役，
咸有方略，粲焉可纪。虽向之建台门，增治署，集贤南阳叶君道卿
前述其概；联长堤，捍怒流，尚书外郎武功苏君仪甫嗣褒其最。珉
刻相望，驿声无穷，而水窦窗帷新底绩，忽而不记，则后之人无以知
君精心长利，推行弥密者已。乃咨余求文，以信其传。……噫！继
而共治者，嘉作窦之劳，勿替而引之可也。明年为记，乃刊石云。"
言"明年为记"，知作于本年。清河张君指张保雍，参本谱天圣八
年。祁另有《回泗州知州启》（《文集》卷五六）："向缘持橐，恳乞
为藩。蒙大度之包荒，俾孤生之从欲。汔兹卧治，正谓藏瘝。敢冀
执事推谦下之私，布恩勤之海。候受疾走，墨妙前挥。安秋蒂之危
怀，露寒松之晚节。静言铭戢，迥迈等夷。一水通流，六条异守。
晤言未日，帽素增劳。"

《文集》卷四六《重修彭祖燕子二楼记》："景祐二年，丞相陇西
公以大司寇殿徐方，瑞节兵璋，东雄诸侯。……明年，幕府衰状，属
史官以索文。谨按，楼之赋名尚矣，或以地，或以事。公即而用之，
纪方言而著实也。面势所审，衡从所底仍初者，略而不书。惟是墙
屋之完，栋宇之壮，役靡淹时，令出子来，可以足言贻后者，则《诗》
之革而飞者欤，《礼》之发而智者欤！"据文知作于本年。

是年，代冯元作谢奖谕表。

《文集》卷四一《代谢进五箴奖谕表》："臣某言：伏蒙圣慈以
臣所进《金华五箴》并遂特赐诏书奖谕者。瞽言通讽，窃抒夫危
衷；善听作谋，猥烦夫褒答。荷择焉于乃圣，赦斐然之所裁。训奖
垂颁，荣悸参处。伏念臣禀生辒蔽，典学迂疏。亨会相偕，仕涂寝
臞。……刻诵载周，孤危知免。誓虽从于九殒，靡忘补于万分。"
按：此文乃代冯元作。据《宋史》卷二九四《冯元传》，冯元景祐三
年上《金华五箴》。冯元，字道宗，《宋史》卷二九四有传。

约是年,张奎母丧服终,出任京东转运使,有诗送之。

《文集》卷一八《送殿院张奎漕京东》:"霜柏轻寒惊曙乌,使台东道亚风旟。人瞻御史乘骢贵,钱续司农朽贯余。睢苑千门聊按节,齐官三服罢移书。此行须信褒恩美,新诏黄金饰佩余。"《宋史》卷三二四《张奎传》:"迁太常博士,召为殿中侍御史、知滑州,徙邢州。母病,辄割股肉和药以进,母遂愈。其后母卒,庐于墓,自负土植松柏。服终,授度支判官,出为京东转运使。"《长编》卷一一四:景祐元年三月,"知邢州、殿中侍御史张奎母病,奎辄刺股肉和药以进,母遂愈。丁丑,赐奎绵帛羊酒。及母死,奎庐于墓,自负土植柏,人服其孝"。则奎母卒于景祐元年三月之后。按:张奎为母服丧二十七个月,则出为京东转运使在景祐三年六月之后,姑系于此。张奎,字仲野,家于临濮。《宋史》卷三二四有传。

景祐四年丁丑(1037) 四十岁

〔时事〕

四月,吕夷简、王曾并罢相,王随、陈尧佐为相。十二月,并、代、忻州地震,死三万二千三百六人,伤五千六百人。

闰四月初十,受命权同修起居注,以父讳及体弱辞之,改命他人。

《长编》卷一二〇:景祐四年闰四月"壬午,命刑部员外郎、直史馆宋祁权同修起居注。先是,召用太常丞、集贤校理、知宣州叶清臣,而清臣未至。祁以父名玘,且病羸,不任久立,辞之。改命刑部员外郎、集贤校理赵概"。

闰四月二十六日,冯元卒,有诗哀之,并为其作行状。

《文集》卷六二《冯侍讲行状》:"冯元,字道宗,年六十三。……四年春,病寝剧,告未满三月,会小瘳,公自力造朝。未几,病复甚,

气上遻，害言语。后四月戊戌，终于正寝。"后四月戊戌即闰四月
二十六日。《文集》卷九《章靖冯公哀词》："华殿推名学，南宫重
亚卿。心无二何佞，身有两龚清。归沐宾綦鲜，幽通笔思精。邦人
为公恨，不见相承平。"作于卒后。章靖，冯元谥。冯侍讲、冯公即
冯元。冯元，参本谱天圣五年。《宋史》卷二九四《冯元传》："属李
淑、宋祁为铭志。"按：李淑文集今已佚，宋祁《景文集》及《拾遗》
不见冯元墓志铭，疑已佚。

**夏，吕夷简出判许州，有诗为之送别。十一月，吕夷简诞日，又
有诗贺之。**

《文集》卷八《送吕太初法曹之许田》："秋涯舣客舻，潘鬓不胜
梳。去决卿军事，还亲城旦书。驿鸦啼月早，庖鲤跃冰余。白皙公
庭步，翘材首曳裾。"题下原注："时相国彭城公镇许田。"《会要》
职官七八之一五至职官七八之一六：景祐"四年四月二十二日，右
仆射、兼门下侍郎、同中书门下平章事、昭文馆大学士吕夷简罢为
镇（海）[安]军节度使，同中书门下平章事、判许州，右仆射、兼门
下侍郎、同中书门下平章事、集贤殿大学士王曾罢为右仆射、充资
政殿大学士、判郓州，吏部侍郎、参知政事宋绶罢为左丞、充资政学
士，礼部侍郎、参知政事蔡齐罢为户部侍郎、知（颖）[颍]州。时曾
与吕夷简议论既不合，而政事多依违不决，因各上章求退，绶多同
夷简而齐间有所异，用是皆罢免。曾止迁仆射知青州，既入谢，求
改郓州，乃下学士院贴麻，加资政殿大学士判郓州。初除仆射，不
云'判州'而云'知州'，当制学士之失"。诗有"秋涯舣客舻"，则吕
夷简秋天始赴任，诗作于此时。

《文集》卷五《上许州吕相公嗣崧许康诗二首并书》书曰：
"十一月一日，尚书刑部员外郎、直史馆宋祁敢再拜奏记相国申公
执事，……辄因诞日之庆，缮写驰献。"题下原注："案：《宋史·吕

夷简传》，夷简封申国公，景祐四年夏四月，以镇安军节度使，同平章事判许州。"知诗作于十一月吕夷简生日之时，时吕在许州。《嗣崧诗》曰："彼岳惟崧，天作其神。嗣生我公，我公斤斤。嘉猷矢陈，柄国之均。帝亲命之，纂成前人。不显其道，惟申是保。""公迈厥德，祗祗翼翼。柔嘉而直，模我彝伦。揉我方国，施于夷貊。百度是毗，庶绩允熙。罔敢不恪，惟公是若。""帝诏执事，彻申土疆，衍沃腴良。赋舆溱溱，莫乐于申。昔在四岳，佑尧象禹，为国心膂。受民作邦，于今以光。""帝告于公，绍胥尔宇。宪是文武，如申如甫，为周之辅。诞锡尔祉，惟申甫是似。乘车错衡，淑施英英，式遣其荣。""公拜稽首，敢扬王休。祈天之久，为天子万寿。彼岳磐磐，松柏丸丸，公福禄实蕃。有崇而冈，有大而陵，公寿考是承。"《许康诗》曰："许丽而康，岳孙奠之。曰公之屏，实维似之。公徒增增，朱绶绿縢。不懗不惊，钩膺镂锡。称姬颜行，哕焉绥章。总我列侯，式时南疆。""公之相攸，孔乐于许。其原膴膴，其川訏訏。有芃禾麻，有京稷黍。薮焉麋麚，渚焉鲂鲤。有李有桃，有柘有檀。树我之园，令居则安。""公视于庭，师兵翼翼，孔武有力。公适于府，陪卿髦士，罔不就绪。公宴于堂，嘉宾我从。琴瑟鼓钟，或揳或摁，静好铿锵，万舞有容。""左拂其殷，炰鳖燔羔，给鲜于庖。右烹其藄，笋菹蒲菹，柔嘉惟馥。旨酒且多，其饮温克。摄尔攸仪，侑公宴嬉。俾胖而乐，俾艾而耇。""明明天子，股肱一体。于蕃于宣，邦人咸喜。主芣之山，浚冀之渠。弗童而材，弗竭而渔。皇惠斯人，俾公焉依。公报其成，帝曰还归。"《北宋经抚年表》卷二：宝元元年"十二月戊寅，徙判许州吕夷简判天雄"。则吕夷简宝元二年十二月离许州，诗作于今年或明年，姑系于此。吕夷简，字坦夫，先世莱州人，《宋史》卷三一一有传。夷简在庆历元年以朋党黜祁兄弟。

秋,陈商知常州,有诗送之。

《文集》卷一四《送常州陈商学士》:"红梨秋老石渠霜,并欲萧萧伴祖觞。台上襥绫收柘枕,水边古兽得鞶囊。浮云并盖辞京辇,晓月将潮促使艎。缘饰有文成政速,剩储灵气茹芝房。"李之亮《宋两浙路郡守年表》列陈商知常州于景祐四年,"《安阳集》卷四《陈商学士知常州》诗。景祐四年作"。[1]知诗作于本年秋。陈商,不详。按:韩琦《陈商学士知常州》诗曰:"叠鼓声喧下鹢舟,书山萧索别英游。青藜照字观奇废,朱雀分符锡命优。霞夹乌樯晴旆卷,星摇渔浦夜灯幽。纯风正熟帆无恙,一色江天望处秋。"

作诗自咏,叹衰老,述宦苦,冀隐退,又作《七不堪诗七首》自嘲。

《文集》卷一三《自咏》其一:"四十为郎信倦游,虚名缰锁太悠悠。危心正似葵倾日,衰质先于柳望秋。要路风尘疲骥足,故潭烟雨废槎头。颍滩渐报耕畴熟,终乞闲身守一丘。"其二:"上都频见岁华阴,偃息由来本茂林。醉若有乡须裂地,吏如逢隐即投簪。衔无婪数知容冗,病似支离亦挫针。况自疏家兄弟约,他年㧑橛故溪浔。"其三:"误怀手版应弓招,汩汩尘容葆鬓凋。潘拙本无乡曲誉,嵇弩偏恃母兄骄。雨畦菘叶晨羞薄,风灶茶烟午睡销。纵到北山堪自笑,春萝秋桂久寥寥。"祁景祐三年除工部员外郎,与"四十为郎"合。

《文集》卷五《七不堪诗七首并序》序曰:"昔嵇康有书抵山涛,自谓有七不堪,恐不可居世。虽抗言自任,亦笃性使然。予年过四十,抱支离之疹,移告时满三月,台家未之劾也。而因病成老,习惰成愆,向之不堪,予皆有之矣。自念官在史氏,执笔右螭,不容颓放以安于无用,聊作七章自歌之,亦自徼云。"言"年过四十"则在

---

[1]李之亮《宋两浙路郡守年表》,巴蜀书社,2001年,第302页。

本年或稍后，姑系于此。诗曰："一不堪，性嗜日高寝。叠鼓震余梦，星毛欹倦枕。冠剑朝已盈，当关视门阃。""二不堪，草野乐垂钓。泼泼锦鳞游，簖簖翠竿掉。夕负槁桐还，行吟面烟徼。""三不堪，坐痹不得摇。汤沐乏薰濯，虮虱喜爬搔。俯惕板在手，回惭绶结腰。""四不堪，不喜谢书疏。正无刀笔能，拙作餐饭句。自勉信非长，愆酬亦逢怒。""五不堪，未始临丧吊。倍重秦失号，礼讥老聃笑。勉顺当世情，为哀损真妙。""六不堪，不乐俗人共。聒聒沸蜩蝈集，纷纷臭菶众。怒迁多市色，礼烦方聚讼。""七不堪，束绅对文案。吏若凫鸭趋，文惊朱墨抚。自襮安所能，深心托萧散。"

约是年，子纳妇三日，以妇家馈食物之书来告，有误字，责之。

《邵氏闻见后录》卷二七："大儒宋景文公学该九流，于音训尤邃，故所著书用奇字，人多不识。尝纳子妇三日，子以妇家馈食物书白，一过目即曰：'书错一字。姑报之！'至白报，即怒曰：'吾薄他人错字，汝亦尔邪！'子皇骇，却立缓扣其错，以笔涂'暖'字。盖妇家书'以食物暖女'云，报亦如之。子益骇，又缓扣当用何暖字。久之，怒声曰：'从食从而从大。'子退检字书《博雅》，中出'餪'字，注云：'女嫁三日，饷食为餪女。'始知俗闻餪女云者，自有本字。"以二十年为一代，则纳子妇约在此年，姑系于此。

约是年，千里往返陈州拜见晏殊。

文天祥《文山集》卷六《与庐陵陈知县尧举书》："昨岁京华，天作解后，每念晏公在陈，欧公在颍，一宋、二苏千里往访，竟日从容。"

宋庠《元宪集》卷一五《因览子京西州诗稿感知音之难遇偶成短章》："小集曾因善叙传，西州余藻复盈编。中郎久已成枯骨，争奈柯亭十六椽。""小集曾因善叙传"句后自注："子京《出麾小集》甚为元献晏公所重，叙以冠篇，行于世。"可见祁常向晏殊请教。

宋仁宗赵祯宝元元年戊寅（1038） 四十一岁

〔时事〕

三月，王随、陈尧佐罢相，韩亿、石中立罢参知政事。张士逊、章得象为相。十月，诏戒百官朋党。元昊自立为帝，国号"大夏"，西夏建立。十一月，改元宝元。十二月，禁边人与西夏互市。

正月，上《请下罪己诏并求直言疏》，以灾异数见，劝仁宗下诏罪己求直言，从之。

《长编》卷一二一：宝元元年正月"刑部员外郎、直史馆、同知礼院宋祁上疏曰：'臣伏见顷岁以来，灾眚数见，依类托寓，异占同符。天本视法而尊，乃有躔离流薄之变；地当安固而静，乃有都国震动之占。陛下奉承郊丘，岁丰月洁，当蒙介福，翻致大异，何哉？……伏望陛下不以灾之未应遂为宴安，不以岁之屡丰便忘荒馑，普诏百职，各贡所怀，庶几天下条贯，粲然先见。惟陛下留神省阅。'"其所上疏即《文集》卷二七《请下罪己诏并求直言疏》，《长编》有节省。《长编》又言："丙午，以灾异屡见，下诏求直言。曰：'朕躬之阙遗，执事之阿枉，政教未臻于理，刑狱靡协于中，在位雍蔽之人，具官贪墨之吏，仰谏官、御史、搢绅、百僚密疏以陈，悉心无隐，限半月内实封进纳，朕当亲览，靡及有司，择善而行，固非虚饰。'"《续通鉴》卷四一："同知礼院宋祁上疏曰：'去年火焚兴国寺浮屠，延燔艺祖神御殿，已而盗坏宗庙扣器者再，则神不昭格之意也。自昔灾异之发，远者十数年，近者三四年，随方辄应，类无虚岁。而罪己之问不形于诏书，思患之谋不留于询逮，逾时越月，群下默然。间者但引缁黄，晨斋夕呗，修不经之细祝，塞可惧之大变，人且未信，天胡可欺！臣诚至愚，窃恐销伏之间未得为计也。伏望陛下普诏百执，各贡所怀，留神省阅。'"

正月丙辰，仁宗诏求天谴之所由，再进疏《上仁宗应诏论地震春雷之异》，列将来可虑者三，言辞恳切。

《长编》卷一二一：宝元元年正月"丙辰，诏曰：'比者善气弗效，阴眚屡见，地大震动，雷发不时。推原天谴之所由，岂吏为贪弛苛虐，使狴牢淹系，而赋调繁急欤？或受赇鬻直，下情壅蔽，以亏和致戾欤？转运使、提点刑狱，其案所部吏以闻。'"

《长编》卷一二一又言："宋祁又上疏曰：'臣闻赏罚操决，天子之权也。奏请可否，以佐上操决，则百度乂宁，一人尊强。窃见陛下临视庶政，深执谦德，不自先断，专委大臣。使大臣人人如皋陶，家家为后稷，尚且不可，况有托国威而肆忿，寄公爵以植恩者哉。臣请粗陈其要：且如陛下自欲有所拔擢，大臣以为不可，陛下从而罢之。又如自欲有所黜去，大臣以为不可，陛下从而任之。如此，则权常在臣，政不在君，昭然可见矣。陛下何所忌惮而不累加裁诘，遂使中材之人料时之如此，欲自结于朝者还附于权党，欲自徇于公者反入于私门。威柄寖移，人心何系？此将来可虑一也。臣闻忠臣之事君，造膝而言，诡辞而出，所以启心防患也。陛下亦宜隐秘其语，保全其人。傥露主名，则为所议刺者皆切齿而思报矣。兴诽造谤，不退不止。一旦罹患，而后来者传以为戒，皆苟容偷合，背公入党，则陛下虽有盈庭之士，朱紫杂袭，谁肯与权贵立敌进言而取祸哉。此无异挈仇以授奸人，自闭其耳目也。臣比见兹事，以验于前，伏望深思《大易》失臣之义，无袭《春秋》阳处父之枉。此将来可虑二也。臣伏惟陛下春秋鼎盛，皇嗣未立，后宫所御，当贯鱼序进，广求螽斯之福。伏望豫示敕诫，诏判贵贱，使上下有制，不相逾越；谗谒毁间，明垂防禁。数诏后妃，习知谦退和柔之懿，无令僭妒得萌其中。此将来可虑三也。谏官、御史本所以选进鲠亮，震肃权纲，为天子之耳目也。今则不然，有势者其奸如山，结舌不问；

无援者索疵吹毛，飞文历诋；未及满岁，已干宰司，希兼职而求进秩矣。如此，则宰司有失，谏官、御史谁肯为陛下尽言乎？臣故曰，谏官、御史由宰司之进拔者，非陛下之利也。夫轻授重责，难以得人；但赏不罚，难以肃下。今若令居是官者，终岁不言及言而不当，坐不任职退；挟持私意，有所回匿，而坐故纵诛；不畏强御，议论严正者，陛下自意擢之，无令有司得与。此亦救阿党之一也。传曰："正其本，万事理。"又曰："人存则政举，人亡则政息。"苟使天子持柄于上，群臣事职于下，如臣前所陈者，大猷几务，将交修毕举矣，安有政未臻理，刑靡协中乎？至于海县浩繁，官不悉善，或察廉无状，或贪冒公行，或民穷无诉，或事纷未治。大且抵死，小则远官，案章一下，交手受械，事轻人末，曷足应天变而关国体乎？要之，灾异之发，政教之本，在朝廷君臣之间耳。臣闻徒善不足为政，徒法不能自行，天之感物，不为伪动。今陛下惕然自反，已降德音，群臣将毕精极虑，随事纳说，必有可采。伏望朝廷开许施行。然臣尚有所虑者："今臣下准诏，例得献言，言不深切，则事不明白。或恐有昧仪矩，罔识禁忌。论安危则便云泰山累卵，指宴饮则直曰酒池肉林。"伏望陛下纳污含垢，一切裁赦，兼容博听，以取其长，勿令有坐狂言而得罪者，则圣德愈光大矣。'"

《拾遗》卷七《上仁宗应诏论地震春雷之异》："臣伏读丙午诏书，陛下祗悼变异，不忘元元。受愆引咎，端自克责。延问有位，广谋于众。推变所自，前事立防。将欲还威谴于天极，答震青于坤顺。虽姒王罪己，商宗念德，蔑以加之。群臣莫不延颈企踵，恭听允令。使诚有卤莽之虑，窾启之词，咸乐自效，纳于聪听，益润泽，附辉煌，以成自新之美。臣愚不肖，职在史氏，位为台郎，类非无知，不容自弃。辄敢条列近事，上对冲旨。诏曰：'朕躬之阙遗。'臣伏惟陛下即位以来十有六年，孜孜翼翼，动守先训。不侈宫室，不饰游畋，偃兵缓罚，爱重人命，无它过失闻于天下。虽自谓阙遗，愚臣昧死不敢奉诏……臣闻赏罚操决，天子之权也。……如此，则权常在臣，政不在君，昭然可见矣。……威柄寖移，人心何系。此将来可虑一也。……夫谋之虽众，决之欲独。……臣闻忠臣之事君，造膝而言，诡辞而出，所以启心防患也。陛下亦宜隐秘其语，保全其人。……此将来可虑二也。臣伏惟陛下春秋鼎盛，皇嗣未立，后宫所御，当贯鱼序进，广求螽斯子孙之福。……此将来可虑三也。……然臣尚有所虑者。今臣下准诏，例得献言，不深切则事不明白，或恐有昧仪矩，罔识禁忌，论安危则便云泰山累卵，指宴饮则直曰酒池肉林。望陛下纳污含垢，一切裁赦，兼容博听，以取其长。勿令有坐狂言而得罪者，则圣德愈光大矣。"文末原注："宝元元年正月上，时为直史馆、同知礼院。"按：文"可虑三也"后有文字脱漏，据《国朝诸臣奏议》卷三八补。文有"臣伏读丙午诏书"之语则本文在仁宗丙午下罪己诏之后。祁时为刑部员外郎，故文中有"臣愚不肖，职在史氏，位为台郎"。又文中有"臣伏惟陛下即位以来十有六年"之语，仁宗乾兴元年二月即位，顺推之，至本年正十六年。

三月，宋绶加资政殿大学士，代作谢表。

《长编》卷一二一：宝元元年三月"戊申，资政殿学士宋绶为资政殿大学士（原注：叶梦得云："王钦若始为大资政。其后向敏中、李迪、王曾皆以前宰相为之。非宰相而除者，惟绶一人。"）"。

《文集》卷三九《代宋资政谢大学士表》："臣某言：伏奉制命云云者。大言申奖，清职踵华。揆宠欲惊，置颜靡所。窃念臣禀生朦弱，循志朴忠，典学在勤，课功寡要……静循荣渥，复绝常均。傥可效于寸长，誓无忘于夕殒。"题下原注："案：宋绶，字公垂，历官参知政事、资政殿大学士。"

四月，晏殊自陈州召回。二宋兄弟与之唱和。

《长编》卷一二二：宝元元年四月，"刑部尚书、知陈州晏殊以本官兼御史中丞，充理检使"，十二月，"甲戌，刑部尚书、兼御史中丞晏殊复为三司使"。夏承焘《二晏年谱》：康定元年，"三月戊寅，自三司使刑部尚书除知枢密院事"。《文集》卷二四《和中丞晏尚书忆谯涡二首》称"中丞晏尚书"当作于本年四月至康定元年三月，姑系于此。

《文集》卷二四《和中丞晏尚书忆谯涡二首》诗曰："幰幰行舻破练光，提鞭旧岸接回塘。使君几作临波醉，犹省当时问葛强。""春波漫处寻他浦，晚潦清时觅故洲。使舸忽归心赏罢，后来风浪但惊鸥。"庠亦有和诗《和中丞晏尚书忆谯涡二首》（《元宪集》卷一四）："谷浪如烟曲里深，使旗斋舫此幽寻。不知鱼鸟思人否，曾费东山拥鼻吟。""沿缘绿筱无穷岸，萦带香荷几曲溪。可惜高秋真赏地，夕阳残月枉平西。"二诗皆为和晏殊《忆谯涡》诗。《拾遗》卷二《郑天休舍人言中丞晏尚书西园见忆》诗曰："闻道青云友，曾过广武庐。中园玩萧寂，嘉树日扶疏。坞静蝉鸣急，花翻鸟集余。赋成谁见忆，唯是沈尚书。"《拾遗》卷六《和三司晏尚书漫成》诗曰："日烈花休树结阴，红牙贪调万黄金。伯松不学陈遵饮，为识鸱夷是酒箴。"二诗亦为此时与晏殊唱和之作。

宋庠本年与晏殊颇多唱和。《和中丞晏尚书木芙蓉金菊追忆谯郡旧花》（《元宪集》卷一五）："绛艳由来拒早霜，金英自欲应重阳。主人昔意兼新意，并为寒葩两种香。"《和中丞晏尚书西园晚秋怀寄》（《元宪集》卷五）："节物名园晚，风烟亦媚秋。钿稍低露竹，珠皵老霜榴。坞籁晴先响，窗霞暝自收。山楹谁侍坐，正似傅岩幽。"《和中丞晏尚书西园石楠红叶可爱》（《元宪集》卷五）："几岁江南树，高秋洛浽园。碧姿先雨润，红意后霜繁。影叠光风动，梢迷夕照翻。一陪幽兴赏，容易到黄昏。"《和中丞晏尚书观上御青城案警场》(《元宪集》卷一四):"崔嵬缯阙倚云梯,三叠鸣筲引夕鼙。使范雄严天意悦,瑞氛斜日紫垣西。"诗末自注:"是日登楼案警场,即时开霁,晚景甚和。"《和晏尚书宴归马上醉题》(《元宪集》卷一五):"宝阙凌云宴罢初,纷纷归骑遍春衢。灯光月彩留清玩,不觉车前甚宠呼。"

秋,有诗和晏殊西园玩菊。

《文集》卷八《和杨学士同晏尚书西园对菊》:"岁秋无异卉,佳菊自成妍。薄采称觞客,繁开落帽天。抱池闲沮洳,留蝶小翩翾。为结胡公赏,并怀郦水边。"兄庠亦有和诗,即《元宪集》卷三《和杨学士和答中丞晏尚书西园玩菊》,诗云:"憭慄众芳歇,金英无与俦。香疑饮潭日,欢似漉巾秋。润蔼霜华入,薰丛野色留。郢兰休自咤,冰玉此赓酬。"晏尚书即晏殊。

十一月二十三日,祀天地于圜丘,礼成,祁进诗《大礼庆成》。

《文集》卷一九《大礼庆成并状》曰:"臣向缘法从,祗觌庆仪。自六飞之健行,讫万灵之合享。事皆如震,官靡告劳。……谨抒阳郊庆成五言诗一章十六韵,干冒宸听,无任震惶。谨缮写随状上进以闻。谨进。"诗曰:"上帝怀明德,圆坛展盛仪。南城七里路,三岁一郊时。豫动森华盖,乾行俪绛螭。山河对旒冕,辰象倚旍旗。祢祐前增谧,皇灵下告慈。密都俄奠玉,清庙遍尝粢。田烛纷先置,轩营肃左移。礼行忘景晏,恩厚觉寒迟。紫宙天鸿洞,宾柴燎陆离。合袪联祭秙,妥侑判纯牺。腏食千华炬,陪祠万翠绥。开天浮协气,亘海受洪釐。爱日兼祥至,随风与令驰。群心乐更始,徽册贶颛辞。尧舜文章焕,渊云颂叹疲。无阶效论报,敢告日孜孜。"题下原注:"案:《仁宗本纪》系宝元元年事,时已隔景祐三年,故云三岁一郊时也。"《宋史》卷一〇《仁宗本纪二》:宝元元年十一月"庚戌,祀天地于圜丘,大赦,改元"。庚戌日即二十三日。

晏殊观圜丘礼成有诗，和之。

《文集》卷一三《和晏公圜丘诗》："仗外鲜云敛夕容，跸声遥下紫营东。迎神秘座搅金密，腏食清坛烈火红。七萃禁戈攒月冷，万侯朝璧照霜空。天心帝意通欢豫，并在柴薰缥缈中。"庠亦有诗和晏公圜丘诗，即《和中丞晏尚书圜丘观礼》（《元宪集》卷一一），诗曰："三袭瓴坛夜未央，金支蟾彩共荧煌。凤舆遥憩壝门次，翟尾交分褥路香。星魄媪神联绀席，文宗武祖侑瑶觞。万灵醉止纯休集，方信周家骏命长。"

《文集》卷一三《奉和晏相公摄事圜丘中书致斋》："相阁斋居政事西，兹辰正值朔云低。雪园鹢冷应先舞，雀树鸡闲欲早栖。搁笔暂停黄纸尾，解骖犹放紫茸题。仙谣唱罢微阳动，谁见林间荔甲齐。"亦作于此时。

十一月，王曾卒，作诗悼之。

《文集》卷九《王沂公挽词三首》其一："尽瘁辞当国，均劳得偃藩。幄中留秘画，天下满危言。日企还三事，宁图阆九原。谁将河海泪，一洒问乾坤。"其二："下阁成忧疢，飞邮走诏医。遵鸿徒望渚，浴凤不归池。宣室君朝罢，翘车客涕垂。正应廊庙上，画一奉萧规。"其三："蔓路风号野，松阡水溢荣。滕君今见日，傅魄上骑星。诒训金籯满，图功籍史青。空嗟令君坐，千古掩余馨。"王沂公即王曾。《宋史》卷一○《仁宗本纪二》：宝元元年十一月，"王曾薨"。诗作于卒时。王曾，参本谱天圣七年。宋庠《元宪集》卷三《赠中书令沂国王文正公挽词二首》其一："揆路同寅业，师垣出守麾。终无三令喜，便集两楹悲。衮职嗟何补，天心感愁遗。幽泉空漏泺，非复作霖时。"其二："自昔（荥）［荣］归衮，今兹骇阅川。天愁摧柱日，星痛殒箕年。素履遗儒范，忠谋溢吏篇。空余洧乡陌，长似岘碑前。"

十二月,因李淑之谗,兄郊改名庠。

《长编》卷一二一:宝元元年三月,"刑部员外郎、知制诰宋郊为翰林学士。上初欲用郊为右谏议大夫、同知枢密院事。中书言故事无知制诰除执政者,乃先召入翰林。左右知上遇郊厚,行且大任矣。学士李淑害其宠,欲以奇中之,言于上曰:'宋,受命之号也;郊,交也。合姓名言之为不祥。'上弗为意。他日,以谕郊,因改名庠(原注:庠更名在十二月乙未,今联书之。)"。

《宋史》卷二八四《宋庠传》:"庠初名郊,李淑恐其先己,以奇中之,言曰:'宋,受命之号;郊,交也。合姓名言之为不祥。'帝弗为意,他日以谕之,因改名庠。"

《会要》仪制一三之二四:"翰林学士宋(祁)〔郊〕言:'臣乡里耆旧言:远叔祖有与臣同名者。虽昭穆已疏,礼当回避,今改名庠。'从之。"

《归田录》卷一:"宋郑公初名郊,字伯庠,与其弟自布衣时名动天下,号为'二宋'。其为知制诰,仁宗骤加奖眷,便欲大用。有忌其先进者谮之,谓其'姓符国号,名应郊天'。又曰:'郊者交也,交者,替代之名也,"宋交",其言不详。'仁宗遽命改之,公怏怏不获已,乃改为庠,字公序。"

《宋朝事实类苑》卷一〇"宋郑公"条:"宋郑公初名郊,字伯庠,与其弟祁,自布衣时,名动天下,号为二宋。其为知制诰,仁宗骤加奖眷,便欲大用。有忌其先进者,谮之,谓其'姓符国号,名应郊天'。又曰:'郊音交也,交者替代之名也,宋交,其言不祥。'仁宗遽命改之,公怏怏,不获已,乃改为庠,字公序。"

《西清诗话》卷中:"宋元宪公始拜内相,望重一时,且大用矣。同列谮其姓宋而郊名,非便。公奉诏更名庠,意殊怏怏不满。会用新名移书叶道卿清臣,仍呼同年。叶戏答公曰:'清臣,宋郊榜第六中选。遍阅《小录》，无宋庠者，不知何许人。'公因寄一绝自解：
'纸尾勤勤问姓名，禁林依旧玷华缨。莫惊书录题臣向，即是当时
刘更生。'"

按：宋庠改名，《长编》《宋史》《会要》皆言自改，《归田录》
《宋朝事实类苑》《西清诗话》则言仁宗命改之，仁宗当有意命改
之，言自改乃为之讳也，《会要》言避远祖之讳亦是托词。

**是年，孙抗宰晋陵，俞良孺知江州，司马池知河中府，皆有诗
送之。**

《文集》卷一二《孙抗寺丞宰晋陵》："旧笔刑丹燥，新辞苑雪
妍。一名迟上月，再击始垂天。鹢首凌波稳，凫翁赐绶鲜。邑歌
丰暇日，摘句暮争传。"《(咸淳)毗陵志》卷一〇《秩官四》"知县"
条"晋陵"："孙抗，景祐五年九月，宣奉郎守大理寺丞。"则孙抗以
大理寺丞宰晋陵，诗作于此时。孙抗，字和叔，黟县人。《宋史翼》
卷一有传。事迹又见《临川先生文集》卷八九《广西转运使孙君
墓碑》。

《文集》卷一二《送驾部俞员外良孺知江州》："朝弁辞清晓，斋
艎泛暮秋。官华飞雉省，地剧左鱼州。溢水遥浮郭，天章近占楼。
知君乘月夕，不浅是风流。"驾部俞员外不知何许人，《梅尧臣集编
年校注》卷八有《送余驾部江州》系宝元元年，注曰："宋祁有《送
驾部俞员外良孺知江州》，疑此'余'为'俞'之误。《韵语阳秋》引
此作俞驾部。"[1]俞良孺，未详。

《文集》卷一五《送河中司马待制》："从祀天坛歇翠薰，西门征
毂怆离群。暂违册府三重阁，先过楼船一曲汾。宾炙击鱼开左席，
戏壶争马宴中军。鹳楼西北怀都思，尽日凭高不碍云。"《长编》卷

---

① 梅尧臣著，朱东润校注《梅尧臣集编年校注》，第125页。

一二二:宝元元年十月,"盐铁副使、工部郎中司马池岁满当迁,中书进名,上曰:'是固辞谏官者。'遂命为天章阁待制、知河中府"。则河中司马为司马池,诗作于此时。司马池,字中和。《宋史》卷二九八有传。

是年,上《议乐疏》。

《议乐疏》载于《国朝诸臣奏议》卷九六,有附注云:"庆历元年上,时为翰林学士。"《景文集》卷二七《议乐疏》题下原注:"案:此疏当系宝元二年祁判盐铁院、同修礼书时上。《历代名臣奏议》作庆历元年,误。"按:此《疏》恐非作于宝元二年。《全宋文》卷四八九《议乐疏》整理者:"今按:疏中所引韩琦札子,据《宋会要辑稿》乐二之一九,在景祐五年五月十九日,则祁此疏亦当在此后不久,四库馆臣注亦误。"景祐五年即宝元元年。王瑞来《二宋年谱》"景祐五年"条云:"考文中'伏睹右司谏、直集贤院韩琦奏札子节文'之语,知祁此疏当上于是年。"① 姑系于此。

约是年,览晏殊亳州、陈州诗,赞之。

《文集》卷二一《览中丞尚书谯陈二郡新诗》:"自顷辞台路,陪京拥使珂。遗音追正始,新韵遍中和。赠答刘公数,登临叔子多。肠回初有感,耳热遂成歌。惊梦春塘草,欢颜雪席酡。拍残吴子夜,唱杀楚阳阿。胜气笼云沇,清怀贮月波。无妨烁颜谢,莫独与羊何。谯里鸣驺入,陈郊露冕过。二邦留雅咏,棠树共婆娑。"中丞尚书即晏殊。《二晏年谱》:景祐二年"二月,自亳州徙知陈州",宝元元年四月,"自陈州召还为御史中丞三司使"。诗作于晏殊回京之后。姑系于此。

---

① 王瑞来《知人论世:宋代人物考述》,第153页。

约是年，作《梦野亭在景陵集仙王君为郡日所创》，赞梦野亭之景。

《文集》卷一四《梦野亭在景陵集仙王君为郡日所创》："州堞巉屼迥势回，一犂斜羃四轩开。晴光猎草雄风度，晓气浮江赤日来。望极长天闲倚杆，醉残严角暝休梅。须知故楚多余感，剩费登高作赋才。"《（嘉靖）沔阳志》卷七"创设"条："梦野，在县治东南隅台上，宋景祐中，州守王琪建，有记，谓一目可尽云梦之野，故名。晏殊、宋祁、吴育、苏绅、石延年皆有诗。"则亭建于景祐中。民国十年《湖北通志》卷一〇〇："《梦野亭记》，景祐五年郡守王琪撰。"据祁诗题，知诗作于王琪为集贤之时。《长编》卷一三三：庆历元年九月"乙卯，以权盐铁判官、侍御史萧定基，祠部员外郎、集贤校理、判户部勾院王琪，并提举计度江南东西、荆湖南北路盐酒公事"。知王琪在庆历元年前已为集贤校理，则诗作于景祐三年至庆历元年之间。姑系于此。王琪，字君玉，成都华阳人，王珪从兄。与晏殊、欧阳修等交游。《宋史》卷三一二有传。

幸元龙《松垣文集》卷四《复州梦野亭记》："某冷官汉东，距竟陵咫尺，虽未获登使君之亭，而万里江湖，九秋枕上，风月樽前，诵枢密王公琪之诗，则知银涛响空，玉宇展冰，斯亭有也。宇外天垂，云鸿起灭，诵丞相晏公殊之诗，则知野水天光一碧，落霞孤鹜齐飞，斯亭有也。"

晁公武《郡斋读书志》之《读书附志》卷上："《景陵志》十四卷，右嘉定庚辰郡文学林英发修，诗文集录附焉。唐陆鸿渐、皮日休、陆龟蒙、皇朝朱昂、宋祁、晏殊、吴育、杨徽之、苏绅、石延年、王禹偁、张耒诸公之作为多。"

夏力恕等《（雍正）湖广通志》卷七七："梦野亭在县治东南隅，亭在台上，一目可尽云梦之野，最为郡中胜处。宋景祐中州守王琪建,有记。晏殊、宋祁、吴育、苏绅、石延年皆有诗。"

　　按:梦野亭诗今仅存宋祁、张耒之诗,其余诸公之诗不存。张
耒有多首梦野亭诗,今移录于此。张耒《柯山集》卷一七《与李文
举登梦野亭》:"樽俎相逢散百忧,虽非吾土共登楼。天边云送荆
王雨,江上枫雕宋玉秋。华发不堪怀故国,清杯相与散牢愁。清
谈七泽谁强健,莫学骚人赋远游。"《柯山集》卷一七《登梦野亭
怀旧》:"曾上高台望翠微,重来悲叹客难期。章华苍莽寻无处,
云梦逶迤寒更迟。墨客多情曾痛饮,玉箫何处弄妍词。请君点检
当时事,只应朱颜非旧时。"《柯山集》卷二三《竟陵梦野亭在子
城西南角一目而尽云梦之野最为郡中之胜》:"高甍巨桷压城闉,
平视如将七泽吞。几度春光招宋玉,碧阑干外独消魂。"《柯山集
拾遗》卷五《登梦野亭》:"危亭瞰云梦,眼界浩无边。秋见长江
路,晴宽七泽天。永怀哀郢赋,谁吊独醒贤。俯仰悲千古,披襟尚
飒然。"

宝元二年己卯(1039)　四十二岁

〔时事〕

　　正月,王随卒。四月,募河东、陕西民入粟实边。六月,削赵元
昊官爵,除属籍,悬赏擒元昊。七月,以夏竦知泾州兼泾原秦凤路
沿边经略安抚使、泾原路马步军都总管,范雍兼鄜延环庆路沿边经
略安抚使、鄜延马步军都总管。十一月,宋庠为参知政事。

　　二月,权三司度支判官。

　　《长编》卷一二五:宝元二年十一月癸卯,"时陕西用兵,调费
日蹙,祁上疏论三冗三费曰:'……然后天下响应,民业日丰,人心
不摇,师役可举,虽使风行电照,饮马西河,蠢尔戎酋,可玩之股掌

中矣，宁与今日诛求财用，课盐榷茗，为戚戚之计者同日语哉！'
（原注：祁疏附见，祁以二年二月权度支判官，本传载此疏于权度
支判官后，或当移见二月。）"《国朝诸臣奏议》卷一〇一《上三冗
三费疏》题下注："宝元二年上，时为三司度支判官。"去年十二
月十二日，晏殊已复三司使，祁权三司度支判或与晏殊有关。《长
编》卷一二二：宝元元年十二月"甲戌，刑部尚书、兼御史中丞晏
殊复为三司使，龙图阁直学士、给事中、知兖州孔道辅入为御史
中丞"。

陕西用兵，调费日蹙，作《上三冗三费疏》，所论切中时弊。

《神道碑》："是时陕西用兵，国用日广。公言：'今大有三冗，
小有三费。州县之地不加广，而官五倍，且以十二加之，迁代罪谪
足以无乏。若节其入流，计员补吏，则一冗去矣。僧尼道士已受具
戒者且如旧，其徒弟子一切还为民，可得耕夫织妇五十万人，则二
冗去矣。厢军不任兵而任役，每役则更调农人，罢招厢军，又得数
十万人，则三冗去矣。道场斋醮寺观置官设徒卒、使相非边任而
享公给者，罢之，则三费节矣。三费节，三冗去，使国用饶，虽兴师
讨罪，戎酋可玩于掌股间耳，宁与今日课盐榷茗为戚戚计同年而
语哉！'"

《长编》卷一二五：宝元二年十一月，"时陕西用兵，调费日
蹙，祁上疏论三冗三费曰：'……今朝廷大有三冗，小有三费，以
困天下之财。……何谓三冗？天下有定官，无限员，一冗也。天
下厢军不任战而耗衣食，二冗也。僧道日益多而无定数，三冗
也。……何谓三费？一曰道场斋醮，无日不有，或七日，或一月，
或四十九日，各挟主名，未始暂停，至于蜡、蔬、膏、面、酒、稻、钱、
帛，百司供亿，不可赀计。……二曰京师寺观，或多设徒卒，或增
置官司，衣粮所给，三倍它处。帐幄谓之供养，田产谓之常住，不

徭不役,坐蠹齐民。……三曰使相、节度,不隶藩要,贪取公用,以济私家。……'(原注:祁疏附见,祁以二年二月权度支判官,本传载此疏于权度支判官后,或当移见二月。)"《国朝诸臣奏议》卷一〇一《上三冗三费疏》题下注云:"宝元二年上,时为三司度支判官。"故系于此时。

《续通鉴》卷四二:宝元二年十一月,"时陕西用兵,调费日蹙,天章阁待制、同判礼院宋祁上疏论三冗三费:'有定官,无限员,一冗也;厢军不任战而耗衣食,二冗也;僧道日益多而不定数,三冗也。道场斋醮,无日不有,皆以祝帝寿、祈民福为名;宜取其一二不可罢者,使略依本教以奉薰修,则一费节矣。京师寺观或多设徒卒,故[或]增置官司,衣粮所给,三倍它处,帐幄谓之供养,田产谓之常住,不徭不役,生蠹齐民;请一切罢之,则二费节矣。使相、节度不隶藩要,取公用以济私家;请自今地非边要,州无师屯者,不得建节度,已带节度不得留近藩及京师,则三费节矣。臣闻人不率则不从,身不先则不信,陛下若能躬服至俭,风示四方,衣服醲膳,无溢旧规,请自乘舆始;锦采珠玉,不得妄费,请自后宫始。'"

按:《神道碑》《长编》及《续通鉴》所节录之内容见《文集》卷二六《上三冗三费疏》。《上三冗三费疏》所指出的三冗三费,切中时弊,得到后人的赞誉。

春,与晏殊唱和。

《文集》卷二三《和三司尚书宣德门侍观灯》:"觚棱南抱彩山连,楼下沉香百炬然。此夜有人之帝所,默裁余韵记钧天。"据诗题知作于本年正月灯节。《文集》卷一四《贺中丞晏尚书春阴》:"轻寒剪剪著春旗,楼外晨光已暗移。小雾不还添柳弱,余寒未去恼花迟。幺弦促柱愁成曲,远水迎船巧作漪。谁在河桥望归客,莫将雷响误轻辀。"诗有"余寒未去恼花迟"知作于初春。《拾遗》卷四

《和三司晏尚书西园暇日》："阴阴嘉树杂花残，下畹行吟静更欢。草叶参差聊藉带，竹皮纷堕即为冠。余杯更辨浮冰酎，小衽初思御月纨。公有吾庐无限爱，海图周传不同看。"诗言"杂花残""竹皮纷堕"知作于春末。《拾遗》卷六《和三司尚书清明》："阳岑晚树飘花外，冷落晨杯捣杏余。喉舌官崇无晤赏，一轩筠粉伴刊书。"据诗题知作于清明前后。晏殊自去年四月为御史中丞，十二月为三司使。参本谱宝元元年记事。

宋庠《和晏尚书宣德门侍宴观灯》（《元宪集》卷一五）诗："梵楼佛火千轮出，汉畤神光百道来。为报金吾休禁夜，太平箫鼓宴钧台。"

陈思《两宋名贤小集》卷一一〇晏殊《春阴》："十二重环閟洞房，憧憧危树俯回塘。风迷戏蝶闲无绪，露裛幽花冷自香。绮席醉吟销桂酌，玉台愁作涩银篁。梅青麦绿江城路，更与登高望楚乡。"

六月，同贾昌朝修纂礼书。

《长编》卷一二三：宝元二年六月"丁卯，天章阁侍讲贾昌朝、直史馆宋祁同修纂礼书"。贾昌朝，字子明，真定获鹿人。《宋史》卷二八五有传。祁与贾昌朝唱和颇多。

秋，叶清臣、郑戬奉祠太一宫有诗，和之。

《文集》卷八《和道卿舍人奉祠太一斋宫》诗曰："素秋来蕊馆，瑞祝达霄晨。蘋荐祠无饩，楼居地不尘。掷波琴鲤乐，傍畤汉鸡驯。此际清怀极，盈杯沁潋津。""尘氛不可到，深注五城楼。素瑟少今韵，仙春无俗秋。晨杯三秀洁，夜爇九光流。顺报通霄极，纷纶瑞福遒。""地占丛霄胜，人持禁橐来。诗长清夜遍，祠罢素秋回。爽籁天中发，虚弦月际开。无容以风解，身自到蓬莱。"诗有"素秋来蕊馆，瑞祝达霄晨"知作于秋节。《文集》卷一九《和道卿舍人承祀出郊过西苑马上有作》：“西郊一超忽，祠节暂踟蹰。天迥欱临野，河长侧贯都。飞廉披苑路，南斗抱城隅。填堙时休猎，栖粮户免租。虎归仍习圈，风下稍依梧。池岸斜联御，宫楲上集胡。慎斋虽有属，胜践未云孤。雾里过仙市，轮边认佛图。柽杨闲对偃，鹁鸪静相呼。牧罢林将暝，樵归径自纡。有怀摛镂管，何苦促骊驹。壮思飘然发，知君颜谢徒。”《文集》卷八《和天休舍人奉祠太一宫见寄》：“顺祝斋琳馆，翛然隔世埃。空歌灵鹄下，祠节宝鸡来。瑞木千寻竦，仙图几卷开。如无清夜唱，谁识帝车回。”诸诗作于此时。叶清臣，字道卿。以起居舍人权三司使。《宋史》卷二九五《叶清臣传》：“时西师未解，急于经费，中书进拟三司使，清臣初不在选中。帝曰：‘叶清臣才可用。’擢为起居舍人、龙图阁学士、权三司使公事。”郑戬，字天休。胡宿《文恭集》卷三六《文肃郑公墓志铭》：“宝元初，知审刑院，谳天下之狱，原心丽法，值帝长者，多所全活，无留牍，前后四被诏奖。从容访对，去必目送，自是简注日隆。未几，除起居舍人。”则郑戬除起居舍人在本年。姑系于此。

秋，时游西园，与晏殊唱和。

《文集》卷八《三司晏尚书西园玩菊》：“涉园求胜赏，时菊艳秋光。散漫仙潭饵，襕褷瑞鹄裳。酒熏吹晚蕊，蜂冷抱残香。公意周盈感，留杯尽夕阳。”《文集》卷二三《和三司晏尚书秋咏》其二：“溪潨水净莲茎倒，林杪风干栗罅开。迥眺独吟俄夕景，毕逋鸦尾过墙来。”二诗诗题皆言“三司晏尚书”，晏殊两次为三司使，第一次在天圣九年，参《二晏年谱》。《长编》卷一一一：明道元年八月“丙午，以枢密副使晏殊为参知政事，立位在赵积上”，十一月“参知政事晏殊为尚书左丞”。则明道元年十一月后可称“三司晏尚书”。但第二年四月即以礼部尚书知亳州，参《二晏年谱》。则第一次作

为"三司晏尚书"的晏殊不及秋季赏菊之时已外任。晏殊第二次
为三司使在宝元元年十二月，第二年三月即除知枢密院事，参《长
编》卷一二二及《二晏年谱》。诗当作于宝元二年秋。

秋，雪，梅询有《秋雪》诗，和之。

《文集》卷二〇《和梅侍读给事秋雪》："朔气迎秋晏，因成糁雪
飘。园宾惊早赋，郢曲爱新调。杂霰鸣寒箨，纷花混晚苕。光含阙
边凤，温借省中貂。缟顷才供望，盐波已屡销。今年属清思，旻寓其
寥寥。"《长编》卷一二四：宝元二年"八月癸亥，翰林侍读学士、给
事中梅询知许州。询以足疾请外补也。故事，侍读学士无出外者。
天禧中，张知白罢参知政事，领此职，出知大名府。非历二府而出
者，自询始。询性卞急，好进取，而侈于奉养，至老不衰。然数为朝
廷言兵。初贬濠州，梦人告曰：'吕丞相至矣。'既而，吕夷简通判州
事，故询待遇特厚。其后，援询于废斥中，以至贵显，夷简之力也"。
诗作于此时或稍后。按：兄庠亦有和诗，即《次韵和侍读梅学士秋
雪》（《元宪集》卷九），诗云："秋宇霜华极，翻成暮雪飘。影迷霄桂
满，气助海钟调。梅蔼装宫树，芦花著浦苕。喜延梁客酒，愁敝洛人
貂。碧瓦千沟丽，银塘一色消。雅篇工状物，精思入参寥。"

应王曾子之请，为作墓志铭。应章得象之请，为其母张氏作墓
志铭。

《文集》卷五八《文正王公墓志铭》："岁在单阏冬十月乙酉，子
融与绛等竭诚信，举公及二夫人之丧合窆新阡，顺也。且求状于太
子中允、直集贤院富弼，又自衷公行事一篇，合前后赞书，见授而为
之志。恭惟令君之德在生人，其宪度在台阁，其言在谟命，其履践
在国书，其人与不可传者皆亡矣。今所捃次，姑举搢绅所道者，著
于篇而纳之圹中。""单阏"指己卯年，此时富弼为太子中允、直集
贤院。据《长编》卷一二四：宝元二年九月，"太子中允、直集贤院

富弼上疏曰……",则单阕年指己卯年。墓志铭作于葬前。王曾,
参本谱天圣七年。

《文集》卷六○《故赠太师章公夫人追封邓国太夫人张氏墓志
铭》:"夫人张氏,自远祖去清河,适南服,历世土断,为建州建安著
姓。……丞相永怀绪音,昊天罔极,虔询蓍蔡,始得许州阳翟之三
封原;惟吉卜,又得宝元己卯孟冬之乙酉辰,与姓合。乃备廞车灵
輤,奉尊枢于新域,从吉道也。丞相以任国之重不得申私恩谒,常
告题旌之引,乃服缌经,哭祖于都门之外。遂敕家丞宗老相仲子约
之,以克终襄事。大惧圣善之懿,弗永于将来,有命论次,以期陵
谷。"墓志铭作于葬前。章得象,参本谱景祐二年。

十一月,兄庠以翰林学士、刑部员外郎、知制诰为右谏议大夫、
参知政事。

《长编》卷一二五:宝元二年十一月,"翰林学士、刑部员外郎、
知制诰宋庠为谏议大夫、参知政事"。王瑞来认为庠自知制诰拜参
政为误,其《二宋年谱》云:"宝元元年时,庠为知制诰,仁宗即欲擢
为同知枢密院事,为中书以故事无知制诰除执政之由所阻,不得已
改为翰林学士,实已不兼知制诰一职矣。故于宝元二年由翰林进
执政。又,谏议大夫复分左右,此处亦失之略。《宋学士年表》宝元
二年栏载:'宋庠十一月除左谏议大夫、参知政事。'"[1] 待考,此处
仍沿其旧。

《元宪碑》:"又明年,遂拜右谏议大夫、参知政事。"《宋史》卷
二八四《宋庠传》:"宝元中,以右谏议大夫参知政事。"按:《学士
年表》言"左谏议大夫",《元宪碑》及《宋史》本传均言"右谏议大
夫",待考。

---

[1] 王瑞来《知人论世:宋代人物考述》,第155页。

十一月，当知制诰，以兄庠为参知政事故，乃授天章阁待制、同判礼院。

《长编》卷一二五：宝元二年十一月，"刑部员外郎、直史馆、同修起居注宋祁次当知制诰，以兄庠在中书，乃授天章阁待制、同判礼院"。

《神道碑》："次当知制诰，会元宪公参知政事，乃为天章阁待制，判太常礼院。"

上表、启谢授新职。

《文集》卷三七《谢改待制表》："臣伏奉制命，特授臣依旧充天章阁待制者。命发于中，擢非其任。惧先褒集，感与愧参。……谨当佩训自强，饬躬思勉。驰无泛驾，虽千里之难期；盆靡望天，冀一心而论报。倘施涓壎，敢吝靡捐。"《文集》卷五六《授待制谢两府启》："比者被奖中宸，通班秘禁。褒甄匪序，荣灼参怀。窃念祁祐薄早孤，学勤晚就。虽谋干禄，止辨易农。寝簪绂于朝闱，间磨铅于史室。自忘其鄙，日慎乃修。……遂容昭世，蔑叹滞才。方且疏瀹乃心，靖恭尔位。儆攸箴之所服，戒求福之斯回。庶息烦言，归酬至鉴。被巾襦而尚远，寓笔舌以奚宣。"题言"授待制"作于是年。《文集》卷三七《谢赐金紫表》："今月九日，蒙恩改赐臣金紫者。戒涂近对，绶品更华。……久含藏疾之慈，未获酬恩之所。属司容局，面控感怀。俄被句传，曲膺蕃锡。"题下原注："案：表内有属司容局云云，当属祁为待制判太常礼院时事。"

宿太常院，闻兄庠内当，有诗。

《拾遗》卷四《蜡祠宿太常院闻翰林兄长内当》："碧天霜气夜棱棱，人在鳌山第几层。静极禁关闻下键，暝深连阁见通灯。蕙薰浮篆才余火，酒滴供研自不冰。无奈此时怀共被，各分台署拥青绫。"诗题中"兄长"即宋庠。庠十一月以翰林学士、刑部员外郎、知制诰为右谏议大夫、参知政事。《长编》卷一二五：宝元二年十一月，"翰林学士、刑部员外郎、知制诰宋庠为谏议大夫、参知政事"。

闰十二月，应谢炳宗之请，作《凝碧堂记》。

《文集》卷四六《凝碧堂记》："会稽谢炳宗作尉之明年，创子堂于署南。榜曰凝碧，托始焉，且志地也。堂之大略，闻炳宗之言，予能纪之。"又云："予知异时立功，犹今兹之目巧也。其面势纤悉，犹有诸公之诗。索言之时，宝元二年，后十二月为记。"后十二月即闰十二月。谢炳宗，不详。

是年，宋绶出知河南府，与其有书信来往。

《文集》卷五一《上宋资政书》："自闲台坐，稽奉信函。比领风谣，审安福履。病悚忉怛，差用为慰。西都旧多丽篆名园，宝坊胜宇。伏计临抚之暇，驾言造适，足以摅幽蕴，摈世纷，彷徉萧散，助啬和理。然后徐副群望，还总钧陶，诚中外至愿，非独孤生之拳拳也。"

《文集》卷五一《上西洛宋资政书》："乃者阁下奉违禁涂，荣主留籥。即道孔迩，开府载严。乘春布和，向用五福。闻问欣竦，实百伦辈。某近缘假令，控诚于朝，获赐告休，展墓韩邑。溯渠登陆，出入再旬，北还上台，官事丛并，参候之礼，罔获具通。然至仁矜怜，自必蒙恕。重念睽远台席，黯结士林，疏宗下才，尤失存庇。饥渴教导，无可寄言，但阴萌于心，衔德无改。西迎之日，得与弃席踦屦，累旧恩于门下，则私诚毕矣。韶序滋晚，惟祈体国自爱。辱知，不敢更具公式。"二文言"西都""西洛"当指河南府。宋资政即宋绶，二文作于宋绶知河南时。

《文集》卷五二《回宋尚书启》："比者伏以尚书辍务枢庭，回光台极,圣期胥遝,贤业载熙。馨牢让以亟闻,留茂恩而羌久。宠纾优答,姑废雅怀。入对丹涂之严,进践槐阶之亚。周言交锡,有伫于告猷;天下居安,更隆于注意。方欣附末,遽辱诒音。衔谦德以斯劳,幸宗盟之永庇。兹焉感跃,实倍伦夷。"宋尚书即宋绶,文中言"辍务枢庭"当在首次罢参知政事之后,时以礼部尚书知河南府。

《宋史》卷二九一《宋绶传》:"绶以尚书左丞、资政殿学士留侍讲筵,权判尚书都省。岁余,加资政殿大学士,以礼部尚书知河南府。"《长编》卷一二一:宝元元年三月"戊申,资政殿学士宋绶为资政殿大学士",卷一二二:宝元元年六月"戊辰,资政殿大学士宋绶知审官院",卷一二三:宝元二年四月,"知河南府宋绶言:'府界民间讹言有寇兵大至,老幼皆奔走入城郭。又乡民多为白衣会以惑众。请立赏募告者。'从之。又诏告官吏不即捕击,当重置其罪"。则宋绶至迟宝元二年四月已在河南府。姑系于此。宋绶,字公垂,赵州平棘人。《宋史》卷二九一有传。

约是年,李定出为江西路转运使,有诗送之。

《文集》卷一四《送江西转运李定度支》:"江西使节拥朱轮,正用中台鹤发人。漕米争衔千鹢舠,即山催铸万蚨缗。宴斋螺岫披云出,醉馆星苞照露匀。双笔讵能藏藻思,落霞孤鹜向萧辰。"李昭玘《乐静集》卷二九《李公神道碑》:"仁宗爱其才,召试舍人院,赐进士第,改屯田员外郎、提点成都府路州狱。代还,擢三司度支判官,上殿,赐金紫,出为江西路转运使。"《会要》选举九之八:明道二年"八月十三日,赐国子博士李定同进士出身。以定七次献文,召试舍人院中等,命之"。李定明道二年试舍人院,若一任三年,后推六年则在本年出为江西路转运使。姑系于此。李定,齐州金乡人。仁宗赐进士及第。事迹见李昭玘《乐静集》卷二九《李公神道碑》。

约是年,郭稹累迁尚书刑部员外郎,同修起居注,有诗贺之。

《拾遗》卷四《喜仲微学士直右史》:"殿栋洪纷冒紫霏,新闻再拜上丹墀。日高中禁仙香馥,辇度横街赭伞移。宝校对呈天厩马,轻兵看阅羽林儿。因君此际磨坳墨,偏忆当年第二螭。"郭稹,字仲微。《宋史》卷三〇一《郭稹传》:"入为三司度支、户部判官,累迁尚书刑部员外郎,同修起居注。"《长编》卷一二三:宝元二年二月,"户部判官郭稹言,近日上封论列边事者甚众,乞差近臣看详,有可采者,委中书、枢密院施行。诏并送翰林学士就本院看详,毋得漏泄于外",又卷一二八:康定元年七月"乙丑,遣刑部员外郎集贤校理同修起居注郭稹、供备库副使夏防使契丹,告以方用兵西边也。议者谓元昊潜结契丹,恐益为边患,故特遣稹等谕意。契丹主厚礼之,与同出观猎,延稹射,一发中走兔,敌人愕视。契丹主遗以所乘马及他物甚厚。防,守赟子也"。则郭稹在本年或明年迁尚书刑部员外郎,同修起居注。姑系于此。

约是年,燕肃致仕,有诗赠之;肃寄诗晏殊,和之。

《文集》卷二一《纪赠致政燕侍郎》:"中朝鹄发俊,得谢宠安车。碧落超新秩,承明别旧庐。叔时今老矣,司寇此归欤。画有封厨秘,诗多乙牍余。云情元自远,舟意本常虚。酌酒朋三寿,挥金辈二疏。深恩仍给俸,令子复将舆。几日西清对,留光惇史书。"《文集》卷一八《和致政燕侍郎舟中寄晏尚书》:"异时仙阁对三休,顿首辞荣动邃旒。疏广故僚供祖帐,鸱夷尽室付归舟。谢阶生玉怀欢宴,燕壁图山代远游。新句渐高尘累少,紫微岩曲要相求。"二诗诗题中"燕侍郎"即燕肃,以礼部侍郎致仕。《长编》卷一二四:宝元二年十月"癸亥,礼部侍郎致仕燕肃言,每遇朝廷大庆会,欲于在所通表章,从之"。则燕肃至迟在本年十月已致仕。姑系于此。按:燕肃文集未见留传,其致仕途中所寄晏殊诗今不见存。

宋仁宗赵祯康定元年庚辰（1040）　四十三岁

〔时事〕

正月，元昊攻延州，俘鄜延、环庆两路副都总管刘平，鄜延副都总管石元孙。二月，夏守赟为宣徽南院使，陕西马步军都总管、经略安抚使兼沿边招讨使。韩琦为陕西安抚使。三月，晏殊、宋绶知枢密院事。五月，张士逊致仕，吕夷简复相。以夏竦为陕西都总管兼招讨使，韩琦、范仲淹为副使。九月，宋绶为参知政事，晏殊为枢密使，王贻永、杜衍、郑戬并为枢密副使。

正月或稍后，春雪，有咏雪诗寄郑戬。

《文集》卷一五《春雪寄郑府尹》：“风御凭空揽玉尘，急飘斜舞碎霙匀。九重阙里都无夜，五出花前自作春。剩借薄寒添雁夕，强留余晦恼莺晨。须知柳絮纷纷态，迷杀章台便面人。”郑府尹即郑戬，宝元二年六月至康定元年三月权发遣开封府事，诗作于本年。《长编》卷一二三：宝元二年六月“甲申，右正言、知制诰郑戬权发遣开封府事，胥偃在病告也”，又卷一二六：康定元年三月，“龙图阁直学士、起居舍人郑戬权三司使事，龙图阁学士、刑部侍郎、知永兴军杜衍权知开封府。西边用兵，关中民苦调发，吏或促办，因以侵渔。衍为之区处计画，量物有无贵贱、道里远近，宽其期会，使得次第输送永兴，比他州民费省几半。及为开封，于民政尤尽力，权近素闻衍名，莫敢干以事者”。则康定元年三月，郑戬为杜衍所代。

二月，过许州有诗寄梅询。

《文集》卷五《长葛道中作寄侍读梅给事》：“仲春告言归，道次古长葛。水穷既舍舟，仆具始脂辖。南登高原望，天宇莽廖豁。滦冀澹无波，苶驶森相轧。春鸠日夜鸣，阳膏浅深达。田畯挈壶浆，稚子勤襦褯。驱牛洒先耰，趣车载输秸。郊柘色欣欣，梢沟流活活。县官恩泽美,农节未尝夺。贤牧谨诏书,民隐罔遗察。射鳞赘聚劳,赋检诛求猾。我亦占一廛,闻兹慰饥渴。矢诗虽不多,要附许风末。"诗题"侍读梅给事"指梅询。梅询宝元二年八月以翰林侍读学士、给事中知许州,康定二年六月卒于许州。诗有"仲春告言归,道次古长葛",古长葛在许州境内。诗当作于本年或明年。姑系于此。

五月,陈尧佐致仕,与其有诗唱和。

《拾遗》卷二《和宫师陈相公》:"公辞四辅贵,才营三亩园。此地山林乐,当年廊庙尊。庭花有新复,郊禽无近翻。孰喻治穷僻,乃符萧相言。"宫师陈相公即陈尧佐,参本谱庆历二年。观诗意,尧佐已致仕。《长编》卷一二七:康定元年五月"戊辰,淮康节度使、同平章事、判郑州陈尧佐为太子太师致仕,大朝会缀中书门下班"。诗当作于致仕后。陈尧佐,字希元,其先河朔人。《宋史》卷二八四有传。

六月,刘兼济知原州,有诗为之送行,又作诗序。

《文集》卷二〇《送承制刘兼济知原州》:"假节分州郡,抡才出将门。还提射声旅,并破护羌屯。尺诏方临遣,新书得细论。旐酋陪猎帐,戍校接欢樽。后伍鞬櫜密,前驱鼓吹喧。陇笛梅落怨,边阵月残奔。赤白犹传警,先零久负恩。行期雪家耻,三捷奏天阍。"

《拾遗》卷一五《送承制刘兼济知原州诗序》:"前年,党项羌叛,乃今正月,穿当路塞,劫余种,将十余万骑,犯高奴,入金明。于时侍中刘公提卒不万人,径薄贼垒,鏖锋苦战,所杀过当。虏势蹙,欲引去。会小吏不肖,引师擅还。贼乘我虚,侍中伏节而殒。朝廷赫然愤狡寇之昧,恻然悯师臣之亡,录孤厥册,哀显存殁。仲弟宝臣,自宠竿戍召入,问破贼方略。宝臣顿首雪泣,愿得自当一队,脑王庭,张天声,以复家仇。帝伟之,即诏以二千石守朝那,给上台千

兵,光宠帐下。宝臣边事甚悉,出入凡三对,论兵数十章,铺陈切
悫,多得要领。上未尝不称善。而宝臣亦自以感遇不世,故慷慨而
诵言之。既六月,引军而西,诸公嘉其行,长言以饯。又俾仆序所
以必类之意。以宝臣之才之杰,奉庙算,摅愤谋,与群帅协力,而侍
中之灵又且相子,彼先零百年余运,何惧不克邪! 月捷三驰,赋诗
者之志也。凡若干篇,列如左方。"言"既六月,引军而西"知送行
在六月。刘兼济,字宝臣。《宋史》卷三二五《刘兼济传》:"属其兄
平战没于三川口,特授内殿崇班、知原州。"三川口战在本年正月、
二月间,兼济知原州在三川口战之后。

六月,与王尧臣等受诏疏决在京刑狱。

《会要》刑法五之二二二:康定元年"六月十一日,诏三京疏决刑
狱,在京翰林学士王尧臣、天章阁待制宋(祈)[祁],西京侍御史赵
及、南京侍御史方偕、开封府界诸县直史馆张子皋、集贤校理胡宿,
与提点县镇公事官员分往疏理,应杂犯死罪降从流,徙罪降从杖,
杖已下释之"。王尧臣,字伯庸,应天府虞城人。天圣五年举进士
第一。《宋史》卷二九二有传。

九月,晏殊拜枢密使,作《代回晏枢密让状》《回晏枢密启》。

《宋史》卷一〇《仁宗本纪二》:康定元年九月"戊午,李若谷
罢,以宋绶、晁宗悫参知政事,郑戬同知枢密院事。戊辰,以晏殊为
枢密使,王贻永、杜衍、郑戬并枢密副使"。《拾遗》卷一七《代回晏
枢密让状》:"光膺制命,联总机廷,伏惟庆慰。恭以某官器采宏通,
谋猷隐济。函天光于泰定,服圣旦于亲逢。治被宠灵,遍阶华剧。
属以边书腾警,枢省须才。聿图旧人,升干中务。文经武律,参揉
庶邦之和;昼访夕思,佐决万枢之重。敷求惟允,佥论攸归。敢谓
谦冲,特诒诲问。尚稽朝涣,显露让函。况成命之已行,谅素怀之
无遂。伫聆延拜,并释欢翘。"《拾遗》卷一六《回晏枢密》:"奉被

制俞,冠司几省。露腾需奏,确市谦怀。留涣册以淹辰,企群情而
戡扑。果聆温诏,终屈扻情。三接便蕃,趣俟斯猷之告;万枢凝远,
式繄同底之和。钦觌宠华,方深庆豫。荐辱书辞之祝,仰御德柄之
勤。欢感兹并,敷陈罔既。”二文作于此时。

晚秋,集于晏殊西园,有诗。

《拾遗》卷二《晚秋集晏太尉西园》其一:“邂逅翘材客,乘秋共
涉园。浅萉欢所媚,寒日醉中暄。目远鸿堪送,林深鹊自翻。长年
无所嗜,惟有不空樽。”其二:“造适衔杯醑,情来念物华。乔柯寒
自籁,荒菊晚犹花。滚滚飘谈麈,焞焞下日车。归骖侵暝鼓,无复
避堤沙。”晏太尉即晏殊。夏承焘《二晏年谱》:康定元年,“三月戊
寅,自三司使刑部尚书除知枢密院事。九月戊辰加检校太尉枢密
使”。诗作于此时或稍后。

与宋绶有书信往来。

《文集》卷五二《又回宋尚书启》:“伏审光膺诏绋,参总政机,
伏惟庆慰。恭以尚书学际三仪,谋经九德。若时佐圣,爰格奋庸。
自命节以归趋,翊帝枢之宥密。终缘民望,还贰台司。超进七兵之
曹,增重三槐之路。俞咨素定,朝野相欢。承尚让以自陈,颇留恩
而引避。并垂绪诲,式履终谦。况敦诏以寻颁,幸雅怀之无固。倾
蕲对宠,并释翘诚。”宋尚书即宋绶,康定元年九月改兵部尚书、参
知政事,与文中“光膺诏绋,参总政机”合。《长编》卷一二八:康
定元年九月“礼部尚书、知枢密院事宋绶为兵部尚书,起复翰林学
士兼龙图阁学士、左司郎中、知制诰晁宗悫为右谏议大夫,并参知
政事”。

十一月,判太常寺、兼礼仪事。

《长编》卷一二九:康定元年十一月“乙丑,以判太常寺、翰林
侍读学士、兼龙图阁学士李仲容兼礼仪事,判太常礼院知制诰吴

育、天章阁待制宋祁并同判太常寺、兼礼仪事。先是，谢绛判礼院，
建言：'太常寺本礼乐之司，今寺事皆本院行之，于礼非便。请改判
院为判寺，兼礼仪事。其同知院凡事先申判寺，然后施行，其关报
及奏请检状，即与判寺通签。'于是，始从绛言也"。吴育，字春卿，
建安人。与杨亿同州里。《宋史》卷二九一有传。吴育与祁兄弟交
往甚厚。

在太常寺，言本朝以同殿七室代七庙，不可轻改。

《宋史》卷一〇六《礼志九》"宗庙之制条"："乾兴元年十月，
奉真宗神主祔庙，以章穆皇后郭氏配。康定元年，直秘阁赵希言奏：
'太庙自来有寝无庙，因堂为室，东西十六间，内十四间为七室，两
首各一夹室。按礼，天子七庙，亲庙五、祧庙二。据古则僖、顺二祖
当迁。国家道观佛寺，并建别殿，奉安神御，岂若每主为一庙一寝。
或前立一庙，以今十六间为寝，更立一祧庙，逐室各题庙号。扣宝
神御物，宜销毁之。'同判太常寺宋祁言：'周制有庙有寝，以象人君
前有朝后有寝也。庙藏木主，寝藏衣冠。至秦乃出寝于墓侧，故陵
上更称寝殿，后世因之。今宗庙无寝，盖本于兹。郑康成谓周制立
二昭二穆，与太祖、文、武共为七庙，此一家之说，未足援正。自荀
卿、王肃等皆云天子七庙，诸侯五，大夫三，士一，降杀以两。则国
家七世之数，不用康成之说也。僖祖至真宗方及六世，不应便立祧
庙。自周、汉每帝各立庙，晋、宋以来多同殿异室，国朝以七室代七
庙，相承已久，不可轻改。'"

十二月，建言设神御库于宗正寺西，藏祖宗神御法物，从之。

《长编》卷一二九：康定元年十二月"甲午，同判太常寺宋祁
言：'周制，有庙有寝，以象人君前有朝后有寝也。庙藏木主，寝藏
衣冠。……国朝以七室代七庙，祖宗相承，行之已久，不可轻改。
又祖宗时神御法物尚少，及历三圣，加崇奉之礼，而宝盝、扣床充满

二室。《周礼》"天府掌祖庙之守藏"。宝物世传者皆在焉。请别为藏.'自是室题庙号,建神御库于宗正寺西"。

《续通鉴》卷四二:康定元年十二月"甲午,建神御库于宗正寺西,藏祖宗时神御法物于其中,从直秘阁赵希言、判太常寺宋祁请也"。

《会要》职官二〇之四至二〇之五:康定元年"十二月十三日,同判太常寺宋祁言:'太庙内神御物册盉床等不用之物甚多。金银万余两,欲乞拆剥金银,仍以宗正寺西太庙宫闱令廨建神御库,令宗正寺就领其事.'从之"。

《会要》礼一五之二九至一五之三〇:"康定元年十二月十三日,同判太常寺兼礼仪事宋祁言:'准中书送下直秘阁赵希言奏"太庙自来有寝无庙,因堂为室,东西十六间,内十四间为七室,两头各一夹室。按礼,天子七庙,亲庙五,祧庙二,共为七庙。……如未暇分立七庙,则于今庙室前起立一庙堂,以后殿十二间为寝,更于庙内立一祧庙,仍逐室门题书庙号者。臣按周制有庙有寝,以象人君前有朝、后有寝也。庙藏木主,寝藏衣冠。……国朝以七室代七庙,祖宗相承,行之已久,即同殿之制,不可轻改。希言又称每室不显著庙号,然此一节,差似有理。况沿旧增饰,不为难行。欲望七室各榜其门曰"某祖某宗之庙室",既无改作,因叶典章。所请于今庙内别立一堂,以今殿为寝,及作祧庙等事,更张体大,恐未可从.'诏如祁所奏。"

《宋史》卷一〇六《礼志九》"宗庙之制条":"康定元年,……同判太常寺宋祁言:'周制有庙有寝,以象人君前有朝后有寝也。庙藏木主,寝藏衣冠。……自周、汉每帝各立庙,晋、宋以来多同殿异室,国朝以七室代七庙,相承已久,不可轻改。《周礼》:"天府掌祖庙之守藏。"宝物世传者皆在焉。其神御法物、宝盉、扣床,请别为库藏之。'"

《文集》卷二七《乞置太庙神御库》："伏详今庙地狭隘,不可别为库室,欲望以宗正寺西偏南直太庙,即宫闱令廨屋,其地虽小,可建大屋十数间。将神御不用之物,悉移置于中,号为太庙神御库。"

十二月,宋绶卒,有诗挽之。

《文集》卷一一《司徒侍中宣献公挽词二首》其一："斯文推旧德,忧国变华颠。夙夜劳三事,东西止百年。温辞联册秘,良史大都传。他日贤臣垅,心知望圃田。"其二："美疢交明晦,浮龄讵控抟。宗盟一个弱,人赎百身难。赐敛荣絺衮,临哀驻玉銮。欲知桃李爱,朝绂共汍澜。"作于此时。兄庠亦有《赠司徒兼侍中宋宣献挽词四首》(《元宪集》卷三)其一："一世文为伯,三阶象有光。何言隆栋吉,忽叹夜舟藏。襚礼朝颁册,哀音路过丧。善人今不与,神理太茫茫。"其二："梁木萎邦哲,乘舆哭第家。敛恩周衮里,追品汉貂华。素礼初无悔,浮生遂有涯。斯文从此丧,谁与辨咬哇。"其三："舛运明生疾,忠怀语绝偷。空荣人曳履,终隔相封侯。太史藏书法,门生助绋讴。惟余文献谥,不复叹平头。"其四："宗工天下宝,归葬国西原。野阔箫声苦,云愁旐影昏。如存三事礼,不返九京魂。河海空成泪,难酬国士恩。"宣献公即宋绶。《宋史》卷二九一《宋绶传》："宋绶字公垂,赵州平棘人。……寻卒,赠司徒兼侍中,谥宣献。"《宋史》卷一〇《仁宗本纪二》:康定元年十二月"癸卯,宋绶卒"。

是年,与夏竦、晁宗悫、盛度等有书信往来。

《文集》卷五四《上夏太尉启》、卷五六《回晁参政启》、卷五六《盛右丞问候启》作于本年。夏太尉即夏竦,晁参政即晁宗悫,盛右丞即盛度。

《文集》卷五四《上夏太尉启》："伏自太尉肃持斋钺,出屏奥区。总师节于中军,畅天声于西略。诹辰前定,树政允和。惟中外之瞻怀,宜神明之提劳。隐居一面,界上国之金汤;下自九天,失殊邻之匕箸。重威临抚,丕绩亿光。动御粹冲,上膺钦倚。祁庇司计幕,阻迹宾綦。姑含螭陛之毫,行记星岩之命。此焉倾向,叵既敷陈。"《长编》卷一二七:康定元年五月,"徙知泾州、忠武节度使、泾原秦凤路缘边经略安抚使夏竦为陕西都部署、兼经略安抚使、缘边招讨使、知永兴军……(原注:夏竦还知永兴,以六月三十日到任。)",《启》有"总师节于中军,畅天声于西略",知作于本年。

《文集》卷五六《回晁参政启》："伏审显被制荣,恩联宰政,伏惟庆慰。恭以参政器函道奥,业总天常。膺旦暮之圣期,践凝严之世职。含光弗照,求福靡回。卓为高风,任布舆议。向者密衔使指,临讯军谋。拥车传以适勤,会台庭之金锡。宸心素定,恩策前颁。逮此清明之朝,趣对延登之宠。尚聆秉德,未即当仁。申雅奏以让还,枉公函而敷谕。钦惟褒命,久协朝言。望改素怀,即符群望。衔感欣忭,万一罔宣。"《宋史》卷一〇《仁宗本纪二》:康定元年九月"戊午,李若谷罢,以宋绶、晁宗悫参知政事"。《启》作于此时或稍后。

《文集》卷五六《盛右丞问候启》："伏自执事均贤枢筦,改秩台机,茂选奥藩,聿开尊府。方春临境,班宽大之诏恩;即日沆和,又神明之锡祚。钦惟著范,凤系人瞻。虽四国于宣,聊资于邦殿;而六符相比,迟正于乾台。由黄霸之治功,启平津之封册。仰祈晏处,务啬粹真。顾旧物之惓惓,溯余风而叩叩。乃心攸向,点翰匪宣。"《长编》卷一二五:宝元二年十一月"丁酉,降武宁节度使、知枢密院事盛度为尚书右丞、知扬州"。《启》言"方春临境"则作于第二年春。祁寄扬州盛度启文还有《回扬州盛右丞启》(《拾遗》卷一七）、《回盛右丞启》（《拾遗》卷二〇）按：盛度两次知扬州，首次在天圣七年，以右谏议大夫知扬州，第二次在本年以尚书右丞知扬州。参《宋史》卷二九二《盛度传》。

是年，为张景作墓志铭。

《文集》卷五九《故大理评事张公墓志铭》："呜呼！有宋闻人张晦之之墓。晦之名景，江陵公安人。……康定元年，著作佐郎王仪太初始得护梳柳，以某月日祔墉其先茔，从昭穆之图，成君志也。三代之讳之行，则渤海胡旦及康肃公为先圹之志若表在焉。平生文章，门人万称集为二十五通。太初与晦之再世中表，重节义然诺，且少相友善，故哀状丐文，而毕此封树焉。"康定元年即本年，墓志铭作于葬前。

是年，宗兄宋咸携集《剑池编》过都下，托以序，为作《宋同年剑池编序》，又作《览从兄咸剑池编》诗。

《文集》卷四五《宋同年剑池编序》："《剑池编》者，宗兄贯之之作也。初贯之自七闽西入关，才业锐甚，鼓行英俊中。京师诸儒，少敢支吾。时上新即位，至于亲程材品，谦让未遑也。第覆有司所校，临轩句唱，署定其籍。君以文中乙科，为吏限牵制，调歙之休宁尉。未几，州将或以亲致嫌，改洪之丰城。而君自襫巾仕涂，间关勤远，昼治夜计，推行靡密，然未尝一日不在书研间。故其点翰患多，操觚应卒，思风泱然，言泉沛然。如良庖鼓刀，羿子彀弓，导窾不顿，舍矢如破。用是四周岁篇，所得诗、颂、赞、纪、序、启、书、论若干篇，题曰《剑池》，识方游也。还都之日，哀而见过，且以冠篇为托。仆辱君之知旧矣，不命其承，况勤诲乎！原其天分人之能也，甚靳而难悉，虽有力者不能多取。故史家以儒林、循吏各自为传，犹函矢工其一巧，盍天废乎两施。岂若贯之进职其忧，则治目居最；退立以讨，则懿文益办。若使力命相会，其至寖淫本原，张旺枝叶，未可量也。昔年长好学不倦，惟闻袁伯；每官各为一集，独有王筠。由是而观之，其有意乎作者之事矣。若夫文之研丽令精，自当观发而知，此不遽数。谨序。"贯之即宋咸。余靖《武溪集》卷三《宋太博尤川杂撰序》："康定建元之明年，岁在实沉，广平贯之以奉常博士移刺琼管，途繇曲江，因出文稿四编示，其一曰《剑池编》，次曰《龟城集》，次曰《尤川杂撰》，次曰《永平录》。皆一官所成之集也。且曰《剑池》《永平》二集，今待制宗人子京暨大理丞王君子元各为之序，以冠篇首，尚以《尤川》一篇累吾执。"则宋祁所作《宋同年剑池编序》在康定二年之前，姑系于此年。《文集》卷一三《览从兄咸剑池编》诗云："竞爽吾宗属俊翘，凌云辞气剩飘飘。十年缔思轻伦赋，一骨评风压楚谣。纵玩书窗迷野马，长吟秋社续寒蜩。夫君自有何郎恨，枉使东阳臂肉销。"诗言"十年"当为虚数。宋咸，字贯之，天圣二年与祁同年进士。事迹见《宋史翼》卷三二、《宋诗纪事补遗》卷七。

是年，公孙子正卒，祁有诗哭之，又作赋伤之。

《文集》卷一六《哭公孙子正》："穷愁四十鬓华侵，肘卧垂杨感慨深。遗墨未干园令札，悲弦长绝献之琴。嗟贤有梦龙占苦，对臆无言鹏坐阴。三步过车绵酹薄，死生从此隔朋簪。"宋庠亦有诗《哭子正直讲》(《元宪集》卷六)。

《文集》卷二《伤贤赋并序》序曰："为先友公孙子正作也。盖子正官于太学八年，与予尝僚者二岁。观其为人，事亲孝，与士信，深中夷澹，毅然持正。阳休德辉，见于颜间。难进而易其禄，急病而后于己。亲之无令色，远之无里言。都中士大夫走高门，趋下陈，无寒暑之避，与槐柳皆列者，荡以成俗。而子正为礼侯官长，初无造诣。居常著书，尤邃礼学，默而好深沉之思，神期数千载间。属文而辞迤雅，临帖而书臻妙。予尝谓子正加于人一等矣。无鬼责,无人非,《大易》之懿文德,《洪范》之考终命,宜其享之。而禄不过上农,位不登宁定,禀焉早世,命也奈何！矧无儿应门,有女未傅,斯亦生民之大穷者欤！予辱于缔交,托在奔走。出均綮组,宴衔杯酒。信誓旦旦,要之白首,今又弱一个焉。死生交情,俯仰陈迹,向之欢绪,今成悲端。呜呼！天非禆灶之知,辅仁罔验；命为鬼伯之促,赍恨何穷。追为助绋之词,以代焚芝之感。"赋作于祁判太常礼院时,姑系于此。公孙子正,不详。

约是年,晏殊有诗怀寄燕肃,和之。

《拾遗》卷四《和晏太尉怀寄燕侍郎》:"赐车高挂得长闲,犹寄南宫事下官。招隐新君无怨鹤,趋朝旧路记翔鸾。沧浪濯罢垂缨懒,磊块浇余著酒宽。行到昔人知足地,羡君容膝易为安。"燕侍郎即燕肃,宝元中以礼部侍郎致仕,本年去世。据诗内容,盛赞肃致仕之况而无哀逝者之情,当作于肃去世之前。姑系于此。

约是年,郭稹来问疾,感而有诗。

《文集》卷一九《郭仲微见过问疾》:"薄宦真何补,居然滞拙艰。无心图作佛,有疾愿藏山。臂率愁肌减,毛惊暮领斑。未能吴客问,谁恨越人弯。学倦书刀废,呼慵博雉闲。宁惭局辕下,为耻醉墦间。直道胡论枉,空言分合删。苍蝇徒扰扰,狂狷自嚵嚵。上客迁飞盖,穷阎问闭关。余光照徒壁,高辩破连环。感激排非圣,栖迟触怒顽。十年休赋蜀,二始欲睎颜。昔有弹冠进,今将襆被还。春休晴絮白,日入暝霞殷。旧产平台侧,新田颍水湾。吾游如不遂,岩樾试重攀。""二始"句下自注:"予屡乞郡守而未遂。"则诗作于出知寿州前。本年七月郭稹使契丹,诗或作于出使还都之后。姑系于此。祁自天圣五年回京,至此超过十年,诗言"十年"乃概数。

卷　三

宋仁宗赵祯庆历元年辛巳(1041)　四十四岁

〔时事〕

二月,元昊攻渭州,环庆路马步军副总管任福败于好水川。四月,以陈执中同陕西马步军都总管兼经略安抚沿边招讨等使,知永兴军。降范仲淹知耀州。五月,参知政事宋庠、枢密副使郑戬罢。十月,分陕西为四路。十二月,翰林学士王尧臣等上《崇文总目》六十卷。

二月十六日,与欧阳修、李淑、王举正、王洙、刁约、杨仪共七人雅集东园,分韵赋诗。

《文集》卷五《春集东园诗并序》序曰:"春集东园诗者,端明学士献臣李君、翰林伯中王君、天章侍讲原叔王君、馆阁校勘景纯刁君、永叔欧阳君、子庄杨君暨予,仲月既望之宴所赋。是集有三胜焉。地之胜,则如左睨都雉,前眺畿隧,林簿灌丛,铺菜自环;时之胜,如载阳之辰,戢惨傃舒,惠气韶华,怡豫天区;宾之胜,则如朝髦国俊,清交石友,驾言相从,簪盍就闲。三者先具,吾人所以挤天下细故,彷徉萧散而自适其适也。若夫俯撷仰援,有蕍有枚;参行迭馈,有葴有醪。时哢嘤然,可以悦耳;野芳芚然,可以藉席。轻风舞于快余,鲜云曳于晒表。乐斯咏,咏斯陶,佥谓会之难常,诗之可以群也。俾永叔列韵,坐者陈章,予与题辞焉,以诧其美。昔郑区区一寰内侯,使七子从赵武赋诗,以观郑志,《阳秋》尚之。今多士乐事,萃此王国,选言足叹,一出治音。使如武者,观诸君之篇,则知贤郑人远矣。章别十二句,句五言,杂附左方云。康定纪元之次年序。"李淑,字献臣。王举正,字伯中。王洙,字源淑,一作原叔。刁约,字景纯。欧阳修,字永叔。杨仪,字子庄。《序》言"仲月既望",即二月十六日。

宋祁《春集东园赋得笋字》:"茂气遍春迳,结客并游轸。胜践属园墟,欢言驻驺引。局情适野豁,远目向天尽。林馥树才花,町疏篁未笋。饮来无留醽,嘲往有余鞭。耳热谢时人,戚戚良可悯。"

欧阳修《与李献臣宋子京春集东园得节字》:"绿野秀可餐,游骖喜初结。芸局苦寂寥,禁署隔清切。欢言得幽寻,况此及嘉节。鸟唪已关关,泉流初决决。紫蓼繁若缀,翠苔柔可撷。屡期无后时,芳物畏鹎鸠。"(《欧阳文忠公集》卷五二)

李淑《春集东园赋得蕊字》:"东城桃李春,结客玩珍蘤。试过辟疆园,兼屈中郎屣。筊苞烟蔽亏,柳带风眠起。岸帻藉芳芳,衔杯嗅新蕊。留连鱼鸟适,放旷山林喜。意赏殊未阑,更作樱厨拟。"(《文集》卷五《春集东园诗》附)

王举正《春集东园赋得叶字》:"芳辰聊命驾,郊野赏心惬。亭幽路郁纡,树密花重叠。暂纾朝绂劳,喜与朋簪接。谈麈逗松枝,宴赏澄竹叶。含和寄萧散,选胜穷登蹑。行乐且踌躇,此游非日涉。"(《景文集》卷五《春集东园诗》附)

王洙《春集东园赋得萼字》:"燕退朝事希,鸣驺出云阁。近游速朋彦,名园接闉郭。幽芳尚闲整,新樾已清漠。欢谈一坐倾,递饮百分涫。我亦醒而狂,遵溪纵行乐。晚驾方惜归,正巾坠香萼。"(《文集》卷五《春集东园诗》附)

刁约《春集东园赋得翠字》："托载东城隅，选胜名园地。不问主人来，聊适寻春意。簪花照席光，藉草连袍翠。烟霏远树迷，风猎繁英坠。促行潋滟觞，少驻雍容骑。四者信难并，安敢辞沉醉。"（《文集》卷五《春集东园诗》附）

杨仪《春集东园诗赋得蒂字》："芳节未婉晚，名园好澄霁。停车没径苔，移席傍丛筀。蝶粉留红房，蜂须抱香蒂。微波生酒杯，轻吹拂衣袂。何当名教乐，况复昌时世。归鞍惜余欢，阳乌不可系。"（《文集》卷五《春集东园诗》附）

与李淑、王举正、王洙、刁约等会饮城东小园。

《文集》卷二三《与献臣希深伯中源叔景纯会饮城东小园》其一："共到东园把酒卮，邀欢只畏酒行迟。尚书有对何能顾，况是尚书无对期。"其二："林间晓日静晖晖，判共山公倒接䍦。不信佳人唱花落，试寻栏畔有空枝。"诗有"共到东园把酒卮"知会饮在东园雅集之后。观会饮之人物，与东园雅集近同，则在此前后。李淑，字献臣。谢绛，字希深。王举正，字伯中。王洙，字源淑，一作原叔。刁约，字景纯。

三月，与晏殊唱和甚多。

《文集》卷二三《和晏太尉三月初五日》："东南郊日上团红，浩荡天区望始穷。独爱暖云如擘絮，纷纷无事映晴空。"《和晏太尉三月十三日锡庆院二首》其一："绀宇传香鹭序回，南趋别馆宴庭开。正因恩厚心先醉，不待君王常满杯。"其二："酒半优场下调喧，连天震鼓舞行翻。看终白雪青山技，不觉斜光上缥垣。"诗题中"晏太尉"即晏殊。晏殊自去年九月加检校太尉枢密使，参本谱康定元年记事。诗题言"三月初五日""三月十三日"，当作于晏殊知枢密院事之第二年或稍后。

范仲淹擅通书元昊又焚其报，吕夷简欲以此倾兄庠，庠中计，实为夷简所卖。

《长编》卷一三一：庆历元年四月，"癸未，降陕西经略安抚副使、兼知延州、龙图阁直学士、户部郎中范仲淹为户部员外郎，知耀州职如故。始，韩周等持仲淹书入西界，逆者礼意殊善。行既两日，闻山外诸将败亡，周等抵夏州，留四十余日。元昊俾其亲信野利旺荣为书报仲淹，别遣使与周俱还，且言不敢以闻兀卒，书辞益慢。仲淹对使者焚其书，而潜录副本以闻，书凡二十六纸，其不可以闻者二十纸，仲淹悉焚之，余又略加删改。书既达，大臣皆谓仲淹不当辄与元昊通书，又不当辄焚其报。吕夷简诘周不禀朝命，擅入西界，周言经略专杀生，不敢不从。坐削官，监通州税。宋庠因言于上曰：'仲淹可斩也。'杜衍曰：'仲淹本志，盖忠于朝廷，欲招纳叛羌尔，何可深罪！'夷简亦徐助衍言，知谏院孙沔又上疏为仲淹辨。上悟，乃薄其责"。又卷一三二：庆历元年五月，"先是，吕夷简当国，同列不敢预事，唯诺书纸尾而已，独庠数与争论，夷简不悦。上顾庠颇厚，夷简忌之，巧为所以倾庠未得。及范仲淹擅通书元昊，又焚其报，夷简从容谓庠曰：'人臣无外交，希文何敢如此？'庠以夷简诚深罪仲淹也，他日于上前议其事，庠遽请斩仲淹，枢密副使杜衍力言其不可，庠谓夷简必助己，而夷简终无一言。上问夷简，夷简徐曰：'杜衍之言是也，止可薄责而已。'上从之，庠遂仓皇失措，论者喧然，皆咎庠，然不知实为夷简所卖也"。

司马光《涑水记闻》卷八："及文正知延州，移书谕赵元昊以利害，元昊复书，语极悖慢，文正具奏其状，焚其书不以闻。时宋相庠为参知政事。先是，许公执政，诸公唯诺书纸尾而已，不敢有所预；宋公多与之论辨，许公不悦。一日，二人独在中书，许公从容言曰：'人臣无外交，希文乃擅与元昊书，得其书又焚去不奏，他人敢尔邪？'宋公以为许公诚深罪范也。时朝廷命文正分析，文正奏：'臣始闻虏有悔过之意，故以书诱谕之。会任福败，虏势益振，故复书悖慢。臣以为使朝廷见之而不能讨，则辱在朝廷，乃对官属焚之，使若朝廷初不知者，则辱专在臣矣。故不敢以闻也。'奏上，两府共进呈，宋公遽曰：'范仲淹可斩！'杜祁公时为枢密副使，曰：'仲淹之志出于忠果，欲为朝廷招叛虏耳，何可深罪？'争之甚切。宋公谓许公必有言助己，而许公默然，终无一语。上顾问许公：'如何？'许公曰：'杜衍之言是也，止可薄责而已。'乃降一官、知耀州。于是，论者喧然，而宋公不知为许公所卖也。宋公亦寻出知扬州。"

孔平仲《孔氏谈苑》卷一："吕申公作相，宋郑公参知政事。吕素不悦范希文，一日，希文答元昊书录本奏呈，吕在中书自语曰：'岂有边将与叛臣通书？'又云：'奏本如此，又不知真所与书中何所言也？'以此激宋。宋明日上殿，果入札子，论希文交通叛臣。既而中书将上，吕公读讫，仁宗沉吟久之，遍顾大臣，无有对者。仁宗曰：'范仲淹莫不至如此。'吕公徐应曰：'擅答书不得无罪，然谓之有它心，则非也。'宋公色沮无辞。明日，宋公出知扬州。又二年，希文作参知政事，宋尚在扬，极怀忧挠，以长书谢过云：'为憸人所使。'其后，宋公作相，荐范纯仁试馆职，纯仁尚以父前故，辞不愿举。"《龙川别志》卷下略同。

此次范仲淹通书案，晏殊亦救范。陈师道《后山谈丛》卷三："范文正公帅鄜延，答元昊书不请。宋元宪请，云'度必擅以土地金帛许之'。晏元宪、郑文肃请验其书：'仲淹素直，必不隐。'书既上，乃免。"

四月，庞籍知延州，有诗寄来，和之。

《文集》卷一六《和延州庞龙图见寄》："交戟多年著皂衣，乞州初逐阮咸麾。惊残鸟翩虚弓笑，倾尽葵心白日知。宿莽骚人传丽赋，女萝山鬼赛丛祠。自惭念旧殊非计，正是朋游掉臂时。"诗题中"庞龙图"即庞籍。《长编》卷一三一：庆历元年四月，"壬午，陕西都转运使、礼部郎中、天章阁待制庞籍为龙图阁直学士、知延州兼鄜延路部署司事"。《宋史》卷三一一《庞籍传》："进龙图阁直学士、知延州，俄兼鄜延都总管、经略安抚缘边招讨使。明年，改延州观察使，力辞，换左谏议大夫。"庞籍，字醇之，单州成武人。籍与祁兄弟交往甚厚，籍子元中娶宋庠女。《宋史》卷三一一有传。

约四月，尹洙自通判濠州移通判秦州，有诗寄之。

《文集》卷一九《尹学士自濠梁移倅秦州》："于役三年远，论兵两鬓斑。不辞征戍苦，要作破羌还。楄墨应圌熟，兜烽报永闲。浮舠背淮服，盘马入秦关。遂阁雠书笔，仍余聚米山。忆君他夕恨，遥向陇云间。"诗题"尹学士"即尹洙。"于役"句佚存本自注："君自经略西事，出入三年矣。"指尹洙自西夏战起，为陕西经略判官。"不辞"句佚存本自注："君再入部署韩公幕下。"指韩琦辟尹洙为秦州通判。《宋史》卷二九五《尹洙传》："会任福败于好水川，因发庆州部将刘政锐卒数千，趋镇戎军赴救，未至，贼引去。夏竦奏洙擅发兵，降通判濠州。当时言者谓福之败，由参军耿傅督战太急。后得傅书，乃戒福使持重，毋轻进。洙以傅文吏，无军责而死于行阵，又为时所诬，遂作《悯忠》《辨诬》二篇。未几，韩琦知秦州，辟洙通判州事，加直集贤院。"《长编》卷一三一：庆历元年四月，"辛巳，降陕西经略安抚副使、枢密直学士、起居舍人韩琦为右司谏，知秦州职如故。任福军败，琦即上章自劾，谏官孙沔等请削琦官三五资，仍居旧职，俾立后效。会夏竦奏琦尝以檄戒福贪利轻进，于福衣带间得其檄，上知福果违节度，取败罪不专在琦，手诏慰抚之。及是乃夺琦使权"。知诗作于本年四月或稍后。尹洙，字师鲁，河南人。倡导古文，反对浮靡。《宋史》卷二九五有传。

五月，兄庠守本官出知扬州，郑戬知杭州，叶清臣知江宁府，吴
遵路知宣州，皆因吕夷简以朋党诬之。

《长编》卷一三二：庆历元年五月，"辛未，右谏议大夫、参知政
事宋庠守本官，知扬州；枢密副使、右谏议大夫郑戬加资政殿学士，
知杭州。先是，吕夷简当国，同列不敢预事，唯诺书纸尾而已，独庠
数与争论，夷简不悦。上顾庠颇厚，夷简忌之，巧为所以倾庠未得。
及范仲淹擅通书元昊，又焚其报，夷简从容谓庠曰：'人臣无外交，
希文何敢如此？'庠以夷简诚深罪仲淹也，他日于上前议其事，庠
遽请斩仲淹，枢密副使杜衍力言其不可，庠谓夷简必助己，而夷简
终无一言。上问夷简，夷简徐曰：'杜衍之言是也，止可薄责而已。'
上从之，庠遂仓皇失措，论者喧然，皆咎庠，然不知实为夷简所卖
也。于是，用朋党事与戬俱罢。时西兵数衄，上忧之，欲遣辅臣，戬
请行，不许"。

《续通鉴》卷四三：庆历元年五月，"辛未，参知政事宋庠、枢密
副使郑戬并罢，庠守本官，知扬州，戬加资政殿学士，知杭州。先是
吕夷简当国，同列不敢预事，独庠数与争论，夷简不悦。帝顾庠颇
厚，夷简忌甚，求所以倾庠，未得。及议范仲淹通书元昊事，夷简从
容谓庠曰：'人臣无外交，希文何敢如此？'庠以夷简诚深罪仲淹
也，遽请斩仲淹。已而夷简以杜衍之言为是，庠遂仓皇失错。论者
皆咎庠，不知为夷简所卖也。于是用朋党事，与戬俱罢"。庠罢参
知政事时，与其友善者如叶清臣、吴遵路、郑戬俱出知外地。

《长编》卷一三二：庆历元年五月，"庚午，龙图阁直学士、权三
司使叶清臣知江宁府，权知开封府、天章阁待制吴遵路知宣州。陕
西都转运使、龙图阁直学士姚仲孙权三司使，知制诰贾昌朝为龙图
阁直学士、权知开封。清臣与遵路雅相厚，而宋庠、郑戬皆同年进
士也，四人并据要地，锐于作事，宰相以为朋党，请俱出之"。

《会要》职官六四之四一：康定二年"五月二十二日,龙图阁直学士、权三司使叶清臣罢知江宁府,天章阁待制、权知开封府吴遵路罢知宣州。时宰相以参知政事宋庠、枢密副使郑戬与清臣皆同时及第,又与遵路素相善,并权要地以为朋党,故出之"。

孔平仲《孔氏谈苑》卷三："宋庠罢参,郑戬罢枢,叶清臣罢计,吴安道罢尹,盖吕文靖恶其党盛也。时数公多以短封廋词相往来,如青骨不识字,米席子作版之类。青骨谓蒋堂,时谚谓知制诰为识字,待制为不识字。"

《长编》卷一三二：庆历元年七月,"丙寅,中书言,比闻有浮薄之人撰长韵诗以谤大臣,请下开封府,募告者赏钱三十万,愿就官者亦听,从之(原注："欧阳修《从谏集》云：前年宋庠等出外,时京师先有无名子诗一首传于中外,寻而庠罢政事,疑即此诗也。")"。宋庠之罢政事似乎与此无名子诗相关。

郑戬赴杭州任,祁作诗送之。

《文集》卷一六《送郑天休》："春筠蒸遍擿锋摧,剡奏飘然别上台。授简客惊枚乘去,探书人继史公来。爆桐度曲离筵惨,樵的分风使棹催。千万禊滨传善序,永和三月有流杯。"郑戬,字天休,本年五月因吕夷简以朋党诬出知杭州。诗言"春筠""别上台"与出守事合。

夏,与晏殊唱和。

《拾遗》卷二《和晏(平)[太]尉早夏》："寂寥春花尽,岑蔚夏阴稠。舌反禽稀弄,头昂麦并秋。直宜处台榭,稍欲厌巾帻。可待蒲葵直,思从谢傅游。"《和晏太尉晚夏》："炎威不可度,永昼坐南轩。蚁过闲占雨,蝇来自厌樊。林披众果熟,池静数荷翻。早晚鞲鹰习,乘秋击迥原。"晏太尉指晏殊。晏殊自去年九月加检校太尉枢密使,参本谱康定元年记事。观二诗所述,祁时尚未出守寿州。

六月十一日，因兄庠罢参知政事，出知寿州，兼管内劝农使。

《宋史》二八四："庠罢，祁亦出知寿州。"《神道碑》："元宪罢，亦出知寿州。"《文集》卷五五《寿州到任谢两地启》："奉去年六月十一日敕差知寿州，已于今月七日礼上讫。东楚地雄，左符任剧。祗膺简授，举萃震惶。伏念祁天与朴愚，仕缘熙泰。向由冗剧，超备从官。尝用亲嫌，不任烦使。……扪心揆宠，念德知归。署吏牒以云初，扣车茵而未日。参并感结，拙喻端倪。"《文集》卷三七《寿州谢上任表》："臣某言，伏奉去岁六月十一日敕书，差臣知寿州军州事，兼管内劝农使，即于今月七日到任礼上讫。初违侍橐，出总州麾。地控翰垣，政兼民稷。引章揆宠，处阁知惭。窃念臣本以孤生，仰陶上教。措词简斐，少不名家。投策猥并，遽叨署第。用沿仕牒，寝剽宸猷。匪智也愚，自知其天分；谓多而拙，冈待于人言。朝不汝瑕，谊无过废。料于未至，靡有先容。次补者六官，乃正台郎之秩；内迁者四职，遂玷从臣之联。朝夕参承，岁时赉予，亲逢云幸，平进罕阶。故尝昼昃亡餐，夜分置寝。算劳念得，则微横草万分之勤；计过悟非，则有坎檀一介之刺。……傥使赐环仍在，蹰履终收，则奉计来朝，敢三年而惮远；省躬论报，虽九殒以犹生。感惕自中，涕洟横集。"

陈鹄《西塘集耆旧续闻》卷三"宋莒公兄弟同上章告退"条："宋子京素有士望，而才高为众所媢，竟不至两地。初，在翰苑，时兄莒公执政。一日对昭陵，天颜不怿，久乃曰：'岂有为人兄而不能诏其弟乎？'莒公知谮者，因答云：'臣弟兄才薄非据，冒荣过分，方俟乞外。'昭陵曰：'甚好，将取文字来。'对毕，同时上章告退。已而莒公守维扬，子京守寿春。凡贵臣出守朝辞，例有颁赐，子京告下，遂入朝辞榜子。宰相吕许公于漏舍呼阁门询之，曰：'宋学士甚日朝辞？'阁门云：'已得班。'许公于是愕然，曰：'敏哉！'盖欲放谢辞,截其颁赐也。子京辞退,到都堂叙述:'兄弟久叨至庇,今兹外补扬、寿,相去不远,尽出陶镕之恩。'许公曰:'更三年后相见。'此语宋氏子弟云。"按:宋庠知扬州在五月,宋祁知寿州在六月,非同时上章告退,小说家之言未可尽信,然此次二宋兄弟外任与吕夷简之构陷关系密切。

寿州(今安徽淮南),即寿春府,寿春郡,忠武军节度使。参《宋史》卷八八《地理志四》。

赴寿州途中,与刘敞饮,席间作《浪淘沙近》词。

《能改斋漫录》卷一七:"侍读刘原父守维扬,宋景文赴寿春,道出治下,原父为具以待宋。又为《踏莎行》词以侑欢云:'蜡炬高高,龙烟细细,玉楼十二门初闭。疏帘不卷水晶寒,小屏半掩琉璃翠。桃叶新声,榴花美味,南山宾客东山妓。利名不肯放人闲,忙中偷取功夫醉。'宋即席为《浪淘沙近》,以别原父云:'少年不管,流光如箭,因循不觉韶光换。至如今,始惜月满花满酒满。扁舟欲解垂杨岸,尚同欢宴。日斜歌阕将分散。倚兰桡,望水远天远人远。'其云'南山宾客东山妓',本白乐天诗。"《全宋词》宋祁词据《能改斋漫录》收录《浪淘沙近》。

七月七日,寿州到任。

《拾遗》卷一五《寿州西园重修诸亭录》:"庆历初年秋七月,予待罪于兹。"《文集》卷三七《寿州谢上任表》亦曰:"即于今月七日到任礼上讫。"知七月七日到任。《文集》卷二三《重阳前二日喜雨答泗州郭从事》(其一)诗末自注:"予下车六旬而蒙甘雨,非百里随轩之应明矣。"由九月七日逆推六旬,亦可知在七月七日到任寿州。

初到寿州,有诗纪之。

《文集》卷八《初到郡斋》:"专城四十外,中石二千余。旷日惭良术,班春赖细书。学慵前志忘,身远故人疏。姑俟天藏疾,雌堂日燕居。""省分由来拙,操心本自危。十年今得调,三匝此逢枝。攘臂贪丰粟,装怀倦诉词。竹林谁见忆,迢递始平廛。""专城"句下佚存本自注:"予行年四十有四。"又"中石"句下佚存本自注:"予带内阁,故月廪实泉。"与天章阁待制职合,诗作于本年。《文集》卷八《初到郡斋三首》其一:"暂解枢机任,来从海上闲。浮云富贵外,一马是非间。月衮生潮浦,风香堕桂山。苍生虽系望,要作冶城还。"其二:"我里诚云乐,公今况释劳。秋莼不下豉,霜蟹恣持螯。林静来晨燎,江喧入夜涛。功成奋嘉藻,宁欲傍离骚。"其三:"温省绸缪罢,乡州偃息时。鹤情归不怨,凤德老无衰。月树供园莳,仙囊续宴卮。自惭淮守薄,千里与言诗。"诗言"海上闲""夜涛""淮守",知作于寿州。

两次于长源公庙祈雨。

《文集》卷四八《长源公庙再祈雨文》:"仲夏以来,甘澍愆候。秔稻方茂,浸灌告劳。天高日烈,云族弗应。年之俭穰,近在旦暮。祁也省咎,弗敢舍安。分命乃僚,奔告群祀。意者政弛而多类欤?狱冤而无告欤?赋略行欤?捐瘠多欤?有一于是,长人任罪。疾疢是降,诛罚是婴。不当感损佳应,以害百谷。惟公望纪斯土,流润千里。愿监薄诉,垂庇我民。驱袚旱眒,大沛膏泽。就成苞颖,于万斯仓。甘洁神粢,充衍国赋。养老嬉幼,无有后艰。神实赐之,其敢忘德。不敢私请,谨以清酒制币,归穷申款。"乐史《太平寰宇记》卷一四二"唐州"条:"淮渎庙,《水经》云:'桐柏山南有淮渎庙,前碑是南阳郭苞立,又二碑并是汉延禧中守令所造。'旧有淮渎令,掌此祠。唐天宝中,封淮渎为长源公庙。中有石龟十一枚,极大。"长源公庙即淮渎庙,则诗作于祁寿州任上。姑系于此。

上书杜衍,述己之遭谗见弃,胸中愤然不平。

《文集》卷四九《上杜枢密书》:"伏蒙执事以奏记上达,每赐还教,恩集望表,奖溢知涯。伏读收纸,屑然感涕。自念孤狷之质,谗訾见弃。引足蹈机,举头触罟。纤隙一启,胪言四喧。素无援姻,又乏支党。出守远郡,飘如转蓬。衰病自怜,没振谁咎。"祁七月出知寿州故言"出守远郡"。杜枢密即杜衍。《宋史》卷二一一《宰辅表二》:康定元年,"八月戊申,杜衍自龙图阁学士、刑部侍郎、权知开封府除同知枢密院事"。

有诗寄河北都转运使施昌言。

《文集》卷一二《寄泾北都运待制施正臣》:"我作东南守,君为河朔行。旌旂向江步,笳鼓入边声。共结光华遇,难禁离索情。惟应指羊酪,未肯下莼羹。"施正臣即施昌言。诗"共结"句自注:"仆与正臣相继拜恩。"则施昌言稍晚于祁出为河北都运。《宋史》卷二九九《施昌言传》:"以礼部员外郎兼侍御史知杂事,迁三司度支副使,除天章阁待制、河北都转运使。"与诗所述合。姑系于此。施昌言,字正臣,通州静海人。《宋史》卷二九九有传。

兄庠、章得象有讯来问,作诗答之。

《文集》卷一二《祗答公序相国二兄见寄二首》其一:"前时同出守,星鬓各萧萧。蹊李伐不食,原禽行自摇。棹前饶沸浪,蓬处但惊飙。素愿山林隐,公乎不在招。"其二:"壮引朱颜往,衰招白发生。危心几何折,劳尾自然赪。把酒天涯恨,搔头岁暮情。将何献康乐,衰思顿如醒。""衰思"句自注:"公近有讯催报,故于乱章见意。"其一答兄庠,其二答相国。庠五月出知扬州,祁六月出知寿州,故诗言"同出守"。相国即章得象。《宋史》卷二一一《宰辅表二》:宝元元年,"章得象自同知枢密院事守本官加平章事、集贤殿大学士",直到庆历五年"四月戊申,章得象自检校太尉、工部尚书、同平章事以检校太傅、同平章事、镇安军节度使知陈州"。

与郑戬书信往来，愤奸人之谗，同列之排挤。

《文集》卷四九《郑资政书》："祁向由从官，陪奉搢绅余，浅于为文。谓至公可必，是以坐弹冠，行振衣，以自修饬。陛下遇士大夫至厚，每一进见，则盖聪偎睿，启臣下竭尽之端。祁于是时乘可言之阶，有必从之势，然而呐呐自守，无半言敢越樽俎、媚灶奥者，何哉？诚欲窒隙远嫌，以全自知之分。而潜人飞语，如脂夜然，污袪昧襫，使人不自知省。会柄臣罢去，祁是以有寿春之行。……而实繁之徒，苟欲以名相戕，位相轧，弗亮其素，因共诋而斥之，以甘心焉。"郑资政即郑戬，五月以资政殿学士出知杭州。

《文集》卷四九《回郑资政书》："去月二十八日，牙吏至，奉被手教，丁宁慰谕，罅无容发。熟读长想，如侍坐隅。义笃则故旧不遗，爱至者急难相恤，危心偾迹，差得自安。追念蠢愚，偶偕华显。当伯氏贰政之日，明公升枢之辰，然一心独行，侧身休景，未尝争先于当路，失意于贵人。然虺螫不触而来，机牙未蹈而发，例蒙斥去，了弗訾省。乃知李广诚感金石，无以喻卫青之仇；贾生思周鬼神，不能救邓通之谮。谟明居上，乃或蒙诃；蕞尔不才，何容无咎！所赖睿聪如日，仁闵犹天。虽萋斐喧哗，欲成贝锦；而尘埃拂覆，难昧泰山。永惟上恩，曷以论报。但恨楚越壤异，风波道悠。杯酒凄凉，朋簪解散。每一念至，危涕自零。执事以二府均贤，万夫观政，苍生属望，休戚系焉，又非一介出处之比。惟慎固冲守，垂副具瞻。"

早秋苦热，作诗自遣。

《文集》卷一〇《秋热》："风物连南国，炎威逼早秋。堕飞波上翼，误喘月中牛。云杼衣全解，冰壶渴未瘳。此时班女怨，虚为素纨愁。"《文集》卷八《望仙亭书所见》其二云："南国冬无雪,居然气候迷。"用"南国"代寿州,参本谱本年记事。《秋热》诗言"南国",则作于寿州。

八月,皇子曦生,上表贺之。

《文集》卷三六《贺生皇子表》:"宝祐丛休,天支毓秀。庆腾秘禁,欢溢中区。恭惟皇帝陛下受命溥将,凝图丕赫。权纲相乂,根乎克念之虔;简素所安,表于不勉之懿。且复钦刑薄赋,重谷弛畋。一方少饥,则急驰使节;方金稍乏,则辄续禁钱。民用靖嘉,神罔恫怨。是以上帝歆佑,三后顾存。诒美孙谋,昭衍无疆之烈;归功元首,茂启多男之祥。诞协仲商,挺生哲嗣。星弧具礼,天第交华。惟翁辟之储英,固覃吁而绝异。逖聆诏谕,并仰献仪。荐笋相趋,忺吾君之有子;珪璋流爱,宜天下之系心。臣始去近联,遽承吉语。赓歌绵瓞,早知周德之遐;参祝祠祺,罔逮汉臣之幸。"题下原注:"案:皇子即鄂王曦,时系庆历元年,祁在寿州上。"《长编》卷一三三:庆历元年八月,"皇第三子生,母曰朱才人"。

九月七日,作诗答泗州郭从事。

《文集》卷二三《重阳前二日喜雨答泗州郭从事》:"晚秋嘉树润焦原,楚老相欢万井喧。须信甘膏皆帝力,使君虚凭黑熊轩。"由诗题知作于九月九日重阳节前二日。泗州与寿州地近,诗作于祁知寿州时。姑系于此。郭从事,不详。

秋,叶清臣在江宁府,有诗寄之。

《文集》卷八《寄叶道卿》:"恳乞东南节,贪荣彩绣衣。禁中严助往,江上子牟归。并觉秋纯美,时惊夜鹤飞。遥知具鸡黍,日与故人挥。"《拾遗》卷五《忆旧言怀寄江宁道卿龙图》:"下蔡行差近,金陵路更东。切切成念远,呐呐但书空。恩厚容藏疾,时享遂讳穷。禄惭千石守,老谢一钱翁。忆昨趋陪日,仍缘班序同。我生真寡合，君量自旁通。散裒疑皆莹，忘疲宴屡终。联骖属车后，数会未央中。禁树排头碧，衙旗曳尾红。笼街接驺士，赐管镂宫工。慈豆分尧箪，歌云识沛风。斯文诚有属，吾道岂常隆。泰市俄惊虎，钧天亟骇熊。尘埃忽蒙自，桃李并来虫。箕次横长舌，飙轮走转蓬。歇芳间鹍鸠，御湿问芎䓖。可笑矜疏节，私怜抱朴忠。望霄嗟坠雨，敛翼避虚弓。尚忝银符密，贪夸隼旟雄。玉鱼供昼啜，珠米报秋丰。病久衰还早，身闲意愈冲。亏全从月蚀，喜怒任狙公。急景沉欢绪，长波隔讯筒。南飞俱似雏，北向未如鸿。二阁怀趋走，重闉限郁葱。惟应心报国，丹赤斗江枫。"叶清臣，字道卿。叶清臣本年五月知江宁府，参本谱本年记事。诗言"东南""金陵"则叶清臣已出知江宁府，时祁在寿州。

秋，木芙蓉盛开，作诗四首咏之，借花伤人。

《文集》卷二二《木芙蓉盛开四解》其一："木末芙蓉语，当时不谓真。今来木末见，愁杀拟骚人。"其二："曲尘轻抱蕊，宫缬巧妆丛。青女由来妒，凭君浅作红。"其三："浩露津细蕖，尖风猎绛英。繁霜不可拒，慎勿爱空名。"其四："千绕青丛外，携觞只自留。晚花兼素发，同是一悲秋。"《文集》卷二二《木芙蓉》其二"却是去年人"句自注："予去秋已有《木芙蓉》四曲，故有是句。""《木芙蓉》四曲"即《木芙蓉盛开四解》。《木芙蓉》作于明年，参本谱庆历二年记事，逆推之，则《木芙蓉盛开四解》作于今年秋。

冬，始亲理郡事，郡大事剧，整日判讼，几无得歇。

《文集》卷四九《回濠州江少卿书》："匆匆去国，踽踽之官。寻卜孟秋，已赋民政。郡大事剧，知短虑烦。闭阁自惊，缩手无措。桓谭不乐，盛宪多忧。姑取庇身，罔暇论最。周案邻壤，喜获故人。一水通流，十舍而近。"祁七月寿州到任，故有"寻卜孟秋，已赋民政"之言。

《文集》卷五一《回李端明书》:"自去七月到官下,见州人。于时秋阳酷甚,病悸交战,日阅一日,中心益不聊。迄冬,体稍强力,乃始亲事。而郡大讼剧,十倍他治,每上黄堂,则铃史执簿,鱼贯而前。卯坐至巳乃食,未坐讫申乃息。本图藏疾,反更职劳,牵勉愚暗,不能无悔。但圣恩宽大,依违函养,即日未烦司败耳。又年长来智虑昏懈,或时有不得已,作书谢京师一二贵人,过三纸则黑花满眼,笔不得下。"祁七月寿州到任,故有"七月到官下,见州人"之言。

十一月,帝祀天地,大赦,改元,祁进贺表。

《文集》卷三六《贺南郊礼毕表》题下原注:"案:《仁宗本纪》,庆历元年十一月,祀天地于圜丘。是时祁在寿州。"《表》曰:"今月日,马递到敕书一道,以南郊礼毕,大赦天下。臣当时集本州官吏军民宣读。并下管内诸县寨施行讫者。"知祁在外任州郡。《宋史》卷一一《仁宗本纪三》:庆历元年十一月,"丙寅,祀天地于圜丘,大赦,改元"。

十二月,因郊祀礼毕,授朝请大夫,封临洺县开国男,食实封三百户。

《文集》卷三七《谢加阶并爵邑表》曰:"今月日,进奏院递到诰敕各一道,特授臣朝请大夫,依前官仍封临洺县开国男,食实封三百户,勋赐如故者。……闻命若惊,修颜罔置。且扫除奉引,未始请行。而于穆猗那,无从抒叹。坐沐光荣之集,例承深润之褒。难拒大恩,姑铭丹臆。傥云酬之有所,誓至殒以无忘。"题下原注:"案:《仁宗本纪》,庆历元年十一月郊祀,加恩百官。祁时在寿州。"《宋史》卷一一《仁宗本纪三》:庆历元年,"十二月丙子,加恩百官"。郊祀在十一月,加恩在十二月,注误。《表》云"眷孤臣之补外",知祁在寿州。

十二月,王尧臣上新修《崇文总目》,祁因参预修撰被授朝散大夫加轻车都尉,有谢表。

《文集》卷三七《谢书目成加阶勋表》:"月日,进奏院递到告敕书各一道,将授臣朝散大夫,依前官,加轻车都尉,封赐如故,仍放朝谢者。秘录终篇,鸿都第赏。例沾徽数,垂料余勤。授受交虚,荣忧两萃。窃以广内之奥,中经所藏,自四圣相承,凡七纪而远。积丘山而尽在,糅朱紫以未分。金匮深严,牙签丛舛。攸司传失,有诏部分。畴简名才,总制都目。体汉家之流略,概见所从;参史氏之艺文,种分必类。讨论既定,统纪悉周。而僚辅他迁,纂修交集。臣猥缘懵学,俾预末行。……嘉众籍之有条,美诸儒之竞力。因褒迩列,施及孤臣。联文散之近阶,赐朝勋之优转。揆荣至渥,抚己无堪。阁笔居多,早戢钟繇之恨;杀青偕上,敢叨刘向之功?汗漫不收,天高难诉。但能铭于肝膈,或论报于涓埃。愚疑不诬,明神是质。"题下原注:"案:晁氏《读书志》,《崇文总目》于康定二年告成。祁亦预修,同加阶勋。是年十一月,改元庆历,康定二年即庆历元年。表内有中请为邦语,是祁时已出守寿州矣。"《文集》卷五四《上两地启》:"今月初五日,进奏院递到官告敕牒各一道,以崇文院书目成,蒙恩加前件阶勋者。……阴为奖地,传致恩章。出守道遐,让还天远。姑勉修于扞格,冀云补于陶坯。感绪丛臻,穷言何喻。"二文中"书目"即《崇文总目》,祁自景祐元年闰六月预修。

《长编》卷一三四:庆历元年十二月,"己丑,翰林学士王尧臣等上新修《崇文总目》六十卷。景祐初,以三馆、秘阁所藏书,其间亦有谬滥及不完者,命官定其存废,因仿《开元四部录》为《总目》,至是上之。所藏书凡三万六百六十九卷,然或相重,亦有可取而误弃不录者。庚寅,以提举修《总目》官:资政殿学士、礼部侍郎张观,右谏议大夫宋庠,翰林学士兼龙图阁学士、兵部员外郎、知制诰、判集贤院王尧臣,翰林学士兼侍读学士、起复兵部郎中、知制诰、判昭文馆聂冠卿,兵部员外郎、知制诰郭稹,并加阶及食邑有差。……张观、宋庠虽在外,以尝典领,亦豫之"。兄庠因提举之功亦加阶及食邑。

冬末,游望仙亭,有诗。

《文集》卷八《望仙亭书所见》其一:"危轩冠层堞,永日付登临。寒雁犹能阵,乔柯自不林。溪流横趣岛,樵路侧依岑。西北虽堪望,浮云易作阴。"其二:"南国冬无雪,居然气候迷。柔蔬傲霜甲,幽鸟逆春啼。神鼓声无歇,樵歌韵不齐。举头看白日,还过太山西。"祁《寿州十咏》有《望仙亭》一诗,参本谱庆历二年记事,则望仙亭在寿州。按:祁望仙亭诗还有《文集》卷六《望仙亭》:"淮山相蝉联,万景归宇下。来波澹天末,归雾灭岩鳞。凄凄草色繁,肃肃桂丛亚。吾人愧攸馆,仙属冀来舍。"《文集》卷一一《望仙亭晚眺》:"日晏来凭槛,要知刀笔休。晚云山曲弟,粗饭客稽留。未觉清言减,犹堪大白浮。狂歌谁击节,只是自摇头。"《文集》卷二四《望仙亭北轩晚思》:"北顾吾庐安在哉,天涯望眼到天回。碧云向晚无情合,思杀离人未肯开。"

过惠崇旧居,有诗。

《文集》卷一〇《过惠崇旧居》其二:"虽昧平生契,怀贤要可伤。生涯与薪尽,法意共灯长。遗画空观貌,残诗孰补亡。神期通一语,无乃困津梁。""怀贤"句下自注:"予为郡之年,师之去世已二(年)[纪]矣。"《瀛奎律髓》卷三本诗注曰:"景文年四十四,初得郡寿阳,惠崇旧居院在境内。选此一诗以见惠崇之死,宋公年二十也。"惠崇,淮南人,宋初九僧之一,工于诗画。事迹见《宋诗纪事》卷九一。

在寿州，有诗写怀寄晏殊。

《文集》卷六《写怀寄献枢密太尉》："仆本草茅人，守植自有素。偶与力运偕，牵丝及荣路。矢将保独行，安敢邀诡遇。朝跻绿雾阁，夕舍金马署。鹨志屈鸿翼，珉质谢瑶圃。内省实空虚，焉得久留处。悟非不必老，斑领况云屡。竟获一麾来，果此避贤趣。载以朱轓车，佩以银符兔。君宠寄华冕，癯丑不成恶。淮郡梁楚交，刀笔纷民务。粗欲逃官责，何暇收民誉。平生觏宗工，亟为拯沦误。惭负知己言，遂贻越乡虑。何图霄与泥，肯问簪与屦。辛勤风波事，尺牍奚能诉。代马愁南嘶，鹪鹃憎北翥。所恋明主恩，未理归田驭。"诗言"淮郡"知作于知寿州时。枢密太尉，指晏殊。晏殊庆历元年为枢密使，二年七月加同平章事，参夏承焘《二晏年谱》。

在寿州，常有诗抒孤愤，忧谗毁，盼归京。

《文集》卷二〇《偶书》："远作分符守，犹为持橐官。易漂非待煦，自栗不须寒。发变他年素，心余即日丹。过门休骯髒，逢路定汍澜。忌刻殊忠告，蓬施足面谩。直缘蜚语入，正恨饮章难。坠后仍加石，惊初更避丸。谗箕元有舌，伪玉向无瑕。任拔终倾藿，虽憎亦佩兰。陇云平莽莽，林露夜团团。且欲排孤愤，还应觅暂欢。两岐行处帢，五盏食时盘。地善人差逸，天高纲寖宽。恋轩嗟弃马，巢阁羡归鸾。楚嶂横朝塞，淮波漱夕滩。空将西望眼，随日到长安。"诗言"分符守""淮波""西望眼"，则祁在寿州，姑系于此。

《文集》卷二一《思归》："心悸真摧橹，年衰逼异粮。西征何日赋，东走向来狂。遂隔承明谒，虚称建礼郎。去都魂黯黯，思幄泪浪浪。见莬惭纤绶，逢荷误索囊。醒无次公酒，老畏侍中香。前席初延问，烦言已中伤。翕眉争恃笑，绕指讵容钢。事隐或投杼，根危因拔杨。阴收主父草,几落党人章。雾露淮天恶,亭皋楚塞长。平时犹有感,尔日固回肠。溪涨淹蒲牒,洲风挫药房。苟区晴外远,山叠暝前苍。毒虺寒犹蠚,饥豹昼不藏。若为贪坐阁,自此戒垂堂。沦骨深恩在,雕虫绪业荒。身孤惟夕梦,时到黼帷傍。"观"西征何日赋,东走向来狂","雾露淮天恶,亭皋楚塞长"诸句,诗当作于寿州时。

在寿州,作《怜竹赋》。

《文集》卷二《怜竹赋并序》序:"始伯氏贰宰司,僦甘泉坊韩王旧第居之。庭阶闲敞,予因种竹以为玩。明年伯氏典维扬,予守寿春,怜竹方茂而诿之后人,其能嗣予好以封殖者耶?作《怜竹赋》。"题下原注:"案:《宋史》,庠罢参政,出守扬州,祁亦出守(青)[寿]州。在庆历元年五月。"

是年,在寿州,作《衡山福严禅院二泉记》。

《文集》卷四六《衡山福严禅院二泉记》:"陈有大士曰慧思,得佛法要,始倡而南,乃舍峋嵝之墟,图揆厥居。黑白其徒,骞裳景从。山阿土厚,汲以勤苦。……师已寂灭,其徒神之,因名二泉,曰卓锡,曰虎跑,所以震显冥符、收摄信源者。……今大长老省贤,后师四百载,又嗣其位,荷担惠命,光照前人。周案显迹,钦如神对。丐文纪实,与此泉偕。余不敏,姑捃前载,以窜今事,欸之兹山。时庆历纪元之初年月日记。"

是年,常有诗寄兄庠,或叹衰老,或怀亲人。

《拾遗》卷五《对白发自感寄扬州》:"四十还添四,颠华镊更新。应从多病日,遂作始衰人。毁积方销骨,经穷先腐唇。竟谁怜种种,由此到谆谆。轩冕间关路,风波蹭蹬身。兄今又过二,何术耐萧辰。"诗作于四十四岁时,又诗尾注曰:"扬州又大二岁,其衰可验。"《拾遗》卷五《寄献扬州》:"平昔怀亲友,销魂重远辞。于今急难地，那复别离时。脱木乾坤晚，穷途日月衰。忧余曾得恤，涅罢返无缁。楚分多连泽，淮居止杂夷。持樽相望意，不减见琼枝。"扬州代指宋庠，庠长祁二岁，本年五月出知扬州。

是年，有诗与王素唱和。

《文集》卷一七《答宿州王素都官》："当年弛镫避清尘，此地联麾喜故人。豸角去冠休触佞，虎头分绶且行春。谤销不复投亲杼，宦拙犹须让后薪。酌酒为君赓一曲，江边收得子牟身。"宿州与寿州相邻，此诗当作于知寿州时。《文集》卷一七《又寄王都官》："倦把菱花照病容，萧萧斑鬓作衰翁。虞翻到骨终无媚，阮籍逢途但有穷。敢望君恩收坠屦，决须私计付冥鸿。衔杯后会何能定，万里惊飙一转蓬。"王素，字仲仪，太尉旦季子。《宋史》卷三二〇有传。

庆历二年壬午（1042）　四十五岁

〔时事〕

四月，知制诰富弼因契丹求割地而使契丹。五月，契丹集兵幽州，声言来侵。建大名府为北京。七月，以吕夷简兼判枢密院事，章得象兼枢密使，晏殊加平章事。富弼再使契丹。九月，与契丹和议成。闰九月，元昊攻定川砦，掠渭州。十一月，复置陕西四路都部署、经略安抚兼沿边招讨使，命韩琦、范仲淹、庞籍分领之。

正月，晏殊作《壬午岁元日雪》一诗，遥和之。

《文集》卷一三《和枢密晏太尉元日雪》诗云："寒云万里送残宵，面旋祥霙集岁朝。繁影未能藏夜燎，薄花仍欲伴春椒。光含象阙苍龙舞，气勒交衢卓马骄。丰兆欢歌谁不尔，百官兼放五门朝。"晏太尉即晏殊。晏殊自康定元年九月加检校太尉枢密使，参本谱康定元年记事。《全宋诗》卷一七一有晏殊《壬午岁元日雪》："千门初曙彻星河,飒洒貂裘润玉珂。(向)〔白〕兽樽前飞絮早,景阳钟后落梅多。无声暗重琼林彩,有意微藏璧沼波。三殿端辰得嘉瑞,不须庭燎夜如何。"此诗即祁所和之原唱诗。壬午岁即本年。

在寿州,有启文谢两府及两制。

《文集》卷五五《寿州到任谢两地启》:"奉去年六月十一日敕差知寿州,已于今月七日礼上讫。东楚地雄,左符任剧,祗膺简授,举萃震惶。伏念祁天与朴愚,仕缘熙泰。向由冗剧,超备从官。尝用亲嫌,不任烦使。"题下原注:"案:启内年月与本集谢上任表相符。"《文集》卷三七《寿州谢上任表》:"伏奉去岁六月十一日敕书,差臣知寿州军州事,兼管内劝农使,即于今月七日到任礼上讫。"祁自庆历元年六月出知寿州,《启》《表》均言"去年"敕书,则作于今年。《拾遗》卷一八《两制》:"曾是剧藩,号为难治。""剧藩"指寿州。题下孙星衍按:"此篇原接《寿州到任谢两地启》之后,盖一时作也。"

春,于望仙亭置酒看雪。

《文集》卷一五《望仙亭置酒看雪》:"雪压春期蔽曙空,凭高把酒思无穷。光侵病鬓都成白,寒著酡颜久未红。淮浒乱迷珠鳞月,柳园狂误絮时风。使君醉笔惭妍唱,半落巴人下里中。"

春,野外观农事,有心学稼而人已老,作诗记之。

《文集》卷一一《春野观农事》:"茂气回鲜野,寒姿换故林。败防溪响急,新甽未痕深。乳雉嬉原隩,歌牛下浦阴。吾庐堪学稼,将老有初心。"时祁知寿州兼管内劝农使,故留意农事。参本谱庆历元年记事。

春,见淮山春草渐茂,思归。

《文集》卷二四《淮山》:"不见当年丛桂枝,空山崄崒但霞霏。眼看春草萋萋遍,身是王孙未得归。"

与张瓖、张子春游。

《文集》卷八《颍上唐公张集仙相劳》："去时成恨恨，喜见眼中人。共束西昆帙，都为左虎邻。年华衰意早，酒所故情亲。后日孤舟远，离怀怯重陈。"题下原注："案：张瓖，字唐公，全椒人，以翰林侍读学士知濠州。""共束西昆帙"句自注："唐公与予同书局，又相次得郡来。"祁知寿州，瓖知濠州，均在开封之东，故言"左虎邻"。《文集》卷八《同张子春淮上作》："南风今日好，归棹上淮津。川迥舟如叶，山遥石似人。波光篙底动，沙垒涨余新。谁信机心少，溪鸥伴此身。"张瓖，字唐公，全椒人。《宋史》卷三三〇有传。张子春，与王庭珪亦有交游，王庭珪《卢溪文集》卷三有《次韵张子春赋瑶林春色》。

春，往扬州省兄庠。

《文集》卷八《次江都》其一："道险疑无地，岩高欲近天。家收代田粟，官铸即山钱。云变阴晴候，林容旦暮烟。落花真有意，时解拂行鞯。"其二："江溜滩滩急，崖腰栈栈新。天深罕见日，路险不容尘。远草夤缘绿，幽花落漠春。逢津何必问，夫我自知津。"江都即扬州。宋庠自去年五月守本官知扬州，参本谱庆历元年记事。祁今春往省兄，故得以次扬州。

晚春，晏殊有西园晚春诗，祁和之，抒离别之愁。

《文集》卷二三《和晏太尉西园晚春》其一："北平心计尽红牙，五日雕鞍暮到家。林下觅春春已晚，绿杨枝暗不通鸦。"其二："风蘜幡幡续去条，一朝欢尽负霞朝。人间赋笔如公少，借问离愁著底浇。"其三："涡曲攀花泥酒卮，西园春去一凝思。谢公今系苍生望，无复东山携妓时。""涡曲"句自注："来诗有《怀涡曲》，此亦及之。"观诗意，祁此时已离京，故有"离愁""来诗"之语。祁自去年六月出知寿州，参本谱庆历元年记事。晏太尉即晏殊，晏殊自康定元年九月为加检校太尉枢密使,参本谱康定元年记事。姑系于此。

在扬州,访符上人,题诗其斋。

《文集》卷一一《题玉溪符上人清风阁》:"斋橑翠霏间,人高境自禅。闲心溪上月,佛髻槛前山。昼漏依莲改,晴云识栋还。谁持快哉意,来此共跻攀。"《梅尧臣集编年校注》卷二五《省符上人》:"春秋一万八千字,不问吴人楚人事。佛衣儒谈世已罕,节行又与其徒异。往来扬州三十年,曾见华堂荆棘地。独闻依旧坐焚香,尚把残编讨遗意。"[1] 则符上人曾寓居扬州,祁在扬州省兄庠时见之。

游涟水军赵概豹隐堂,题诗。

《文集》卷一八《题涟水军豹隐堂并序》序曰:"今赵集贤概未荣之日尝处于此,及登科,始以今名榜其堂,不五年,集贤出守军政。"诗曰:"当年斋榻豫章才,自领骖騑五马回。庭下书筠多旧刻,檐间贺燕是重来。吟池墨久将成溜,坐石星残欲遍苔。郡阁从今传盛事,更留寒雾记岩隈。"《长编》卷一三四:庆历元年十二月,"复祠部员外郎赵概为直集贤院、知滁州。概前坐失保任落职监当,至是以赦复之,所保任张诰也。诰坐赃,流海上。概责亦累年,而怜诰终不衰,人谓概长者"。诗作于此之后。涟水军属淮南东路,祁扬州省亲时访此堂。赵概,字叔平,南京虞城人。《宋史》卷三一八有传。

游无锡惠山,有诗。

《文集》卷一七《游惠山》:"遇酒忘忧闻乐喜,世人未到惠山前。泉供胜味轻糟曲,松献清音异管弦。陆子旧文残琬琰,湛家余

① 梅尧臣著,朱东润校注《梅尧臣集编年校注》,第 821 页。

迹抚云烟。珍禽幽石应容我，翠麓亭深晚更便。”《（洪武）无锡县志》卷二：“惠山，在州西境内，去州七里，当锡山之西南。徐记云：‘其南北数十里，岭东西各有泉，皆合梁清，溪水西南入太湖。唐陆鸿渐《惠山记》云：“惠山，古华山也。是山连亘二百余里。”’”诗有“陆子旧文”指陆羽《惠山记》，“湛家余迹”指刘宋时期司徒右长史湛挺所创立之“历山草堂”，后渐衍为僧寺。无锡与扬州相去不远，祁或在归途中游惠山。

五月，在寿州祈雨。获雨，作谢雨诗。

《文集》卷五《仲夏愆雨穲苗告悴辄按先帝诏书绘龙请雨兼祷霍山淮渎二祠戊寅蒇祀己卯获雨谨成喜雨诗呈官属》：“盛夏挟骄阳，于以构炎熯。歊尘坌天盖，烈御煽云汉。稻颖茁然秀，涸流不胜灌。田畯恤岁功，释耒共愁叹。太守忝农使，闭阁重惭惋。曾是谬政纲，曾是滥囚犴。一食三失匕，冀亦思过半。驰祝诉群望，愿以身塞谴。先帝隐民瘠，致和格灵变。图龙著绘法，令甲布州县。愚计不知出，奉行安敢慢。外日筑层坛，丙夜封舒雁。奉匜再三跪，信辞靡虚荐。幸勿为龙羞，敢不报神眷。翼日耿弗寐，徂野视宵莫。幽血粲静斶，执事便传赞。薄诚蒙昭享，距跃私自忭。回车未及税，云油默焉遍。穷海遂涔涔，笼山兹漫漫。旱麓众卉苏，焦原暍氛散。寸苗蔚如握，新波鳞欲涣。何意一溉窘，有望千箱衍。揆予乏嘉绩，圣诏仰成宪。恤祀神罔恫，昏作人胥劝。抒藻拙言词，窃用慰群掾。”诗题“霍山”“淮渎”二祠在寿州，又有“仲夏”，祁自去年七月到任，本年闰九月徙陈，仲夏五月必在本年。《拾遗》卷二《淮祠谢雨》乃获雨后谢诗，诗曰：“雨罢天披雾，杓回夜向晨。烟芜出郊路，灯火侍祠人。破月斜衔桂，倾河淡扫银。三时此修报，惭负驾崧轮。”

五月，哀次《寿州风俗记》，纪寿州之地理风俗。

《文集》卷四六《寿州风俗记》："寿州，古扬州之偏，本治寿春，于天文直星纪。春秋世名蓼六者，后为楚所并。及战国，楚卒徙都，更曰郢。秦号九江郡。项氏始为国，王其爱将英布。汉名淮南，以封子厉王，国除，复为郡。三国时，南切吴、魏以为边，号淮南郡。江左北拒胡、晋以为边，号南豫州。逮齐梁尝宿戍防魏。周为扬州。隋唐为今名，或为寿春郡。唐季，伪吴盗据兹地，私号清淮军。后唐侨置忠正军节度。周世宗克淮南，迁治颍之下蔡，因以下蔡节度领，自正阳撤浮桁属之。州南夹堤树谯，遂为胜镇。真宗洎上之在藩也，又启封焉。美名华区，故为淮南第一。县曰下蔡，曰寿春，曰霍丘，曰安丰，曰六安。……家巫史，重淫祀，性躁气果，纪之史志。……食夥产茂，四方游惰多隐处焉。……龙集辛巳，予以病自乞，实来此邦。越明年，病稍愈，因得推略旧闻，粗验今事，而著之篇，以示后人。噫！予诚蠢愚，上若不忍加诛，使治寿也，及三年，可使知教，与夫传遽阅人则为之犹贤乎已。庆历二年夏五月哀次。"题下原注："案：祁知寿州，在庆历元年，记作于次年。"

秋，寄诗怀同舍及谢炳宗先辈。

《文集》卷一八《有怀寄同舍》："不为秋归人未归，淮南又见叶丹时。汉皇好少身今老，楚客愁醒啜始醨。夕栈长风惊代马，晓天团露怨江蓠。夫君去我犹千里，万虑劳劳欲语谁。"诗言"秋""淮南又见"知作于寿州本年秋。《文集》卷一八《有怀谢炳宗先辈》："凄霜刮野转蓬干，永忆江湖旅鬓残。身有支离求病粟，爵无公乘免旒冠。柴车路迥骖驴蹇，栗坞人稀溜鹊寒。日暮浮云遍西北，客心凄断向长安。"开封在寿州西北，故言"西北""向长安"。

秋，木芙蓉花开，有诗咏之，思归。

《文集》卷二二《木芙蓉》其一："芙蓉本作树，花叶两相宜。慎勿迷莲子，分明立券辞。"其二："一作淮南守，再逢霜艳新。花前今日酒，却是去年人。"诗言"淮南""再逢霜"，则是在寿州的第二年秋。

是年在寿州，僚友田况有书见寄，言祁国子监所种竹茂盛，有诗复之。

《文集》卷五《正言田学士况书言上庠祭酒厅北轩予所种竹滋茂》："昔承上庠乏，莳竹北堂轩。饬吏勤浸灌，冉冉荣孤根。日晏到官下，对赏忘尘喧。海月影宵庑，天风籁晨颠。去年主人斥，负谤为淮藩。后来异好尚，欲诿不敢宣。何幸觐时哲，乃加封殖恩。千里走书驿，语竹遥相存。不才好冷局，异日期归旋。千万屏剪伐，勿令孤愿言。"诗言"去年主人斥，负谤为淮藩"，则作于本年，祁去年六月出知寿州。田况，字元均，其先冀州信都人。《宋史》卷二九二有传。

在寿州，作《诋仙赋》，反对神仙之说。

《文集》卷二《诋仙赋并序》序云："予既守寿春，览郡图，得八公山。故老争言山上有车辙马迹，是淮南王上宾之遗，耕者往往得金。云：'丹砂所化，可以疗病。'因取班固《书》，葛洪《神仙》二传合而质之。嗟乎！人之好奇而不责实也尚矣。而洪又非愚无知者，犹凭浮证伪，况鄙人委巷语耶？作《诋仙赋》。"寿春即寿州，赋作于知寿州后不久。姑系于此。

在寿州，重修浮桥、西园诸亭并作记。

《文集》卷四六《寿州重修浮桥记》："庆历之元，予来守藩。庀司怠营，桥敝不完。版鳞枘脱，陷落是虞。客马顿軷，民乘徐驱。予咨于僚，按索旧章。檄发库钱，布材六安。下令于冬，材集以春。百桴盘盘，泛溜而臻。是锯是斤，疏为千章。密贯致联，压柞扶持。舟牢索坚，坦为夷涂。虹亘蛇申，川怪畏潜。旅行相欢，无念阻艰。

波摇濑春,脆日焦风。不能为损,吾新厥功。先时逻兵,才数十人。老疲瘠惰,不克徼巡。予视台符,满百为率。敕吏如律,事焉肃给。榜成举觞,遍劳属官。匪予之力,实惟众勤。清淮汤汤,斯梁与存。嗣葺不忘,以诒后人。明年后九月,乃刻记于石。”则修桥之令于去年冬已下,而《记》作于庆历二年闰九月之后。

《拾遗》卷一五《寿州西园重修诸亭录》:“庆历初年秋七月,予待罪于兹。距子野之迁,岁才四舍,其间凡五易守。而前之胥宇,皆土圮木撑,阶涂缺残,鳞风灑雨,压焉有渐。非来者不善继,盖不暇已。予也幸而暇,其明年因得新之。坏者支,蔑者鲜,荟者夷,污者浚。潜奇伏妍,一日并还。庶乎子野之志,及予而大备。呜呼!人之言吾廥(帑)[帑]是力,刀笔是总,苟获济矣,容膝之为多,尚何务为是举,不知君子之道。且先王域民也四,惟士以闲宴处之,高明轮奂,各有宜适。仁义之所谈,教化之所谋,体神胖王,乃能自力于道。况吏二千石,居峻制严,表的千里,逼而无差,如等威何!予是以见人之言,与子野之道,得失有间矣。初,子野落成,石君曼卿镵石纪其详。及予完复,亦用史臣之法,谨时月,文以忠告之谊,诏后来云。”

在寿州,与陈尧佐相公、知杭州郑戬有诗唱和。

《文集》卷六《寄题宫师相公宴息园》:“相公纳衡枢,卜筑来东里。恤他匪足尚,自适乃云美。中园兴夷爽,薄言谢朝市。壤石非远迁,松竹皆故莳。绛蕂谢游轩,素波鸣禊阤。逷苍眺京隩,侧缥抱嵩趾。畦塍互演漾,灌薄纷霍靡。崒崒相向山,溅溅自流水。高云靡还期,冥鸿无慕理。公时挟胜想,暍来遵逸轨。逢觞即陶然,坐树亦欣止。冲情舍天倪,妙歌怯物类。挥金屡空镒,爱客辄留屐。式俾卫公寿,弗取安石侈。有守卧淮堨,聆风竦予企。他日果西归,角巾望松梓。”诗言“守卧淮堨”,则祁此时在寿州。按:宫师相公,指陈尧佐。《拾遗》卷二《和宫师陈相公》知宫师相公乃陈氏,仁宗朝陈姓为相者有陈尧佐及陈执中两人。陈尧佐景祐四年拜相,宝元元年罢相判郑州。《宋史》卷二一一《宰辅表二》:景祐四年,"陈尧佐自户部侍郎知郑州加同中书门下平章事、集贤殿大学士",宝元元年"陈尧佐自同中书门下平章事,以淮康军节度使守本官判郑州"。而陈执中庆历五年四月始拜相,《宋史》卷二一一《宰辅表二》:庆历五年"四月戊申,陈执中自参知政事依前行工部侍郎加同平章事、集贤殿大学士"。庆历五年,祁早已回京,不在寿州,则宫师相公必为陈尧佐。

《文集》卷一四《寄会稽天休学士》:"凫乙天遥水驿长,笠车贪貳会稽章。风从射的迎仙舸,水是山阴作禊堂。铃阁宴盘留薤白,书林官笔燥雌黄。庚郎于此情非浅,应许诸人共据床。"《文集》卷一八《得杭州郑资政书》:"误抛荷橐别云裘,天赐疏慵卧治州。辕下已疲犹恋主,道边宁死不为钩。风波路恶惊危涕,蓬葆年侵变黑头。独喜故人恩契厚,冷灰遗甑远相求。"由诗题知作于郑戬知杭州,祁知寿州时。郑戬庆历元年五月以资政殿学士出知杭州,随后祁出知寿州。《文集》卷一八《寄郑天休》:"翘车交辟滞东南,盘蕙多年歇赐衫。千日醉醒孤共酌,一书开闭遂空函。怨归定对王孙草,无恙应随散骑帆。倾听囊帷奏嘉颂,清时宁忌绛侯谗。"题下自注:"天休两赐手问,会迫贱事,不获修答。"诗云"翘车交辟滞东南",知亦作于郑戬出知杭州时。

在寿州,建齐云亭,闲时常游此亭。

《文集》卷五《寿州十咏·齐云亭》:"肇允缔层宇,岧岧少城限。凭轩肆师子,中坐合宾毲。白日披霞上,苍山障雾回。眷言西北道,吾师安在哉。""凭轩"句自注:"予始创此,下临都场,时于此阅武戏。"则此亭乃祁始创。《文集》卷二三《齐云亭》其一:"凭高徙倚不成下,把酒直送斜阳曛。遮回西北望乡眼,遭个亭亭车盖云。"其二:"归云片片鸟行没,晚日寸寸城阴生。林下本无苏合弹,栖乌何事向人惊。"《文集》卷七《登齐云亭》:"少城西北最高处,凭槛极眺襟怀开。模糊烟树鸟边静,突兀云山天外来。归樯栉栉逗淮浦,凉飔猎猎生岩隈。虽非吾土信云美,伴客留连倾一杯。"《拾遗》卷四《齐云亭凭高有感》:"凭高极目意茫然,坐对淮南摇落天。空把归心同客雁,遂将缄口伴寒蝉。一樽醒醉黄花外,万事萧条白发前。谁取长弓射鸟翼,休教西日送凋年。"《文集》卷八《齐云亭晚瞩》:"山暝日云穄,天清风寖和。树花红暗淡,城草绿坡陀。归艇冲烟去,昏凫接翅过。年华无限乐,判作是狂歌。"诸诗皆作于寿州时。姑系于此。

游寿州胜景,作《寿州十咏》,梅尧臣和之。

《文集》卷五《寿州十咏·熙熙阁》:"东谯已自高,复此构层宇。谁谓淮南远,风物美无度。飞岑纳昼碧,流月遗宵素。揆予乏仙气,楼居庶可慕。"《寿州十咏·白莲堂》:"堂皇敞而华,檐牙照池水。钿叶矗新团,玉荸粲繁蕊。游鳞竞泼泼,幽石仍齿齿。寄言采秋芳,何必涉江涘。"《寿州十咏·春晖亭》:"涉园憩何处,道左荫华樏。幽寻乏朋往,胜晤徒自知。文禽弄不歇,惠风至无期。含情重徙倚,物色到霞霏。"佚存本题下原注:"作清晖。"《寿州十咏·式燕亭》:"使君班春还,于焉衍吾属。四阿住羃棘,聊以便凉燠。栋表飞云逝,题端邀月宿。无德与斯人,式宴良自恧。"《寿州十咏·秋香亭》:"兰菊被秋坂,危宇冠层巅。杂树自隐日,修条争刺天。石斜苔附秀,樛穷蔓倒悬。撷英欲谁遗,伫立徒娟娟。"《寿州十咏·狎鸥亭》:"昔人有机心,鸥鸟舞不下。太守心异昔,寒灰与时化。尔既不我猜,余亦无尔诈。随波以全躯,于兹伴多暇。"《寿州十咏·齐云亭》:"肇允缔层宇,岩岩少城限。凭轩肆师子,中坐合宾疊。白日披霞上，苍山障雾回。眷言西北道，吾师安在哉。"
《寿州十咏·望仙亭》："尝闻淮南王，鸡犬从此去。至今山头石，马
迹尚有处。使臣辞从官，终日绝尘虑。望望云汉间，想见宾天驭。"
《寿州十咏·清涟亭》："烟筱环曲堤，飞轩俯幽渚。水容静可鉴，倒
见城头树。青蒲矗尔秀，白鸟瞥然去。胜晤与时新，遂歌奚能叙。"
《寿州十咏》题下原注："十咏题熙熙阁，白莲堂，清晖、式燕、秋香、
狎鸥、齐云、美阴、望仙、清涟等八亭，今缺《美阴亭》一首。"今存诗
实九首，缺《美阴亭》。《梅尧臣集编年校注》卷一二《和寿州宋待
制九题》有《美阴亭》和诗，而缺《清涟亭》，朱东润先生系梅和诗
于庆历二年。梅尧臣本年三月间抵湖州监税任，与知州胡宿唱和。
《和寿州宋待制九题·熙熙阁》："初日照城楼，流晖及菌阁。上收
花雾红，下见春烟薄。信美是殊邦，而淹佐时略。自惭江外人，敢
慕淮南作。"《和寿州宋待制九题·春晖亭》："卉木日以发，中圃日
以嘉。欢言乐和景，及此鬓未华。春风实无几，凌乱枝上花。山阴
况暮月，俯仰诚可嗟。"《和寿州宋待制九题·白莲堂》："蟋蟀在
秋堂，芙蕖出深水。浩露同一色，澄澈寒鉴里。佳人耻施朱，欲与
天真比。沙鸟闲且都，谁将拟公子。"《和寿州宋待制九题·式宴
亭》："从事谁独贤，而来均宴喜。幽禽杂啸呼，珍木竞丛倚。兴将
物色俱，闲厌箫鼓美。宁同不闻问，讼息时游此。"《和寿州宋待制
九题·秋香亭》："高轩盛丛菊，可以泛绿樽。余甘自同荠，忘忧宁
用萱。有木皆剥实，何草不陈根。独此冒霜艳，芬郁满中园。"《和
寿州宋待制九题·狎鸥亭》："群生自知机，不可欺以异。此虽鸥
与驯，鸥亦鱼所避。坐熊临碧水，安得同一致。然此海客心，还应
无有愧。"《和寿州宋待制九题·齐云亭》："城隅结危栋，仿佛凌
烟霓。平观飞雨来，俯窥巢禽栖。浩荡孤思发，幂历蔓草齐。长安
去不远，何言西北迷。"《和寿州宋待制九题·美阴亭》："野村仍

蔪茅，当此茂林下。晴晖叶上明，翠影杯中泻。鲜风时飕飀，轻裾自萧洒。固殊稊生锻，曷慕岩栖者。"《和寿州宋待制九题·望仙亭》："尝闻淮南王，鸡犬从此去。至今山头石，马迹尚有处。使君辞从官，终日绝尘虑。望望云汉间，想见宾天驭。"按：梅尧臣和诗《望仙亭》与宋祁同名诗重出，未知孰是，待考。祁另有《清晖亭》（《文集》卷九）一首，所咏当《寿州十咏》中的"清晖亭"。

在寿州，送友人王庾、简殿丞。

《文集》卷一〇《送王庾》其一："土甋残炊黍，津航促扣舷。云迷孝王苑，星认太丘躔。破瑟弦鹍舞，吟囊锦兽鲜。晚淮他夜月，离思共娟娟。"其二："卷客衣空化，求知刺欲漫。孤飞回鹘路，别泪溢鲛盘。待举秋槐老，承颜夏枕安。新篇时寄我，鱼信接长澜。"诗言"晚淮"，当作于寿州。王庾曾为无锡主簿，祁有诗《送无锡主簿王庾》（《拾遗》卷五）。《文集》卷一八《送简殿丞赴阙》："共治清淮北面州，何言分袂帐夷犹。君还南阙双龙下，我驻东方千骑头。未落林花延别醑，无穷堤草伴行舟。怀人愬月劳劳意，自此相牵更倚楼。""共治"句下自注："寿阳虽曰淮南，实治淮北下蔡。"简殿丞，不详。

在寿州，有启文上晏殊。

《文集》卷五四《上晏太尉启》："比丐郡麾，愿尝吏事。章明公府，身属君轩。虽曰见俞，久而被遣。罔惮歊暑，径浮扁舟。开秋之初，署事惟谨。然寿春故壤，东楚剧藩。务苦乱绳，才由短绠。益虞速谤，敢议课功。以转侧畏涂，违离恩馆，志缘虑怯，感以事新。锍羽自惊，初无虚矢。危涕方堕，何待鸣琴。尚赖仁人持衡，至公御侮。纳之德宇，非有他肠。幸终大庇之私，使无中道之弃。淮山千里，城阙九畿。官箴有常，羁恨无讫。临风伏纸，言不能宣。"观文中语气当在寿州时作。

八月，仁宗赐张士逊飞白书"千岁"二字，士逊进歌。翌日，有诏褒答甚厚，士逊欲为歌及答诏刻石，祁应请题序于歌右。

《拾遗》卷一五《张相公御赐飞白书并进歌答诏刻石序》："庆历二年秋八月，皇帝御飞白书'千岁'二字，赐大傅邓国公。公既下拜登受，即进歌一章，发舒懿藻，列荣遇之恳。翌日，有诏，所以褒答甚厚。公欲侈上赐，夸代珍，乃索完青，以奢以镌，披天俦采，与辞偕永；又俾愚题序歌右，庶得其详。"张相公即张士逊。《宋史》卷三一一《张士逊传》："士逊辞朝朔望。间遣中使劳问，御书飞白'千岁'字赐之，士逊因建千岁堂。"张士逊，参本谱景祐二年。

闰九月九日，登高赋诗。

《文集》卷一八《闰九月九日登高有感》："隔霜云叶绕天愁，闰节重来续旧游。赋客岂辞聊暇日，楚人无奈剩悲秋。寒萸实老犹熏佩，晚菊香残不占瓯。怅忆故园归信断，渚鸿川鲤两悠悠。"天圣元年及本年皆有闰九月，诗言"闰节重来"，当作于本年。

闰九月十四日，受命徙知陈州，兼管内河堤劝农使。

《文集》卷三七《陈州谢上任表》："月日，进奏院递到敕书一道，就移臣知陈州军州事，兼管内河堤劝农使，许辞谢，取便路疾速发赴本任者。睿慈垂济，羁傃见宽，许停远方，俾守近屏。拜命云已，感涕交沱。臣即以今月九日，还付故章，假领新节，恭趣便道，罔敢留行，以二十五日到任礼上讫。"

《长编》卷一三七：庆历二年六月，"侍御史鱼周询劾奏判河阳、护国节度使、右仆射兼侍中张耆典藩无状，乞令就京师私第养病。诏择人代还。右正言田况请罢耆将相之任，使以散官就第，不许。寻徙耆判陈州，又判寿州（原注：周询以丙申日奏，况以丁酉日奏，《实录》并无之，今据《朔历》追书。徙判陈州乃七月丁亥，徙寿州又在闰九月甲申，今并书。）"。闰九月甲申，即九月十四日。张耆与祁乃两易其地,张耆自陈州徙寿州,则祁受命自寿州徙陈州亦当在此时。《文集》卷五五《回寿州张侍中启》"向缘易地,得遂趋风"句亦可证两人易地为宦。张耆,字元弼,开封人。《宋史》卷二九〇有传。

陈州(今河南周口),即淮宁府,淮阳郡,镇安军节度使。参《宋史》卷八五《地理志一》。

将离寿州,有诗。

《文集》卷八《有诏换淮阳》:"比出淮阳守,今移寰内州。真无弱翁治,只是茂陵求。换节矜新假,循襟释故愁。桑榆知未晚,前失庶能收。"将离淮时作。

十月九日,离寿州,沿颍水北上,有诗纪行。

《文集》卷三七《陈州谢上任表》:"臣即以今月九日,还付故章,假领新节,恭趣便道,罔敢留行,以二十五日到任礼上讫。"祁九月十四日受命,离寿州在十月九日。

《文集》卷一〇《晚发》其一:"候鼓遥喧岸,行舟逆上湍。轻烟著波面,斜月罩林端。飒沓凫鹭乱,苍茫葭菼寒。致君何所惮,便道许之官。"其二:"晓濑虽能迅,寒波不复扬。林声散栖鸟,堤影度风樯。兹岁方云暮,吾行未遽央。病身非汲黯,安敢薄淮阳。"诗有"安敢薄淮阳"句,知诗作于离寿州,往陈州时。又有"飒沓凫鹭乱,苍茫葭菼寒""晓濑虽能迅,寒波不复扬"句,知离寿时,天气已寒。又《陈州谢上任表》云:"疾速发赴本任。""恭趣便道,罔敢留行。"则在受命下一月已离寿。由《晚发》其一"候鼓遥喧岸,行舟逆上湍"句,《拾遗》卷二《去州三宿八公山宛然在望》"山长如不去,三宿趁行舟。未必缘人意,只能搅客愁。倦程方浩荡,回首更夷犹。独有相思恨,因之东北流"句,知此次赴任乃乘舟沿颍水北上。

舟行江上,有咏"水月"之诗。

《文集》卷七《水月》:"渺渺溯云波,盈盈桎霜驭。碎璧拥舟来,流金映沙聚。夜寂波已休,何人荐真趣。"《拾遗》卷二《道中二首》其一:"故岁南趋寿,今兹北向陈。淹留桂枝客,还入玉关人。鬓发都成葆,缨璩幸濯尘。心知来往数,不敢问迷津。"其二:"舣船清颍岸,岸豁见高原。桑柘寒烟路,牛羊落日村。扣舷鱼艇集,争食渚凫喧。去去风波事,逢人未易言。"知作于北行舟上。

十月二十五日,陈州到任,进谢上任表、启。

《文集》卷三七《陈州谢上任表》:"臣即以今月九日,还付故章,假领新节,恭趣便道,罔敢留行,以二十五日到任礼上讫。"《文集》卷五六《陈州到任谢两地启》:"昨奉敕移知本州,即以今月二十五日到任盘上讫。收迹远藩,改麾近屏。诏蠲入谢,道便之官。循复宠私,丛并欢愧。"《表》《启》作于到任时。

连庶进士及第调商水尉,过州治宛丘,访祁,作诗送之。

《文集》卷一〇《送连庶》:"之子远参卿,劳劳千里行。素衣因客变,华发看秋生。遇鲤频为(訑)[讯],逢莼试作羹。尘埃半通绶,何地免将迎。"连庶,庆历二年进士,参本谱大中祥符三年记事。《宋史》卷四五八《连庶传》:"举进士,调商水尉。"诗言"参卿""素衣因客变",则连庶此时已及第并授商水尉,赴任过宛丘访祁。商水县属陈州,参《元丰九域志》卷一。

冬,上奏建议开治淠河。

《文集》卷二八《乞开治淠河》:"臣知寿州日,伏见本州安丰县有芍陂,自古所传,元引龙穴山水及淠河水入陂,每岁灌田万顷,近年多被泥沙淤淀,陂池地渐高,蓄水转少。龙穴山一派,水源既小,今来只藉淠河注水入陂。后来淠河一道水渠,本县又不修开,遂至水道堙塞,陂水浅涸。臣自到任后,并值二年干旱。去年自六月放竭陂水，只是救灌得侧近一二千顷，是以寿州米价踊贵，官私妨阙。臣窃闻得寿州正是出米之地，全藉此一陂。旧来陂水若满，常无干旱，是以县名安丰，盖取此义。臣欲乞朝旨直下本州，委知州、通判亲往陂上相度，开治淠河，令水渠深快。于淠河内筑堤，阑水入渠，注满陂内。高筑陂岸，及重开撅陂内淤淀之处，令稍深阔。其工亦不甚多，只乞就来春农隙之时，少借邻县并本县人夫三五千人，约工一月，可见次第。如陂水满足，则溉田万顷，永无凶荒，兼得陈颍至京都一路官私米斛有可供应。取进止。"言"知寿州"，不言"知州"，语涉回忆。又言己之任期，委他人开治，则上表之时，祁已离寿州。《历代名臣奏议》卷二五〇系于庆历二年知陈州时，可参。

与寿州张耆有书启往来。

《文集》卷五六《上寿州张侍郎启》："恪守鱼符，怅怀鸥阁。尝拟中军之义府，得瞻天老之台华。坐溯三洲，邈成千里。兹者侍郎缘汉章之代，损天铉之崇。敕记室以授辞，付行邮而垂问。大丞相之重，遂屈移书；一逢掖之卑，敢烦钧礼。余波沛润，幽谷蒙暄。谅缘拜赐之阶，前启知归之地。感惭交集，拙讷难宣。"据文知张耆先有书信来问。《文集》卷五五《回寿州张侍中启》："向缘易地，得遂趋风。略接台华，遽勤行后。守藩云始，进记未遑。敢谓侍中敦好士之风，厚交符之契。占词记室，流问行人。屈卫霍之雄棱，讲楚陈之盟好。外依奖眷，中激衰屡。官有职思，书非言尽。永惟衔佩，姑志埏熔。"题下原注："案：侍中即张耆。耆自陈徙寿，故祁自寿徙陈，启云'易地'以此。"祁与张耆易地见本年闰九月，两《启》当作于祁至陈州后不久。

有诗送李明允往宿州。

《文集》卷一七《送宿州李明允都官》："省帐香残卷夕红，名郎去守日围东。组垂丈二腰章贵，骑拥千余使幕雄。弭节亭皋乡梓近，贯都河溜客鱼通。期年美化流欢颂，尽入中和乐职中。"诗言"名郎去守日围东"，宿州在陈州东，疑诗作于陈州时。李明允，不详。

冬，郑戬有诗寄来，答之。

《文集》卷一一《永兴郑资政巩县路逢雪见寄》："大旆关河远，同云天地浮。凌晨逢朔雪，此路向西州。寒袭生犀健，光催畅毂流。余情念东郭，穿履趁英游。"郑资政即郑戬。参本谱庆历元年。《长编》卷一三七：庆历二年六月，"癸未，资政殿学士、右谏议大夫、知杭州郑戬为给事中，知并州兼河东路经略安抚缘边招讨使，寻改知郓州"。又卷一三八：庆历二年十一月，"辛卯，诏知永兴军郑戬兼管勾陕西转运司，计度粮草公事"。郑戬庆历二年六月改知郓州，十一月已在永兴军，自郓州往永兴军需过巩县，诗题言巩县逢雪，则郑原诗作于本年冬往永兴军途中，祁和诗作于稍后。

约是年末，蒋堂除河东路都转运使，有书勉励之。

《文集》卷四九《蒋待制书》："递中得除目，承希鲁进右台郎，假河东使节。……然希鲁多难，忧伤之余，有所未释，属且远去，能无介介乎？迩臣贤者，固与国休戚。愿不惮勤略，以副文武施设之求，幸甚幸甚。仆病且衰，赖陛下赐不肖之躯，俾屏近郡，托于宇左，差得少安。今复块然，失所栖向，乃心惘怅，可索言耶！岁晏，办严自爱。"蒋待制即蒋堂，字希鲁。《宋史》卷二九八《蒋堂传》："就除河东路都转运使，未行，知洪州。"书言"俾屏近郡"当是祁在寿州时。蒋堂，参本谱景祐元年。

约是年，感边事，寄诗贾昌朝。

《文集》卷二一《感事寄子明中丞》："久玷三云从，仍叨千石荣。羸躯付多病，怵计会无成。出守非严助，何年召郤萌。风摧向阳藿,霜变度江橙。画阁勤听讼,春畴力劝耕。遂惭循吏术,姑促县官征。害马直宜去,劳鱼实恐赪。人心久忘战,朝议近论兵。戍锁关南数,边烽陇右明。将机犹嗫嗒,贼胆尚纵横。说士争操牍,谋臣屈请缨。已闻疲转粟,安得但婴城。且许和戎利,重寻挠酒盟。安危系公等,指授尽时英。幸有千金募,须容八阵精。待衰曹刿鼓,长揖亚夫营。刷愤宜修德,时巡况作京。矢方射嬃冢,力欲斩长鲸。宪纸言常屡,王涂日以清。悉心前席重,直指佞人惊。仗下霜余凛,班回佩倚鸣。早调黄铉鼎,催献恶枭羹。顾我罹飞语,于兹类倒行。鬼神惭贾谊,唇舌避君卿。直道今寥落,狂辞先猥并。椎如莫邪钝,伥若小冠盲。秦俗矜车甲,周诗赋斾旌。会当濡橐笔,企咏二边平。”“时巡况作京”句下自注:“诏以大名府为北京。”《宋史》卷一一一《仁宗本纪三》:庆历二年五月“戊午,建大名府为北京”。贾昌朝,字子明。时昌朝为右谏议大夫、权御史中丞兼判国子监,上备边六事。参《宋史》卷二八五《贾昌朝传》。

宋祁作于知寿州时,然不能编年之作品有:

1.《古意》

《文集》卷六《古意》:“薄宦若秋蒂,飘然去林枝。盲风不我爱,吹堕清淮湄。淮南苦懰栗,九月繁霜飞。晚蕙相为叹,崇兰偕此衰。凋落虽云苦,芬香终不移。但愿阳春动,要当三秀期。”诗中“淮南”指寿州,诗作于寿州时。又有“但愿阳春动,要当三秀期”,观诗意当作于受命徙陈州之前。

2.《回李从著作书》《答李从著作》

《文集》卷五〇《回李从著作书》有“适会公序罢去,俄又仆得请寿春”,言“寿春”,当作于寿州时。

《文集》卷一六《答李从著作》:“身是鸡翘侍从流,单车淮上老为州。全生正似婆娑树,不死翻成觳觫牛。今日空名同地饼,晚年归计有瓜畴。惭君远寄相思句，不啻三逢采艾秋。"诗言"淮上"，当作于寿州时。

3.《南国》

《文集》卷九《南国》："南国豪华地，东风骀荡天。露兰薰夕梦，烟柳重春眠。歌断云空度，书长燕未传。吟成休自许，芳草更绵绵。"据寿州所作《望仙亭书所见》其二"南国冬无雪，居然气候迷"，则诗中"南国"指寿州。

4.《武安侯》

《文集》卷一〇《武安侯》："贵甚宫中势，轩然帝右趋。所贪惟狗马，宁是学盘盂。骄取武库地，气凌辕下驹。淮南他日语，悔不共严诛。"诗言"淮南"，当作于寿州时。

5.《过淝口二首》

《拾遗》卷五《过淝口二首》其一："淝水萦如带，淮山崒似云。此时闻鹤唳，无复畏官军。"其二："氐丑矜凶甚，临流列万艟。由来不自项，何荷欲浮江。"题下自注："即晋师破苻坚处。"晋师破苻坚处在寿春，诗作于寿州时。

庆历三年癸未（1043）　四十六岁

〔时事〕

三月，吕夷简罢相，仍许议军国大事。以章得象、晏殊为相并兼枢密使。夏竦为枢密使，贾昌朝参知政事。四月，夏竦还本镇，以杜衍为枢密使。吕夷简罢议军国大事。八月，以范仲淹参知政事，富弼为枢密副使。九月，召辅臣对天章阁。范仲淹退而奏十事，仁宗用之。吕夷简致仕。

春，在陈州州治宛丘，有诗。

《文集》卷八《宛丘作》："宛丘真善地，承诏幸班春。铃下听无讼，日边来有人。吟余多感客，睡足本慵身。虮虱休相贺，吾今汤沐频。"宛丘乃陈州州治，祁去年闰九月徙知陈州，今年三月已还朝。诗作于本年还朝前。

春，庞籍在延州新开柳湖成，丁度题诗以寄，祁和诗五首。

《文集》卷二三《州将和丁内翰寄题延州龙图新开柳湖五阕》其一："湖中新水照春辉，绿遍垂杨千万枝。此地得非名细柳，暖烟偏照亚夫旗。"其二："闲驻春旗玩碧浔，波光杳杳树阴阴。便将塞下风沙意，回作江南烟水心。"其三："浚湖栽柳重城下，弄水攀条三岁中。谁见使君欹帽处，鸭头波上雪花风。"其四："弱柳毵毵湖上天，天青湖碧此留连。东方千骑浮云骏，折得春枝便作鞭。"其五："昔人杨柳咏依依，曾与征夫说戍期。看尽春条君莫叹，湖边雨雪是归时。"诗有多句言"春"，则湖成于春季无疑。延州龙图即庞籍。庞籍自庆历元年四月出知延州，约十月兼本路马步军都部署、经略安抚缘边招讨使。《长编》卷一三四：庆历元年十月，"龙图阁直学士、礼部郎中、管勾鄜延路部署司事兼知延州庞籍为吏部郎中，并兼本路马步军都部署、经略安抚缘边招讨使"。诗其三有"浚湖栽柳重城下，弄水攀条三岁中"，则庞籍在延州已历三年，故诗其五有"看尽春条君莫叹，湖边雨雪是归时"。丁内翰即丁度。《宋史》卷二九二《丁度传》："时西疆未宁，二府三司，虽旬休不废务。度言……从之。累迁中书舍人，为承旨。"按：庞籍至庆历四年宋、夏和议后方召回为枢密使。参《宋史》卷三一一《庞籍传》。

春，王德用判陈州，诏令祁交割完，回京赴阙。

《文集》卷三七《谢替赴阙表》："臣某月日，都进奏院递到敕书付臣,为差宣徽南院使、保静军节度使王德用判陈州,令臣候交割讫,发来赴阙者。……闻命欢踊,抚己震惭。且念蕞尔孤生,觑然去国。长而多病,衰不须年。鬓雪纷斑,目花眩黑。越在遐外,积有流忧。尚恐狗马道穷,先填沟壑,江汉天限,无复朝宗。"题下原注:"案:本传,祁由陈州还知制诰时。系庆历三年。"《表》只言"赴阙",未言还为"知制诰",则知制诰在还京赴阙之后。

《文集》卷五五《上两地谢赴阙启》:"今月七日,奉被敕书,候替人到,交割讫,发来赴阙者。弥年假守,有诏代还。许讫交章,趣令上道。荣生望表,抃激情端。伏念祁向以尘枵,忝班禁近。病多告数,量极谤兴。恩俾典州,责深共治。虽勉迂儒之学,曷扬循吏之风。幽绩屡闻,殿科辄寝。内迁右辅,间默烦言。适以元帅勒归,迩藩须屏。因蒙召节,再服君轩。得上铜鱼之符,入趋金马之籍。肉我枯骴,植其危根。大钧所陶,没齿奚报。然念支离云旧,奔走相仍。两目眩昏,半头苍白。收从江海,遂安北阙之心;行及桑榆,敢重东隅之悔。翼趋有日,舌讷难宣。"祁自去年九月徙陈州,故言"弥年假守"。祁本年四十六岁,多病早衰,故言"半头白发""行及桑榆"。

喜有诏解郡职。先寄诗李淑。

《文集》卷一四《有诏解郡作》其一:"二年憔悴拥州旟,尺诏初容觐帝晖。何幸复燃灰不死,未应为失马重归。蛟螭对舞瞻层阁,瓮仲双扶识故扉。病骨多忧鬒黑甚,豫惭台史与薰衣。"其二:"尘晦荷囊裂旧缝,惊闻台召计匆匆。忽从楚水枫林下,还入甘泉豹尾中。即日遂收西望涕,方春便趁北归鸿。休夸四入高凉地,已是人间素领翁。"祁自庆历元年出知寿州,至此时二年,故言"二年憔悴拥州旟",又言"收西望涕""北归鸿"知为解陈州职。《文集》卷一三《将还都寄献臣》:"茂陵移病在穷年,尚省长安在日边。生意不随枯树尽,危心重伴死灰燃。秋风压苑檀栾近,夕斗横台睥睨连。侧注旧冠尘满屋,定须弹拂故人前。"李淑,字献臣。参本谱景祐元年。

郭稹卒,有诗哭之。

《文集》卷一一《哭郭仲微三首》其一:"仓卒闻婴疾,何辜遂没身。哭筵同产子,霜寝未亡人。冢有邢山旧,天为京兆邻。想君赍志恨,不使白杨春。"其二:"我作鱼符守,君司凤诏文。他时谈笑罢,今日死生分。怨涕翻荥浪,悲魂引郑云。山阳怀旧笛,肠断不堪闻。"其三:"谢氏虽多女,中郎竟乏儿。人生忽至此,天道果无知。一代英才往,千篇故稿遗。生平同翰墨,不及镂丰碑。""生平"句自注:"予解郡时,仲微已葬,内相吴春卿作铭志。"《宋史》卷三〇一《郭稹传》:"郭稹字仲微。……康定元年使契丹,告用兵西鄙。……权知开封府。暴感风眩卒。"康定元年后祁解郡时当指本年自陈州还。

由水路归京,途中有诗。

《文集》卷九《北归》:"一水清波驶,还将桧楫归。缨緌成素滥,猿鹤恐长违。斗外城隅出,云端阙影微。定知朝夕鸟,却望汉台飞。"开封在陈州之北,故有"北归""望汉台"之言。

将到京,有诗呈晏殊。

《文集》卷一四《将到都先献枢密太尉相公》:"再试州旟验不才,却将憔悴到中台。相车问罢同牛喘,大厦成时与燕来。今日谋猷须丙魏,他年宾客但邹枚。西园闻道余春在,尚及花前滟滟杯。"祁初试州在庆历元年出知寿州,再试州庆历二年知陈州,诗言"再试",当是知陈州还。又言"余春在"则本年春作,与知陈州还相合。枢密太尉相公即晏殊。晏殊庆历元年为枢密使,庆历二年自枢密使加平章事。

还都，有诗。

《文集》卷一三《还都》："一封东走罢州麾，却趁清班上赤墀。侍史香炉留直夜，王孙春草见归时。虚名所赖天藏拙，晚岁无如病与衰。要在属车何所用，只堪盛酒比鸱夷。"

三月二十五日，改知制诰、权同判吏部流内铨，有谢表。

《文集》卷三七《谢知制诰表》："伏奉三月壬辰诏书，授臣依前官知制诰者。……迭为二藩，不远千里，而赐环垂泪，趋节生归。不图误恩，复齿中禁。荷宠惟谷，扪襟若醒。且臣逾强仕者六年，废辞业者三岁。虑穷刀笔，气耗风波。壮为病侵，衰先老至。"壬辰日即二十五日。题下原注："案：表云三月诏书，乃庆历三年之三月也。"《文集》卷五三《上两府谢改知制诰启》亦言："伏奉去年三月壬辰诏书，蒙恩授依前官知制诰者。"《神道碑》："元宪罢，亦出知寿州，徙陈州，还知制诰、判吏部流内铨。"《宋史》本传："还知制诰，权同判流内铨。"《文集》卷三〇《再让翰林学士状》："臣今年三月内，以天章阁待制归朝，寻蒙改知制诰。"

是月，授知制诰有状举欧阳修自代。

《文集》卷三〇《授知制诰举欧阳修自代状》："臣蒙恩授臣依前官知制诰，准敕举官自代者。伏见太子中允、集贤校理欧阳修，志局沉正，学术淹该。栖迟怀宝，不诡所遇。措辞温雅，有汉唐余风。如得擢在禁垣，委之润色，必且粉泽王度，布于四方。观言责实，臣所不及。愿回授受，以允详求。"朱弁《曲洧旧闻》卷四"在任官举官"条："唐制：常参官自建中以后，视事之三日，令举一人以自代，所以广得人之路也。本朝沿袭，惟两制以上，乃得举自代，而常参官不预也。"欧阳修庆历元年十二月为太子中允、集贤校理，三年三月转太常丞，参严杰《欧阳修年谱》。《状》作于祁知制诰后。

僚友有书来贺改知制诰,祁答谢之。

《文集》卷五三《回李舍人谢知制诰启》《回余舍人谢知制诰启》《上外任两制谢改知制诰启》《回彭王二舍人谢知制诰启》《回外任诸官贺改知制诰启》,祁知制诰唯有此时,诸启作于此时。李舍人、余舍人、彭舍人、王舍人,不详。

既还,乞停开沟洫。

《文集》卷二八《乞停开沟洫札子》:"臣昨知陈州日,体问得诸处县令主簿,为见有此条贯,只是逐年一度差公人下乡,取责户长等状,称劝诱到百姓开导沟洫河道,并得通快,别不淹损田苗文状申县,本州据县状批上本人历子,得替日,依例保明,便该参选,注家便官。其实每年无一户一工曾开治沟洫,本官亦不曾按行劝诱。所有每年淹损田苗,放却二税,却称是外处横水入界,致淹杀田苗,不是本处雨水淹潦。似此,不惟选人侥倖,显属冒罔朝廷。臣愚欲自今后停废上项条贯,更不行用。今日以前,已在铨参选人,乞不追改。取进止。"

省舍夜直,有诗。

《文集》卷五《夜直省舍》:"省舍诸吏休,前轩成独步。月色净牟首,星痕隐温树。稍听班马鸣,犹见昏鸦度。索居易兴感,幽抱邈谁晤。自问濩落姿,胡撄文墨务。企欢无剩娱,即事有盈虑。远寄江海心,冷风傥能御。"《文集》卷五《省舍晚景》:"日稷城阴生,尘露稍云歇。密树抱烟沉,高禽映天没。外物既不扰,清机亦徐发。何意羲皇风,吹我襟袖末。少驻北堂陲,娟娟待明月。"省舍指中书省舍。祁是年知制诰、权同判吏部流内铨,故得以省舍夜直。

由礼部郎中转吏部郎中。

《文集》卷三七《谢转吏部郎中表》:"伏奉制命,特授臣尚书吏部郎中,依前充职者。课容岁比,官得例迁,华秩误跻,愧襟罔措。

伏念臣本缘羁远，误直禁严。"题下原注："案：本传不载此职，又《历代名臣奏议》有庆历三年祁为尚书礼部郎中、知制诰《上三路防边七事》，本传亦不载其职。今据表内'误直禁严'及'直徇郎台之进秩'云云，似总在知制诰之日，未授龙图直学士之前。"余靖《武溪集》卷一〇《翰林学士礼部郎中宋祁可吏部郎中》："敕：朕慎柬俊德，延登近署，典司命令，侍从帷幄，所以宣邦国之大谋，访古今之高议。所怀忠实，率多规补，宜增秩序，以宠材杰。具官某，通识照远，人之仪表。懿文高世，学者宗师。而自雍容朝闱，领袖儒馆。奉常乐志，东观史编，执简撰述，厥勤茂焉。内阁以对，右省更直，咸推望实，益见材美。登王室之署，劝金华之讲。每观通博之论，愈知远大之期。集课迁官，固有常制，羽仪之用，朕所望焉。践修厥猷，往服休命。可。"据《制》中所述祁仕履，知转吏部郎中在知制诰时。

六月，应高若讷之请，为其祖审钊、父怀譓撰墓志铭。

《文集》卷五九《故崇仪使高府君墓志铭》："府君讳审钊，字伯通。其先为渤海著姓，唐代宗世，河朔再骚，徙贯并州，今为并州榆次人。……端拱二年秋九月卒于官，享年五十有五。君大王父讳伟，王父讳斋，皆以儒名家。夫人扶风县君马氏，濮州团练使万之女。生三子：长怀谅，季未名，皆早卒。惟仲子怀譓，终右侍禁。君之丧也，家不堪多难，是以殡于卫。后五十四年，孙天章阁待制若讷谋新兆于开封府开封县吹台乡建邑村之原，克祔二尊焉。呜呼！府君才为时用，且大有立而遽病卒，似若命然。然孔子罕言命，亦难言之。"端拱二年后推五十四年即本年。《文集》卷五九《故右侍禁赠左屯卫将军高府君墓志铭》："府君讳怀譓，姓高氏，爱之其字也。……年三十九，以病卒，实景德四年，君娶阎夫人，生一男子若讷，字敏之，今为尚书礼部郎中、天章阁待制兼侍读。……夫人之殁,后府君凡三纪,实庆历三年。敏之憔然苦中,悼厝安之缓,泣血奔问,则新是卜,得吉繇于开封府开封县吹台乡建邑村之原。以夏六月七日壬寅,奉祖妣考妣四丧,叙二窀于茔。遣门人状先德,诿予为志。予与敏之偕第同班,得以敦复世烈而叙之。”两篇《墓志铭》皆受高若讷之托而撰。高若讷,字敏之,并州榆次人,与宋祁同年进士及第。《宋史》卷二八八有传。

七月,陈乞外郡,以龙图阁直学士知杭州,未行,留为翰林学士,两让而受,有谢表。

《文集》卷三〇《乞知亳州状》:“臣窃以为君务达下情,为臣贵在无隐,虽有烦请,犹不蒙诛。臣之敷恳,正托斯义。伏念臣福庳材下,为禄所浮。阳年四十,便若衰惫。缠绵宿疾,出入五年。气连脾仓,邪客胃府。触暑犯寒,则饮食顿减;温中实下,则药艾未良。自念绵疴,屡求外补。昨领寿、陈两郡,凡一岁有余。既便养颐,渐克强胜。……自非出守,胡能宽疾。臣伏见亳州去都至近,总务非少,亦须选任,俾往抚绥。欲望圣慈许令臣知亳州一任,臣虽质课计最,有恧吏师,然恪奉诏旨,谨察邦政,于下流之比,尚有一日之长。幸其余闲,尽力治料。傥蒙帝力,为天所支,耗气稍完,迷魂来复,尚更求自试,无惮诸烦,涓埃万一,以图云补。今兹祈叩,实迫恇残。言拙少文,止冀矜遂。”据文则所乞外郡为亳州。《文集》卷三〇《再让翰林学士状》:“又于七月中,因陈乞外郡,蒙转龙图阁直学士,无劳被奖,自臣为始。尚录余杭旧例,未速人言。臣是以上殿叙辞日,乞在任满二年,成三十月,依常参为例。冀图考绩,少答睿私。不意今者再被制书,擢臣为翰林学士。此则一岁之内三次迁除。缛典蕃数,未有臣比。”《神道碑》:“以龙图阁直学士知杭州,未行,为翰林学士。”《宋史》本传:“以龙图阁学士知杭州,留为翰林学士。”则所乞外郡为亳州,所授为知杭州。

《（乾道）临安志》卷三："庆历三年七月丁卯，以尚书礼部郎中、知制诰宋祁为龙图阁直学士、知杭州。本传云：未行，改翰林学士、知审刑院。"丁卯日即初二。《文集》卷三七《谢龙图阁直学士表》："今月四日，閤门拜受官告敕牒各一道，除臣龙图阁直学士、知杭州者。……四年待诏，姑奉凝严之游；两郡佩符，不絓循良之目。赐还迩著，俾演大言。扞格衰龄，尪绵宿疚。胡广不愆之旧，动辄有忘；左史能读之书，举皆未学。兹焉弗职，况也自知。适会要藩，慎求缺守，宰司误启，制诏闻俞。既籍内于神深，又节假其蕃翰。"据文知以龙图阁学士知杭州在知制诰之后。题下原注："案：本传祁以龙图直学士知杭州，留为翰林学士。此与后一首皆在庆历三年。"按："后一首"即《谢宣召入院表》，则除龙图阁直学士、知杭州在七月四日。

《文集》卷三〇《让翰林学士状》云："窃念臣昨知制诰日，以经夏抱疾，愿守便藩，本冀宁居，得养羸喘。俄叨改职，寻以叙辞。比令儿息，搬取家属，伺其归室，偶未赴官。僚友具知，宰府同亮。今者忽蒙误选，升备禁局。文翰近班，臣子至愿。当不俟驾，即日造朝。但念臣因病自言，蒙恩辄止。不惟欺冒朝听，必恐滋致人言。便谓臣巧作迁延，阴规次补。"

按：《文集》卷三〇《让翰林学士状》言"今月十三日"，《文集》卷三〇《再让翰林学士状》言"今月十五日"，则三日内两让翰林学士。《文集》卷三七《谢宣召入院表》："今月二十五日，翰林书艺董皓至臣所居，奉宣圣旨，召臣入院充学士者。"则二十五日方召入翰林院。

胡宿有启文来贺改翰林学士。

胡宿《文恭集》卷三二《贺宋内翰》："伏审被凤韶之温章，践鳌山之秘府，宠闻休命，抃极舆情。恭惟某官，岳镇吐符，奎钩产气。

西京典策,蔚惟廊庙之高;东鲁文章,迥到天人之际。而自入居药省,专掌芝函,峻体貌之有加,告谋猷而阄伏。益厚中宸之顾,爰登内相之崇。占地望于银台,已邻槐府;副民瞻于具阙,即掌台司。"

既授翰林学士,举高若讷自代。

《文集》卷三〇《授翰林学士举高若讷自代状》:"臣蒙恩除授翰林学士,准敕举官自代者。窃见前天章阁待制高若讷,资性谨厚,文词淹敏,值物照理,物无庾情。与臣偕第同班,稔其履尚。若擢置近署,足润大猷。愿回新命,以光清授。"《状》作于授翰林学士后。

七月十二日,叶参卒,作诗哀之。九月,叶参葬,此前应其子叶清臣之请,为撰墓志铭。

《文集》卷五九《故光禄卿叶府君墓志铭》:"庆历三年,岁舍鹑首,秋七月丁丑,光禄卿致仕南阳叶君齐终于京师,享年八十。其孤翰林学士清臣奉枢自京师归湖州,卜之,得九月庚寅吉,乃克襄窆于乌程县澄静乡吴里之先茔。前此,翰林谓仆,与我游而知我者,莫善于君,君宜为铭。仆于卿既丈人行,于翰林又第同年,仕同班,虽均鲠共哀,而谊不得辞,遂摭系铺阀,而铭诸圹幽。……君生平自志一穴,曰:'我终必居此。'故翰林遵治命,杨夫人同兆异封,谒信诚奉窆,总总尔,皇皇尔,无一物有悔焉。"《文集》卷九《光禄叶大卿哀词》其一:"八十浮龄尽,三千去日长。丛兰秋寂寞,卿月夜苍茫。里友歌迎绋,州民酹续浆。英魂知所托,桥梓蔼成行。"其二:"偃息朋三寿,生平定四知。乡人荣衣绣,光禄号能诗。未赴安车召,遽成埋玉悲。方氓纪遗爱,无诳冢中辞。"诗作于七月卒时。光禄卿叶府君、光禄叶大卿,均指叶参。《宋史》卷二九五《叶清臣传》:"父参,终光禄卿。"宋祁与叶清臣同年进士,交往甚厚,墓志铭乃应清臣之请而作。

七月或稍后，有诗答施昌言，感衰叹老。

《文集》卷一五《抒怀恭答待制施正臣》："谁谓斯人玷玉堂，忧怀易得复难忘。素书不答还堆案，长簟无情但竟床。涸思论文成轧轧，流年著鬓有苍苍。病襟殊忘支离丑，为恃君家白雪章。"《长编》卷一四二：庆历三年七月"己丑，度支副使、户部员外郎施昌言为天章阁待制、河北都转运按察使"。施正臣本年七月为天章阁待制，诗作于此时或稍后。施昌言，字正臣。参本谱庆历元年。

翰林院北栏有丛竹，有诗咏之。

《文集》卷一九《玉堂北栏丛竹》："玉署凝严处，朱栏封殖恩。其谁赏高节，只自保孤根。密干青杠蠹，危梢翠蕤翻。故林兹地隔，新实几时繁。细籁供风枕，斜阴叠月轩。雀惊冲叶堕，蝉静抱枝喧。戴氏当年谱，梁王自古园。对容金马客，深在玉堂门。本以萧萧擢，还由冉冉存。烟能留暝色，粉解记春痕。拾箨题吟墨，披丛爽醉魂。爱君同省树，不敢为人言。"玉堂指翰林院，诗作于祁初入翰林时。

与丁度唱和。

《文集》卷八《赠（文）[公]雅度大士》："高腊颔髭霜，栖闲寄宝坊。秘园金侧布，薰夹字旁行。赐服恩华重，分灯祖意长。祇陀学久遍，余力在雕章。"公雅度大士即丁度，时祁为翰林学士，诗或作于本年。丁度，字公雅，皇祐五年卒，谥文简。丁度时为翰林学士承旨。《文集》卷八《初宿东阁追忆文简丁公作》："辞阁玉堂东，依然昔所从。旧池空叹凤，残友不成龙。制稿流尘积，砖花驳薜重。过车三步约，何日爵茎松。""依然"句下自注："予庆历初入翰林，公雅为承旨，独与予更直。凡岁余，予以避亲罢。"祁与丁度更直即此时。

与吴育唱和。

《文集》卷八《和吴侍郎朝谒天庆宫》："上路鸣驺远,丛霄故馆开。华簪尧夕出,轻舄汉臬来。探妙云敷笈,蠲烦露溢杯。直须重缔约,飞盖一徘徊。"吴侍郎即吴育。《宋史》卷二九一《吴育传》："除同修起居注,遂知制诰,进翰林学士,累迁礼部郎中。契丹与元昊构兵,元昊求纳款。契丹使来请勿纳元昊,朝廷未知所答。育因上疏曰:'契丹受恩,为日已久。不可纳一叛羌,失继世兄弟之欢。今二蕃自斗,斗久不解,可观形势,乘机立功。万一过计,亟纳元昊,臣恐契丹窥兵赵、魏,朝廷不得元昊毫发之助,而太行东西,且有烟尘之警矣。宜使人谕元昊曰:"契丹汝世姻,一旦自绝,力屈而归我,我所疑也。若无他者,当顺契丹如故,然后许汝归款。"告契丹曰:"已诏元昊,如能投谢辕门,即听内附;若犹坚拒,当为讨之。"如此,则彼皆不能归罪我矣。'于是召两制,出契丹书,令两制同上对,不易育议。寻知开封府。"《长编》卷一四三:庆历三年九月"丙子,翰林学士吴育权知开封府"。则诗作于庆历三年九月之前,姑系于此。

秋,庞籍守边三年,有诗来,和之。

《文集》卷一七《答庞龙图塞下秋意》:"故人握节远屯边,三见寒飚折塞绵。俎豆何妨学军旅,兜鍪遂欲出貂蝉。酒酣帐下摵金夕,雪洒军中蹋鞠天。不惜裁章报吾党,欲将余力镂燕然。"庞龙图即庞籍。庞籍自庆历元年四月,加龙图阁直学士、知延州,至此时三年,参本谱本年春记事。按:庞籍原诗今不存。

十月,离寿州一周年,有诗纪之。

《文集》卷二一《去年十月(赴)[去]淮阳今实周一岁岁中三迁遂直内禁作诗记其出处》:"去年诏赴淮阳郡,手合鱼符拥使辀。今岁恩叨玉堂署,头簪凤笔从宸游。孤蓬逐吹无时定,倦鸟逢林

只自休。暗隙遂容私照日，奔湍信有不沉舟。身归讵敢夸三组，
目眩何能读九丘。白发纷垂文思轧，此生荣遇若为酬。"祁去年十
月离寿州往陈州，故曰"去年十月（赴）［去］淮阳"，参本谱庆历
二年记事。《文集》卷三〇《再让翰林学士状》："伏念臣今年三月
内，以天章阁待制归朝，寻蒙改知制诰；又于七月中，因陈乞外郡，
蒙转龙图阁直学士。……不意今者再被制书，擢臣为翰林学士，
此则一岁之内，三次迁除。"与诗题所言"岁中三迁遂直内禁"之
语合。

十月或稍后，寄诗施昌言，伤己怀人。

《文集》卷一八《寄河东按察待制施正臣》："并门迢递驾朱
轮，紫橐宫毫晦隙尘。几眼带移贪事国，半生桐老苦伤春。比来
置酒觞何属，自此惊秋发恐新。鳌署病夫期自代，眼中遍忆未归
人。"《长编》卷一四四：庆历三年十月"庚戌，徙河北都转运按察
使施昌言为河东都转运按察使"。施昌言，字正臣。参本谱庆历
元年。

十一月十六日，天降瑞雪，作赞文咏之。

《文集》卷四七《时雪赞》："岁次协洽，惟仲之冬。不雨十旬，
有害无农。地房泄蒸，蛰户弗坏。日赭风燠，穷天涨埃。皇帝曰
咨，灾或儆予。精祷通神，神与圣符。日在庚辰，先集惟寒。长风
北驱，重阴冤延。自霰而霙，霏霏飞飞。凭云委华，即壤流辉。其
雨其浮，膏凝液流。缟尔南山，肪我西畴。惟雪其时，上天降康。
逢僭成沴，值德为祥。为祥伊何，来岁之宜。根深粒繁，乃京乃坻。
拂疠荡温，纳于太和。蕲蕲劳氓，易叹而歌。旱未及伤，雪也载霈。
皇帝德功，万年不忘。"题下原注："案：赞词当属庆历三年癸未，祁
为翰林学士时事，但《仁宗本纪》未载。"仲冬，即十一月。庚辰日，
即十六日。按：《长编》亦未载此次瑞雪事。

十二月，知审刑院兼提举在京诸司库务，建议增置提举司勾当公事。

《神道碑》："未行，为翰林学士，知审刑院兼提举诸司库务，判史馆兼侍读学士。"《长编》卷一四五：庆历三年"十二月丙申，翰林学士、提举在京诸司库务宋祁，请诸库务事有未便当更置者，皆使先禀度可否，而后议于三司；又请增置勾当公事朝臣一员。并从之。提举司勾当公事，自祁始也。"丙申日即三日，至迟在十二月三日已提举在京诸司库务，姑系于此。《文集》卷三〇《审刑院断绝公案奏状》题下原注："案：祁知审刑院，据《神道碑》，在庆历四年。"按：《神道碑》即《宋景文公祁神道碑》，文中依顺序列出官名，未明言知审刑院在庆历四年，今从《长编》。

十二月，荐王畴勾当诸司库务公事。

《宋史》卷二九一《王畴传》："中进士第，累迁太常博士。翰林学士宋祁提举诸司库务，荐畴勾当公事。"

《长编》卷一四五：庆历三年十二月，"祁荐太常博士王畴为勾当公事，时有宦者同提举，畴辞于中书曰：'翰林先进，畴恐不得事也，然以朝士大夫而为阉人指使，则畴实耻之。'乃更用太常博士张中庸为勾当公事"。

冬，与晏殊唱和。

《拾遗》卷六《和晏相公青城》："连天华帟竦南端，画角吟龙迭鼓喧。按曲已休雕辇入，五营斜日亚旗竿。"

《文集》卷一五《和晏相公夜归遇雪》："孝王台下糁花飞，草草归骖骤碧啼。斗作暝寒凌冒絮，更回余舞拂郛泥。城连回阙迷苍凤，人度长桥压素霓。颎玉正醅天幕静，不妨清思入新题。"

《文集》卷一五《和晏相公乘舆宿殿致斋日巡仗遇雪》："天京飞雪洒车装，九九清尘御路长。斜影不迷宣曲骑，薄花才点羽林枪。观边丽色含鸡鹋,盖外轻阴亚凤凰。谁(谶)[识]宪驺巡趄盛,赐袍冲霭入林光。"

十二月二十九日,立春,稍前作春帖子词送帝、后及夫人诸阁。

《文集》卷二四《春帖子词》含《皇帝阁十二首》《皇后阁十首》《夫人阁十首》。《皇帝阁十二首》其一:"东郊迎气罢,暖信入严宸。暂遣星杓转,令知天下春。"其二:"瑞福随春到,穰穰正似山。君王宽大诏,自此遍人间。"其三:"榖管灰飞尽,金宵刻漏长。欢情与和气,并入万年觞。"其四:"日华初丽上林天,殿里春花百种鲜。驱出余寒还故腊,收回和气作新年。"其五:"望春台下春先到,猎猎青旂倚汉宫。水自北涯生暖溜,花从东面受和风。"其六:"苍龙东阙转春旂,缲羽林梢最早知。青帝回风还习习,黄人捧日故迟迟。"其七:"春风长乐地,春仗大明天。春酒皆千日,春枝即万年。"其八:"阳和今日到,景物一时新。陛下南山寿,长迎千万春。"其九:"天上春先遍,世间人未知。黄金装柳蕊,红密点花枝。"其十:"水暖蛟冰解,灰飞凤管和。阳春与皇泽,并付女夷歌。"其十一:"夭矫苍龙引翠旌,君王暂报出郊迎。勾芒一夜催春到,万户千门歌吹声。"其十二:"宜春苑里报春回,宝胜缯花百种催。瑞羽关关迁木早,神鱼泼泼上冰来。"《皇后阁十首》其一:"青郊迎淑气,华阙报芳辰。瑞木梢梢变,珍禽咿哑新。"其二:"春前已岁换,岁后始春来。彩燕随宜帖,缯花斗巧开。"其三:"晓天春气净融融,飞入天关第九重。灵沼水生初报雁,蓬莱云暖即从龙。"其四:"宫里春花才灼灼,殿前春仗已峨峨。东风尽解天池冻,不及君王庆泽多。"其五:"谁道春从何处来,只从金阙遍瑶台。苍龙便入时巡仗,玉液还飞行庆杯。"其六:"嘉祐随年至,皇恩共气和。水痕冰处动,烟思柳前多。"其七:"晓佩摇苍玉,晨旂亚翠斿。新年好春色,今日满皇州。"其八:"暖碧浮天面,迟红上日华。宝幡双帖燕,彩树对缠花。"其九:"迎春宝胜插钗梁,拂钿裁金斗巧妆。上作君王万年字,要知长奉白云觞。"
其十:"双阙鲜云抱日光,朝来春意已昌昌。先从太液催波绿,后到
灵和报柳黄。"《夫人阁十首》其一:"雪罢云初暖,天和日便迟。玉
楼新燕子,褉下记来时。"其二:"春从何处生,先觉满瑶京。冰解鱼
鳞散,云飞鹤态成。"其三:"春天丽春旭,春酒献春杯。树待珊瑚
斗,花须羯鼓催。"其四:"银阙崔嵬对未央,春来始觉好年光。风生
禁苑无穷丽,日向仙壶一倍长。"其五:"东郊移仗晓迎春,已觉轻寒
不著人。天瑞穰穰君泽美,并教和气助佳辰。"其六:"春阙风光丽,
春城歌吹喧。琼苏献春酒,金薄镂春幡。"其七:"瑞历岁惟新,物华
春可爱。雪尽林弄姿,冰销水生态。"其八:"新年十日逢春日,紫禁
千觞献寿觞。寰海欢心共萌达,皇家庆祚与天长。"其九:"日照觚
棱万户春,细风轻雾淡嘉辰。一番宫柳黄烟重,百种盘蔬紫甲新。"
其十:"玉管轻罗和气动,土牛青帻报祠归。仙盘取露朝和药,舞殿
裁云暝作衣。"

按:《武林旧事》卷二"立春"条:"学士院撰进春帖子,帝、后、
贵妃、夫人诸阁各有定式。"所记虽为南宋事,然北宋早已有此习
俗,欧阳修在翰林时即曾作春帖子。吕中《宋大事记讲义》卷九
"两制"条:"欧阳修在翰林,仁祖一日乘间取御阁春帖子读而爱之,
问左右,曰:'欧阳修之词也。'乃悉取帖阅之。叹曰:'举笔不忘
规谏,真侍从之臣也!'"祁又有诗《余在北门时每立春必前索宫
中春词十余解今逢兹日块坐州阁追怀旧题续作六章》(《文集》卷
二四),由题观之亦知进春帖子当在学士院时,然祁多次为翰林学
士,本年七月留为翰林学士,庆历八年复翰林学士,嘉祐五年为翰
林学士承旨。观此《春帖子词》中《皇帝阁十二首》其四"驱出余
寒还故腊,收回和气作新年"之语,似此年立春在新年之前,与本年
节气相合。姑系于此。

兄庠改资政殿学士、知郓州兼京东西路安抚使，进给事中，有诗寄之，抒仕途之险，有归隐之意。

《元宪碑》："公得知扬州。逾年，为资政殿学士、知郓州兼京东西路安抚使，进给事中。"

《文集》卷一八《寄公序兄资政给事》："再分铜虎滞侯藩，别后兼闻素领繁。契阔不成骓服马，急难空念脊令原。壮心干镆年年钝，世路风波衮衮翻。缰锁虚名应只尔，早同私驾老丘樊。"

庠在郓州，仁宗赠阿胶，为作敕。

《文集》卷三二《赐知郓州宋某诏》："敕宋某：省所进奉阿胶一合，重五十两，绯罗夹复里，事具悉。胶品之贵，阿井为珍。卿适兹守土，勤于作贡，顺时熬液，凝剂甘新。恪禀彝规，参旅方物。区产云美，料治所须。推处厥诚，嘉叹何已。故兹诏示，想宜知悉。"

是年，上书言三路边防事，主张防患未然，进七项建议。

《文集》卷二八《言三路边防七事》："臣闻病者疗之未危，火者防之未燃。若已危已燃，虽有嘉医力士，犹不能振殂烂之苦。是以思患预防，所趋一焉。臣伏见河北、河东、陕西比年骚困，契丹规掠塞下，求索赂遗。陛下以天下为心，屈己忍忿，与之通好，心纾仓卒之急，是以河朔生灵，晏然暂宁。此陛下权时之宜也。……窃谓当今之急有七：一曰讲军阵，二曰广牧马，三曰精器械，四曰力耕桑，五曰择官人，六曰重贼法，七曰籍游冗。"题下原注："案：《历代名臣奏议》系庆历三年祁为礼部郎中、知制诰时上。"

是年，针对边境屯兵过多，坐费粮运，提议每年三月至九月抽减一半兵马入内地州府就粮。

《文集》卷二八《减边兵议》："圣朝长令兵马守备边上，既不出攻，坐费粮运。是故用兵未及六年，天下之财已告匮竭，良由边将不知休兵，朝廷不授成算。亿万之费，耗散而不计。若更十年，未知多少财用可济其艰。臣请言其验。敌界自三月后，马瘦，放在草野，不能负重，关陕人皆知之。则背春向夏，敌不能大举，其验一也。敌无馈运，每入汉界，常因粮于中国。中国自三月以后，才有麦熟。其余禾稼未成，无粮可因，敌不能大举，其验二也。又有高山大川，溪谷相衔，春夏之后，雨水时行，霖潦为阻，敌不能大举，其验三也。是敌兵锐于冬令而屈于春夏，其势可见。臣欲乞朝廷详度，许令于沿边州军城砦，每年自三月后，抽减一半兵马入内地州府就粮，直至九月却往元驻扎处。号为防秋。况所抽兵士，虽在内郡，其校习训练，一如边上，此乃事之至便，不足多疑。"题下原注："案：《历代名臣奏议》，系庆历中祁为翰林学士时上。"此文《国朝诸臣奏议》卷一二〇题作《上仁宗乞边兵三月后减半就粮内郡》，题下注曰："庆历三年上，时为翰林学士。"

是年，晏殊生日，仁宗有赐物，作赐敕，并代殊作谢表。

《文津阁四库全书·宋景文集》卷二〇宋祁《赐晏殊生日礼物口宣》："有敕：卿方以俊望升冠，台司日及，始生礼荣。申赉续兹老寿，示朕睠怀。今差卿外甥杨文仲，赐卿生日礼物，想宜知悉。"文作于翰林学士时。

《文集》卷四〇《代集贤相公谢生日赐物表二首》其一："沃若使华，奉将明命；贲然赐品，森照私庭。荷鸿造之顾存，抚烦悰而震忤。窃念臣亲逢千载，逮事两朝。再辱营求，讫无称报。圣神天纵，宪度日跻。曷尝不心懵于开陈之端，汗流于主臣之对。方虞隳职，仰玷代工。乃蒙皇帝陛下俯谅谫材，特恢大度，推迩臣之同体，记生日之有初，横锡饩醪，纷颁莒筥。佐庖为具，出乃眷之茂恩；列鼎分滋，结所生之深感。内期中瘁，少答涓埃。"《文集》卷四〇《代集贤相公谢生日赐物表二首》其二："上恩躐等，多物陈庭。俾同气以奉将，实有家之深幸。窃念臣诚微练达，资适会亨。先帝察无他肠，擢充汝弼。功非可记，宠已不赀。属兼调护之臣，预识徇齐之表。伏蒙皇帝陛下曲怜旧物，再叙上司。曾是蠢冥，阙然风采。平章百姓则罔助尧功，镇抚四夷则但循汉法。托于大度，偶及寡尤。敢图乃圣之仁，垂念所生之旦。斥华纨于内府，分精器于尚方。乘马权奇，衢鞍熠煜。侑其私庆，续乃衰年。窃比绛人，仅知于甲子；本惭周辅，弗纪于《崧高》。衔有昊之至慈，启孤臣之再造。誓于九殒，仰答万分。"集贤相公即晏殊，本年三月殊以刑部尚书居相位，充集贤殿大学士，兼枢密使。

是年，有诗送尹象先知陕州平陆县，勉其体恤百姓。

《文集》卷六《送平陆知县尹象先》："之子被尉荐，走马赴关西。西人待贤相，抚育庶有宜。羌羶污右鄙，秦陇含创痍。健将贪屯聚，砦栅犹鳞差。四年结不解，粮饷先自疲。兵分势已弱，贼入纵横驰。营阵讫不立，安得张吾师。比来守御计，尚复纷相訾。子今位苦下，何由能奋奇。悉力字羸瘵，姑守簿书期。"自宝元元年，李元昊建立"西夏"，宋夏之间连年战争，故诗云"羌羶污右鄙，秦陇含创痍"。《宋史》卷一一一《仁宗本纪三》：庆历元年"冬十月甲午，诏罢陕西都部署，分四路置使"，故诗有"兵分势已弱，贼入纵横驰"。诗作于庆历三年祁回朝之后，庆历四年宋夏议和之前，姑系于此。尹象先，不详。

约是年，过繁台街，内家车子有搴帘呼祁者，作《鹧鸪天》一词思之，仁宗闻，以内人赐祁。

张思岩辑《词林记事》引《花庵词选》："子京过繁台街，逢内家车子，中有搴帘者曰：'小宋也。'子京归，遂作此词，都下传唱，达于禁中。仁宗知之，问：'内人第几车子，何人呼小宋？'有内人自陈：'顷侍御宴，见宣翰林学士，左右内臣曰："小宋也。"时在车子偶见之，呼一声尔。'上召子京，从容语及，子京惶惧无地。上笑曰："蓬山不远。'因以内人赐之。"《鹧鸪天》："画毂雕鞍狭路逢，一声肠断绣帘中。身无彩凤双飞翼，心有灵犀一点通。金作屋，玉为笼，车如流水马游龙。刘郎已恨蓬山远，更隔蓬山几万重。"祁本年七月为翰林学士，文言"翰林学士"，然祁多次入翰林，未知此事在何年，姑系于此。

约是年，庞籍有延州咏诗，和之。

《文集》卷二二《和延州经略庞龙图八咏》题下原注："案：八咏题迎薰亭、供兵硙、延利渠、柳湖、飞盖园、绿云轩、翠漪亭、禊堂，今缺绿云轩一首。"《迎薰亭》："飞宇棘南傺，以待风之薰。因君奉扬力，并慰塞下人。"《供兵硙》："硙湍方电激，曲屑已云霏。诚哉智者乐，力少功不赀。"《延利渠》："遵蒙本山下，渠激流且迅。无嫌万折劳，思回九里润。"《柳湖》："波平柳苒苒，湖与柳共色。攀条弄潺湲，坐送春晖昃。"《飞盖园》："千骑亟游赏，宾盖纷相随。不知是日欢，何如清夜时。"《翠漪亭》："凭栏玩文漪，日与赏心遇。汀筱陵砌繁，沙禽冒波骛。"《禊堂》："悠悠水周堂，堂上列禊宾。宾劝使君酬，无为负良辰。"

按：庞龙图即庞籍。庞籍自庆历元年四月出知延州，约十月兼本路马步军都部署、经略安抚缘边招讨使，庆历四年召还为枢密使。八咏中有《柳湖》，柳湖本年春始成，参本谱本年春记事，故诗作于本年。《文集》卷二二《和延州三咏》诗亦作于此时。《和延州三咏》其一《济胜桥》："溪光倒彴影，彴影跨溪垠。非论权取意，聊订济涉仁。"其二《八览亭》："亭轩入空碧，极眺烦虑开。汉树有葱茜，陇云多徘徊。"其三《清润堂》："水容静若鉴，天影倒虚明。勿使川风动，波生便不平。"

庆历四年甲申（1044）　四十七岁

〔时事〕

三月，诏天下州县立学，更定科举法。六月，范仲淹为陕西、河东宣抚使。八月，富弼为河北宣抚使。九月，吕夷简卒。晏殊罢相知颍州。杜衍为相兼枢密使，贾昌朝为枢密使，陈执中参知政事。十月，宋夏和议成。十一月，进奏院狱事起。

岁首，有诗纪之。

《文集》卷二三《甲申岁首》："故岁时光漏中去，新正甲子卷头开。迎新送故只如此，且尽灯前蓝尾杯。"祁一生所历甲申年唯本年。

正月，与王守忠等聚议荆王元俨葬事。

《长编》卷一四六：庆历四年正月，"范仲淹言：'昨日奉旨，令中书熟议荆王葬事者。臣谓此有三说：其一曰年岁不利，此阴阳之说也；其二曰财用方困，此有司之忧也；其三曰京西寇盗之后，不可更有骚扰，此忧民之故也。臣又别有四议，乞陛下择之。其一曰诸侯五月而葬，自是不易之典，今年岁不利之说，非圣人之法言也。其二曰天下财利虽困，岂不能葬一皇叔耶？陛下常以荆王是太宗爱子，真宗爱弟，虽谗惑多端，陛下仁圣，力能保全，使得令终，岂忍送葬之际，却惜财利，而废典礼，使不得及时而葬？恐未副太宗、真宗之意，臣为陛下惜之，岂不防天下之窃议哉？更乞检会先朝诸王之薨，有无权厝者。其三曰自来敕葬，多是旋生事端，呼索无算。臣请特传圣旨，令宋祁、王守忠与三司使副并礼官聚议，合要物色，务从简俭，画一闻奏，与降敕命，依所定事件应副，更不得于敕外旋生事节，枉费官物。仍出圣意，特赐内藏库钱帛若干备葬事，使三司易为应副。如此，则陛下孝德无亏，光于史册。其四曰自来敕葬,枉费大半,道路供应,民不聊生。臣请特降严旨,荆王二子并左右五七人送葬外,其余妇人,合存合放,便与处分,更不令前去,自然道路易为供顿,大减冗费。既减得费耗,又存得典礼,此国家之正体也。乞圣慈从长处分,臣待罪政府,不敢不尽。'从之"。

正月,作王伟祭文三道。

《永乐大典》卷一四○四六祁《王伟祭文三道》序曰:"维庆历四年,岁次甲申,正月甲子朔,十八日辛巳,皇帝遣入内侍省内西头供奉官、勾当内东门司张茂则,致祭于故西染院副使兼阁门通事舍人王伟之灵。"

三月,请复古劝学,定科场新制。

《长编》卷一四七:庆历四年三月,"范仲淹等意欲复古劝学,数言兴学校,本行实。诏近臣议。于是翰林学士宋祁,御史中丞王拱辰,知制诰张方平、欧阳修,殿中侍御史梅挚,天章阁侍讲曾公亮、王洙,右正言孙甫、监察御史刘湜等合奏曰:'伏奉诏书议,夫取士当求其实,用人当尽其才。今教不本于学校,士不察于乡里,则不能核名实;有司束以声病,学者专于记诵,则不足尽人材。此献议者所共以为言也。谨参考众说,择其便于今者,莫若使士皆土著而教之于学校,然后州县察其履行,则学者修饬矣。故为设立学舍,保明举送之法。夫上之所好,下之所趋也。今先策论,则文词者留心于治乱矣;简程式,则闳博者得以驰骋矣;问大义,则执经者不专于记诵矣。其诗赋之未能自肆者杂用今体,经术之未能亟通者尚如旧科,则中常之人,皆可勉及矣。此所谓尽人之材者也。故为先策论过落,简诗赋考式,问诸科大义之法,此数者其大要也。其州郡弥封誊录,进士、诸科贴经之类,皆苟细而无益,一切罢之。法行则申之以赏罚。如此,养士有本,取才不遗,为治之本也。'"《续通鉴》卷四六略同。

《宋史》卷一五五《选举志一》："时范仲淹参知政事,意欲复古劝学,数言兴学校,本行实。诏近臣议,于是宋祁等奏:'教不本于学校,士不察于乡里,则不能核名实。有司束以声病,学者专于记诵,则不足尽人材。参考众说,择其便于今者,莫若使士皆土著,而教之于学校,然后州县察其履行,则学者修饬矣。'"

《会要》选举三之二三至三之二九:庆历"四年三月十三日,翰林学士宋祁等言:'近准敕详定贡举条制者。伏以取士之方,必求其实;用人之术,当尽其材。今教不由于学校,士不察于乡里,则不能核名实;有司束以声病,学者专于记诵,则不足尽人材。此献议者所共以为言也。臣等参考众说,择其便于今者,莫若使士皆土著而教之于学校,然(其)〔后〕州县察其履行,则学者修饬矣。故为立学合保荐送之法。夫上之所好,下之所趋也。今先策、论,则文辞者留心于治乱矣。简其程式,则闳博者得驰骋矣。问以大义,则执经者不专于记诵矣。其诗赋之未能自肆者,杂用今体,经术之未能亟通者,尚依旧科,则中常之人皆可勉及矣。此所谓尽人之材者也。故为先策、论以落,简诗赋考式,问诸科文义之法,此数者其大要也。其州郡封弥誊录、进士诸科帖经之类,皆细碎而无益者,一切罢之。凡其为法者,皆申之以赏罚而劝焉。如此则养士有素,取材不遗,苟可施行,望赐裁择。诸路州府军监除旧有学校外,其余并各令立学。如本处修学人及二百人已上处,许更置县学。若州县未能顿备,即且就文宣王庙,或系官屋宇为学舍。仍委本路转运司及本属长吏,于幕职、州县官内奏选充教授,以三年为一任,在任有人同罪保举者,得替日依例施行。若少文学官可差,即令本处举人众举有德行艺业之人,在学教授。候及三年,无私过,本处具教授人数并本人履业事状,保明闻奏,当议等第特授恩泽。内有由本学应举及第人多处,亦与等第酬赏。如任满本处举留者,亦听本官从便。其学校规令,宜令国学详定闻奏,颁下施行。如僻远小郡,举人不多,难为立学处,仰转运司体量闻奏。初入郡学人,须有到省举人二人委保是本乡人事,或寄居已久,无不孝不悌逾滥之行,即不曾犯刑责,或曾经官司罚赎,情理不重者,方得入学。应取解逐处在学本贯人,并以入学听习,至秋赋投状日前及三百日以上,旧得解人百日以上,方许取应。(原注:秋赋投状日,并依本州军旧制。)内有亲老,别无得力弟兄侍养,致在学日数不足者,除依例合保外,别召命官一员或到省举人三名委保诣实,亦许取应。其随亲属之官者,许就近入学,候归乡取解,据在学实日及无过犯,给与公凭。进士、诸科举人,每三人为一保,所保之事有七:一、隐忧匿服;二、曾犯刑责;三、不孝不悌,迹状彰明;四、故犯条宪,两经赎罚,或未经赎罚,为害乡里;五、(藉)[籍]非本土,假户冒名;六、祖父犯十恶四等以上罪;七、身是工商杂类,及曾为僧道者,并不得取应。违者本人依条行遣,同保人殿两举。其保状式,具此七事外,余并令礼部贡院重行删定。国子监、开封府取解举人,须五人为一保,仍(遂)[逐]保内要曾到省举人二人。外处取解举人,仰本处知州、通判、职官、录事参军、令佐常切采访,内有犯前项条贯及犯各保状内违碍者,并不得解送。如不举察,或显可保明,妄加抑退者,并科违制分故失定罪。国子监、开封府发解就试人数既多,其进士、诸科卷子并依旧封弥誊录外,诸州发解已令知州、通判、职官、令、录等保明行实,更不封弥誊录,仰试官、监官与长吏通考文艺。其试官委转运司于本处及邻州选差清白有文学、通经术之人。进士并试三场:先试策二道,一问经史,二问时务;次试论一首;次试诗、赋各一首。三场皆通考去留。旧试帖经墨义,今并罢。诗、赋、论于九经、诸子、史内出题,其策题即通问历代书史及时务,并不得于偏僻小处文字中。策每道限五百字以上,论限五百字以上,

赋限三百六十字以上，诗限六十字（原注：五言六韵）。赋每韵不限
联数，每联不限字数。赋官韵有疑混声，疑者许上请。诗、赋、论题
目，经史有两说者，许上请。诗韵中字体及声韵同者，各许依本字
下注意便用。三点当一抹，降一等。涂注一字，并须卷后计数，不
得揩洗。每场一卷内涂注乙五字已上为一点，十五字以上为一抹。
策、论、诗、赋不考式十五条：策一道内少五字；论、诗、赋不识题；
策、论、诗、赋文理纰缪；不写官题；用庙讳御名；论少五十字；诗、
赋脱官韵；诗赋落韵，用韵处脱字亦是；诗失平侧，脱字处亦是；重
叠用韵；小赋内不见题意，通而词优者非；赋少三十字；诗韵数少
剩；诗全用古人一联；诗两韵以前不见题意，通者非。抹式十二条：
误用事；连脱三字；误写官题，须是文理无失，但笔误者非；诗赋重
叠用事；诗赋不对，诗赋初用韵及用邻韵引而不对者非，及诗赋末
两句亦不须对；小赋四句不见题意，通者非；全用古人一联赋语，
别以一句对者非；赋少二十字；诗用隔句对；策一道内全用古今人
文字十句以上；策一道内全用经书子史语五十字以上；对策以他辞
装，或首尾与题意不相类。点式四条：借用字；诗赋脱一字；诗偏
枯；诗重叠用字。省试进士、诸科举人合保，并依发解条。如妄冒
过省，及第入官而事发者，本人除名，保人殿两举。已及第未得与
官，已入官者停见任。已上入学取解到省，保人如不实者，事发日
官员坐私罪，举人殿实举。应出策、论、诗、赋题并考校式，并依发
解条格。进士试三场，并依旧封弥誊录。先试策三道，一问经旨，
二问时务。次论一道，次诗、赋各一道。旧试帖经墨义，今并罢。
初场引试策，先次考校，内有文辞鄙恶者，对所问不备者（原注：谓
十事不对五以上），误引事迹者（原注：谓十事误引五以上），虽能成
文而理识乖缪者，杂犯不考式者，凡此五等，并更不考论。次场论
内有不识题者，文辞鄙恶者，误引事者（原注：十事误用三以上），虽

成文而理识乖缪者,杂犯不考式者,凡此五事,亦更不考诗、赋。第三场诗、赋毕,将存留策、论卷子上与诗、赋通考定去留,合格荐名者出榜告示。旧制以词赋声病偶切之类立为考试式,举人程试一字偶犯,便遭降等,至使才学博识之士,临文拘忌,俯就规检,美辞善意,郁而不伸。如唐白居易《性习相近远》、独孤绶《放驯象》,皆当时南省所试,其对偶之外,自有意义可观,非如今时拘检太甚。今后进士依自来所试赋格外,特许依仿唐人赋体。鏁厅举人自今更不限举数,许令取应。如及第、出身后,即不别推恩。诸科举人,九经五经,并罢填帖,六场皆问墨义。其余三礼、三传已下诸科,并依旧法。九经旧是六场十八卷,帖经墨义相半,今作六场十四卷,并对墨义。第一场《春秋》《礼记》《周易》《尚书》各五道为二卷,第二场《周礼》《仪礼》《公羊》《穀梁》各五道为四卷,第三场《毛经》《孝经》《论(论)[语]》《尔雅》各五道为二卷,第四场《礼记》二十道为二卷,第五场《春秋》二十道为二卷,第六场《礼记》《春秋》各十道为二卷。五经旧是六场十一卷,帖经墨义相半。(令)[今]作六场七卷,并对墨义。第一场《礼记》《春秋》共十道为一卷,第二场《毛诗》《周易》各五道为二卷,第三场《尚书》《论语》《尔雅》《孝经》各三道为一卷,第四场、第五场《春秋》《礼记》逐场各十道为二卷,第六场《礼记》《春秋》共十道为一卷。立《开宝通礼》科,国家本欲使人习学仪典,不至废坠。却闻各传误本,惟习节义,殊非崇礼之意。委有司抄录正本,差官考校,令礼部贡院勘会,有人应《通礼》州军赐一本,许本科举人抄写习读。将来举场只于官本中问义外,诸科举人依旧制场各对墨义外,有能明旨趣、愿对大义者,于取解到省家状内具言愿对大义。除逐场试墨义外,至终场并御试,各于本科经书内只试大义十道,直取圣贤意义解释对答,或以诸书引证,不须具注疏。九经、三礼、三传、《毛经》《尚书》科愿对大义者，每道所对与经旨相合，文理可采者为通，五通为合格。其中深晓经义，文理俱优者为上等。三史科愿对大义者，每道所对与史意相合，文理可采者为通，五通为合格。其中深明史义，文理俱优者，仍为上等。明法科愿对大义者，并立甲乙罪犯，引律令断罪。每道所断与律令相合，文理可采者为通，五通为合格。其中深明律意，文理俱优者，仍为上等。举人讲通三经以上，进士非纰缪，诸科无九否者，过落外许自陈牒，具言曾于某处讲说某经，召举人三人保明，即依前项别试大义十道，以五通为合格。仍令讲诵，与所对大义相合者，具奏取旨。御试举人试卷，并依旧封弥誊录。进士试策一道，限五百字以上，（成）〔试〕赋一道。诸科试墨义十道，对大义者即问大义十道。出题目并考试条格，并依省试。对大义入上等并合格人及试中讲说及等者，所授恩（择）〔泽〕等第，当议在对墨义及第人之上。'”

《会要》职官一三之九：“庆历五年三月，诏礼部贡院增天下解额。是月，诏礼部贡院进士所试词赋诸科，所对经义，并如旧制考校。（原注：先是，颁行宋祁等所定科场新制，既而上封者言其非便也。）”则祁等所定科场新制在庆历五年三月废。

受托为宗立夫人李氏撰墓志铭。

《文集》卷六〇《南阳郡君李氏墓志铭》：“夫人姓李氏，系出陇西太子右赞善大夫惟良之女，武胜军节度使英国公至之孙。丛光累祥，克诞令淑。家人嗃厉之法，女功织纴之事，耳濡目染，有如天成。既笄，今左千牛卫大将军宗立委禽焉。……享年三十有四。以庆历三年七月，殡奉先僧舍。明年夏四月，鸿胪奉诏，将柩而西。癸卯，克葬河南永安之西原。”墓志铭作于葬前。

七月七日，因郊祀，受命为卤簿使。

《会要》礼二八之八二：庆历“四年七月七日，以亲郊命宰臣章得象为大礼使，翰林学士承旨丁度为礼仪使，翰林学士宋祁为卤簿使，权御史中丞王拱辰为仪仗使，翰林学士、权知开封府吴育为桥道顿递使"。

八月，辽与西夏相攻，辽来书，朝廷讨论复契丹之书，祁建议对二国执其中，不偏于一方。

《长编》卷一五一：庆历四年八月"乙未，翰林学士承旨丁度、学士王尧臣、吴育、宋祁，知制诰孙抃、张方平、欧阳修，权御史中丞王拱辰、侍御史知杂事沈邈等言：'中书、枢密院聚厅召臣等宣示契丹来书并朝廷答书，臣等窃谓契丹、元昊相攻，虚实未可知，今来书大意，且言以元昊不顺朝廷之故，遂成衅兴兵，恐深入讨伐之后，元昊却归朝廷，乞拒而不纳。今答书便云于元昊理难拒绝，则是不从北鄙之请，坚纳西人之盟，得新附之小羌，违久和之强敌。……仍乞于契丹回书中言已降诏与元昊，若其悔过归顺贵国，则本朝许其款附。若执迷不复，则议绝未晚。如此，则于西人无陡绝之曲，于北鄙无结怨之端，从容得中，不失大义，惟陛下裁择。'"

九月，西夏赵元昊遣使进纳誓书，上《议西人札子》，建议不执一方以收辽、夏之利。

《文集》卷二九《议西人札子》："臣伏见赵元昊遣使进纳誓书，西人在馆，以待答报。伏知朝廷议欲降诏，遂相开纳，止留册命，未便举行。又闻（俞青）[余靖]使回，北庭谓本朝若必行元昊封册，勿令使命深入，恐契丹兵马一例杀伤。又其答书有俟平定西鄙，遣人来报之意，此皆含糊未决之辞，包奸蓄怨之语也。臣愚不敏，不知大计，窃谓机危之会，理须审思，事脱一失，悔将难救。且西、北二敌，连兵构难，中国之利也。方当整勒兵马，阴拱高视，候其大伤小亡，乃可以逞。"元昊纳誓书、余靖使回在九月。《长编》卷一五二：庆历四年九月"丁丑，元昊复遣丁守素、尹悦则等来议事"。

"谏官蔡襄言：'元昊使人，至已数日，如闻誓书大体颇如朝廷约束，兼余靖使北已有回奏，别无龃龉之意，臣窃谓宜速行封册。今契丹举兵西乡，在未胜负以前，使使报之，度其势，必不暇它议。苟有所俟，契丹幸而胜元昊，则其志益骄，或于赍谢之外，辄有所求，何以处之？臣故谓莫如速之利也。或报聘之礼已行，契丹虽乘间生端，则曲不在我，况存元昊之和，则契丹未敢轻绝中国而为患也。揣度事机，势不可缓，惟陛下速图之。'"

九月，晏殊罢相，救之，乃出殊知颍州。

《宋史》卷二一一《宰辅表二》："九月庚午，同中书门下平章事晏殊为孙甫、蔡襄所论，以工部尚书知颍州。"《长编》卷一五二：庆历四年九月"庚午，刑部尚书、平章事兼枢密使晏殊罢为工部尚书、知颍州"。《苕溪渔隐丛话》前集卷二六引《东轩笔录》云："曾布以翰林学士权三司使，坐言市易事落职，知饶州。舍人许将当制，颇多斥词，制下，将往见曾曰：'始得词头，深欲缴纳，又思之，衅隙如此，不过同贬耳，于公无所益也，遂僶勉为之。然其中语言，颇经改易，公他日当自知也。'曾曰：'君不闻宋子京之事乎？昔晏元献当国，子京为翰苑，晏爱宋之才，雅欲旦夕相见，遂税一第于旁近，延居之，其亲密如此。遇中秋，晏启宴召宋，出妓饮酒赋诗，达旦方罢。翌日，罢相，宋当草词，颇极诋斥，至有"广营产以殖私，多役兵而规利"之语。方子京挥毫之际，余酲尚在，左右观者亦骇叹。盖此事由来久矣，何足校邪！'许亦怃然而去。"《宋朝事实类苑》卷七〇所引《东轩笔录》《锦绣万花谷·前集》卷一一"余酲尚在"条、谢维新《古今合璧事类备要·前集》卷三四、祝穆《古今事文类聚·前集》卷二四与此同。其后按语曰："苕溪渔隐曰：'元献《吊刘苏哥诗序》，盖指宋子京而言也，吾故录此事以附益之。'"据曾布之言似晏殊罢相，祁非但不救，反下石也,然亦有他说。

苏辙《龙川别志》卷上云:"章懿之崩,李淑护葬,晏殊撰志文,只言生女一人,早卒,无子。仁宗恨之,及亲政,内出志文,以示宰相曰:'先后诞育朕躬,殊为侍从,安得不知? 乃言生一公主,又不育,此何意也?'吕文靖曰:'殊固有罪,然宫省事秘,臣备位宰相,是时虽略知之而不得其详。殊之不审,理容有之。然方章献临御,若明言先后实生圣躬,事得安否?'上默然良久,命出殊守金陵。明日,以为远,改守南都。如许公保全大臣,真宰相也,其有后宜哉! 及殊作相,八王疾革,上亲往问。王曰:'叔久不见官家,不知今谁作相?'上曰:'晏殊也。'王曰:'此人名在图谶,胡为用之?'上归阅图谶,得成败之语,并记志文事,欲重黜之。宋祁为学士,当草白麻,争之。乃降二官知颍州,词曰:'广营产以殖货,多役兵而规利。'以它罪罪之。殊免深谴,祁之力也。"则明言晏殊罢相,祁乃救之,而其制词是以其他罪责之,以使其免于深谴。对此夏承焘先生在《二晏年谱》中有辨,认为《苕溪渔隐丛话》所引二事皆失其实,晏殊罢相实九月十二日,去中秋远矣。《吊刘苏哥诗序》作于明道二年,在此前十一年,中秋宴饮达旦,乃殊待王琪事,与宋祁无关。《二晏年谱》云:"宋祁前岁上同叔书,方有'幸终大庇之私,无使中道之弃'之语。其集中诗文,于同叔皆极推敬。以情理度之,《龙川》解救之说,最为合实。《东轩》《西清》所记,皆不可信。惜其罢同叔制词,集中不见,殆自删去矣。"夏承焘先生此说可信,有文献可佐证。

李心传《旧闻证误》卷二:"及殊作相,八王疾革,上往问疾。王曰:'叔久不见官家,不知今谁作宰相?'上曰:'晏殊也。'王曰:'此人名在图谶,胡为用之?'上并记志文事,欲重黜殊。宋祁草麻力争之,乃降二官,知颍州。词曰:'广营产以殖私,多役兵而规利.'以他事罪之,殊免深谴,祁之力也。（原注:出苏辙《龙川别志》）……庆历四年正月,燕王薨。九月,晏公乃罢相,实用蔡君谟、孙之翰章疏也。'殖私''规利'亦章疏中语。文定所记二事皆误。曾布云:'晏元献当国,宋子京为翰林学士,晏爱宋之才,雅欲旦夕相近,遂税一第于旁近,迁居之。遇中秋启宴,召宋,出妓,饮酒赋诗,达旦方罢。翌日,晏罢相,宋当草词,颇极诋斥,至有"殖私""规利"之语。方子京挥毫之际,宿醒尚在,左右观者亦骇叹.'（原注:出魏泰《东轩笔录》）按,'殖私''规利',章疏中语也。元献实以九月十二日罢,去中秋远矣。苏子由谓景文救解晏元献,曾子宣谓景文诋斥晏公,二者皆误。"

宋汪应辰《文定集》卷一〇《读龙川别志》:"世尝罪宋子京为晏临淄门下士,而草晏公罢相制有'广营产以殖货,多役兵而规利'等语为太甚。读《龙川志》所书悚然自失,轻议前辈而不知其曲折,类此者宜不少矣。"

清谢旻等《江西通志》卷一〇〇:"而景文宋公草公谪辞乃云:'广营产以植私,多役兵而规利';宋亦公门人,而必为此者,岂当时有不得已与?"

应妹夫胡昕之请为其父胡铣撰墓志铭,应王拱辰之请为其母李氏撰墓志铭。

《文集》卷六〇《胡府君墓志铭》:"予友安定胡昕,以诚信克葬其考妣,及状行与世,使来请铭。……得汝州郏城县钧台乡之原最吉,又卜甲申岁秋九月庚申亦最吉,则自曾门而下,穴位有差,终前人之志,举三夫人合于府君之墓。予辱于府君游旧矣,其才且劭,得周知之,故铭于埏。"墓志铭作于葬前。

《文集》卷六〇《陇西郡君李氏墓志铭》:"岁次甲申,卜兆于开封府尉氏县蒋成乡之原,秋九月庚申,奉夫人枢,合诸王考赠尚书兵部员外郎府君之葬。……中丞乃泣状先懿，授予为铭。前此欧阳永叔识兵部之埏，其言世德备矣。故予叙夫人内也略，而行也详，所以申足其辞，以慰棘心霜露之歆云。"墓志铭作于葬前。

秋，仁宗宴宗室于太清楼，闻慈圣阁秋橙结实，召宗室同观。作诗纪之。

《文集》卷一九《慈圣阁秋橙结实上召宗室同观》："昔预穰侯贡，今移汉掖旁。帝怜秋实茂，天许本根强。媚叶童童密，幽花裛裛香。苞垂列星纬，味变九霞浆。薰轸分风近，仙盘饷露凉。和羹并梅藨，连叶让芝房。舜日晨烘雾，尧云夕护霜。不随江北化，思助庙中尝。卢橘非同种，安榴肯并芳。荣观耸麟族，赋笔助荷囊。"题下原注："案：《仁宗本纪》系庆历四年事。"诗有："荣观耸麟族，赋笔助荷囊。"指宴太清楼。《宋史》卷一一《仁宗本纪三》：庆历四年九月，"丁亥，宴宗室太清楼，射于苑中"。

十一月，进奏院事件，王拱辰劾王益柔，欲以累范仲淹，祁与张方平助拱辰。

《长编》卷一五三：庆历四年十一月"甲子，监进奏院右班殿直刘巽、大理评事集贤校理苏舜钦，并除名勒停。工部员外郎、直龙图阁兼天章阁侍讲、史馆检讨王洙落侍讲、检讨，知濠州；太常博士、集贤校理刁约通判海州。殿中丞、集贤校理江休复监蔡州税、殿中丞、集贤校理王益柔监复州税，并落校理。太常博士周延隽为秘书丞，太常丞、集贤校理章岷通判江州，著作郎、直集贤院、同修起居注吕溱知楚州，殿中丞周延让监宿州税，校书郎、馆阁校勘宋敏求签书集庆军节度判官事，将作监丞徐绶监汝州叶县税。先是，杜衍、范仲淹、富弼等同执政，多引用一时闻人，欲更张庶事。御史中丞王拱辰等不便其所为。而舜钦，仲淹所荐，其妻又衍女也，少年能文章，议论稍侵权贵。会进奏院祠神，舜钦循前例用鬻故纸公钱

召妓女,开席会宾客。拱辰廉得之,讽其属鱼周询、刘元瑜等劾奏,
因欲动摇衍。事下开封府治。于是舜钦及巽俱坐自盗,洙等与妓
女杂坐,而休复、约、延隽、延让又服惨未除,益柔并以谤讪周、孔坐
之,同时斥逐者,多知名士。世以为过薄,而拱辰等方自喜曰:'吾
一举网尽矣!'狱事起,枢密副使韩琦言于上曰:'昨闻宦者操文符
捕馆职甚急,众听纷骇。舜钦等一醉饱之过,止可付有司治之,何
至是!陛下圣德素仁厚,独自为是何也?'上悔见于色。自仲淹等
出使,谗者益深,而益柔亦仲淹所荐。拱辰既劾奏,宋祁、张方平又
助之,力言益柔作《傲歌》,罪当诛,盖欲因益柔以累仲淹也。章得
象无所可否,贾昌朝阴主拱辰等议。及辅臣进白,琦独言:'益柔
少年狂语,何足深治。天下大事固不少,近臣同国休戚,置此不言,
而攻一王益柔,此其意有所在,不特为《傲歌》可见也。'上悟,稍
宽之"。

《续通鉴》卷四七:"甲子,监进奏院刘巽、集贤校理苏舜钦,并
除名勒停;直龙图阁兼天章阁侍讲、史馆检讨王洙,落侍讲、检讨,
知濠州;集贤校理刁约通判海州,江休复监蔡州税,王益柔监复州
税,并落校理;降太常博士周延隽为秘书丞,集贤校理章岷通判江
州,直集贤院、同修起居注吕溱知楚州,殿中丞周延让监宿州税,馆
阁校勘宋敏求签署集庆军节度判官事,将作监丞徐绶监汝州叶县
税。益柔,曙之子;敏求,绶之子也。先是杜衍、范仲淹、富弼等同
在政府,多引用一时闻人,欲更张庶事,御史中丞王拱辰等不便其
所为。而舜钦乃仲淹所荐,其妻又衍女,舜钦年少能文章,议论稍
侵权贵。会进奏院祠神,舜钦循例用鬻故纸公钱,召妓乐,会宾客,
拱辰廉得之,讽其属鱼周询、刘元瑜等劾奏,因欲摇动衍。事下开
封府劾治,于是舜钦及巽俱坐自盗除名,洙等同时斥逐。拱辰等喜
曰:'吾一举网尽之矣!'狱事起,枢密副使韩琦言于帝曰:'昨闻

宦者操文书逮捕馆职甚急，众听纷骇。舜钦一醉饱之过，止可付有司治之，何至是！'帝悔见于色。益柔亦仲淹所荐，拱辰既劾奏，宋祁、张方平又助之，力言益柔作'傲歌'，罪当诛，盖欲因益柔以累仲淹也。章得象无所可否，贾昌朝阴主拱辰等议。及辅臣进对，琦独言：'益柔少年狂语，何足深治！天下大事固不少，近臣同国休戚，置此不言，而攻一王益柔，此其意有所在，不特为傲歌也。'帝悟，稍宽之。"张方平，字安道，南京人。《宋史》卷三一八有传。

朱熹《宋名臣言行录·后集》卷一："诸人欲以进奏院事倾正党，宰相章得象、晏殊不可否，贾昌朝参政阴主之，张方平、宋祁、王拱辰皆同力以排。"

《东轩笔录》卷四："京师百司库务，每年春秋赛神，各以本司余物货易，以具酒馔，至时，吏史列坐，合乐终日。庆历中，苏舜钦提举进奏院，至秋赛，承例货拆封纸以充。舜钦欲因其举乐，而召馆阁同舍，遂自以十金助席，预会之客，亦醵金有差。酒酣，命去优伶，却吏史，而更召两军女伎。先是，洪州人太子中舍李定愿预醵厕会，而舜钦不纳。定衔之，遂腾谤于都下。既而御史刘元瑜有所希合，弹奏其事。事下右军穷治，舜钦以监主自盗论，削籍为民。坐客皆斥逐，梅尧臣亦被逐者也。尧臣作《客至》诗曰：'客有十人至，共食一鼎珍。一客不得食，覆鼎伤众宾。'盖为定发也。刘待制元瑜既弹苏舜钦，而连坐者甚众，同时俊彦，为之一空。刘见宰相曰：'聊为相公一网打尽。'是时南郊大礼，而舜钦之狱，断于赦前数日。"

《宋史》卷二八六《王益柔传》："预苏舜钦奏邸会，醉作'傲歌'。时诸人欲遂倾正党，宰相章得象、晏殊不可否，参政贾昌朝阴主之，张方平、宋祁、王拱辰攻排不遗力，至列状言益柔罪当诛。韩琦为帝言：'益柔狂语何足深计。方平等皆陛下近臣，今西陲用兵，

大事何限，一不为陛下论列，而同状攻一王益柔，此其意可见矣.'
帝感悟，但黜监复州酒。"按：王益柔"傲歌"，据《长编》原注有"醉
卧北极遣帝扶，周公孔子驱为奴"之句。进奏院事后苏舜钦除名，
次年一月孙甫出知邓州，范仲淹罢参政，富弼罢副枢，杜衍罢相。
革新派遭到严重打击。

**十一月二十四日，飨太庙、奉慈庙。二十五日，冬至，祀天地于
圜丘。作诗并表以进。**

《文集》卷一九《享庙禋郊诗有表》，其中《享庙八韵》曰："左
庙崇清烈，前郊赴享期。瞻言七世室，并荐一元祠。乐变搬金备，
天行步玉迟。香茅均奠鬯，锦册不惭辞。有诏回宸辇，他宫奉母
仪。衣冠对游月，脂泽感平时。俟献庭虚次，登歌拜受禧。大哉王
者孝，万叶焕烝彝。"其中《禋郊十韵》曰："大驾峨千乘，长涂过百
廛。尘清属车地，雪尽幔城天。步辇黎明降，华灯艾夜燃。升琮
奠黄粹，荐璧捧苍圆。牲俎群灵匝，霞觞二祖联。上垓皆彻藉，小
次但虚褰。不见纤萝动，惟闻杂佩旋。回云终乐奏，熏月上柴烟。
日至方流庆，崧呼即献年。欲知釐事毕，鸡赦出楼前。"题下原注：
"案：《仁宗本纪》事系庆历四年十一月。"《宋史》卷一一《仁宗本
纪三》：庆历四年十一月"辛巳，飨太庙、奉慈庙。壬午，冬至，祀天
地于圜丘，大赦"。辛巳，即二十四日。壬午，即二十五日。

是年，自知审刑院而判史馆兼侍读学士。

《神道碑》："以龙图阁直学士知杭州，未行，为翰林学士，知审
刑院兼提举诸司库务，判史馆兼侍读学士。"《宋史》本传："徙知
审官院兼侍读学士。"审官院当为审刑院之误。祁有《审刑院断绝
公案奏状》（《文集》卷三〇）。《文集》卷三七《谢兼侍读学士表》：
"伏奉今月十一日制命，授臣兼侍读学士者。命由中发，职匪次加，
揆宠自循，无颜容愧。窃念臣天赋愚朴，地托羁单。去岁中收还郡

符,引内自禁。以多病之后,乘早衰之余,昏眸眩于临文,倦舌呿于论事。"题下原注:"案:本传,祁徙审官院兼侍读学士。表内云'自去岁收还郡符',是时当为庆历四年。"未知在本年具体何时,姑系于此。

初侍讲筵,有感三坟典籍精深,作诗呈诸公。

《文集》卷一三《初侍讲筵有感上呈经筵诸公》:"迩英何幸奉经筵,俗状婆娑艾服年。兰叶初窥图上字,奎钩乍识禁中天。坐凭重席惭清问,能读三坟赖众贤。犹藉向来稽古力,不然须合早归田。"

为侍读学士,仁宗问《礼记》中"君即位而为椑,岁一漆之"句之义,祁备陈其详。

《湘山野录》卷上:"闻前代兴亡及崩薨篡弑之事以自省戒,而卿等掩隐不说。今后除君臣不可闻之事外,自余皆宜明讲。后值说《礼记》及《檀弓经》有'君即位而为椑,岁一漆之',郑注云:'椑,著身棺也。'王者礼繁,当预备。'岁一漆'者,若其未成然。尽诸公议,不忍明说,贴黄掩之。上以拍揭起潜窥。迨讲退,留宋尚书祁以问之。宋备陈其义。上曰:'当筵盍显说?'宋谢曰:'臣子所不忍言,致上昧天鉴,臣等死罪。'仁宗笑曰:'死生,常理也,何足惮焉?'"事当在祁为侍读学士时,姑系于此。

是年,夫人刘氏卒。

《神道碑》:"娶刘氏,彭城郡君,先公十七年以亡。"祁卒于嘉祐六年,逆推十七年,则刘氏卒于本年。

是年,建言修复陂塘古迹及知州转运使三年一任。

《文集》卷二八《乞修复陂塘古迹札子》:"臣伏见边鄙用兵以来,所急者莫急于食。食者出于力农,而国家未尝留心于农事。天下郡县虽有陂湖塘堰,例不修营。转运使、知州、通判,但带劝农之名,略无其实。及知州、通判、令佐结衔兼堤堰沟洫,习以为常,亦不复知是何等语。是以农困食艰,通天下计之,常无一年之蓄。且天下无一年之蓄,古语以为国非其国。况今大兵在外,水旱难调,脱若灾俭相仍,臣知国用尽于军兴,则力耕之人饿死不救,羸老委沟壑,少壮为盗贼,贻患国家,非细事也。臣欲望朝旨专下转运使、知州、通判、令佐等,严行晓告,使于部内各按求陂塘古迹,可以利民救患者,并令修复。"题下原注:"案:《历代名臣奏议》,系庆历中祁为侍读学士时上。"《文集》卷二八《乞知州转运使三年理一任札子》:"臣伏见比来知州、转运使,未曾在任得满三年,民间利害,及簿书文移未知次第,却已迁换。迎新送故,上下告劳。臣不知朝廷设官欲为理耶? 如不为理,臣故无可言者。若欲为理,安得用此敝法,守而不改? 今审官院差遣不行,便奏请京朝官,情愿二年一替。且差遣得行,一司之暂利也;迁换不定,天下之大害也。故败国家大计,使吏奸得行,生民无告,无出于长吏数易也。臣愚以为方用兵时,财用调度多出于民,知州、转运使不得人,不能集事。伏望普令台省近臣举知州、转运使五人,转运使知州三人有材干者,(自注:以上或已在任,亦许就举充数。)理三周年为一任。(自注:不得只理三十个月。)每岁转运使索取知州功过,并自具功过,申尚书考功。考功逐旋闻奏,请别近臣为考课,使精加考较。若三考俱优,改一官,知州升大州,转运使升上路。三考俱劣,黜一官,知州降小州,转运使降下路。二优一劣,改一官;二劣一优,夺半年俸。大约以此为率。(自注:以上赏罚,并举主同坐,减一等。举主得以数人赏罚相除。)其提点刑狱使者、通判,并比类此年考,只令中书门下及审官院拣选充职。取进止。(自注:如何施行,其优劣格,臣乞差官颁下。)"题下原注:"案:《历代名臣奏议》,系庆历中祁为侍读学士时上。"

是年，见范仲淹等相权过大，乞仁宗收回刑赏权。

《文集》卷二八《乞专刑赏状》："臣闻天子之所以能制四海，役万民而臣之者，其柄有二，曰刑曰赏而已。……比年以来，日无盛光，月行黄道，氛雾无时，河决地动，皆下侵上，上失权之应也。伏望陛下上揆天形，俯观人事，收威福以在手，破群党于私门，奋乾刚，振雷声，行之一日，天下廓然矣。臣蒙恩深厚，不致爱死，轻进瞽言，惟垂裁敕。"题下原注："案：《历代名臣奏议》，系庆历中祁为侍读学士时上。"《状》所言"臣闻天子之所以能制四海……其柄有二，曰刑曰赏而已。……然而任用臣下，主柄外移，委弃刑赏，不自总摄"当是针对范氏等而发。

是年，分别为宗室荆王赵元俨、新兴侯赵从郁、饶阳侯赵克己、赠虔州观察使赵承睦、右卫率府率赵世昌夫人钱氏等撰人墓志铭。

《文集》卷五八《荆王墓志铭》："庆历三年冬十二月，皇叔荆王疾病。辛丑，皇帝辇如其宫，见王卧内，礼如家人。上手为调药，王泣且谢，即陈：'被恩三朝，无以报厚德，今保首领仆牖下，倘使有知，从二先帝游，死骨不朽，惟以儿女长累陛下。'上恻然，谓王素康强，虽今小恙，行且愈。敕近医药以自爱。因赉白金五千两。王固辞曰：'幸一见天子，奚赐之敢叨？'上高王之让，特诏从之。明年春正月乙亥，遂薨。上即时临吊，哭之恸，废五日朝。……以夏四月癸卯，启魏国之埏，从礼而合诸墓。"墓志铭作于葬前。《全宋文》整理者此文题下注："此篇及下篇，民国《巩县志》作宋庠文。"《巩县志》误，本篇及下篇《皇从侄全州观察使追封新兴侯墓志铭》为宋祁所作。宋庠自庆历二年知扬州至庆历五年方回朝，不当受命作此二《墓志铭》。且《荆王墓志铭》称"翰林学士臣某""又诏臣祁'尔应叙王治行，缕碧款隧，俾永其传'"，则祁所作无误。荆王，赵元俨，太宗第八子。

《文集》卷五八《皇从侄全州观察使追封新兴侯墓志铭》："侯讳从郁，字仲文，昭信军节度使、英国公惟宪之子，母曰莒国和夫人。……庆历元年夏六月遭疾，薨于第，享年四十有四。……岁直涒滩，始诏鸿胪启殡，即河南永安之先茔，月舍己巳，日舍癸卯，克葬。"《尔雅·释天》："太岁……在申曰涒滩。"则在甲申年，即本年。墓志铭作于葬前。新兴侯，即赵从郁，字仲文。

《文集》卷五八《防御使进封饶阳侯墓志铭》："今上景祐初，念雅乐犹缺，诏太常考钟石之县，质同律之制。时群臣多不能晓，或妄以纵黍累尺，改定均度。上依违未决，乃自谱正声，付授乐家，益召知音者以备顾问。于是左千牛卫大将军克己字安仁，以宗室子名知音，上遣使即其家，俾制黄钟大曲。……庆历四年，既克葬燕王，凡诸下之未兆者，皆举从之，别遣内常侍将柳而南，如汝州之梁县，叙安于先茔。史臣被诏刻石著将军之行，宜无愧辞。"墓志铭作于葬前。饶阳侯，赵克己，字安仁。

《文集》卷五八《皇从兄赠虔州观察使墓志铭》："秦悼王之穆曰广陵郡王，王之合曰南阳郡君张夫人。有子八房，嫡房曰赠虔州观察使。曾祢不书，尊帝也；王讳不书，著也。公名承睦，以皇根之茂，天跗之华，芳酺烈饪，遂用蕃衍。……后三年，岁直甲申，分遣使者启蕆柩，卜夏四月癸卯，还葬汝州之梁县。"皇从兄虔州观察使即赵承睦。墓志铭作于葬前。

《文集》卷六〇《皇侄孙右卫率府率夫人钱氏墓志铭》："夫人姓钱氏，系出彭城。曾祖讳延正，以武力奋为左金吾卫将军。祖讳守荣，以谨敏进，终内园使。考讳允德，材裕世济，止内殿崇班。庆祥下钟，为令男，为贤女，果不诬已。惟夫人生而恂淑，幼而纯静，德容充裕，内亲党间推之。善女工剪制之事，颇留心毫翰，洞晓音律。縣门阀之懿，预藩房之选。景祐丙子仲秋，归于率府世昌，即吴懿王之曾孙也。……庆历元年十二月十三日感疾而终。一男曰令襄，太子右率府副率。在涒滩孟夏癸卯，葬于河南府永安茔，礼也。"涒滩，即甲申年。墓志铭作于葬前。

是年，杨备以尚书虞部员外郎分司南京，有诗送之。

《文集》卷六《感旧送虞曹杨员外》："曩笑长者言，感恨岁时遒。不云笑未几，倏已及衰路。却怀眼中人，落落星向曙。宁无新相知，论新不如故。夫子惠然至，适慰离群慕。缔交三十载，契阔不同处。丑老向来妍，鬓黑今也素。伐木喜求旧，谷风念将惧。我顾滥荣班，君乃叹奇数。根柢假容进，缠牵以长误。久领一麾行，江湖极沿溯。杯酒曾未款，仆夫告方具。前乐暂还衿，后戚已盈虑。丈夫固有志，膂力经世务。何必常相从，卑若堂下屦。岁满亟来旋，中朝著翔步。"杨员外即杨备。厉鹗《宋诗纪事》卷一七"杨备"条："备字修之，建平人，亿之弟。庆历中为尚书虞部员外郎，分司南京，上轻车都尉。有《姑苏百题》《金陵览古诗》。"诗云"缔交三十载，契阔不同处。丑老向来妍，鬓黑今也素"，则宋祁与杨备早在大中祥符年间已相识。《宋景文公笔记》卷上："余友杨备得《古文尚书释文》，读之大喜。于是书讯刺字皆用古文。僚友不之识，指为怪人。"知杨备好古文字。

约是年，有诗咏琼花。

《文集》卷六《琼花》："唐昌观中树，曾降九天人。銮驾久何许，雪英如旧春。岂无遗佩者，来效捧心颦。"《全宋诗》整理者此诗题下注："佚存本卷一七作《玉蕊》，《全芳备祖》卷六作《唐昌观玉蕊花》。"《春明退朝录》卷下："扬州后土庙有琼花一株，或云自唐所植，即李卫公所谓玉蕊花也。"则玉蕊花即琼花。周密《齐东野语》卷一七"琼花"条："扬州后土祠琼花，天下无二本，绝类聚八仙，色微黄而有香。仁宗庆历中，尝分植禁苑，明年辄枯，遂复载还祠中，敷荣如故。淳熙中，寿皇亦尝移植南内，逾年，憔悴无花，仍送还之。其后，宦者陈源命园丁取孙枝移接聚八仙根上遂活，然其香色则大减矣，杭之褚家塘琼花园是也。今后土之花已薪，而人间所有者，特当时接本仿佛似之耳。"祁或在禁苑中见琼花，姑系于此。

约是年，有咏西湖诗寄晏殊。

《文集》卷七《咏西湖上寄颍州相公》："湖边烟树与天齐，独爱湖波照影时。崖蒋渚蘋春披靡，佛楼僧阁暝参差。相君万一来湖上，手弄潺湲更忆谁。"相公即晏殊。《宋史》卷二一一《宰辅表二》：庆历四年"九月庚午，同中书门下平章事晏殊为孙甫、蔡襄所论，以工部尚书知颍州"。诗作晏殊颍州任上。按：西湖，当指颍州西湖，故诗有"相君万一来湖上，手弄潺湲更忆谁"句。

约是年，遣吏视王曾、吕夷简、宋绶、陈尧佐诸公茔树。

《文集》卷一〇《遣吏视诸公茔树回有感》含四首，即《文正王丞相》《文靖吕丞相》《宣献宋公》《文惠陈丞相》分怀王曾、吕夷简、宋绶、陈尧佐四人。《文正王丞相》："两朝推巨德，万务馨斯猷。汉日左右手，尧年忠孝侯。名言天下满，故事省中留。宸篆旌碑首，刊文又几秋。"《文靖吕丞相》："庆历公三人，边陲扰太平。啖金真间敌，挠酒不寒盟。上印情虽切，然髭病遽轻。惜哉天弗愁，宸幄泪先横。"《宣献宋公》："昔去劝明辟，俄归参大钧。公孙未及相，诸葛已伤神。名待天渊蔽，文争日月新。英魂同玉树，不向土中春。"《文惠陈丞相》："岩廊号元老，礼数盛中台。万石父子贵，八元兄弟才。新诗玉可扣，奇隶鹊争回。今日看碑字，真缘洒泪来。"四人中陈尧佐卒年最晚，在本年十月。诗作于本年至庆历八年出许州之间，姑系于此。

庆历五年乙酉（1045）　四十八岁

〔时事〕

正月，范仲淹、富弼、杜衍罢。贾昌朝为相兼枢密使。王贻永为枢密使，宋庠参知政事，吴育、庞籍并为枢密副使。三月，韩琦罢。四月，章得象罢相。以贾昌朝为首相，陈执中为相兼枢密使。吴育为参知政事。十月，罢宰臣兼枢密使。

正月，兄庠复为参知政事。

《长编》卷一五四：庆历五年正月，"资政殿学士、给事中、知郓州宋庠为参知政事。上既罢范仲淹，问章得象谁可代者，得象荐庠弟祁，帝雅意属庠，乃复召用之"。

《宋史》卷二八四《宋庠传》："参知政事范仲淹去位，帝问宰相章得象，谁可代仲淹者，得象荐宋祁。帝雅意在庠，复召为参知政事。"

《曲洧旧闻》卷一"昭陵识宋莒公之长宋景文之短"条："或有荐宋莒公兄弟可大用，昭陵曰：'大者可，小者每上殿来，则廷臣更无一人是者。'已而莒公果作相，而景文竟以翰长卒于位。"

二月，因避兄庠执政，解翰林学士、兼侍读学士为翰林侍读学士、兼龙图阁学士，有表谢兼龙图。

《长编》卷一五四：庆历五年二月，"翰林学士、兼侍读学士宋祁为侍读学士、兼龙图阁学士，避兄庠执政也"。

《会要》职官六三之二："庆历五年二月十一日，以翰林学士、吏部郎中、知制诰宋祁兼龙图阁学士，依前翰林侍读学士，以兄庠参预朝政求解禁林之职也。"

《宋学士年表》庆历五年栏载："宋祁，二月以翰林侍读学士兼龙图阁学士，罢翰林学士。"

《文集》卷三七《授龙图阁谢恩表》题下原注："案：本传，庠复知政事，罢祁翰林学士，改龙图学士，庠复参政在庆历五年正月。"祁兼龙图阁学士在二月，《表》当作于此时。

《神道碑》："遂会元宪公自天平复参政事，解堂职，兼龙图阁学士。"

二月，上书言开封府渠事。

《会要》方域一六之三一："庆历五年二月，提举在京诸司库务宋祁等言：'近差东西八作司监官及开封府士曹参军张谷等同相度城濠沟河通流积水，看详臂画事理，稍得利便。缘京畿阔远，藉沟渠发泄，水势流通，方免积聚。乞特下开封府施行。'从之。"

上《直言对》，提出"三患论"，切中时病。

《文集》卷二九《直言对》："翰林侍读学士兼龙图阁学士宋某昧死言……夫三患未去，安得为治？直乱之未作耳。请试言之。夫与贤人谋事而与不肖者断之，一患也；重选大臣而轻任之，二患也；大事不图而小事是急，三患也。"《宋史》本传："又谓：'与贤人谋而与不肖者断，重选大臣而轻任之，大事不图而小事急，是谓三患。'其意主于强君威，别邪正，急先务，皆切中时病。"祁为翰林侍读学士兼龙图阁学士有两次，一次在庆历五年，另一次在皇祐二年九月，明堂礼成复兼龙图阁学士。《直言对》题下原注："案：《仁宗本纪》，皇祐三年春三月，诏求直言。是时，祁由龙图学士复为翰林学士。本传作景祐中，误。"《全宋文》整理者注："今按《宋史·仁宗本纪》皇祐三年三月无诏求直言事，四库馆臣误。"祁皇祐三年为翰林侍读学士而非翰林学士，且二月已出知亳州，馆臣系皇祐三年三月显误。文中有君子和小人朋党之分，显然受欧阳修《朋党论》之影响，文当作于祁庆历五年为侍读学士兼龙图阁学士时。

四月，章得象罢相知陈州，为其送行。

《宋朝事实类苑》卷四八"章郇公"条："章郇公庆历中罢相，知陈州。舣舟蔡河上，张方平、宋子京俱为学士，同谒公。公曰：'人生贵贱，莫不有命，但生年月日时若有三处合者，不为宰相，亦为枢密副使。'张、宋退，召术者，泛以朝士命推之，唯得梁适、吕公弼二命各有三处合，张、宋叹息而已。是时，梁、吕皆为小朝官，既而皇祐中，梁为相；熙宁中，吕为枢密使，皆如郇公之言。"《宋史》卷二一一《宰辅表二》：庆历五年"四月戊申，章得象自检校太尉、工部尚书、同平章事以检校太傅、同平章事、镇安军节度使知陈州"。章郇公即章得象，庆历七年封郇国公。

五月，仁宗诏修《唐书》，以右谏议大夫充史馆修撰刊修《唐书》，同受命修撰者有王尧臣、张方平、余靖、杨察、赵少师等，祁因修《庆历编敕》，未暇到局。

《长编》卷一五五：庆历五年五月"己未，翰林学士、兼龙图阁学士、判集贤院王尧臣，翰林学士、史馆修撰张方平，侍读学士、兼龙图阁学士、判史馆修撰余靖，并同刊修《唐书》"。

《春明退朝录》卷下："庆历四年，贾魏公建议修《唐书》。始令在馆学士人供《唐书》外故事二件。积累既多，乃请曾鲁公掌侍郎，唐卿分厘，附于本传。五年夏，命四判馆、二修撰刊修。时王文安、宋景文、杨宣懿，今赵少师判馆阁，张尚书、余尚书安道为修撰。又命编修官六人，曾鲁公、赵龙阁周翰、何密直公南、范侍郎景仁、邵龙阁不疑与予，而魏公为提举。魏公罢相，陈恭公不肯领，次当宋元宪，而以景文为嫌，乃用丁文简。丁公薨，刘丞相代之。刘公罢相，王文安代之。王公薨，曾鲁公代之，遂成书。初，景文修《庆历编敕》，未暇到局，而赵少师请守苏州，王文安丁母忧，张、杨皆出外，后遂景文独下笔。久之，欧少师领刊修，遂分作纪、志。"祁因修

《庆历编敕》，未暇到局，故《长编》未列其名。

《神道碑》："兼龙图阁学士，史馆修撰。"

胡宿《文恭集》卷一二《宋祁可依前右谏议大夫充史馆修撰制》："敕具官某：国之大典，莫尚于策书；世有史官，实颛于笔削。思立言于不朽，用垂法于将来。宣属耆英，乃尸述作。以尔学通今古，文擅宗师，识可贯于勋微，才足经于治本。向代言于掖省，复定草于禁林。盘诰之风，炳于三代；训辞之体，厚厥二京。历近辅以政成，睠迩英之籍旧。畴咨劝讲，召复近严。属撰次之缺员，冀选抡之任职。绝逾隽硕，参寄编摩。制度文章，用焕一时之美；才流职业，更增二惠之华。有若世官，实惟家学。尚倚敷经之善，勿忘书法之良。"文中言"向代言于掖省，复定草于禁林""历近辅以政成"，与祁庆历元年知寿州，二年徙陈州，三年三月改知制诰，八月为翰林学士等事合，则充史馆修撰在此次诏修《唐书》时。

闰五月，又命曾公亮、赵师民、何中立、范镇、邵必及宋敏求为编修官，修《唐书》。

《长编》卷一五六：庆历五年闰五月"庚子，度支员外郎、集贤校理兼天章阁侍讲、史馆检讨曾公亮，宗正丞、崇文院检讨兼天章阁侍讲赵师民，殿中丞、集贤校理何中立，校书郎宋敏求，大理寺丞、馆阁校勘范镇，大理寺丞、国子监直讲邵必，并为编修《唐书》官"。

《春明退朝录》卷下："又命编修官六人，曾鲁公、赵龙阁周翰、何密直公南、范侍郎景仁、邵龙阁不疑与予，而魏公为提举。"

八月，为杨崇勋撰行状、墓志及神道碑。

《文集》卷六〇《杨太尉墓志铭》："庆历二年，契丹阘差人来请，设言造端，谋寒先盟，南并卢龙塞，阴狙边隙。上方视图按锁，曰：'中山博陵，襟束空道，天下劲兵处，须贵重宿将，以张吾军。'

于时河阳三城节度使杨公崇勋守淮阳,其三月,召还。既见上,数请间陈方略,愿先颜行,乘北方盛秋。有诏仍旧节,复拜同中书门下平章事,部署真定、定州两路马步军,即判定州公事。至则饬部队,习驰射,敩甲休士,坚垒养威。本法设张,伍符叶修。由是干皮鞔鞯备于行,渠答罗闉给于守,技击跳荡奋于屯,长城巨防,隐若万里。其五月,移判成德军,兼高阳关都部署。于是河北兵皆属。会朝廷以不战屈敌,其秋,麾下兵罢。十二月,改判郑州。前此,公告足戆,颇害良行,当缓急,不敢为解,至是以疾自上乞致所事,还私门。诏授左卫上将军,听谢。明年,拜太子太保,全食其俸。五年后五月己酉,薨于清平坊第之正寝,享年七十。……以仲秋壬申得吉卜,克葬公于开封府祥符县邓公乡公家原。”《文集》卷五七《杨太尉神道碑》:“申命史臣祁撰文刻石。”墓志铭、神道碑作于葬前。《文集》卷六一《杨太尉行状》:“杨崇勋,字宝臣,年七十。……以五年闰五月二十四日,疾终于清平坊之私第。上闻讣恻悼,亟选中贵人监护葬事,诸孤以公当属圹之辰,有厚葬之戒,由是泣诉,获寝其命。翌日,遣内司宾至第恤问,厚加赗赐,特辍视朝二日,仍赠太尉。某月某日葬于祥符县邓公乡公家原,祔于先茔。”行状作于葬前。杨崇勋,字宝臣,蓟州人。庆历五年闰五月卒,八月葬。《宋史》卷二九〇有传。

九月九日重阳节,预太清楼侍宴,有诗。

《文集》卷一九《九日侍宴太清楼》:“荐九标佳节,中天驻翠舆。晨光清复道,秋色遍储胥。畦稻霜成后,宫橙露饱初。省收行步玉,拜赐俨华裾。曼衍来长乐,鸱夷下属车。帝韶仪瑞鹮,王藻跃恩鱼。霙雾供披拂,凉风助扫除。高杨穿叶外,仙菊泛花余。寒入弓声厉,欢留酒算徐。神池原不浪,温树未曾疏。帝眷凭秋稼,臣心仰夏渠。承平将乐事,并入史臣书。”事在重阳节。《宋史》卷一一《仁宗本纪三》：庆历五年九月"辛卯，以重阳曲宴近臣、宗室于太清楼，遂射苑中"。

十月九日，祔章献明肃皇后、章懿皇后神主于真宗庙，有文纪之。

《文集》卷三〇《缴进升祔庆成诗状》："臣等伏见今月九日，章献明肃皇后、章懿皇后升祔真宗庙室礼毕者。……谨各撰成升祔庆成诗一章，缮写别封上进，干冒宸览，无任省循愧汗之至。"《宋史》卷一一《仁宗本纪三》：庆历五年十月"辛酉，祔章献明肃皇后、章懿皇后神主于太庙，大赦"。辛酉即九日。

十月，随仁宗狩近郊，还，进诗并状。

《文集》卷一九《孟冬驾狩近郊并状》，状曰："臣伏睹今月十七日幸杨村打围，皇帝亲射獐兔甚多，至未刻还宫者。岁始孟冬，驾云行狩，除地近县，先置回场。诏七萃以景从，按六龙而行健。皇帝陛下躬御武节，俯从前禽，两骖呕驰，一发如破。兽人给鲜之不暇，君庖课获以既盈。幔省中休，衢尊遍锡。取不殚物，姑荐宗庙之新；民侯其来，喜见羽旄之美。入而振旅，日未靡旟。臣猥挈荷囊，预从豹乘，亲逢盛事，难默悴音。谨撰成皇帝狩近郊诗一章五言二十韵，缮写随状上进。轻浼呈览，伏用震惶。"诗曰："讲事当农隙，于畋法健行。百神奔汉跸，万骑扈轩营。彍弩先驱肃，雕戈后队明。云罗垂列岳，虎落压裨瀛。掠野毛群萃，搜林羽族并。熊罴兆中见，鹅鹳阵前程。叠中星弧妙，连飞月箭轻。雁穷书并坠，兔尽窟兼平。俊鹘交拳击，寒鹰厉吻鸣。舞骖均耳耳，鍪犬斗令令。示祝仍开网，招虞不用旌。才闻大绥下，已见获车盈。行在移銮仗，中涂集幔城。寿觞称帝酒，恩膳遍君羹。雾日曈晄暖，霜原澶漫清。长杨卷衰叶，敦苇拉枯茎。羽猎何烦讽，车攻遂合赓。宁专乾豆荐，要阅建章兵。风入旂常影，天含鼓吹声。九街犹未晚,尧屋已还衡。"《宋史》卷一一《仁宗本纪三》:庆历五年十月"庚午,幸琼林苑,遂畋杨村,遣使以所获驰荐太庙,召父老,赐以饮食、茶帛"。

十月,为契丹馆伴使,在契丹使前不卑不亢,扬宋朝之国威,为仁宗所称赏。

《神道碑》:"元昊之败契丹也,二国交献捷,公为契丹馆伴使,耶律褒等妄自夸大,欲求军费者,公语以西人亦尝献俘,皇帝不之受,因道所俘姓氏官爵,褒等相顾愕眙,终其去,不敢妄出一语。仁皇帝闻之,欲大用公。"辽、夏此次交战自庆历四年五月至十月,以元昊请和结束。《辽史》卷一九《兴宗本纪二》:重熙十三年五月"戊辰,诏征诸道兵会西南边以讨元昊",冬十月"李元昊上表谢罪。己亥,元昊遣使来奏,欲收叛党以献,从之。辛亥,元昊遣使来进方物,诏北院枢密副使萧革迓之。壬子,军于河曲。革言元昊亲率党项三部来,诏革诘其纳叛背盟,元昊伏罪,赐酒,许以自新,遣之。召群臣议,皆以大军既集,宜加讨伐。癸丑,督数路兵掩袭,杀数千人,驸马都尉萧胡睹为夏人所执。丁巳,元昊遣使以先被执者来归,诏所留夏使亦还其国"。重熙十三年即庆历四年。《长编》卷一五四:庆历五年正月,"先是,元昊既败契丹,遣使赍表献俘,诏却其俘而受其表"。《神道碑》言"公语以西人亦尝献俘,皇帝不之受"指此事。《宋史》卷一一《仁宗本纪三》:庆历五年"冬十月乙卯,契丹遣使来献九龙车及所获夏国羊马",则祁为契丹馆伴使在此时。

十一月,受命与张方平再修《景祐广乐记》。

《会要》乐三之一三:庆历"五年十一月二十一日,翰林侍读学士宋祁言:'先与冯元等同修乐书,其时李照用立黍累尺改作钟磬,寻知照新乐不协停废,却用旧乐。缘乐书是一朝大典,欲乞降乐书旧本付臣删去李照乐书一节，未备事迹就加添正。'诏翰林学士张方平与宋祁同共看详删润"。

《长编》卷一五七：庆历五年十一月"辛丑，命翰林学士张方平、侍读学士宋祁，再修《景祐广乐记》"。

约是年，识范镇。

《能改斋漫录》卷一四"赋长啸却边骑"条："范蜀公少时，与宋子京同赋《长啸却边骑》。蜀公先成，破题云：'制动以静，善胜不争。'景文见之，于是不复出其所作，潜于袖中毁之。因谓蜀公曰：'公赋甚善，更当添以二者字。'蜀公从其说，故谓之'制动者以静，善胜者不争'。然景文赋虽不逮于蜀公，他人亦不能到。破题云：'月满边塞，人登戍楼。'真奇语也。"

《曲洧旧闻》卷二"二宋与范忠文定交"条："范忠文公在蜀，始为薛简肃公所知。及来中州，人未有知者。初与二宋相见，二宋亦莫之异也。一日，相约结课，以'长啸却胡骑'为题，公赋成，二宋读之，不敢出所作，既而谓公曰：'君赋极佳，但破题两句，无顿挫之功，每句之中，各添一"者"字，如何？'公欣然从之。二宋自此遂大加称赏，乃定交焉。"范蜀公、范忠文公即范镇。范镇与宋祁结交或因本年修唐书。姑系于此。范镇，字景仁，成都华阳人。封蜀郡公，谥忠文。《宋史》卷三三七有传。

约是年，有诗与贾昌朝唱和。

《文集》卷七《和贾相公览杜工部北征篇》："唐家六叶太平罢，宫艳醉骨恬无忧。阿荤诉天翠华出，模糊战血腥九州。乾疮坤痏四海破，白日杀气寒飕飀。少陵背贼走行在，采椽拾橡填饥喉。眼前乱离不忍见，作诗感慨陈大猷。北征之篇辞最切，读者心悒如摧輈。莫肯念乱小雅怨，自然流涕衰安愁。才高位下言不入，愤气郁屈蟠长虬。今日奔亡匪天作，向来颠倒皆庙谋。忠骸佞骨相撑挂，一燎同烬悲昆丘。相君览古慨前事,追美子美真诗流。前王不见后王见,愿以此语贻千秋。"《宋史》卷二一一《宰辅表二》:庆历五年"正月丙戌,贾昌朝自枢密使、检校太傅依前工部侍郎加同平章事兼枢密使、集贤殿大学士"。庆历七年"三月乙未,昌朝以武胜军节度使判大名府兼北京留守"。姑系于此。

约是年,在史馆评论唐人之诗。

《麈史》卷中"诗话"条:"庆历间,宋景文诸公在馆。尝评唐人之诗云:'太白仙才,长吉鬼才。'其余不尽记也。然长吉才力奔放,不惊众绝俗不下笔。有《雁门太守诗》曰:'黑云压城城欲摧,甲光射日金鳞开。'王安石曰:'是儿言不相副也。方黑云如此,安得向日之甲光乎?'"姑系于此。

约是年,王珪以正月之"正"与仁宗名同音,乞废"正月"之称,祁以为不宜废,曾公亮于丞相府语祁所言,乃罢。

《宋景文公笔记》卷上:"宦者、宫人言'正月'与上讳同音,故共易为初月。王珪为修起居注,颇熟其闻。因上言,秦始皇帝名政,改正(原注:音政)月为端月,以正(原注:音政)为正(原注:音征),今乞废。正、征,音一字,不用。遂下两制议,两制共是其请,表去其字。曾公亮疑而问予。予曰:'不宜废。且月外尚有射正。诗曰:不出正兮。不止正月矣。'曾寤,密语丞相府。罢之。"王珪,庆历二年进士甲科,释褐通判扬州。召直集贤院,为盐铁判官、修起居注。以三年为一任,修起居注当在是年。《宋史》卷三一二《王珪传》:"举进士甲科,通判扬州。吏民皆少珪,有大校嫚不谨,捽置之法。王伦犯淮南,珪议出郊掩击之,贼遁去。召直集贤院,为盐铁判官、修起居注。"姑系于此。王珪,字禹玉,成都华阳人,后徙舒。《宋史》卷三一二有传。

庆历六年丙戌（1046） 四十九岁

〔时事〕

三月，登州地震，岠嵎山摧。五月，京师地震。八月，吴育为枢密副使，丁度参知政事。

四月，集公会亭，饯叶清臣出守澶渊。

《文集》卷一九《早夏集公会亭饯金华道卿内翰守澶渊得符字》："早夏乘休沐，离襟属饯壶。欣同佩荷橐，恨及唱骊驹。感恋陪云筑，翻飞别帝梧。腾装照鱼服，行帐绕犀株。惭去班中诏，宁容滞左符。惟应九里润，蒙福在京都。"金华道卿内翰即叶清臣。《长编》卷一五八：庆历六年三月，"翰林侍读学士叶清臣赴池州，道由京师，因请对，与宰相陈执中不协，故斥令守边，且言执中之短。丁未，改命清臣知澶州，寻又改青州"。诗"感恋"句下自注："道卿留预乾元上寿乃行。"《宋史》卷九《仁宗本纪一》：仁宗"大中祥符三年四月十四日生"，乾兴元年二月"乙丑，以生日为乾元节"，知叶清臣受命在三月，出行在四月乾元节后，故诗题言"早夏"。

八月，上言库务司官吏选差之事。

《会要》职官二七之四六："庆历六年八月二十七日，提举诸司库务司宋祁言：'检会编敕，委本司体量辖下监官、监门使臣有通方干办及慢公违越人等，密具能否以闻。缘所辖库务官员数多，兼常有库务行人点检制朴驱磨等事务，除本司并勾当公事张仲庸分治外，其余覆检舍屋、抄札倒椁材植、监金银斤两物件等，纲运责勒攒造绝界分文帐等，就便或拣选本辖官员，不妨本职勾当，即不见得逐人出身、历任功过劳绩，虑差管勾事务，未诚尽理，欲乞应今后审官三班院、入内内侍两省等处差到本辖库务监官、监门等，候见赴职，委本司行遣，取索逐人出身、历任，赴司管系。或有差遣公事，详酌选差.'从之。"祁自庆历三年十二月提举诸司库务,参本谱庆历三年记事。

除夕,作诗感叹光阴。

《文集》卷二四《除夕作》:"四十九年今日到,来欢往戚是欤非。床头周易有深意,自此恐须三绝韦。"诗作于是年除夕。

因去年章献明肃皇后、章懿皇后神主祔于真宗庙事,作诗《顺祀诗》赞之。

《宋史》卷一一一《仁宗本纪三》:庆历五年冬十月"辛酉,祔章献明肃皇后、章懿皇后神主于太庙,大赦"。《文集》卷五《顺祀诗并序》,题下原注:"案:《仁宗本纪》,庆历五年十月辛酉,祔章献、章懿于太庙。与此相符。"序曰:"臣某言:伏见去年七月壬寅诏书,章献明肃皇太后、章懿皇太后,并祔真宗庙室,有司择日具仪以闻。其十月辛酉,皇帝步自文德殿,奉玉册玉宝至大庆庭中,再拜,以命丞相臣昌朝、臣执中曰:假尔节,其遂告于庙。臣昌朝等再拜受命。容卫焜煌,不哗不敖。款于奉慈,昭告如礼。然后奉章献明肃皇太后、章懿皇太后木主,纳诸太庙。有司至孟月之飨,飨焉。已事。丞相率百官诣阁称贺。有诏大赦天下,释罪己责,赐群臣军校各有差。恭念盛德形容,所以告于神明者,宜有声诗颂叹,以播乐府。臣某被学已旧,受恩寝深,前日预闻朝廷末议,今兹摄事省闼,不当以斐然捍格,自弃诸儒之后,辄夙夜斋被,撰诗一章。前侔《猗那》,后订《清庙》。刺取经谊,以辑其辞。又惟三代以来,娶止一姓,侄娣有序,势不相逾,故配食纳寝,止一后而已。由汉而下,尽革周制,继室诞圣,均极尊名。而诸儒拘挚,仍执故典。竞无实之偏论,破适世之至权。遂使汉祠别园,梁建小庙。碍礼不厌,抑感弗通。罔极之报,则笃于一情;以时之祭,则判为两祀。列辟未悟,庸可叹哉! 且善教者不拘古以妨今,善礼者不后情以先物。唐明皇帝主于合祔，失于叙升，故一王之典，暗而不昭。先帝独启圣虑，顺跻二德，侑太宗之尊；陛下述遵前宪，寅奉二章，参文考之祐。然后天下之议，披聋发聩，知前古之谬阙，当今之适宜，亲亲尊尊，粲然无惑。故诗之所陈，扬攉熟复，繁而不简，亦咏歌不足，不知舞之蹈之之义焉。臣某顿首以闻。"言"去年"，则诗作于庆历六年。诗曰："聅顺其祀，明明天子。天子谦让，诏群臣其议。惟章献、章懿，遂祔先帝。宜索而典，而古而今。顺考攸宜，慰我孝心。群臣稽首，不远厥成。伊先献是程，伊大孝是经。匪祥符聅从，则莫我京。三代庙寝，止一帝后。汉制已迁，儒臣罔究。礼缺不称，因朴趋陋。亲靡祔尊，神挈斯祐。帝曰俞哉，予奉二慈。匪曰无典，实成训是依。促灼尔龟，爰菀尔仪。琢金追玉，昭款信辞。不敢先后，惟以顺跻。孟冬十月，大飨其时。朕不惮勤，于庭遣之。吉日辛酉，帝自文德。至于大庆，奉宝授册。永怀劬劳，孝贯天极。虞宾在位，百官承式。显显太岁，惟册宝是将。和鸾有容，龙旗孔扬。既至于庙，是承是告。奉迁后主，合侑文考。有主则止，有匹得行。遂旅豆笾，以及毛牲。明水太羹，有馈有澄。鼓钟钦钦，鼓瑟鼓琴。考悦姒安，蠲我德音。德音惟何，帝受纯嘏。不专斯飨，用赦天下。开释罪辜，赐逮九军。一人作孝，庶邦蒙仁。礼非天作，托始于圣。圣克正始，万世攸定。作述交善，神人胥庆。天谓皇帝，既付所覆。帝克孝治，奉亲以侑。其收丕祺，蕃衍后昆。万有亿年，继继存存。"

是年，丁度为枢密副使，作《兵录》，书成，祁作文赞之。

《文集》卷四五《庆历兵录序》："庆历五年，今参预贰卿济阳丁公以壮猷宿望，进使枢省。惟是本兵柄，按军志，无不在焉；而丛纷几阁，非甚有纪。公乃搜次首末，钩考纤微，掇其攻守战者，为《禁兵》《民兵》《兵录》五篇。合群曹所分，摘诸条所隐，汇而联之，部分班如也；离而判之，区处戢如也。弥众而易见，愈详而不繁。虽伍符猥并,边锁曲折,岁列废置,月比耗登,披文指要,坐帷而判。盖简稽之决要,搜乘之总凡。录成,乃上于官,且俾序作者之意。谨按《军篇》之首,公各述所由。前创后因,圣继神承,既有第矣;近卫别录,示有尊也;余军不载,略所缓也。文约事明,成一王法。……处机宥不周岁,擢贰铉台,曝诚明,翊权纲,有德有言,天子之宝臣钦。"题下原注:"案:《仁宗本纪》,庆历五年四月,丁度为枢副,六年七月,参知。《兵录》,度所著。"《宋史》卷一一《仁宗本纪三》:庆历五年四月"庚戌,以吴育参知政事,丁度为枢密副使",六年八月"癸酉,以吴育为枢密副使,丁度参知政事"。文言"处机宥不周岁,擢贰铉台"则祁《序》当作于六年八月丁氏参知政事之后。

庆历七年丁亥(1047)　五十岁

〔时事〕

　　正月,颁《庆历编敕》。三月,贾昌朝罢相。陈执中为首相,夏竦为相。吴育罢枢密副使为给事中归班,文彦博为枢密副使。旋改夏竦为枢密使,文彦博参知政事,高若讷为枢密副使。六月,命丁度提举编修《唐书》。

　　正月,因修《庆历编敕》成,加勋受赐器币。

　　《长编》卷一六○:庆历七年正月"己亥,《庆历编敕》成,凡十二卷,别为总例一卷。视《天圣敕》增五百条,大辟增八,流增五十有六,徒减十有六,杖减三十有八,笞减十有一;又配隶减三,大辟而下奏听旨者减二十有一。详定官张方平、宋祁、曾公亮并加勋及赐器币有差"。

　　正月,入史局修《唐书》。

　　《宋景文公笔记》卷上:"年过五十,被诏作《唐书》,精思十余年,尽见前世诸著,乃悟文章之难也。虽悟于心,又求之古人,始得其崖略。"庆历五年,祁虽受命修《唐书》,但因编《庆历编敕》,未暇至局,参本谱庆历五年记事。此时,《编敕》成,方入局,故有此说。

四月二十五日,讲筵读《贾谊传》,仁宗询孙奭、冯元子孙之事,具答之。

《长编》卷一六〇:庆历七年四月,"是日(按:己巳日),讲筵读《贾谊传》,论三公、三少皆天下端士,与太子居处出入,故少成若天性,习惯如自然。帝曰:'朕昔在东宫,崔遵度、张士逊、冯元为师友,此三人皆老成人,至于遵度,尤良师也。'又尝问宋祁曰:'孙奭、冯元有子孙在朝否?'祁曰:'奭子瑜为崇文院检讨,元子諲监内衣库。'帝问其材行何如,祁以实对,帝曰:'二人名儒,奭尤淳正。'"己巳日即二十五日。

受好友吴知几之托,为其父吴子玉撰墓志铭。

《文集》卷六〇《故吴兴居士吴君墓志铭》:"昔太伯延州之兴,本诸礼让,流风余教,染其深迹。后之苗裔,虽在畎亩,咸能整饬,表率雅俗,岂前人之遗烈耶!居士某,讳字子玉,吴兴故鄣人。……居士以庆历丁亥正月二日卒。初不甚疾,了无怛化,治命归骨附于先陇。诸子奉遗意。卜其年九月甲子葬于某乡某里,秩于其祖之侧。"吴知几"匍匐流涕,来诉穷罚。且言日月之定,托铭诸竁",则受其托也。墓志铭作于葬前。吴居士,字子玉,吴兴故鄣人。

秋,常有衰老之叹。

《文集》卷一二《老去》:"老去惯摇落,第看芳岁阴。穗残饥鸟集,荷破曝龟沉。远岫多余紫,寒溪有定浔。残蝉何所畏,缄口抱秋林。"《文集》卷一二《衰感》其一:"眩罢目还暗,花残鬓益稀。长吟病庄舄,孤愤老韩非。坊酒叨常秩,雕花滥赐衣。家田耕熟未,元亮欲言归。"其二:"秋色遍华颠,真成私自怜。身慵宁复事,秋早不依年。作吏惟思隐,从僧寖悟禅。支离果如此,只称据梧眠。"

是年,得欧阳修《醉翁亭记》,以为可称《醉翁亭赋》。

《曲洧旧闻》卷三"醉翁亭记初成天下传诵"条:"《醉翁亭记》初成,天下莫不传诵,家至户到,当时为之纸贵。宋子京得其本,读之数过,曰:'只目为《醉翁亭赋》,有何不可。'"《醉翁亭记》作于今年,参严杰《欧阳修年谱》。

约是年,累迁右谏议大夫,充群牧使。

《神道碑》:"累迁右谏议大夫,充群牧使。"《宋史》本传:"累迁右谏议大夫,充群牧使。"二文皆置此次迁转于改"龙图阁学士、史馆修撰"与"元宪为枢密,复翰林学士"之间,则迁官在庆历六年或七年,姑系于此。

庆历八年戊子(1048)　五十一岁

〔时事〕

正月,元昊卒,子谅祚立。文彦博宣抚河北,明镐副之。闰正月,文彦博为相。五月,夏竦罢,宋庠为枢密使,庞籍参知政事。六月,河决澶州商胡埽。河北、京东等路水灾。

正月,与鱼周询定夺陕西、河东铜铁钱利害。

《长编》卷一六二:庆历八年正月"癸未,命翰林学士宋祁、权御史中丞鱼周询定夺陕西、河东铜铁钱利害以闻"。

闰正月二十五日,送友人寻春,集于裴氏园,有诗。

《文集》卷一六《闰正月二十五日送客寻春集裴氏园》:"寻春送客共留连,雨罢春郊物物妍。黄抹柳梢初遍后,紫粘花萼未开

前。朋襟自为交欢惨,醉哞谁能辨圣贤。犹赖斜阳催跛马,不然离
恨损丝弦。"裴氏园,不详。

四月,贾昌朝、吴育上祁等所详定之《删定编敕》。

《会要》刑法一之五:庆历"八年四月二十八日,提举管勾编敕
宰臣贾昌朝、枢密副使吴育上《删定编敕》《敕书德音》《附令敕》
《目录》二十卷,诏崇文院镂版颁行。先是诏以《天圣编敕》止庆历
三年续降宣敕删定,命屯田员外郎成奕、太常博士陈太素、国子博
士卢士宗、秘书丞郝居中、田谅、殿中丞张太初、刘述充删定官,翰
林学士张方平、侍读学士宋祁、天章阁侍讲曾公亮、权大理少卿钱
象先充详定官,昌朝、育提举。至是上之"。

五月,兄庠加检校太傅、行工部侍郎、充枢密使,有让表,欧阳
修代作批答。

《长编》卷一六四:庆历八年五月,"给事中、参知政事宋庠加
检校太傅、行工部侍郎、充枢密使"。《续通鉴》卷五〇:庆历八年五
月乙卯,"是日,参知政事宋庠加检校太傅,充枢密使"。《元宪碑》:
"八年,以检校太傅、尚书工部侍郎为枢密使。"宋庠充枢密使,庞
籍为参知政事,籍与庠有姻亲关系。《长编》卷一六四:庆历八年
五月"壬戌,枢密副使、左谏议大夫庞籍为参知政事"。《长编》卷
一五九:庆历六年八月"癸酉,右谏议大夫、参知政事吴育为枢密副
使,枢密副使、工部侍郎丁度参知政事。育在政府,遇事敢言,与宰
相贾昌朝数争议上前,殿中皆失色,育论辨不已,乃请曰:'臣所辨
者职也,顾力不胜,愿罢臣职。'因与度易位。度为枢密副使在庞籍
后时,籍女嫁参知政事宋庠之子,庠因言于上,以亲嫌不可共事,故
越次用度"。

《宋宰辅编年录》卷五载庠迁枢密使制词:"朕惟昔哲王,胥赖
贤佐。矧兹寡昧,嗣守盈成。慨御世之所先,宣择才而自辅。有若

时采，得于周咨。具官宋庠，识照事几，学精道蕴。文涵三代之粹，体备四时之和。粤予纂御之初，擢尔宾兴之冠。再参国论，荐易年深。秉德雍容，允蹈大臣之节；据古殚洽，多识前世之传。宜登冠于枢庭，兼翼宣于神辅。上公前傅，六职二卿，并峻等威之崇，式将睠倚之异。于戏！合兵农而议政，本治古之模；分文武以命官，盖近朝之制。往毗太治，庸副至怀。"

胡宿《文恭集》卷二三《除宋庠特授检校太尉充枢密使仍赐功臣制》："门下：效法斗宫，崇建枢省。翼万微而置使，必取杰才；联三事以兼司，用优俊老。抑惟旧物，申告正朝。具官宋庠，博洽艺文，休有道德。方重而不倚，直清而无徒。苍璧方琮，追琢成于秘宝；黄钟大吕，考击见于正声。往在朕初，得之首举，典策光于施命，台阁练其旧章。启沃善言，进必依于义理；束修雅行，静有补于风华。尝升号于机庭，遄正名于中铉。性资慎重，问温树而不言；志在将明，耻衮职之有阙。谟谋日浅，静退可嘉；偃休岁深，素履弥劭。属以内枢阙职，前箸待筹，图旧是先，选众攸举。登我硕德，议兹烦机。论道本兵，在二司而均重；秉文经武，亦一德之参图。俾升台宰之名，仍衍土田之赋，崇兹掌武，昭厥殊章。于戏！戎事惟艰，人谋匪易。吉之先见，盖韫于几深；拟而后言，以成其变化。昭我旧德，岂忘训辞。往体朕怀，以全慎道。"

欧阳修《欧阳文忠公集》卷八七《赐枢密使宋庠让恩命第一表不允批答》："省表具之。朕以因时致享，克展于孝思；已祭受釐，大均于庆泽。乃眷耆明之哲，实予体貌之臣，肃临事之有容，既交神而蒙贶。宜推异数，以示眷怀。虽嘉好谦，曷止成命？所让宜不允。"庠之让恩表今不存。

欧阳修《欧阳文忠公集》卷八七《赐枢密使宋庠让恩命第一表批答口宣》："熙事既成，方大均于祭泽；宠章所异，宜首及于枢臣。

当即往膺,勿烦冲让。"

欧阳修《欧阳文忠公集》卷八七《赐枢密使宋庠让恩命第二表不允断来章批答》:"省表具之。卿蕴纯和端悫之诚,富敏赡通明之学,惟时旧德,实我柄臣。当祀事之有成,广庆恩而方洽,畴其封爵,锡以号名。兹为宠章,盖举常典,无烦避让,其往钦承。所让宜不允,仍断来章。"

六月,复拜翰林学士,立班在张方平之上。

《神道碑》:"元宪为枢密,复翰林学士。"《宋学士年表》列祁复拜翰林学士于是年六月。

《文集》卷三〇《谢班次状》:"臣准中书札子,奉圣旨,令立班在张方平之上者。因旧蒙荣,沿恩进等,恳辞弗听,愧切参怀,伏念臣术学空单,年姿衰槁。自(违)[还]禁署,四易岁阴。"题下原注:"案:祁于庆历五年罢翰林,改龙图。八年复翰林,此状与下《谢宣召》皆是时。"祁庆历三年自陈州还,七月入翰林,参本谱庆历三年及五年记事。按:"《谢宣召》"指《文集》卷三〇《谢宣召入院状》。

再入为翰林学士,有诗纪之。

文集卷一三《再入翰林》:"银台路入复门赊,四载重来鬓愈华。况自秋毫皆帝力,何言旧物是吾家。宫盘浩气浮襟爽,省树珍阴叠殿斜。书枕梦残闻吏报,日痕还复度砖花。"祁庆历五年罢翰林学士,至此时再入,正前后四年,故有"四载重来"之说。"何言"句下自注:"伯氏一为翰林,予则再为之。"

六月,进言陕西钱议,请以小铁钱三当铜钱一。

《长编》卷一六四:庆历八年六月,"朝廷尝遣鱼周询(原注:四年三月)、欧阳修(原注:四年四月)分察两路钱利害,又数命官议。(原注:正月己酉、四月甲午)于是翰林学士张方平、宋祁,御史中丞杨察与三司使叶清臣先上陕西钱议曰(原注:六月乙未):'关中用大钱,本以县官取利太多,致奸人盗铸,其用日轻。比年以来,皆虚高物估,始增直于下,终取偿于上。县官虽有折当之虚名,乃受亏损之实害。救弊不先自损,则法未易行。请以江南、仪商等州大铜钱一当小钱三。'(原注:按,《宋史·食货志》"三"作"二")又言:'奸人所以不铸小铁钱者,以铸大铜钱得利厚,而官不必禁。若铸大铜钱无利,又将铸小铁钱以乱法。请以小铁钱三当铜钱一。'既而又请(原注:七月辛丑)河东小铁钱如陕西,亦以三当一,且罢官所置炉,朝廷皆施用其言。自是奸人稍无利,犹未能绝滥钱也"。

《续通鉴》卷五○:庆历八年六月,"是月,翰林学士张方平、宋祁、御史中丞杨察与三司使叶清臣先上陕西钱议,请以小铁钱三当铜钱一,既而又请河东小铁钱亦如之,且罢官所置炉,朝廷皆施用其言"。

六月,河决澶州商胡埽;七月,祁往商胡埽视决河及覆计工料。

《长编》卷一六四:庆历八年七月"甲子,命翰林学士宋祁、入内都知张永和往商胡埽视决河及覆计工料"。

《会要》方域一四之一七:庆历八年七月,"是月,命翰林学士宋祁、入内侍省内侍都知张永和往视商胡埽决河及覆计工料"。

冒寒得疾,仁宗传使宣抚。

《文集》卷八《巡视河防置酒晚归作二首》其一:"古戍连沙曲,层阿属岸限。天长倦鸟没,山晚跛牂回。斜日低官树,轻寒犯客杯。还城闻暮角,三叠落江梅。"其二:"夹石双堤转,逍遥千骑留。川昏多昼雾,水落足寒洲。岸石危相倚,桥渐暮不流。风烟非渭曲,谁有钓璜钩。"诗作于巡河时。《文集》卷三○《谢传宣抚问状》,《全宋文》整理者此文题下注:"庆历八年。"《状》曰:"臣伏蒙圣慈,特降中使传宣抚问者。冒寒得疾,积损成虚。伏枕迷魂,偃床在告。寻交荐于恶石,冀自救于残躯。乃蒙皇帝陛下,齿记不忘,惨矜过厚。特迁使驿,传谕玉音。许辍高手之良,以济负兹之困。恃大恩之下属,庶营魄之重还。自此更生,尽归论报。”言“迁使驿”则事在京城外而出知许州之前,当在庆历八年七八月间。

八月,奏商胡黄河决口之现状及对策。

《长编》卷一六五:庆历八年八月“甲申,宋祁、张永和等言:商胡水口,见阔五百五十七步,用工一千四十一万六千八百日,役兵夫一十万四千一百六十八人,可百日而毕。诏付详定所。”

《会要》方域一四之一七:“而祁、永和并言商胡水口见阔五百五十七步,用工一千四十二万六千八百日,役兵夫一十万四千二百六十人,计一百日修塞毕。”

因财用及民力不足,建议罢修商胡黄河决口,休息兵民,从之。

《拾遗》卷二二《禳谢醮文》:“臣于庆历八年被命案视商胡决河。于时将议修塞,财用未办,民无聊生。臣恐智虑昏愚,不克集事,默发心誓,仰叩上真,愿开发所见,冀无迷谬。其年,遂建议罢修河口,休息兵民,朝廷颇以为便。免于罪悔,神实佑之。今谨修薄具,归谢灵造。”

九月六日,受命磨勘提点刑狱朝廷使臣课绩。

《长编》卷一六五:庆历八年九月“辛丑,命翰林学士宋祁磨勘提点刑狱朝廷使臣课绩”。辛丑日即六日。

九月,与李淑受命同修日历,究“骨朵子”之义。

《会要》运历一之一五:“庆历八年九月日编修院言:‘本所见有积年未修日历,只是宋祁一员修纂。李淑近除史馆修撰,合依旧例分修。本官称昨贾昌朝奏,高若讷、宋祁修撰之时,别降朝旨。今虽已管勾编修院,其日历伏候指挥。’诏令李淑与宋祁同修。”

《宋景文公笔记》卷上:“国朝有‘骨朵子’,直卫士之亲近者。予尝修日历,曾究其义。”

受章得象子嗣之托，为撰墓志铭。

《文集》卷五九《文宪章公墓志铭》："宋有清忠肃艾之相曰章公，讳得象。其先齐太公裔，封于郾，去'邑'为章氏。……七年，进封郇国公。明年，徙留西洛。朝京师，遂请老。时议以图任者畯，不应以年为解。公执益固，上度不可留，特拜司空致仕，赐实俸，著令燕见礼如丞相。于是公年七十一。去位之六月乙未，暴感疾，一日薨。诏遣太医驰视，已不可为。……以秋九月某日，克葬公于许州阳翟县三封之原。……如公叠宠蕃数，存无比而殁有加焉。易名之日，太常谥曰文宪，至内外无间言，全德哉若人！仆辱公知，且其嗣有请，遂为之铭。"《宋史》卷一一一《仁宗本纪三》：庆历八年六月"丙申，章得象薨"。墓志铭作于葬前。

十月，违旧制未发册而进告命张美人为贵妃，落职出知许州。

《宋史》本传："会进温成皇后为贵妃。故事，命妃皆发册，妃辞则罢册礼。然告在有司，必俟旨而后进。又凡制词，既授阁门宣读，学士院受而书之，送中书，结三省衔，官告院用印，乃进内。祁适当制，不俟旨，写诰不送中书，径取官告院印用之，亟封以进。后方爱幸，觊行册礼，得告大怒，掷于地。祁坐是出知许州。"

《长编》卷一六五：庆历八年十月"庚寅，翰林学士、右谏议大夫、知制诰、史馆修撰宋祁落职知许州。国朝命妃皆发册，妃辞则罢册礼，然告在有司，必俟旨而后进。又，凡制词既授阁门宣读，学士院受而书之，送中书，结三省衔，官告院用印，然后进内。张美人进号贵妃，祁适当制，不俟旨，写告不送中书，径取官告院印用之，亟封以进。妃方爱幸，冀行册礼，得告大怒，掷地不肯受，祁坐是黜。初，祁亦疑进告为非，谓李淑明于典故，因问之。淑心知其误，谓祁曰：'第进，何所疑邪！'祁果得罪去，议者益恶淑倾险云"。

《续通鉴》卷五〇：庆历八年十月，"张美人进号贵妃，祁适当制,不俟旨,写告不送中书,径取官告院印用之,亟封以进。妃方爱幸,冀行册礼,得告大怒,掷地不肯受,祁坐是黜。初,祁疑进告为非,谓李淑明于典故,因问之,淑心知其误,谓祁曰:'第进,何所疑邪！'祁果得罪去。议者益恶淑倾险云"。《隆平集》卷五本传:"当张贵妃制,祁欲以告进,问李淑,淑曰:'第进之。'上意在册礼,祁乃进告,遂落职,知许州。"《宋史》卷二九一《李淑传》:"又宋祁作《张贵妃制》,故事,妃当册命,祁疑进告身非是,以淑明典故问之,淑心知其误,谓祁曰:'君第进,何疑邪?'"进告前,祁曾问于李淑,而淑心知其误,却故害之。

《会要》职官六五之六:庆历八年"十月二十六日,翰林学士、兼侍读学士、右谏议大夫、知制诰、史馆修撰宋祁落职,知许州。国朝以来,命妃未尝行册礼,然故事须俟旨方以告敕授之。又凡降制,皆从学士院待诏书告辞,送中书结三省衔,官告院用印,然后进书入。时宣制毕礼,止就院写告,直取官告院印用之,遽封以进。方妃宠盛,欲行册命之礼,得告怒,掷地不肯授,故贬及之。"

《神道碑》:"张美人为贵妃,公当制,乃先进告,或言公以告代册者,落二职,以本官知许州。"

陈鹄《西塘集耆旧续闻》卷三"宋翰林加封张贵妃制贵妃不肯受"条:"国朝命妃,未尝行册礼,然故事须候旨,方以诰授之。凡降诰,皆自学士院待诏书词送都堂,列三省衔,官诰院用印,然后进入。庆历间,加封张贵妃,时宋翰林当制。宣麻毕,宋止就写告,直取官诰院印用之,遽封以进。妃宠方盛,欲行册命之礼,怒掷地,不肯受。宋祁落职知许州。乃令丁度撰文,行册礼。宋氏子弟云:元丰末,东坡赴阙,道出南都,见张文定公方平。因谈及内庭文字,张云:二宋某文某文甚佳,忘其篇目,惟记一首,是《张贵妃制》。坡至都下,就宋氏借本看,宋氏诸子不肯出,谓东坡滑稽,万一摘数语作诨话,天下传为口实矣。《张贵妃制》,今见本集。"《张贵妃制》即《文集》卷三一《除婉容张氏封贵妃制》。

　　许州(今河南许昌),即颍昌府,许昌郡,忠武军节度使。参《宋史》卷八五《地理志一》。

上言乞宽贷张贵妃事干系人吏。

　　《会要》职官六五之六:庆历八年十月,"祁上言:'昨宰臣召赴中书,(诰)[诘]问学士院误进入贵妃官告事。伏缘册礼久不曾行,臣实不知典故次第,将谓先合进纳制书,一面自行册礼,所以修写不先报中书,误便投进,并是臣不详典礼,成此过误,不敢逃罪。切以朝廷方举盛礼,中外欣闻,臣当锁宿降麻,乃是荣幸。今来过误,进入恩告,非缘人吏之罪,罪尽在臣,乞从贬黜,以正公议。伏望哀悯臣性识疏暗,不谙朝廷制度,只是一时误谬,即别无他情理,乞除臣合得罪外,其干系人吏特行宽贷。'"

遭罚至许州,朋旧未敢修诉幅。

　　《文集》卷五〇《张先同年书》:"祁顿首。婴罚以来,余生近止,朋旧之内,未尝敢修诉幅。诚以疮溃危喘,礼所不具,亦仁人之念,必见情遣。"事在本年,文作于明年春,参本谱皇祐元年。

十一月二日,有使到许州,颁赐翠毛锦旋襕。

　　《文集》卷一三《仲冬二日使到颁翠毛锦旋襕》:"翠裘朝罢转昕霞,颁服诸方走使车。泥和五芳中出诏,锦裁双兽织成花。官叨侍橐恩加等,例及和门赐有差。坐袭余温身更宠,不惭多病带镮赊。""官叨"句佚存本自注:"待制官在京赐紫罗,出外赐锦。"祁本年五月复翰林学士,十月出知许州,宜赐锦。

在许州,某日,回到三封之家。

　　《文集》卷一一《三封田墅》其一:"驱马三封下,还家值日西。林间寻路隘,露里入山迷。僮倦仍依檖,鸡闲已上栖。暂来翻似客，邻酒夜过携。"其二："清和迁首序，岑寂此凭栏。涧雨虹前罢，林樱鸟后残。野姿连草向，天影入池宽。日暮严城阻，裴回惜据鞍。"据诗知祁在三封置有家产。诗或作于出知许州时，就近回家。姑系于此。

约是年，在许州，与张瓌游颍州西湖，席上听歌晏殊《渔家傲》。

《文集》卷二三《忆与唐公游西湖》其一："红鲜高下照横溪，勃窣含情欲上堤。手揽缃茎那忍折，戏鱼长在叶东西。"其二："荷花深处放舟行，棹触荷珠碎又成。莫道使君迷醉曲，分明认得采莲声。"其二诗尾自注："时席上唱《渔家傲》，予省是临川公《荷花曲》，又古乐府有《采莲曲》《使君迷》。"吴熊和主编《唐宋词汇评·晏殊卷》考证："《渔家傲》十四首为一组鼓子词，皆咏荷花，故又名《荷花曲》。……《忆与唐公游西湖》诗二首。唐公为张瓌，西湖乃颍州西湖。……宋祁所云《渔家傲》'荷花曲'为临川公所制，即见于《珠玉词》中此十四首也。按晏殊于庆历四年九月以工部尚书知颍州。庆历八年自颍州移陈州。《渔家傲》'荷花曲'即作于此颍州任上。据吴廷燮《北宋经抚年表》，宋祁于庆历八年十月以翰林学士知许州，故于席上获闻颍州所传晏殊新曲也。"

《珠玉词》之《渔家傲》其一："画鼓声中昏又晓。时光只解催人老。求得浅欢风日好。齐揭调。神仙一曲渔家傲。　　绿水悠悠天杳杳。浮生岂得长年少。莫惜醉来开口笑。须信道。人间万事何时了。"

其二："荷叶荷花相间斗。红娇绿嫩新妆就。昨日小池疏雨后。铺锦绣。行人过去频回首。　　倚遍朱阑凝望久。鸳鸯浴处波文皱。谁唤谢娘斟美酒。萦舞袖。当筵劝我千长寿。"

其三："荷叶初开犹半卷。荷花欲拆犹微绽。此叶此花真可羡。秋水畔。青凉伞映红妆面。　　美酒一杯留客宴。拈花摘叶情无限。争奈世人多聚散。频祝愿。如花似叶长相见。"

　　其四："杨柳风前香百步。盘心碎点真珠露。疑是水仙开洞府。妆景趣。红幢绿盖朝天路。　　小鸭飞来稠闹处。三三两两能言语。饮散短亭人欲去。留不住。黄昏更下萧萧雨。"

　　其五："粉笔丹青描未得。金针彩线功难敌。谁傍暗香轻采摘。风淅淅。船头触散双鸂鶒。　　夜雨染成天水碧。朝阳借出胭脂色。欲落又开人共惜。秋气逼。盘中已见新莲菂。"

　　其六："叶下鸡鹁眠未稳。风翻露颭香成阵。仙女出游知远近。羞借问。饶将绿扇遮红粉。　　一掬蕊黄沾雨润。天人乞与金英嫩。试折乱条醒酒困。应有恨。芳心拗尽丝无尽。"

　　其七："罨画溪边停彩舫。仙娥绣被呈新样。飒飒风声来一饷。愁四望。残红片片随波浪。　　琼脸丽人青步障。风牵一袖低相向。应有锦鳞闲倚傍。秋水上。时时绿柄轻摇飏。"

　　其八："宿蕊斗攒金粉闹。青房暗结蜂儿小。敛面似啼开似笑。天与貌。人间不是铅华少。　　叶软香清无限好。风头日脚乾催老。待得玉京仙子到。凭向道。红颜只合长年少。"

　　其九："脸傅朝霞衣剪翠。重重占断秋江水。一曲采莲风细细。人未醉。鸳鸯不合惊飞起。　　欲摘嫩条嫌绿刺。闲敲画扇偷金蕊。半夜月明珠露坠。多少意。红腮点点相思泪。"

　　其十："越女采莲江北岸。轻桡短棹随风便。人貌与花相斗艳。流水慢。时时照影看妆面。　　莲叶层层张绿伞。莲房个个垂金盏。一把藕丝牵不断。红日晚。回头欲去心撩乱。"

　　其十一："粉面啼红腰束素。当年拾翠曾相遇。密意深情谁与诉。空怨慕。西池夜夜风兼露。　　池上夕阳笼碧树。池中短棹惊微雨。水泛落英何处去。人不语。东流到了无停住。"

　　其十二："幽鹭慢来窥品格。双鱼岂解传消息。绿柄嫩香频采摘。心似织。条条不断谁牵役。 粉泪暗和清露滴。罗衣染尽秋江色。对面不言情脉脉。烟水隔。无人说似长相忆。"

其十三："楚国细腰元自瘦。文君腻脸谁描就。日夜声声催箭漏。昏复昼。红颜岂得长如旧。 醉折嫩房和蕊嗅。天丝不断清香透。却傍小阑凝坐久。风满袖。西池月上人归后。"

其十四："嫩绿堪裁红欲绽。蜻蜓点水鱼游畔。一霎雨声香四散。风飐乱。高低掩映千千万。 总是调零终有恨。能无眼下生留恋。何似折来妆粉面。勤看玩。胜如落尽秋江岸。"

章得象卒。（《宋史》卷一一《仁宗本纪三》）

宋仁宗赵祯皇祐元年己丑（1049） 五十二岁

〔时事〕

八月，陈执中罢相。文彦博为首相，宋庠为相，庞籍为枢密使，高若讷参知政事，梁适枢密副使。

正月晦日，游许州西湖，有诗。

《文集》卷二〇《上春晦日到西湖呈转运叔文学士》："春遍西湖上，湖漪绿胜醅。惊鱼迎濑跃，斗鸭拥波来。柳已缘烟重，花仍赴暖开。侧汀烟媚筱，卧石水衔苔。岸转横杠度，川穷饮舫回。暗浮虫聿役，闲立鹭瑵瑃。野畔平如界，林蹊润不埃。光浮好云日，影倒静楼台。山色乘晴露，霞容著暝催。溪行凡几曲，恨乏昔人才。"上春晦日即正月最后一天。祁又有《文集》卷一六《和李屯田西湖寻春》："把酒同寻湖畔春，赏心何况更良辰。留阴岸雨溥红杏，送暖汀风恼绿蘋。低写卧虹桥齿密，小装文鹢舫头新。聚星亭上华簪客，即是高阳旧里人。"诗亦作于此时。西湖指许州西湖。叶梦得《石林诗话》卷上："许昌西湖与子城密相附，缘城而下，可策杖往来,不涉城市。云是曲环作镇时,取土筑城,因以其地道渼水潴之。略广百余亩,中为横堤。初但有其东之半耳,其西广于东增倍,而水不甚深。"叔文学士、李屯田,不详。

寒食节,回京,从兄庠处得知同年张先曾来访,作书寄之,以表谢意。

《文集》卷五〇《张先同年书》:"祁顿首。婴罚以来,余生近止,朋旧之内,未尝敢修诉幅。诚以疮溃危喘,礼所不具,亦仁人之念,必见情遣。比以粪除亲窆,暂到都城,烜禁之辰,即还陋舍。聆伯氏见谕,知子野同年隐恻孤苦,特见存访,不惮勤劳,泫然垂矜。斯道也,古则有之,民鲜克举。"言"婴罚"当作于祁外任时,又"伯氏见谕"则兄庠在京,合而推之,唯庆历八年祁出知许州时。言"烜禁之辰"当为寒食之时。张先,字子野,开封人。与祁同年登第,初授汉阳军司理参军。此张先非世称"张三影"的乌程人张先,其事迹见欧阳修《欧阳文忠公集》卷二七《张子野墓志铭》。

以史臣身份受命撰张士逊碑撰碑文。

《文集》卷五七《张文懿公士逊旧德之碑》:"皇祐元年正月己未薨于第,享年八十有六。……薨之年夏四月癸酉,克葬公于河南府登封县天中乡之原,英舒二夫人祔焉。诸子以叙公之业有故吏状,节公之惠有容官议,册愍于朝,志埋于幽,奏终藏事,无不如志;惟綷石巍存,可刻以磨,若又著庸其上,显摅无穷,谁不谓然。乃请而命史臣祁系以词。"碑文作于葬前,祁以史臣身份撰碑文。张士逊,字顺之,阴城人。淳化中,举进士。皇祐元年卒,谥文懿,仁宗亲篆碑额"旧德之碑"。《宋史》卷三一一有传。

召还为翰林侍读学士、史馆修撰。

《文集》卷三七《谢复侍读学士表》:"今月十八日,马递到官诰敕牒各一通,授臣依前充翰林侍读学士,仍放朝谢者。……伏念臣福祚单狭,性局蠢烦,距跃至愚,坏陶上教。因随士夫之课,谨修官学之方。入直文林,进簪侍笔。从鸡翘之游豫,备虎观之讨论。荐许为邦,俄蒙纳节。序跻天掖,祗演王纶。再忝复门之游,久奉华光之学。至于删定条约,豫法家之议者三年,整比京司,牧县官之财者万计。止贪云补,罔避谤嚣。仍因摛句之闲,尝逮迩言之访。质当今之谓利病,靡敢庾情;语前世所以存亡,或蒙称善。以孤远之质,荷颛印之知。播于传闻,宁无妒娟。何者? 一金被赏,来众口之毁销;寸的取褒,启百夫之决拾。名盛难处,援寡易危。况复因希阔之仪,抵忘误之禁,缘为飞语,遂烠至聪。所赖公议原情,眷慈含垢。悯一眚之失,义有相除;在三赦之科,愚最无害。止停严直,犹屏大藩,曾未半期,亟颁成命。"祁初为翰林侍读学士在庆历四年,此次在外郡而授侍读学士,则在因张贵妃事出知许州后。《神道碑》:"张美人为贵妃,公当制,乃先进告,或言公以告代册者,落二职,以本官知许州。未几,为翰林侍读学士。"《宋史》本传:"祁坐是出知许州。甫数月,复召为侍读学士。"又《表》曰:"止停严直,犹屏大藩。曾未半期,亟颁成命。"则祁知许州未满半年,得复翰林侍读学士,姑系于此。

《邵氏闻见后录》卷一九:"子京出知(安)[许]州,以长短句咏燕子,有'因为衔泥污锦衣,垂下珠帘不敢归'之句。或传入禁中,仁皇帝览之一叹,寻召还玉堂署。"按:《全宋词》辑有祁此咏燕子二句,题为《失调名》。

晏殊作诗《和宋子京召还学士院》贺还学士院。

《能改斋漫录》卷六:"太液池网索"条:"元微之诗:'蕊珠深处少人知,网索西临太液池。浴殿晓闻天语后,步郎骑马笑相随。'注:'网索,在太液池上。学士候制,每歇于此。'故晏元献《和宋子京召还学士院》有云:'网索轩窗邃,銮坡羽卫重。鹓舟还下濑,星驷出飞龙。赋待三英集,辞须五吏供。会看边燧息,横霈紫泥封'者,为此也。又一篇云:'暮召三山峻,晨趋一节回。牙维青雀舫,还直右银台。陟降丹涂密,论思武帐开。欲谈当世务,元藉轶群才。'"晏殊诗《和宋子京召还学士院》二首,诗题言"召还学士院",祁自外郡召还学士院唯自许州归时。

五月,自许州归京。

《北宋经抚年表》卷二:皇祐元年,《长编》:五月丁酉,中丞张观知许州,代宋祁"。《长编》卷一六六:皇祐元年五月,"吏部侍郎、兼御史中丞张观自言父居业年高多病,请便郡。庚子,授观文殿学士,知许州"。张观代宋祁,则祁约在此时归京。

再侍经筵,愧才不及汉儒。

《文集》卷一三《再侍经筵有感》:"露门重幄紫云开,何意孤臣得重陪。攀树已惊刘放老,受鳌犹及贾生来。华绨藉暖瞻宸几,甘露浮香入赐杯。稽古虽勤成底力,心知不及汉儒才。"祁再为翰林侍读学士在本年。

重入翰林有感,作《玉堂感旧》诗。

《文集》卷八《玉堂感旧》:"七年辞玉署,再入佐黄扉。树与青春换,人将素领归。砖花仍可记,厦雀稍惊飞。炉蕙非无意,逢人尚袭衣。"祁庆历三年初入翰林,至此时前后七年。姑系于此。

六月,改同刊修《唐书》官为刊修官。

《长编》卷一六六:皇祐元年六月,"改命同刊修《唐书》、翰林侍读学士宋祁为刊修官"。《续通鉴》卷五〇同。清钱大昕《修唐书史臣表》皇祐元年载:"祁六月复为翰林学士、史馆修撰,自同刊修为刊修官,遂独秉笔。"按:"翰林学士"当为"翰林侍读学士"。

八月,兄庠拜兵部侍郎、同中书门下平章事、集贤殿大学士。

《元宪碑》:"皇祐元年,拜兵部侍郎、同中书门下平章事、集贤殿大学士。"

《长编》卷一六七：皇祐元年八月，"礼部侍郎、平章事文彦博加吏部侍郎、昭文馆大学士，监修国史、枢密使、工部侍郎宋庠为兵部侍郎、平章事（原注：按，《宋史·宰相表》作"宋庠自枢密使检校太傅、行工部侍郎加兵部侍郎、同平章事、集贤殿大学士。"此疑有脱误。）"

《续通鉴》卷五〇：皇祐元年八月，"以枢密使宋庠为兵部侍郎、平章事"。

《宋大诏令集》卷五五《宋庠拜集贤相制》："国家崇建宰府，并持钧衡。外以镇抚四夷，内以绥宁百姓。必得贤杰，以副眷毗。推忠佐理功臣、枢密使、金紫光禄大夫、检校太傅、行尚书工部侍郎、上柱国、广平郡开国公、食邑三千三百户、食实封一百户宋庠，绰有雅才，对于嘉运。尝策异等，浸阶显途。文章盛于一时，事业服于众志，枢谋之慎，既折侮于戎心；鼎饪之和，宜调元于政路。爰进夏官之秩，兼隆书殿之华。功号邑封，并推异数。于戏！丞弼之任，忠贤是图。国体系乎重轻，政化从而薄厚。勉思所职，以称朕怀，可特授行尚书兵部侍郎、同中书门下平章事、集贤殿大学士，加食邑一千户、食实封四百户，仍赐推忠协谋同德佐理功臣。"

八月，石中立卒，为其撰行状及墓志铭。

《文集》卷五九《石太傅墓志铭》："皇祐（九）［元］年八月乙酉，太子少师致仕石公中立薨于京师，年七十八。天子废朝，敕有司归其赙，以太子太傅印绶告第，谥曰文定。十二月庚申，诸孙奉公及王夫人之丧，克葬于河南府洛阳县宣武原，从先仆射元懿公之茔。"墓志铭作于葬前。《文集》卷六一《石少师行状》："皇祐元年，转少师。其年八月某日薨，享年七十八，赠太子太傅。"行状作于卒后葬前，姑系于此。石中立，字表臣。《宋史》卷二六三有传。

是月，晏殊徙知许州，有诗寄之。

《文集》卷一五《寄献许昌晏相公》："右辅风烟接上都，功成番爱驻州旟。炉经万物为铜后，田是诸侯假璧余。合宴金觥催大白，当年宾从照红蕖。向来病守成惆怅，不预怀铅奉相车。"晏相公即晏殊。《二晏年谱》：皇祐元年"八月，自陈州徙知许州"。诗作于八月或稍后。

是年，夏竦加侍中赴河阳，与其有书启往来。

《文集》卷五五《河阳夏侍中启》："伏自侍中避剧右洛，改镇盟津。委远功名，镇息流竞。内保元吉，自存介石之诚；彼有褊心，弗碍虚舟之触。卓焉高躅，冠我群伦。但缘一德之隆，终兀三能之冠。愿崇贤老，永对贞期。"夏侍中即夏竦。王珪《华阳集》卷四七《夏文庄公竦神道碑铭》："出判河南府兼西京留守。皇祐元年，加兼侍中，赴三城。"三城，即河阳三城。

约是年，应张揆之请，为其父张蕴作神道碑铭。

《文集》卷五七《范阳张公神道碑铭》："公讳蕴，字延蕴，张其氏也。……惟公有子曰揆贯之、曰揆文裕，皆名重当世。贯之以给事中入翰林侍读学士，文裕以兵部郎中充龙图阁直学士。由是累赠公礼部尚书，夫人王氏清源郡太君，葬奉高乡之黄台里。尚书之墓，龙图阁直学士天水赵师民为之志；尚书之行，琅琊王彰次之状。文裕以尚书品得碑神道，焯宠贲幽，乃砻緧石，属予以辞，予官史官，不得让。……宝元、庆历间，西戎伧乱，文裕从大帅经制敌事，调军兴策，彼己尤悉，常为一府冠。后虽帖职集贤殿，朝廷每以剧任之，自三司判官，再为转运使。又以至成德军领本路兵马都部署、安抚使。钳吏奸，疗民瘼，榷盐铁用度，护西北劲兵，处剖决精，敏无留疑。言儒而材者，文裕为兼之。其得君，其任重，肆大厥猷，故未艾哉！清源之丧，与贯之趹以送枢。时天寒，趾皲瘃不置，路人皆为流涕。呜呼！以尚书卓行健明，不推咎咎人，引利利身，知有子为之后也。以贯之、文裕蜕布衣，入金门玉堂，交武在天子左右，知有父为之先也。此而不铭，尚谁可铭？"文言"宝元、庆历间"，则文作于庆历之后，而祁又为史官，或在京之时，姑系于此。张掞，字文裕，齐州历城人。蕴之子。《宋史》卷三三三有传。

郑戬卒。（《长编》卷一六七）

皇祐二年庚寅（1050）　五十三岁

〔时事〕

三月，诏季秋有事于明堂，以大庆殿为明堂。契丹遣使来告伐夏还。九月，大飨明堂。十二月，定三品以上家庙制。

正月十五日上元夜，点华灯，拥歌妓，醉饮达旦。

钱世昭《钱氏私志》："宋相郊居政府。上元夜，至书院内读《周易》，闻其弟学士祁点华灯，拥歌妓，醉饮达旦。翌日，谕所亲令诮让云：'相公寄语学士，闻昨夜烧灯夜宴，穷极奢侈，不知记得某年上元同在某州州学内吃齑煮饭时否？'学士笑曰：'却须寄语相公，不知某年同在某处州吃齑煮饭是为甚底？'"宋庠去年八月拜相，参本谱皇祐元年记事；祁时为翰林侍读学士，与所记合。姑系于此。

二月，兄庠建祠明堂之议。

《长编》卷一六八：皇祐二年二月，"先是，宋庠建议，以今年当郊而日至在晦，用建隆故事，宜有所避，因请季秋大飨于明堂。乙亥，帝谓辅臣曰：'明堂之礼，自汉以来诸儒议论不同，将安适从？'文彦博对曰：'此礼废久矣，俟退而讲求其当，自圣朝行之。'（原注：宋庠建明堂之议，据《春明录》）"《春明退朝录》卷中："欧阳少师提总修《太常因革礼》，遣姚子张辟见问：'太祖建隆四年，南郊，改元乾德，是岁十一月二十九日冬至，而郊礼在十六日，何也？'乃检《日历》，其赦制云：'律且协于黄钟，日正临于甲子。'乃避晦而用十六日甲子郊也。及修《实录》，以此两句太质而削去之，遂失其义。皇祐二年当郊，而日至复在晦，宗衮遂建明堂之礼。"

三月，兼判太常，荐王洙同议明堂礼仪。

《文集》卷三五《明堂颂》："三月戊子制诏，季秋有事于明堂。臣以太常，与礼官、博士诣垂拱殿议配飨事。"则此时祁已兼太常。

《长编》卷一六八：皇祐二年三月"辛亥，刑部员外郎、直龙图阁兼天章阁侍讲王洙同判太常寺兼礼仪事。时宋祁、杨安国、张揆皆判寺事，祁言明堂制度久不讲，洙有礼学，愿得同具其仪，诏迁洙太常"。

《会要》礼二四之五：皇祐二年三月"二十五日，判太常寺兼礼仪事宋祁言：'伏见诏书，有事明堂。国家三圣，未行此事，礼既希阔，尤须讲求。直龙图阁王洙久在史局，谙究制度，望令与礼官共力详讨，庶无阙失。'诏洙同判太常寺兼礼仪事"。

《宋史》卷二九四《王洙传》："帝将祀明堂，宋祁言：'明堂制度久不讲，洙有礼学，愿得同具其仪。'诏还洙太常。"王洙，参本谱景祐元年。

石中立卒，众子皆已死，无子服丧，其嫡孙来请是否传重，宋敏求以为其孙当为服丧，祁是其议，听传重，乃定为令。

《宋史》卷二九一《宋敏求传》："石中立薨，子继死，无他子。其孙祖仁疑所服，下礼官议。敏求谓宜为服三年，当解官，斩衰。同僚援据不一，判寺宋祁是其议，遂定为令。"

范镇《东斋记事》卷二："自唐开元时，父卒众子在，嫡孙不传重，以其不袭封也。然不知至于服纪则有所不齐。国朝亦著于礼令。景祐中，石资政中立卒，众子在，嫡孙不传重。未几，而众子卒，其家奏：'嫡孙合与不合传重？'下礼院议。于是宋景文公判太常，不疑、次道与予为礼官，景文公遂令三人各为议状。不疑曰：'初当传重，不传重误也。宜改正之，使追为服。'次道则用《江都集礼》以为当接服，若曰：'父死众子在，嫡孙不传重，众子死，嫡孙接服，嫡孙死，众孙接服，是一尊亲为两等服也。'予谓：'石氏之孙宜依礼令不传重，且为本服。自今而后别著令，父死众子在，嫡孙传重，然后得礼之正。'又为不疑难曰：'石氏子当传重，就令石氏子于服中犯刑，如何处之？必以见行法、见行礼处之也，岂可旋更礼法，使变期服而传重，加以重刑也。'又为次道难曰：'众子死，嫡孙接服，嫡孙死，众孙接服，是何异家人共犯，止坐尊长，尊长方决而死，乃令次家长接续，足其杖数邪，是无此理也。'然景文从次道议，仍请著为令。其后，众子在，嫡孙请传重者，听传重；其不请者，则不传重。岂礼之意哉！"

《宋朝事实类苑》卷一八"嫡孙传重服"条："自唐开元时，父卒众子在，嫡孙不传重，以其不袭封也。然不知至于服纪，则有所不齐，国朝亦著于礼令。景祐中，石资政中立卒，众子在，嫡孙不传重。未几而众子卒，其家奏：嫡孙合与不合传重。下礼院议。于是宋景文公判太常，不疑、次道与予为礼官，景文遂令三人各为议状。不疑曰：'初常传重，（原注：东斋有"不传重"三字。）误也。宜改正之，使追为服。'次道则用《江都集礼》，以为当接服。若曰父死众子在，嫡孙不传重，众子（原注：东斋有"死"字。）嫡孙接服。嫡孙死，众孙接服，是一尊亲为两等服也。予谓：'石氏之孙，宜依礼令，不传重，且为本服。自今而后，别著令，父死众子在，嫡孙传重，然后得礼之正。'又为不疑难曰：'石氏子当传重。就令石氏子于服中犯刑，如何处之？必以见行法、见行礼令处之也。岂可旋更礼法,使变期服而传重,加以重刑也。'又为次道难曰:'众子死,嫡孙接服,嫡孙死,众孙接服,是何异家人共犯,止坐尊长。方决而死,乃令次(原注:原作"以",据活字本、明抄本及东斋改。)家长接续足其杖数邪? 是无此理也。'然景文从次道议,仍请著为令。其后众子在,嫡孙请传重者听传重,其不请者,则不传重,岂礼之意哉?"石中立卒于去年,参本谱皇祐元年记事,今年祁兼太常。姑系于此。

三月,诏以九月辛亥行明堂之礼,命兄庠为礼仪使,庠博考声律,更定祭享所用乐。

《长编》卷一六八:皇祐二年"三月戊子朔,诏罢今年冬至亲祠南郊之礼,以九月择日有事于明堂"。"癸丑,诏以季秋辛亥,大飨明堂。先是,礼官议王者郊用辛。盖取斋戒自新之意。又通礼,祠明堂亦用辛。遂下司天择日,而得辛亥吉,盖九月二十七日也。命宰臣文彦博为大礼使,宋庠为礼仪使,枢密使王贻永为仪仗使、庞籍为卤簿使,参知政事高若讷为桥道顿递使。"

《续通鉴》卷五一:"三月戊子朔,诏罢今年冬至亲祀南郊之礼,以九月择日有事于明堂。先是宋庠议,今年当郊而日至在晦,用建隆故事,宜有所避,因请季秋大享于明堂。""癸丑,诏以季秋辛亥大享明堂。先是礼官议王者郊用辛,盖取斋戒自新之义,又,《通礼》祀明堂亦用辛。遂下司天择日,而得辛亥吉,盖九月二十七日也。"

《会要》礼二四之五:三月"二十六日,诏用九月二十七日辛亥大飨明堂,以宰臣文彦博为大礼使,宋庠为礼仪使,枢密使王贻永为仪仗使,枢密副使庞籍为卤簿使,参知政事高若讷为桥道顿递使"。

《元宪碑》:"明年,诏有司上明堂图。又博考声律,更定天地、五方、神州、日月、宗庙、百神祭享所用乐。"

三月二十九日，上《明堂通议》二篇。

《长编》卷一六八：皇祐二年三月"丙辰，宋祁上《明堂通议》二篇，祁自序略曰：'上薄三代，旁搜汉、唐，礼之过者折之，说之缪者正之，以合开宝一王之典，聊佐乙夜观书之勤。'其书自内降出，寻复有诏进入。"《续通鉴》卷五一、《会要》礼二四之五同。丙辰日即二十九日。王瑞来《二宋年谱》认为："今祁《景文集》卷四二载《明堂路寝议》《规蔡邕明堂议》二篇，或即《长编》所云之《明堂通议》。"①

七月，李用和卒，八月葬，受命为撰墓志铭及行状。

《文集》卷五八《李郡王墓志铭》："皇祐二年秋七月……甲辰，公薨。上震恻，是日临吊，哭且恸，赠赗络绎。遗命辞诏葬，故遣近侍及中大夫职丧事。册赠太师、中书令、陇西郡王。五日不视朝，赐谥曰恭禧。壬子，帝举哀苑次，将卜葬，以八月甲申吉，诸子号踊荒痛，乃庀具，有诏葬日以本品卤簿宠之。又命史臣次王之行，镂石藏于襚。谨按，王字审礼，系出陇西，远祖徙余杭，既又来京师，故今土著，始为开封人。"墓志铭作于葬前。

《文集》卷六一《李郡王行状》："李用和，字审礼，年六十三。郡王本陇西冠姓，世系数徙，邢公自余杭北还，遂籍祥符为土著。王即章懿皇后母弟。……今葬有日，史臣被诏，次王行实，敢告有司。"行状作于葬后。李郡王即李用和，字审礼。

八月，受命为贾注作墓志铭。

《文集》卷五九《贾令公墓志》："公讳注，字宗海。……有诏改著作佐郎、知凤翔府录事参军。未行，病卒，实大中祥符元年夏五月，寿四十有七。公之去中山在京师也，以族来，故不克归。明

---

① 王瑞来《知人论世：宋代人物考述》，第179页。

年,即葬公于开封府开封县汴阳乡之原。……其年秋八月甲申,举夫人之丧合于公墓。"墓志作于合葬之前。贾注,字宗海,贾昌朝之父。

大飨明堂前,上多道奏议,议明堂之礼。

《文集》卷四二《明堂路寝议》题下原注:"案:《历代名臣奏议》,祁议礼诸奏,皆系皇祐二年为侍读学士时上。"《文集》卷四二《五室议》《规蔡邕明堂议》,《文集》卷四三《上帝五帝议》《配帝议》《杂制议》皆作于此时。《国朝诸臣奏议》卷八六《上帝五帝议》题下注云:"皇祐二年三月上,时判太常寺。"

九月,大飨明堂,作《明堂颂》。

《文集》卷三五《明堂颂》:"臣某言:三月戊子制诏,季秋有事于明堂。臣以太常,与礼官、博士诣垂拱殿议配飨事。即建言:'周有臣曰旦,始严父配天,仲尼是之。唐并诸儒说,并祀六天,帝不敢损。陛下幸访有司,请如古便。'四月乙丑,诏若曰:'夫礼,称情适文,今议者言周、唐则善,至牵制所闻,褊而不优。宋亦一家,让不制作,如来嗣何!且事天不及地,配父而遗祖,朕甚陋之,水旱不时,群神预焉。今赖天之力,方内以治。朕能合飨天地,以三圣侑,腏报百神,咸秩并修。况祖宗郊雩,不为无比。有司无讳以劳,务称朕意。'臣伏诵圣训,久乃开晓。以为前古所缺,群臣不逮,陛下独得于心。其所以事神训人,使万世子孙无以加者。至于作声歌,琢圭邸,帐帟无文,夜鬓弗严,以竭恭致敬者尚数十物,臣愚且不能遍知。若今诗颂不传,是陛下盛德神功不尽注天下耳目,耸动四夷,声隐乎无疆也。谨撰成《明堂颂》一篇,辞浅义直,可使户晓,壤翁辕童,皆得歌讴。臣昧死再拜以闻。"题下原注:"案:颂作于皇祐二年。本纪所载祀明堂月日俱与此合。时祁复为翰林学士,太常乃其兼官。"《宋史》卷一二《仁宗本纪四》:皇祐二年九月,

"辛亥，大飨天地于明堂，以太祖、太宗、真宗配，如圜丘。大赦，百官进秩一等"。

十月，以祠明堂迁给事中，依前充职，进封常山郡开国侯，复兼龙图阁学士，有谢表。

《神道碑》："大飨明堂，迁给事中，复兼龙图阁学士。"《宋史》本传："祀明堂，迁给事中兼龙图阁学士。"《宋史》卷一二《仁宗本纪四》：皇祐二年九月，"辛亥，大飨天地于明堂，以太祖、太宗、真宗配，如圜丘。大赦，百官进秩一等"。据《长编》及《宋史》，祠明堂在九月，加恩在十月。

《文集》卷三八《谢覃恩转给事中表》："臣某言：伏奉制命，授臣给事中，依前充职，进封常山郡开国侯，加食邑五百户，散官勋如故者。"《文集》卷三八《让恩表》："臣某言：钦柴已事，湛露函禧。叨预秘枢，均推渥典。席恩徽之累等，扪心极之有涯。敢援呐辞，启停蕃锡。窃念臣久尘几绂，无补显猷。仰就德以日跻，罄小心而昭事。惇崇秩礼，震动殊休。历款先祜而遂见閟宫，哀对上灵而升侑文考。光华接于旦暮，汪濊塞乎天渊。内恧衰残，法当侍从。襜如进揖，宁善于鲁仪；肃若动心，但钦于汉瑞。获纾不敏之咎，已衔大庇之仁。敢冀睿明，首褒机管。锡之崇号，训以懋功。进三品之美阶，加八柱之荣数。"题下原注："案：《宋史·仁宗本纪》，皇祐二年九月大享天地于明堂殿。今据表内'钦柴已事，湛露函禧'及'进三品之美阶，加八柱之荣数'云云，盖即让进封常山郡开国侯恩也。"《文集》卷三八《谢复兼龙图阁学士表》云："臣某言：臣伏奉制命，授依前给事中、翰林侍读学士兼前件职者。"题下原注："案：本传，祁以祀明堂迁给事中兼龙图阁学士，今集内表谢两次，必当时亦两次加恩，本传统言之耳。"祁迁给事中及兼龙图阁学士乃为两次加恩。

彭思永罢侍御史,以司封员外郎为湖北转运使,有宴集来邀,祁以病数辞,作诗致歉。

《文集》卷八《转运彭季长学士小疾数辞宴集》:"比日疾为解,遂将杯酒疏。多愁庾开府,苦瘦沈尚书。倦曲琴褥后,霏香药裹余。莫令诗思剧,正是落花初。"彭思永,字季长。明堂礼成,传百官加恩,彭思永以为不宜滥恩,触怒仁宗,罢侍御史,为湖北转运使。参《宋史》卷三二〇《彭思永传》。

为宗族宋文蔚撰墓志。

《文集》卷六〇《宋府君墓志铭》:"余四世祖在晚唐时,以御史中丞失官,始籍雍丘。既殁,葬总亭下,子孙留不去,益大。列东西南北四院,以昭穆别之,遂为开封冠姓。入国朝,宦学数十人。比宋之显者,虞部员外郎讳文蔚,字公炳。……初,故茔狭,无余位,故翶等更卜临黄之原吉,以皇祐二年十一月戊申,葬君及三夫人。北望先陇,六里而赢,尚成君之志耶!曾祖范,为内丘主簿。祖鼐,为孝感令。考在恭,为长州主簿,赠比部郎中。母党夫人,赠冯翊县太君。"墓志铭作于葬前。宋府君,名文蔚,字公炳。

是年,应王子融之请,为其兄王曾作碑阴记。

《文集》卷四六《故丞相文正王公碑阴记》:"故丞相沂国公既葬十二年,仲弟天章阁待制子融请间见,上追叹公据正有守,得宰相体。子融顿首谢,且言:'臣兄曾事章圣皇帝,兴诸生,不十年参总大政。其后拜玉几下,闻顾命。大行诏章献皇后权军国大事,于时宰相谓阴开邪谋,规刊权文,营冈中外,众莫敢抗,独臣兄毅然不肯移。又欲建白天子朝朔望。太后听政,附中人通裁可。即又引东汉故事,请帝、太后同视事,伪计不行。方谓潜逐大臣如寇准、李迪等,钩索株连,以动众心,臣兄中立其间,为国督视。隐匿廋情,卒不得施,遂用诈败。太后再受徽号,欲御天安殿。复奏言,止御

文德。既忭旨，因灾异策免。然太后以数救谏，不能无念。抑畏谦
慈，勤翊王家，大业以安。此其事陛下尤彰明较著者。'上曰：'乃昆
之勋，予一人不忘。'子融再拜曰：'陛下幸诏臣僚，勒词隧石，诚得
天笔篆额，敷贲前人，死骨不朽。劝宠忠门，由臣为初。'制曰可，乃
置'旌贤碑'三字赐焉。于是，天章君即金石刻，又欲侈上之褒，丐
辞叙其末。仆念已尝志丞相墓，且翰林铭功，其事大略著矣，独原
夫天子念丞相贤而旌之者，宁不以临大事不可夺欤？"文正王公即
王曾。葬于宝元二年十月，参宝元二年事。后十二年即皇祐二年。

卷　四

皇祐三年辛卯（1051）　五十四岁

〔时事〕

三月，宋庠罢相。刘沆参知政事。七月，黄河决于大名府郭固口。十月，文彦博罢相。庞籍为相，高若讷为枢密使，梁适参知政事，王尧臣为枢密副使。十二月，诏文武官年七十以上未致仕者，更不考课迁官。

二月，坐其子与张彦方游，出知亳州。

《长编》卷一七〇：皇祐三年二月"戊申，翰林侍读学士、兼龙图阁学士、给事中、史馆修撰宋祁坐其子与张彦方游，出知亳州"。戊申日即二十七日。

《续通鉴》卷五一：皇祐三年二月"戊申，翰林侍读学士、史馆修撰宋祁，坐其子与张彦方游，出知亳州"。

《会要》职官六五之七至六五之八：皇祐三年"二月二十八日，翰林侍读学士、兼龙图阁学士、给事中、史馆修撰宋祁知亳州，坐张贵妃母家门客张彦（万）［方］伪为敕，而祁子尝与之游也"。

张彦方，张贵妃母越国夫人曹氏门客。伪为告敕，事败，伏诛。

《长编》卷一七〇：皇祐三年二月，"张彦方者，贵妃母越国夫人曹氏客也。受富民金，为伪告敕。事败，系开封府狱。人传以为语连越国夫人，知开封府刘沆论彦方死，不敢及曹氏。执政以妃故，亦不复诘。狱具，中书遣比部员外郎杜枢虑问，枢扬言将驳正，亟改用谏官陈旭，权幸切齿于枢"。《续通鉴》卷五一：皇祐三年二月，"张彦方者，贵妃母越国夫人曹氏客也。受富民金，为伪告敕，事败，系开封府狱，语连越国夫人。知开封府刘沆论彦方死，不敢及曹氏；执政以妃故，亦不复诘。狱具，中书遣比部员外郎杜枢虑问，枢扬言将驳正，亟改用谏官陈旭。权幸切齿于枢。先是御史中丞王举正留百官班，论张尧佐除宣徽使不当，枢独出班问曰：'枢欲先问中丞所言何事而后敢留班。'举正告之故，枢曰：'用此留枢可也。'至是盖累月，执政白以为罪，黜监衡州税。枢，杞之弟也"。

亳州（今安徽亳州），即谯郡，集庆军节度。参《宋史》卷八八《地理志四》。

出城，有诗咏雨、水、花、草、风。

《文集》卷一〇《出城所见赋五题》其一："二月雨堪爱，霏霏膏泽盈。添成竹箭浪，催发杏花耕。迥湿风头冷，微含日脚明。居然嘉应在，谁是束长生。"其二："二月水堪爱，泮流清复浑。影深天在底，红乱日摇痕。鹜没小舟度，鱼喁新藻翻。有人无限思，惭愧仲长言。"其三："二月花堪爱，全开未落时。香轻长抱蕊，霞破即团枝。舞蝶何曾定，流莺不待期。劳君金缕唱，更尽拍浮卮。"其四："二月草堪爱，一番芳意还。远迷天泱泱，低隐雉斑斑。细雨鲜原润，东风古道闲。王孙归定否，持问桂枝山。"其五："二月风堪爱，悠悠天际生。向空鸣籁细，乘暝作寒轻。拂水纹层浪，穿条杌紫荃。烦君期素魄，相伴倒春清。"祁二月出知亳州，正当春时。姑系于此。

由水路往亳州，舟中有诗。

《文集》卷一一《舟中三首》其一："舟行不碍动，纵目望联堤。稍觉前川近，徐惊后树低。鱼游随聚沫，禽度带残啼。自趣家田路，春清况日携。"其二："漠漠朝烟上，霏霏野气和。惊鸿自去渚，戏鹜不沉波。田畯耕扶耒，溪童食啄蠡。维舟时一眺，牂践损春莎。"其三："雾迥縆林趾，波生啮岸沙。漫红披杏带，短碧上蒲芽。鲑菜随宜有，浆醪不用赊。行行乐萧散，未觉远京华。"诗言"远京华"而正值春时，当是作于出知亳州时。

常借酒消愁，作诗遣怀。

《文集》卷一七《把酒》："歌管嘈嘈月露前，且将身世付酡然。谩夸鼷鼠机头箭，不识醯鸡瓮外天。青史有人讥巧宦，黄金无术治流年。君看醉趣兼醒趣，始觉灵均更可怜。"《载酒园诗话》"二宋"条题本诗为《遭劾出知亳州》，又言其"虽学昆体，亦加排宕矣"。姑系于此。

三月二十八日，亳州到任，有谢表。

《文集》卷三八《亳州谢上表》："伏奉二月诏书，差臣知亳州军州事，臣即于三月二十八日到任讫。……比年以来，宿疾继作。两鬓纷白，余日何几。双目眩昏，飞花无数。难参法从，愿守外藩。伏蒙皇帝陛下裁贷蠢愚，记怜面目，申择善地。"题下四库馆臣原注："案：表内云二月者，乃皇祐三年之二月也。据本传及《续通鉴长编》，祁坐其子从张（方彦）［彦方］游，出知亳州。庠亦以不戢子弟，为包拯所奏，于三月罢相，出知河南。但观祁表'宿疾继作'及'难参法从，愿守外藩'等语，系因疾乞外，并无为子引罪之语。疑祁知亳州尚在其子事发之前，庠知河南则在其子事既发之后。"王瑞来亦同意此说，其《二宋年谱》云："据祁谢表，似因疾乞外，并无为子引罪之语，疑祁知亳州尚在其子之事未发之前。祁《碑》记祁出知亳州，并未记坐子与张彦方游之事。又，亳州为祁自乞得请，《景文集》卷三〇所载《乞知亳州（表）[状]》可为明证。"① 按：馆臣所疑证据不足，祁《亳州谢上状》乃其讳言，《乞知亳州状》作于庆历三年，非本年，参本谱庆历三年记事。

三月，因祁子与张彦方游，包拯等弹劾，兄庠罢相以刑部尚书、观文殿大学士出知河南府兼西京留守司，然恩宠不减。

《长编》卷一七〇：皇祐三年三月，"谏官包拯、吴奎、陈旭言工部尚书、平章事宋庠不戢子弟，在政府无所建明。又言庠闻有劾章，即求退免，表既再上，乃不待答，复入视事。庚申，罢为刑部尚书、观文殿学士知河南府"。

《续通鉴》卷五一：皇祐三年三月"己未，谏官包拯、吴奎、陈旭，言工部尚书、平章事宋庠，不戢子弟，在政府无所建明；庠亦请去。又言庠闻有劾章，即求退免；表既再上，乃不待答，复入视事。庚申，罢为刑部尚书、观文殿大学士、知河南府。以龙图阁学士、权知开封府刘沆参知政事。议者谓沆不敢穷治张彦方狱，贵妃德之，坐此获进。谏官、御史相继论列，帝不听"。

《宋宰辅编年录》卷五："三月庚申，宋庠罢相。授刑部尚书、充观文殿大学士知河南府。制曰：'君臣谋国，本同体以协心。朝廷遇贤，岂重内而轻外。虽在倚毗之重，且均劳逸之宜。具官宋庠性禀雄明，行推沉厚。温如清庙之器，挺然大厦之材。达于在邦，敏而好古。而自参综大务，屡闻旨言。进领枢衡之司，旋升鼎轴之路。百度修举，三辰昭华。间廷对而沥衷，累抗章而引谢。再加敦谕，固守靖夷。宜保治于洛师，主留司于宫钥。仍峻中台之秩，兼荣秘殿之班。衍食褒功，允为异数。于戏！麟符分宠，一节

---

① 王瑞来《知人论世：宋代人物考述》，第181—182页。

之寄甚雄；天邑居中，四方之瞻是则。当勤恤隐，益励奋庸。'庠自皇祐元年八月拜相，是年三月罢，入相逾一年。先是，弟祁之子与越国夫人张氏门人张彦方者游，后彦方坐伪造敕牒为人补官抵法，谏官包拯等弹奏不戢子弟，并言庠在政府，但务依违，无所建明。及闻人言，即奏求退，至再三上表，不待批答，复入视事。故罢免之。"

《宋史》卷二八四《宋庠传》："谏官包拯奏庠不戢子弟，又言庠在政府无所建明，庠亦请去。乃以刑部尚书、观文殿大学士知河南府。"

《元宪碑》："既而数上章愿罢，帝遂欲用公为使相，公固辞之。乃以刑部尚书、观文殿大学士出知河南府兼西京留守司。特定大学士杂俸，又诏进见皆如宰相仪。"

《包拯集》卷六《弹宋庠奏》："臣等今日中书传谕，奉圣旨宣示宋庠自辩及求退等事。臣等蒙陛下擢任，处之谏垣，惟采取天下公议，别白贤不肖，敷闻于上，冀陛下倚任常得其人，以熙大政，不使贪冒非才者得以胶固其位，害败于事，乃臣等之职分，陛下所责任者也。固不敢缘私诋欺，变白为黑，惑乱陛下耳目，动摇大臣爵位，以取奇誉，巧资身计。斯亦臣等所自信，陛下所明照者也。臣等昨于二月二十二日，具札子论列宋庠，自再秉衡轴，首尾七年，殊无建明，略效补报，而但阴拱持禄，窃位素餐，安处洋洋，以为得策。且复求解之际，陛下降诏，未及断章，庠乃从容遂止其请，足见其固位无耻之甚也。今乃自辩，谓臣等议论暗合己意，臣等亦谓宋庠本意暗合天下之议论，斯不近于欺乎？陛下所深察矣。且云无过，则又不然。臣等窃以前代至于祖宗之朝，罢免执政大臣，莫不以其谟明无效，取群议而行也。何则？执政大臣与国同体，不能尽心竭节，卓然树立，是谓之过，宜乎当黜。非如群有司小官之类，必有犯状挂于刑书,乃为过也。唐宪宗朝,权德舆为宰相,不能有所发明,时人讥之。俄以循默而罢,复守本官。宪宗,聪明仁爱之主也;德舆,文学德行之臣也。当时罢免,只缘循默,不必指瑕,未致罪名而然也。至如祖宗朝,罢免范质、宋琪、李昉、张齐贤,亦只以不称职,均劳逸为辞,未尝明其过也。近岁方乃摭拾细故,托以为名,扬于外廷,斯乃不识大体之臣,上惑圣听,有乖举措,非所以责大臣之义也。宋庠岂无细过,臣等不言之者,盖为陛下惜此事体。臣等所陈,惟陛下圣度详处,若以为是,则乞依前来札子,早赐施行;倘以臣等为谤讟时宰,敢肆狂妄,亦乞治正其罪,重行降黜。臣等无任激切竦命之至。"此文又见于《宋文鉴》卷四六、《国朝诸臣奏议》卷一六四、《历代名臣奏议》卷一三三、《经济类编》卷三二。

三月,诏就亳州修《唐书》,改史馆修撰为集贤殿修撰,有诗寄史局诸僚友。

《长编》卷一七〇:皇祐三年三月"乙卯,命知亳州宋祁就州修《唐书》,易史馆修撰为集(英)〔贤〕殿修撰"。乙卯,即三月四日。

《续通鉴》卷五一:皇祐三年三月"乙卯,命知亳州宋祁就州修《唐书》,易史馆修撰为集(英)〔贤〕殿修撰"。

《宋史》本传:"出知亳州。兼集贤殿修撰。……修《唐书》十余年,自守亳州,出入内外尝以稿自随,为《列传》百五十卷。"

《会要》职官一八之七九:"皇祐三年三月四日,诏新差知亳州、翰林侍读学士、兼龙图阁直学士、给事中宋祁授集贤殿修撰。以故事史馆修撰不外领,故易之也,仍就任(刑)〔刊〕定新编《唐书》。"

《神道碑》:"大享明堂,迁给事中,复兼龙图阁学士、集贤殿修撰,出知亳州。"历职先后顺序有误,为集贤殿修撰在出知亳州之后。

《文集》卷一八《予既到郡有诏仍修唐书寄局中诸僚》："一章通奏领州麾，诏许残书得自随。吾党成章真小子，官中了事是痴儿。昏眸病入花争乱，倦首搔余雪半垂。所赖韦吴皆杰笔，刘生当见汗青期。"按：诏祁就亳州修《唐书》的时间，《长编》与《会要》均言三月四日，然据此诗题，则祁到亳州之后才获此消息，疑下诏之时，祁已出发赴任。

自到亳州，艾创溃发，四支无聊，至明年始愈。

《文集》卷四九《观文右丞书》："祁去年三月二十九日止官下，值艾创溃发，四支无聊，至此月初良已，是用未克奏记。亳虽闲僻，纲纪久废，盗贼总总。勉力操决，至此渐有绪，时时少暇。中前被台符，许讫《唐书》旧稿。自以眼眩花，头垂雪，心术昏倦，实不能从诸公于笔研间，具奏恳免，今又不获。"去年三月二十九日止官下指亳州到任。

九月，夏竦卒，初谥文正，后改文庄，为作祭文。

《长编》卷一七一：皇祐三年九月"乙卯，武宁节度使、兼侍中夏竦卒，赠太师、中书令，赐谥文献。知制诰王洙当草制，封还其目曰：'臣下不当与僖祖同谥。'遂改曰文正。同知礼院司马光言：'谥之美者极于文正，竦何人，乃得此谥？'判考功刘敞言：'谥者，有司之事也。竦奸邪，而陛下谥之以正，不应法，且侵臣官。'光疏再上，敞疏三上，诏为更谥曰文庄"。

《老学庵笔记》卷七："夏文庄，初谥文正，刘原父持以为不可，至曰：'天下谓竦邪，而陛下谥之正。'遂改今谥。宋子京作祭文，乃曰：'惟公温厚粹深，天与其正。'盖谓夏公之正，天与之，而人不与。当时自有此一种议论。故张文定甚恶石徂徕，诋之甚力，目为狂生。东坡《议学校贡举状》云：'使孙复、石介尚在，则迂阔矫诞之士也，可施之于政事之间乎？'其言亦有自来。欧公作《王洙源叔参政墓志》曰：'夏竦卒，天子以东宫恩赐谥文献。洙为知制诰，封还曰："此僖祖谥也。"于是太常更谥文庄。'与他书异。"祁祭文今不存。

十月，庞籍拜相，与之唱和颇多。

《文集》卷一四《答庞丞相》："安车就第上优贤，不使当关损晏眠。勋重旧更三府地，体强初过六身年。游篮净贮茶经具，醉幕闲垂酒颂天。独念相如久称疾，时时令预雪台篇。"《文集》卷一四《宫保庞丞相以诗见寄次韵和答》："本乏微功辅斗枢，避贤仍忝领州旟。病依一室由旬坐，老愧专城四十居。憩石雨苔同发短，啸轩霜竹伴心虚。挂冠尚有三年调，高躅空瞻广武庐。"《文集》卷一八《祗答相国庞公将至并部马上垂寄》："大斾前驱拂晋云，寒天迎望静无氛。幄中旧借留侯箸，麾下今分邓禹军。驰属橐鞬随指顾，卖残刀剑事耕耘。据鞍抒思真余力，又占风骚第一勋。"《文集》卷二一《和庞丞相》："顾我支离甚，惟公念不才。朱颜为列郡，白发入中台。阁道通天禄，宫门拂斗魁。论班元后郑，作赋或延枚。病肘垂杨老，危心一橹摧。根愁江北变，叶喜洛阳来。自昔边州重，当年蜀驭催。烧烽看朔漠，扪井历崔嵬。粗可翻前史，何能调禁财。流光成浩荡，孤宦易嫌猜。曲外悲弦剩，机头谤锦开。无功惭远志，有吏笑然灰。左辖真虚忝，仙曹复滥陪。门鹍愁眩转，轩鹤老毰毸。倾否知攸往，成章恶所裁。贾生空问卜，楚客但劳媒。特召依明主，生还揖上台。缇油观册府，巾履记翘材。长跪怀人句，徐传道旧杯。今兹宣父冶，终得铸颜回。"诸诗所言"庞丞相"即庞籍，皇祐三年十月拜相，皇祐五年罢。诸诗作于庞籍拜相时。《宋史》卷二一一《宰辅表二》：皇祐三年"十月庚子，庞籍自枢密使、检校太傅依前户部侍郎加同平章事、昭文馆大学士、监修国史兼译经使"。皇祐五年，"庞籍甥与堂吏受赇，谏官韩绛论之，七月壬申，籍依前户部侍郎、同平章事以京东西路安抚使出知郓州"。

十二月，益州乡贡进士房庶为秘书省校书郎，祁尝上其所著《乐书补亡》三卷。

《长编》卷一七一：皇祐三年十二月，"益州乡贡进士房庶为试校书郎。庶，成都人，宋祁尝上所著《乐书补亡》（二）〔三〕卷，田况自蜀还，亦言其知音"。《续通鉴》卷五二同。

《会要》乐二之二三："皇祐三年十二月二十七日，益州进士房庶为秘书省校书郎，命上《律吕旋相图》。庶，成都人。宋祁尝上其所著《乐书补亡》三卷，田况自蜀还，亦言其知音。"

《宋史》卷七一《律历志四》"崇天历条"："其后宋祁、田况荐益州进士房庶晓音，祁上其《乐书补亡》三卷，召诣阙。"

《东斋记事》卷二："最后有成都房庶者，亦言今之乐高五律，盖用唐乐而知之。自收方响一、笛一，皆唐乐也。其法，以律生尺，而黍用一桴二米。是时无二米黍，据见黍为律。虽无千七百三十黍之谬，与三分四厘六毫之差，然其声才下三律，盖黍细尔，其法则是矣。王原叔洙、胡瑗大不喜其说。朝廷但授庶试秘书省校书郎，不究其说而止。庶，玄龄之后，其为人简脱，尝与乡荐，然好音，宋子京祁、田元均况皆荐而召之。"

《宋朝事实类苑》卷一九："燕龙图肃判太常寺，建言今之乐太高，始下诏天下，求知音者。李照言乐比古高五律，而胡瑗、阮逸相继出矣。李照之乐，以纵黍累尺，黍细而尺长，律之容乃千七百三十黍。胡瑗以横黍累尺，黍大而尺短，律之容千二百黍，而空径乃三分四厘六毫。空径三分四厘六毫与容千七百三十黍，皆失于以（天）〔尺〕而生律也。阮逸又欲以量而求音，皆非也。最后有房庶者，亦言今之乐高五律，盖用唐乐而知之。自收方响一、笛一,皆唐乐也。其法,以律生尺,而黍用二秠二米者,是时无二米黍。据见黍为律,虽无千七百三十黍之谬与三分四厘六毫之差,然其声才下三律,盖黍细尔,其法则是矣。王原叔、胡瑗大不喜其说,朝廷但授庶试秘书省校书郎,不究其说。而庶,玄龄之后,其为人简脱,尝与乡荐,然好音,宋子京、田元均荐而召之。是时,丁正臣亦收牙笛二,与庶笛同。予尝于雄州王临处得北界笛一,比太常乐下四律,教坊乐下二律,犹高于唐乐一律。又尝于才元处得并州铜尺一,比大府尺长三分,以之定律,与唐乐声同。大府之尺定律,与北界笛同,二者必有一得也。若得真黍,用房庶法为律以考之,其为至当不疑矣。真黍,一秠二米者。"房庶,成都人,知音。《宋史》卷二〇二《艺文志一》著录其"《补亡乐书总要》三卷"。

是年,有赋咏郡斋后苑瑞竹。

《玉海》卷一九七宋祁《后苑瑞竹赋》:"彼神苑之嘉竹,挺双个而呈美。交繁枝之萧森,等密叶焉葱翠。遂并节以自高,乃联茎而告瑞。梢绀虆以俪修,䓕绿玉而均直。既内附以无外,盖不孤而有德。诏飞緌以荣观,列佩荷以赋诗。若曰所以苍箟,将兆庆乎震维;双者最多,且繁衍乎本支。一以为群情协恭,一以为四表共规。愿裁管乎伶伦,期汗简于良史。"题下注:"皇祐三年。"

是年,强至代作书启问候、答谢祁。

强至《祠部集》卷一七《代贺正上亳州宋侍读状》:"恭以某官学际天渊,名重缨襘。早陪乙夜之览,允极丁辰之荣。翔步王涂,居劳侍从之事;班条侯阃,出咏《中和》之诗。顺履庆辰,具膺景福。宅上台而秉轴,谅在匪朝;祝南山而奉觞,莫遑为寿。"祁本年二月以翰林侍读学士、兼龙图阁学士、给事中知亳州。

强至《祠部集》卷二一《宋侍读状》:"语能无状,被遇最优。迹久去门墙之严,书再彻左右之听。居常牵吏,继缺问安。大臣之量,犹江河能容简旷；小人之背，负芒刺第切兢惭。伏惟宣布教条，导迎禧祉。恭以某官夙钟间气，亲会熙辰。历更显仕之光，增重荐绅之望。郁胸中治安之策，犹屈守麾；树天下太平之基，行登台席。"

强至《祠部集》卷二三《代问候亳州宋侍读启》："某黾勉副车，阻遥巨屏。沿台移而奔命，曾靡宁居；贡邮讯以问安，因成旷礼。企台仪而复邈，驰尘想以增劳。伏惟坐布宽条，翕臻纯祉。恭以某官道先民觉，文擅辞宗，忠简上心，名重天下。而自羽（议）〔仪〕朝宁，黼黻辰猷。待乙夜之亲程，已殚明效；宣二天之美化，聊郁贤谋。行被诏还，亟升柄任。"

强至《祠部集》卷二四《代上答亳州宋侍读启》："伏审茂对恩书，出观藩政，侧闻新命，窃怀寸襟。恭以某官名世标才，际天蕴识，早逢文雅之会，优践秀廉之科，华要洊扬，声光愈绰。以至密陪衡石之览，自结纩旒之知。然翔步严途，曷殚行事之效；而班条治屏，少见泽民之为。而况先一州乃大用之阶，为三公由此途而出，靡容秩满，行被诏还。某黾勉外台，阻遥尊府，未遑驰庆，先辱流音，愧喜交怀，名言非谕。"

皇祐四年壬辰（1052）　五十五岁

〔时事〕

五月，侬智高陷邕州，称帝，建大南国。又陷横、贵等八州，围广州。六月，起余靖知潭州，旋改知桂州。以狄青为枢密副使。七月，命余靖经制广南盗贼事。九月，以狄青为宣徽南院使、宣抚荆湖路、提举广南经制贼盗事，击侬智高。

年初，作诗叹衰老。

《文集》卷八《入壬辰新岁》："五十为衰始，仍余五岁衰。双眸不明鉴,残鬓已纷丝。铜虎虽频剖,荷囊信滥持。何须依老格,先作故山期。”壬辰年即本年。《文集》卷六《晓栉》:“晓栉理斑鬓,萧萧遍愁颠。多病始计日,蚤衰不待年。青青固未几,种种今乃然。寡发有异象,施髦惭庄篇。且复委蓬葆,言就东山眠。”亦为叹衰之作,姑系于此。

二月,以礼部侍郎自亳州徙知成德军,充本路安抚使兼马步军都总管。

陈傅良《止斋集》卷四一《跋宋景文公帖》:“景文公以皇祐四年二月自亳徙成德,明年正月徙定武,实代魏公,所谓‘丐任河朔,一年有余’,盖是岁也。元宪公亦以是岁八月自河南徙许,而晏公来河南。公有九月朔日请入觐书,欲会元宪于河阳,二十五日书所谓相国也。至和元年,刘冲之相。刘自参预,即领《唐书》,故催书于公。嘉祐改元,仁宗不豫,其曰‘河朔大臣’,则韩公在相台尔。八月徙益州。是时,庞庄敏自永兴改河东。其年五月,元宪归,缀中书门下班。公有‘此月二十三日书’云云,则犹在定武也。三年,王侍读来成都,于是还阙。公言庄敏引归不决,元宪乃图任之渐。明年,庄敏以筑堡事宠节钺,元宪复筦枢务,真见事之谈云。”

《神道碑》:“岁余,以礼部侍郎知成德军,充本路安抚使兼马步军都总管。”《宋史》本传:“岁余,徙知成德军,迁尚书礼部侍郎。”按:二月知成德军乃受诏之时间,到任在七月,参本谱本年七月记事。

成德军(今河北正定),即真定府。《宋史》卷八六《地理志二》:“真定府,次府,常山郡,唐成德军节度。……庆历八年,初置真定府路安抚使,统真定府、磁、相、邢、赵、洺六州。”

春,与丁度有诗来往。

《文集》卷一八《祇答提举观文丁右丞见寄》:“恳辞金殿得班

春,稿箧相从素濑滨。坐阁仍题修史笔,去乡犹是受经人。浮云富
贵心知厌,淡水交游老更新。三叹来章深意在,肯容冠绶久生尘。"
丁右丞即丁度。《宋史》卷二九二《丁度传》:"改观文殿学士、知
通进银台司、判尚书都省,再迁尚书右丞,卒。"《长编》卷一七四:
皇祐五年正月"辛亥,观文殿学士兼翰林侍读学士、尚书右丞丁
度卒"。丁度皇祐五年正月十日卒,迁尚书右丞在此稍前。姑系
于此。

四月,遣夏倚于北岳祭安天元圣帝以谢雨。

《文集》卷四八《北岳谢雨文》:"维皇祐四年,岁次壬辰,四月
丙子朔,越十九日甲午,具位宋祁,谨遣光禄寺丞、签署节度判官厅
公事夏倚,以清酌庶羞之奠,致祭于北岳安天元圣帝:近以正月至
四月不雨,艺者不苗,苗者不蕃,吏民遑遑,忧为岁害。尝遣属官走
庙下以旱告,曾未浃辰,雨获嘉应。愁叹之声,转为讴吟。是用卜
日具祭,以答灵贶。然而川隰之间既幸霡洽矣,其陵阜墝埆之田尚
未涵足。神其振张威明,以大明功。俾高下均蒙其赐,则吏民尊奉
之心益虔肃矣。"题下原注:"祁到成德军任在七月,此文在四月,当
属奉诏在前,即遣属官致祭。"祁二月已受诏,七月方到任,此乃遣
官祭之。

夏,寄书贾昌朝执事,乞宽限《唐书》修撰日期。

《文集》卷四九《观文右丞书》:"祁去年三月二十九日止官下,
值艾创溃发,四支无聊,至此月初良已,是用未克奏记。亳虽闲僻,
纲纪久废,盗贼总总,勉力操决,至此渐有绪,时时少暇中。前被台
符,许讫《唐书》旧稿。自以眼眩花,头垂雪,心术昏倦,实不能从
诸公于笔研间。具奏恳免,今又不获。会递中得执事所赐书,重复
开诲,仍勖以富贵磨灭,惟斯文为不朽。此事仆敢不勉,正恐阑单
淹久,未能成书,俗傺在远,咨询无所,为诸儒诋其疏谬耳。今已走

一介悉索副稿,计今秋可了列传。若纪志,犹须来春乃成。天使此书传耶?尚无他患,若其不传,即未知使仆得谤得罪,一代之典,遂泯然也。子长、孟坚,才几圣人,作史并数十年,讫无完书。或当时亡失,或后人补缀。况今三百年事,浅猥残缺,要须补润。又史官才不逮二人远甚,虽欲遽急修定,其可行远耶!愿执事更纾岁月,使诸儒悉力论讨,庶其寡过者。成之难,则行之久。成之易,则废之速也。诸序论辄斐然撰次,须且具草,仰丐窜定。官守有限,趋谒未期,惟慎夏多爱。"题下原注:"案:《宋史·贾昌朝传》,皇祐元年六月,特置观文殿大学士以宠之。祁知亳州在皇祐三年,时昌朝监修《唐书》。"文中"去年三月二十九日止官下",指亳州上任,参本谱皇祐三年记事。文有"慎夏多爱"则作知亳州次年夏。观文右丞即贾昌朝。

七月,知成德军到任,作《镇府谢上任与两府启》。

《文集》卷四四《御戎论并表》曰:"臣于皇祐四年秋七月待罪成德军,五年二月改定武军,皆兼本路安抚部署两司。此河北极选,贤士大夫日夜所望立功名者也。臣某诚恐诚惧,顿首顿首。"所言"五年二月改定武军"乃指定州到任。《文集》卷三八《定州到任谢表》:"伏奉正月日制诏,就移臣充定州路都部署兼安抚使、兼知定州,臣以二月二十五日到任讫。"则"四年秋七月待罪成德军"亦当指到任。《文集》卷一七《送屯田张中行罢成德军通判还朝》"满更"句自注云:"壬辰秋,与中行同赴常山。不半年,予改守中山,故中行今先得罢。"《文集》卷二九《上便宜札子》:"居真定不半年,徙定武。"卷三八《定州到任谢表》:"自尘真定之擢,遂总中权之华。定命不可以固让还,远戍不可以不才解。径趋所莅,甫及半期。讵谓金言,更忝兹授。"《文集》卷五五《定州谢到任上两府启》:"比者承乏真定,临制中权,率职半期,无治言状。"《文集》卷五五《定州到任回诸官启》:"解符真定,易地中山。未成五月之劳,复忝万夫之长。"均言在成德军不及半年,与祁皇祐四年七月知成德军到任,五年正月改知定州合。《神道碑》《宋史》本传、《东都事略》卷六五本传所言"居三月,徙定州"乃概数。

《文集》卷五六《镇府谢上任与两府启》:"兹者祗循诏旨,惕服官箴,引组搂荣,扪襟拥愧。伏念祁学非企古,知不逮人。向丐冗闲,本藏衰晏。材短多负,志小易安。不图朝金,误委边剧。护师万众,绵地六州。"文作于此时,镇府即真定府,唐成德军节度。

有启谢两府改知成德军,充本路安抚使。

《宋文鉴》卷一二一宋祁《镇府谢两府启》:"常山剧部,全赵故封。地联六州,身拥三绶。……敢留于行,已践而职。此盖伏蒙某官助邦善育,为上亟言。齿擢误加,庸底思报。窃以河朔之地,天下劲兵。分四帅臣,皆一都会。然而狃承平之习,训练弗精;因流馑之余,廪帑常乏。马不充士,官靡值才。幕府欲仰给之饶,度支辞经用之窘。交相为患,未知所图。伏惟庙谋,深体边务。峙隄于未溃之日,投药于可疗之初。誓当悉心,稍期集事。"镇府即真定府,常山郡,唐成德军节度。

《拾遗》卷一三《谢除安抚表》:"又况常国奥壤,全赵旧封。地饶财赀,人上武力。……伏望陛下念臣身远与寡,察臣徇公绝私。宁无中伤,必赐明辩。臣亦夙夜自徼,美丑必陈,同士甘辛,求民瘝瘼。"常国即常山郡,指成德军。

成德军到任,作启谢诸官相贺。

《拾遗》卷二〇《镇府谢诸官相贺启》:"近自闲州,俾临剧部。既护诸将,并提六州。载循懦怯之人,不称藩宣之寄。军中头白,固已自惭,马上髀消,若何为报。敢期英俊,驰锡题函。以鳌署之深沉,尝更法从;虽雁门之蹐远,犹借褒言。嘉惠载隆,劳膺永戢。官常有次,盍簪未期。时亿美祥,日跻荣宠。"镇府即成德军。

请弛河东、陕西马禁,又请复唐驮幕之制。

《宋史》本传:"请弛河东、陕西马禁,又请复唐驮幕之制。"王称《东都事略》卷六五本传:"请弛河东、陕西马禁,听蕃落民间自相卖,民养马者,不得升户等。又请复唐驮幕之制。"

《文集》卷二九《请复唐驮幕之制》:"臣闻唐时出师用兵,每什为五驮法,马牛任从所便,其间随行什物锅幕之类皆具。故师行万里,经亘岁月,无所阙乏。自五代之乱,更相侵扰,其兵不出中国。弱者轻赍,强者因粮,遂失五驮法。至今相承,不复讨寻。臣伏见朝廷之制,每指挥五百人,指挥使得夹幕一具,副者得单幕一具,马军得叶锅布行槽等若干,步军得锅若干。自军员以下,更无帐幕。或出次野外,虽甚风雨,亦无所庇。又战士被甲,所将衣衾,悉自负荷。马军则盂杓之类悉在马上,然则行数百里,人马强力,皆已先疲,脱若逢贼,安能挽蹋击刺,与争胜哉?故无幕帟,则士卒无所休庇;无驮物,则士卒须自负荷。此于军戎,亦非小害。臣乞诏近臣检求唐驮幕法,下殿前马步军司,议可复与否,明条利害,上禀朝廷指挥。"题下原注:"案:《历代名臣奏议》系皇祐四年祁知成德军时上。"

上养马、买马等札子。

《文集》卷二九《论养马札子》题下原注:"案:《历代名臣奏议》以下四首俱系嘉祐六年,祁为群牧使时上。"按:"四首"指《论养马札子》《又乞养马札子》《论买马札子》《又论配马札子》等,据题下注系为嘉祐六年祁群牧使时上,然祁时在病中,不久即卒,似已无力关注此事,此类札子疑在知成德军请弛马禁时所上。

上书论蛮夷利害，建言河北诸路建一帅统之，岭南外区宜募土人为乡军制蛮。

《文集》卷四三《蛮夷利害议》："今河北既分部署等路，各有属州，是唐诸节度兵也，然而未有都统，以节进退。臣请因建大帅以一之，使部分各得其人。则金鼓旗帜，卒伍号令，便当一禀于其帅。缀铠磨兵，益养马，阅师而讨之，讲求法度。朝廷密诏，以敌入某处，以某部署军当之，某路以师援，某所以粮济，咨大帅而听命焉。击首尾应，击尾首应，掎角屈伸，包裹弥缝。明立赏罚，阃外之务，不从中制。此所谓不可乱也。不乱则陛下可用，而胜彼之乱也。岭南外区，瘴疠熏蒸，北方戍人，夏秋往者，九死一在。……募土人为乡军，复其租调，视州大小户多少为之数，统以部伍，教以进退，习以彼所长技，与相追逐。"题下原注："案：《历代名臣奏议》，此首题作札子，系祁知成德军时上。"文中有建言河北设统帅之言，当为知成德军时上。据《国朝诸臣奏议》卷一三六载，祁此还上有《论河北及岭南事宜》，然文集不载。

作诗记成德军任上之事。

《文集》卷一八《真定述事》："莫嫌屯垒是边州，试听河山说上游。帐下文书三幕府，马前靴鞑五诸侯。王藩故社经除国，侠窟余风解报仇。四十年来民缓带，使君何事不轻裘。""三幕府"句下自注："部署、安抚二司并府事。"与祁知成德军，充本路安抚使兼马步军都总管合。真定即真定府，唐成德军节度。

在成德军，本郡杨氏有二怪石，邀张中行、伯逢同赋诗。

《文集》卷七《常山杨氏有二怪石奇险百状田曹张中行家洛阳遍见都中诸家所得异石皆出此下予他日思之恐常人忽而不珍作诗以诧其处并邀中行伯逢同赋》："块然两奇石，谲怪状难悉。千仞裂嵯峨，一气与崷崒。四隅薜剥肤，万古云渍骨。补余天所委，陨罢星不没。横苍对偃蹇,怒翠竞腾突。神媪秘弗露,狂鳌抃而失。由兹落人宇,得用玩奇质。屹如不可转,挺若无所屈。斗虎攫余痕,乖龙卧残窟。撑掉壮士槊,奋立直臣笏。危顶烟夭矫,窄窦雷郁律。涛头缩不展,魖臂愤相捽。变现载灵牒,呵护费神物。穷陬苦陋庳,珍碧恐湮汨。各保坚礏姿,以待封山日。"常山即真定府,唐成德军节度。诗作于知成德军时。张中行,祁知成德军时张任通判。《文集》卷一七《送屯田张中行罢成德军通判还朝》自注云:"壬辰秋,与中行同赴常山。"伯逢,不详。

是年,李维为真定府转运使,往见之。

《能改斋漫录》卷一三"郎中知制诰"条:"宋景文公帅真定,时漕使周浩郎中已罢,李维少卿方到。宋公往见,参状称运使郎中。李怒曰'我非郎中',辞不受。典宾以情恳,宋曰:'沿袭前官之误,愿赐矜贷。'公题一诗于状后以遗李,末句曰:'若向西清遇荣显,少卿只合作郎中。'李诘其故,宋曰:'国朝故事,无少卿知制诰者。若当制,即少卿改授前行郎中。'李愧谢之。"李维,不详。

是年,赵职方罢成德军通判还朝,有诗送之。

《文集》卷二〇《送次饶赵职方罢成德军通判还朝》:"倅乘淹荣序,封轺促觐期。文章二台妙,昆弟五常眉。树隐征邮密,花留祖盖迟。秋毫供握处,春草见归时。书笏人思对,垂橐客怆离。羡君如彩凤,先集翠梧枝。"由诗题知赵职方为宋祁下属。或张中行代赵职方为通判,祁与张中行到任时赵还朝。姑系于此。赵职方,不详。

约是年,加勋邑。

王珪《华阳集》卷三五《翰林侍读学士礼部侍郎宋祁加勋邑制》:"朕观《下武》之诗曰:'三后在天,王配于京。'盖美其能昭前人之功,以大有周也。越仲冬景至,合祀神祇。永惟一祖二宗,休功丰烈之无穷,亦用并侑于郊,以孚予之孝心。惟福瑞之至,则有怀隽德之臣,共承其休。具官某知觉斯民,材杰于世,以文章式二禁之训,以风政于四方之宣。朕适拥神之休,以敷泽于天下,虽尔在外,而兴予宣室之思。懋以勋等,胙之真赋。宠书之涣,其肃而承。可。"文中言"虽尔在外"则其时外任,祁在本年二月以礼部侍郎自亳州徙知成德军。

皇祐五年癸巳（1053）　五十六岁

〔时事〕

正月,狄青败侬智高于邕州。二月,狄青复为枢密副使。五月,高若讷罢枢密使,以狄青为枢密使,孙沔为枢密副使。闰七月,庞籍罢相,陈执中、梁适为相。

正月,代韩琦知定州。

《文集》卷三八《定州到任谢表》:"伏奉正月日制诏,就移臣充定州路都部署兼安抚使、兼知定州,臣以二月二十五日到任讫。"《长编》卷一七四:皇祐五年正月"壬戌,观文殿学士、吏部侍郎、知定州韩琦为武康节度使、知并州,徙判并州李昭亮判成德军,知成德军宋祁知定州"。《续通鉴》卷五三同。《神道碑》:"徙定州。"《宋史》本传:"徙定州。"《东都事略》卷六五本传:"徙定州。"

定州,即中山府,博陵郡。《宋史》卷八六《地理志二》:"中山府,次府,博陵郡。……太平兴国初,改定武军节度。本定州。庆历八年,始置定州路安抚使,统定、保、深、祁、广信、安肃、顺安、永宁八州。"

正月四日,向里社龙神谢雪。

《文集》卷四八《谢雪文二首》其一:"维皇祐五年,岁次癸巳,正月壬寅朔,越四日乙巳,具官宋祁,敢告于里社龙神:向以寒气不效,雪不时降。民病雍塞,首种焦然,是用暴诚于尔有神。神鉴其恳,厥应如答。高润下沾,罔不浃洽。有醪伊清,有饔斯馨。以将至虔,敢用谢成。"

正月,丁度卒,无人总领修《唐书》,有疏乞宰相监修。

《文集》卷二九《乞宰相监修唐书疏》:"臣先奉诏修定《唐书》,是时贾昌朝罢执政,丁度以参知政事嗣总其任。度比罢免,而书局不解。今度不幸薨谢,臣又远守边郡,本局止有删修官王畴以下四员,至今编纂迟延,纪、志俱未有草卷……欲望朝廷许依前例,以宰相监修。"《长编》卷一七四:皇祐五年正月"辛亥,观文殿学士兼翰林侍读学士、尚书右丞丁度卒"。《疏》作于丁度卒后,姑系于此。

将赴定州,有诗寄同僚。

《文集》卷二三《余将北征先送同(解)〔廨〕》:"动地箕风白草干,旗亭歌阕据征鞍。三冬大雪梁台路,不敢逢君唱苦寒。"言"白草""三冬",则诗作于孟春之时。定州在成德军东北,故有"北征"之说。

二月二十五日,定州到任,有谢表及谢神文。

《文集》卷三八《定州到任谢表》:"伏奉正月日制诏,就移臣充定州路都部署兼安抚使、兼知定州,臣以二月二十五日到任讫。由中被诏,益北护边,外循衰瘵,阴讼庸短,强颜临部,扪感充膺。伏以中山之区,河朔为剧,作国垣扞,压敌喉襟。高埤萃而云联,诸屯班以棋置。风俗质俭,气尚强雄,从古以还,号劲兵处。自四道分师,大将须才,韩琦以旧臣之劳,实首兹选。出入六载,经营百为。补绽成完,敛顽就法。声绩明具,纲条设张。考课上闻,居治第一。伏惟皇帝陛下精核吏事,留意塞防,谓琦报政之成,进易其地;惟定代更之重,谨择于人。过听腐儒,俾嗣前最。伏念臣称自寒素,得厕班行,所习简牍之功,不知军旅之务。比尝出守,止责亲民,故于岁成,偶纾官坐。自尘真定之擢,遂总中权之华。定命不可以固让还,远戍不可以不才解,径趋所莅,甫及半期。讵谓金言,更忝兹授。官并二组,地绵九州。且臣自揆所能,出群臣之下远甚;潜计其齿,去六十之年几何。论公则应黜乃迁,语私则当闲反剧。惧溢于喜,荣弗盖惭。"

《文集》卷五五《定州到任启》:"今者祗奉诏期,已如官次。荐烦假节,益壮护边。内循空虚,日用惭震。伏以中山之剧,朔北称雄。廪帑万楹,铠械亿计。畅毂蔽野,高墉彗云。屯壁骈集以相望,诸将奔走而听命。宜待才选,庸缉事经。而祁衰老之余,懦怯有素。"祁此时年五十六,故言"衰老"。

《文集》卷四八《定州到任谢神文》:"恭闻古诸侯祭境内山川、鬼神。祁被皇帝诏书来此邦,凡在祀典者,春秋之笾豆彝斝,举得奉承。故始莅事,不敢不见祠下。惟刺史所治,弗疠弗灾,以享其年,神实庇之,辄以熟馨旨酒,侑以鼓吹,遣属吏摄事,再拜诸廷。"文作于到任时。

定州到任,有启文谢两府及诸官。

《文集》卷五五《定州谢到任上两府启》:"昨奉诏书就移前件官者。仰对明缃,俯循华组。地由边重,帅以儒荣。任不值能,颜无容愧。窃念祁短谋腐学,病质衰年。自宜力于艺文,不应强以军旅。比者承乏真定,临制中权。率职半期,无治言状。"《文集》卷五五《定州到任回诸官启》:"解符真定,易地中山。未成五月之劳,复忝万夫之长。适询副贰,并屈俊雄。得联纸尾之衔,参重幕庭之选。息藩为幸,庇短云初。何枉勤私,先贻庆问。丛麻可倚,诚有助于飞蓬;扬粃在前,恐贻羞于嘉谷。内名赏惠,实托余光。就部方勤,尽言安叙。"两文作于定州到任之后。姑系于此。

寄书庞籍，述不习军旅之事，冀其延引早日归朝。

《文集》卷五一《上昭文相公书》："祁忝学士一十二年，内外无党助，孤立在朝，惟相公谅其本末。且生多病，性懦怯，恐不可久叨剧任。又天禀疏拙，不能附离权贵。边境难测，虽百务俱办，一事有失，则群怒赫然，前劳并弃矣。况其本来文翰诸生，不习军旅，今强所不能，只恐败国家事耳，身之褒黜，胡系重轻！伏望相公矜悯，一介恐心极虑，不为诡诼倾仄，素自安分，靡所觊觎。若早得罢归，供职经筵，晚节之幸也。立功立事，请俟来哲。情素危迫，不敢之他门，惟至仁是归，望赐矜哀，不宣。"昭文相公即庞籍。《宋史》卷二一一《宰辅表二》：皇祐三年"十月庚子，庞籍自枢密使、检校太傅依前户部侍郎加同平章事、昭文馆大学士、监修国史兼译经使"。皇祐五年"庞籍甥与堂吏受赇，谏官韩绛论之，七月壬申，籍依前户部侍郎、同平章事以京东西路安抚使出知郓州"。书至迟作于本年七月。姑系于此。

闰七月，兄庠自洛阳移知许州，晏殊自永兴军徙知河南府。

宋庠《元宪集》卷一五《晏公丧过州北哭罢成篇二首》其一"昔迎留守萧丞相"句自注："癸巳秋，公自长安代余守洛。"晏公即晏殊。《长编》卷一七五：皇祐五年闰七月"癸酉，徙判许州贾昌朝判大名府"。庠移知许州乃补阙，因贾昌朝判大名府。

《欧阳文忠公集》卷二二《观文殿大学士行兵部尚书西京留守赠司空兼侍中晏公神道碑铭》："徙知河南府、兼西京留守，累进阶至开府仪同三司，勋上柱国，爵临淄公，食邑万二千户，实封三千七百户。"知晏殊徙河南。

陈傅良《止斋集》卷四一《跋宋景文公帖》："景文公以皇祐四年二月自亳徙成德，明年正月徙定武，实代魏公，所谓'丐任河朔，一年有余'，盖是岁也。元宪公亦以是岁八月自河南徙许，而晏公来河南。"

在定州，中秋对月抒怀。

《文集》卷一二《中秋对月》："圆期压秋半，飞影破云端。明极翻无夜，清余遂作寒。桂繁团露湿，轮驶渡河干。且置穷边思，何殊故国看。"言"边思""故国"，当作于定州。姑系于此。

八月，定州木芙蓉开花，较之江南花瘠色淡，作诗叹之。

《文集》卷一二《江南木芙蓉张子春云其高如树中山地寒才数尺花瘠色淡八月已开》："江南高比树，塞北仅成丛。向晚谁争艳，防寒浅作红。弄条风淅淅，衔蕊蝶匆匆。且作黄花伴，无令叹蕣空。"中山即定州。张子春，见本谱庆历二年。《文集》卷二四《木芙蓉》："寒圃萧萧雨气收，敛房障叶似凝愁。情知边地霜风恶，不肯将花剩占秋。"言"边地""不肯将花剩占秋"知诗作于定州。姑系于此。

九月九日重阳节，置酒怀亲。

《文集》卷一八《九日置酒》："秋晚佳辰重物华，高台复帐驻鸣笳。邀欢任落风前帽，促饮争吹酒上花。溪态澄明初毕雨，日痕清澹不成霞。白头太守真愚甚，满插茱萸望辟邪。"言"鸣笳""白头太守"，当作于定州时。姑系于此。

秋，在定州作《秋兴》诗。

《文集》卷一二《秋兴》其二："遥夕何曾寐，孤怀有为忧。谋多真逗挠，师老但诛求。朔雾摩边垒，羌风殷战枹。吾生诚用寡，叹罢只搔头。"言"边垒"，当作于定州。其三："先日二毛生，秋来无复惊。南风随楚俗，北斗望都城。坞栗霜开罅，池莲雨折茎。停樽问天意，何适付枯荣。"言"南风""北斗望都"似不在定州，或组诗非一时之作。姑系于此。

十一月，仁宗祀天地于圜丘，次月在定州进贺表。

《文集》卷三六《定州贺南郊礼毕表》："今月八日，马递到敕书一道，以南郊礼毕，大赦天下者。臣当时集本州官吏军民宣读，并下管内诸县寨施行讫。严燎炀薰，翠舆旋轸。庆腾观魏，欢浃黎苗。窃惟报本以诚，莫尊飨帝。就阳而祀，是谓因天。有国以来，三岁为法。合万灵而胒享，穷四海以职来。乘兹治平，用举能事。恭惟皇帝陛下丕承正统，奄治中区。惟古与稽，有典咸秩。既扬诩万物，乃嘉享三神。"《宋史》卷一二《仁宗本纪四》：皇祐五年十一月"己巳，祀天地于圜丘，大赦。丁丑，加恩百官"。己巳日即四日，丁丑日即十二日，《表》言"八日"则作于次月。

十一月，友郑戬卒，有诗挽之。

《文集》卷九《宣徽太尉郑公挽词二首》其一："秘幄留高议，雄边倚茂勋。风流自南国，礼乐得中军。卧疾初无损，遗忠忍遽闻。寝门今日恸，长作死生分。"其二："谁为云亡恨，曾无可赎身。江山归国路，桃李泣蹊人。追册君恩厚，题功史笔新。所嗟经济事，不及相平津。"宣徽太尉郑公即郑戬，皇祐五年卒，赠太尉，谥文肃。胡宿《文恭集》卷三六《文肃郑公墓志铭》："皇祐五年冬十一月甲子，有宋儒帅宣徽北院使、奉国军节度使郑公薨于并。"

十二月八日稍后，感定州与江南气候之不同，作诗纪之。

《文集》卷一七《腊后书所见》："北斗边城春柄回，闰年飘縠占余灰。鼓声催遍江南草，驿路传残陇首梅。寒日已高犹沉溓，薄云无待故徘徊。何郎素忆惭杯杓，强欲乘闲拨冻醅。"言"边城""闰年"与本年在定州且闰七月合。

是年，作《上便宜札子》，论天下根本在河北，河北根本在镇、定二州，并建言增步兵、入谷、分兵、隶裨将及合镇定为一路，见识卓越。

《文集》卷二九《上便宜札子》："臣伏念行年五十有六，素自衰怯不逮人，宜内治一郡，习刀笔簿领，计校米盐，与俗吏争课最，以

报万分。不意陛下过听，乃使守边。居真定不半年，徙定武。任过
所能，早夜震惶。然常闻天下根本在河北，河北根本在镇、定。以
其扼冲要，为国门户。且契丹所欲得者，惟定与镇，二军不战，则
进薄深、赵、邢、洺，咋脆撞虚，无有患矣。臣所以日夜深计者，以
为欲兵之强，莫如多谷与财；欲士而练，莫如善择将；欲人歆艳乐
斗，莫如赏重而罚严；欲敌顾望不敢前，莫如使镇重而定强。夫耻
怯尚勇，好论事，甘得而忘死，河北之人殆天性然。陛下少励之，
不忧不战。以欲战之士，不得善将，虽斗犹负。无谷与财，虽镇金
城，定汤池，势必轻。今朝廷择将练卒，制财积粮，乃以陕西、河东
为先，河北为后，非计也。夫西戎兵锐士寡，能略边不能深入。河
东天险，敌惮为寇。惟河北不然。失长城之防，自蓟而南，直视千
里，敌鼓而前，如莞筵上行。故曰：谋契丹者，不得不先河北；谋河
北，舍定与镇，无可议矣。故臣愿先入谷镇、定，镇、定已充，可入
谷余州。列将在陕西、河东有功状者，得迁镇、定，则镇、定重。天
下久平，马益少，臣请多用步兵。夫阒然聚，霍然去，云奔飙驰，抄
后掠前，此马之长也。强弩巨梃，长枪利刃，什什相联，伍伍相遮，
大呼薄战，此步之长也。臣料朝廷与敌相攻，驱而去之，及境则止，
然则不待马而步可用矣。臣请损马而益步，故马少则骑精，步多则
斗健。我能用步所长，虽契丹多马，无所用之。夫镇、定一体也，势
不可离。今判为二，恐谋之未详。自先帝为一道，帅专而师不分，
故定捣其胸，则镇捣其胁，势自然耳。今其显显有害者，屯寨山川
要险之地裂而有之。平时号令文移不能一，敌脱叩垒，则彼此不
相谋，谁肯任责耶？臣请合镇、定为一路，愿以将相大臣领之。无
事时以镇为治所，有事则迁治定，指授诸将。诸将权一而责有归，
无苟且意，策之上也。惟陛下与中书、枢密院当居安虑危，熟计所
长。必待事至而后图之，殆矣。河东马强，士习善驰突，与镇、定若

表里然，东下井陉，不百里入镇、定矣。敌若深走，以河东健马佐镇、定兵，掩契丹之惰若归者，万出万全，此一奇也。臣闻事切于用者，不可以文陈。臣所论增步兵及入谷、分兵、隶裨将等诸条，件目繁碎，要待刀笔吏委曲可晓。臣已便俗言之，辄别封上。至择善将、多蓄财，乞委枢密院、三司条具以闻。臣一诸生，弗知军旅事，偶有所见，不敢隐，特以受大恩，思亟报也。恐议涉迂暗，有司疑诘，更乞付臣，令悉意条陈，然后施行。"《上便宜札子》为祁奏疏名篇，又见于《神道碑》《长编》卷一七四、《东都事略》卷六五、《国朝诸臣奏议》卷一三六、《宋史》卷二八四本传、《历代名臣奏议》卷三二八。

常有归京之思。

《文集》卷八《思归》："去国倏三岁，颇知归思纷。南心晓城斗，北眼暮楼云。珥笔行将脱，朝珂冷不闻。莫论持帅节，畎亩尚思君。"自皇祐三年二月出知亳州至本年前后三年。

是年，与成德军通判张中行唱和。

《文集》卷一七《送屯田张中行罢成德军通判还朝》："中山花下举离樽，缟发萧萧重黯魂。假节共辞金马闼，满更先入玉关门。弥年锦帐残香燎，几夕兰陔撷露痕。早伏青规奏边事，五芝泥熟待新恩。""满更"句下自注："壬辰秋，与中行同赴常山。不半年，予改守中山。故中行今先得罢。"则张中行罢时，祁在定州。《文集》卷五一《张中行屯田书》："别已一期，凡两得讯。"书作于至和元年，可见送别在本年。《文集》卷一五《答常山屯田张中行寄赠》："紫荷焦脱燥宫毫，万里边霜扰鬓毛。不称衰年开幕府，只堪平世掾功曹。飞蓬转野初无定，疮雁惊弦久未高。犹有一愁何计奈，掷硒难报美人刀。"诗题言"常山"则作于张中行罢归之前。《文集》卷四九《上中行张屯田书》："比天高气清，蛩鸣夜而蝉号昼，百卉腓掫，自然感人。况仆据老境，悼功名不立，其怅恨可胜言耶！足下虽少仆，然亦偃塞仕路，得无与仆同哉！获书，审眠食佳，宜顺时自爱。"言中行"偃塞仕路"，文当作于其还朝之前。张中行，不详。据祁诗，张中行曾任成德军通判。

是年，寄书张方平，忆往昔以直而招怨，以疏谬为人斥，但不悔所为，而于穷达，亦淡然处之。

《文集》卷五一《上安道张尚书六首》其五："月中遽传书教，存慰谆谆，不啻与馨欬接承。比来玉体佳宜，甚休。且因从祀，对一二故人，怅然念衰冗之在外也。然足下明哲，仆与知之。故仆之远守，宜足下悯而思也。仆于世事素昧，往往以拙取憎，直招怨，以疏谬为人斥。且排内自省，亦何负于心？……仆今过知命既六年矣，虽甚愚，宁不少知？故确然以忠信自信。穷欤，命也；达欤，亦命也，未始戚戚乎胸中。尝闻知耻者近勇，仆将知耻矣。念与足下别且数千里，相见何时？辄道此以佐足下之鼓而西。不宣。"张方平，字安道。文言"过知命既六年矣"即本年五十六岁，时祁守定州，故文有"仆之远守"之说。

是年或稍后，有诗寄杜衍。

《文集》卷一三《寄献南京致政杜相公》："调元罢后久忘机，三见东山拜诏时。言在典谟经舜问，规留廊庙许曹随。人间岁月尊黄发，方外讴谣续紫芝。举酒祝公千万寿，逍遥长与赤松期。"杜相公即杜衍。《宋史》卷三一〇《杜衍传》："庆历七年，衍甫七十，上表请还印绶，乃以太子少师致仕。衍为宰相，贾昌朝不喜，议者谓故相一上章得请，以三少致仕，皆非故事，盖昌朝抑之也。皇祐元年，特迁太子太保，召陪祀明堂，仍诏应天府敦遣就道，都亭驿设帐具几杖待之，称疾固辞。进太子太傅，赐其子同进士出身，又进太子太师。"与诗"三见"句下自注"公引年后凡三进秩"合。《长编》

卷一七五：皇祐五年八月"壬子,太子太傅致仕杜衍为太子太师"。则杜衍进太子太师在本年八月,诗作于此时或稍后。

宋仁宗赵祯至和元年甲午(1054)　五十七岁

〔时事〕

正月,张贵妃卒,追册为皇后,赐谥温成。三月,王贻永罢枢密使,王德用为枢密使。七月,梁适罢相。八月,刘沆为相。

二月,于北岳祈雪。

《文集》卷四八《北岳祈雪文》："自冬无雪,大寒不效,宿麦瘁枯。涉春之仲,土(愤)[坟]冻泮,天极愈高。暖气早来,厉鬼挟疫,以中齐人,寒咳僵仆。赭埃蒙田,耒耜弗施。夫家愁叹,疾首无诉,坐待饥虚。臣荷二千石印绶,克长此邦。部九州军地,幅员千里,有民不获,匪(臣)[民]孰司。……是岳所以主,而州所以为望也。人能事神,神能庇人。方穷而诉,必见哀许。物薄请丰,所恃至诚。"言"九州军地",当在定州。姑系于此。

三月二十日,在五龙堂谢雨。

《文集》卷四八《五龙堂谢雨文》："维皇祐六年,岁次甲午,三月乙丑朔,越二十日甲申,具位宋祁,谨以清酌之奠,昭告于五龙之神:昨旱暵为虐,绵跨冬春,二麦瘁枯,民屋疵疠。守吏震愧,用斋洁以致,上控于神。信辞幽通,神实歆应。甘泽飞霖,沾被四疆。然稼事方作,尚须膏润。惟至诚可以感神,惟明神可以庇民。敢因报谢,更薪来泽。"

三月,下德音,改元至和,祁进《贺德音表》。

《拾遗》卷一二《贺德音表》："今月二十一日马递到德音一道,以皇祐六年四月一日为至和元年。臣即时集官吏将校宣示,并行下诸县讫。有食之会，善历前知。更始之文，上圣无惮。缘肇题于年纪，用普赉于黎元。飞驿疾颁，多方朋拚。"《全宋文》整理者此文题下注："《宋史·仁宗本纪四》：皇祐六年三月，太史言四月朔日当食；庚辰，下德音，改元至和。可知本表即此时上。"《宋史》卷一二《仁宗本纪四》：至和元年三月"乙亥，太史言日当食四月朔。庚辰，下德音，改元，减死罪一等，流以下释之"。

徙知定州一年，寄书吴育，述衰老。

《文集》卷五〇《上吴大资书》："比承还秘殿旧职，复守陕郊。让不得报，即引而西。自止官下以来，动止何如？良栋大璧非期于必用，而明堂太坛其舍诸。帝简具瞻之任，有以而然。伏冀妙用纯粹，永光眷倚之重，偻偻。守塞已一期，幸无他，然白头与呛等伍，蚕股衰怯，末如何。"吴大资即吴育。《长编》卷一七五：皇祐五年八月，"资政殿学士、兼翰林侍读学士、礼部侍郎、知陕州吴育为户部侍郎、资政殿大学士"。书又有"比承还秘殿旧职，复守陕郊"与吴育事合。

四月朔，有日食，定州云气晦暗，至二日降雨，上表贺之。

《文集》卷三六《贺日蚀日降雨表》："臣所治定州并辖下州军，去三月二十九日，云气晦暗，至今月二日午鼓降雨，尽酉刻未止。及尺以上，属县告足。臣伏寻近降德音，以有司言朔日日当食，有诏避正殿，辍膳改元，示天下自新。引咎太切，三灵震动。重阴蔽霄，日景不见。夫不见者，与不食同。臣诚喜诚忭。"题下原注："案：《仁宗本纪》，至和元年朔日庚午，日有食之。或祁在定州，因雨不见耳。"《宋史》卷一二《仁宗本纪四》：至和元年"夏四月甲午朔，日有食之，用牲于社"。按：四月朔日在甲午而非庚午，定州时阴晦而未雨，至二日始雨。

六月二十四日，遣司户参军李冲于北岳祈晴。

《文集》卷四八《北岳祈晴文》："维至和元年，岁次甲午，六月朔，越二十四日，具位臣宋祁，敢以酒币昭告于北岳安天元圣帝：按时令，是月大雨时行，虽然，久阴连澍，比稍无节，因而不止，恐害粢盛。常赵之人，劳瘵久矣。若今无年，将遂转沟壑，匮神祀，乏国赋，两获罪辜，则亦惟帝之闵。矧川渎溢流，坏军城室庐千所，屯吏走告，守臣不敢宁。惟智虑昏塞，无以招来和气，是用投诚于神。帝若垂哀怜，解驳屯云，使晴雨得宜，百谷成就，元元足食，其谁敢不据神惠而竭报礼以诧无疆！祁佩军印，不获身到祠所，谨遣司户参军李冲侍祠。"

七月，诏祁等速上《唐书》。

《长编》卷一七六：至和元年七月"甲子，诏刊修《唐书》官宋祁、编修官范镇等速上所修《唐书》"。

陈傅良《止斋集》卷四一《跋宋景文公帖》："至和元年，刘冲之相。刘自参预，即领《唐书》，故催书于公。"刘沆，字冲之。《宋史》卷二一一《宰辅表二》：至和元年"八月丙午，刘沆自参知政事依前工部侍郎加同平章事、集贤殿大学士"。《长编》言七月诏速进《唐书》，则在刘沆拜相之前，《跋宋景文公帖》误。

八月，欧阳修受诏修《唐书》，祁有书询《唐书》奏期，又贺其读《易》内阁。

《文集》卷四九《上欧阳内翰二首》其一："祁顿首永叔内翰学士：比者伏审动止适否？福禄宜否？企忆话言，枵然常若饥人。不克时奉讯问，照通中而礼简外也。史事想益有绪，奏期当在何时？癃老守藩，不得陪武，一登延和之涂，怅恨奈何！慎夏珍护，恳恳。"祁此时在定州。其二："闻以进读《易》内阁，洒然惊喜，不贺永叔之得经筵，贺经筵之得永叔也。祁衰老甚，与哲人共游，其蒙益而远逐,果足自信。病力,未及走门,谨此道区区。"严杰《欧阳修年谱》:至和元年"八月诏永叔修《唐书》","九月,迁翰林学士,兼史馆修撰"。①

十月七日,温成皇后葬,上慰表。

《拾遗》卷一二《慰温成皇后大葬表》:"臣某言:得进奏院状报,十月七日温成皇后大葬礼毕者。椒壶上宾,梓宫永閟。恩厚泉穸,惨结邦闱。……谨差本州都知兵马使吕从奉表陈慰以闻。臣某诚哽诚咽,顿首顿首。谨言。"《全宋文》整理者此文题下注:"《宋史·仁宗本纪四》:至和元年十月丁(巳)〔酉〕,葬温成皇后。本表即此时上。"《宋史》卷一二《仁宗本纪四》:至和元年十月"丁酉,葬温成皇后。丙午,温成皇后神主入庙"。丁酉日即七日。温成皇后即张贵妃,本年卒,追封温成皇后。

在定州,暇日常访韩琦所作阅古堂,作乐歌,有"听说中山好,韩家阅古堂。画图真将相,刻石好文章"之句,为韩琦所不喜。

魏泰《东轩笔录》卷一一:"韩魏公知定州日,作阅古堂,自为记,书于石后,又画魏公像于堂上。宋子京知定州,作乐歌十阕,其词曰:'听说中山好,韩家阅古堂。画图真将相,刻石好文章。'魏公闻之不喜。"

胡仔《苕溪渔隐丛话》前集卷二六:"《类苑》云:'韩魏公知定州日,作阅古堂,自为记刻于石,后人又画魏公像于堂上。子京知定州,作乐歌十阕,其一曰:"听说中山好,韩家阅古堂,画图真宰相,刻石好文章。"魏公闻之不喜。'"

邵博《邵氏闻见后录》卷一九:"后韩公帅中山,作阅古堂,宋公词有云:'听说中山好,韩家阅古堂。画图名将相,刻石好文章。'

---

① 严杰《欧阳修年谱》,南京出版社,1993年,第180、182页。

韩公见之不悦。"

陈鹄《西塘集耆旧续闻》卷三"宋子京定州作听说中山好"条："宋子京知定州日，作十首《听说中山好》，其一云：'听说中山好，韩家阅古堂。画图新将相，刻石好文章。'有谮于韩魏公者，魏公于是亦不喜之。"

翁方纲《石洲诗话》卷三："王逢原《题定州阅古堂诗叙》：'韩丞相作堂，而于堂之两壁，画历任守相将帅。'又谓'请留中壁，搜国匠第一手写韩公像'。此乃悬计之词。其后果有作韩公像者，乃在魏公去定州之后。观宋子京诗可见。"

《文集》卷八《阅古堂》题下原注："案：《宋朝类苑》，韩魏公知定州，作阅古堂。后子京知定州，有乐歌十阕。此首疑即其一。"诗云："堂皇对岑蔚，欢酌坐怡然。蟹美持螯日，鲂甘抑鲊天。渚翘幽处鹭，林响静时蝉。老去兴非浅，无妨清夜旋。"《文集》卷一五《休日阅古堂小宴》："宴堂丛橑倚晨霏，客衽风清酒力微。曲沼新荷能碍钓，霁林浓叶不通飞。盘纷素脍鱼腴美，齿渍寒津蔗境肥。一笑相欢无吏责，张扶应悟坐曹非。"诗约作于此时。姑系于此。按：韩琦在定州作阅古堂在皇祐元年，欧阳修《欧阳文忠公集》卷四《韩公阅古堂》题下注"皇祐元年"。"听说中山好，韩家阅古堂。画图新将相，刻石好文章"一首不见于今存宋祁文集。

在定州，上书张方平，述所学非所用，所用非所官之苦，望其援引。

《文集》卷五〇《上端明龙图书》："祁性疏拙，无当世才，宜在闲处，而反剧任；自壮多病，筋力早衰，宜守内州，而再徙边；业图史，寻章摘句，宜责以文艺，而乃假帅。所学非所用，所用非所官，日恐速悔，为知己羞，奈何！历思常日以忠义相摩切者，三二贵公而已。而阁下又以多难去官，憔然不与天下议，埋光收声已再岁。

若仆等辈，才不振则踽踽去邦，突未黔辄迁，其望立功名，是却行
而前耳。且年长来，亦自耻与诸少年沾沾斗仕进高下。惟须阁下
副撋绅望，入侍天子之光，为仆致一东朝散官，归老林下，宿昔愿
云。方侍尊府，宜厌损哀慕，以全礼制。"文中言"再徙边""乃假
帅"则在定州时。端明龙图指张方平。文中有"阁下又以多难去
官，憔然不与天下议，埋光收声已再岁"与张方平以端明殿学士、兼
龙图阁学士知秦州、滑州、益州等合，书作于张方平出知秦州第二
年。《长编》卷一七五：皇祐五年十二月"庚子，端明殿学士、兼龙
图阁学士、给事中张方平加翰林侍读学士、知秦州，代张昪也。"又
卷一七五：至和元年七月"甲戌，知滑州、端明殿学士、兼龙图阁学
士、礼部侍郎张方平为户部侍郎、知益州"。

在定州，买兰亭序石刻置于公库。

桑世昌《兰亭考》卷三："宣和中，诏宣定武衔校旧人问兰亭
石。对曰：'庆历中，宋祁帅镇日，有学究李姓者，藏此石，死于妓
家。乐营将孟水清者，得以献祁，祁秘藏不妄与人，留于公库，因谓
之定本。后河东薛琱来，帅其子绍彭，别刻留郡，易之以行，今在长
安帅薛嗣昌绍彭之弟也。'""定武兰亭序石刻世称善本……李生
谢世，其子乃出石散模售人，每本须钱一千，由是好事者争取之，其
后李氏子负缗无从取偿。时宋景文守定，乃以公帑金代输之，因取
石匣藏于库，非贵游交旧不可得也。"

赵与时《宾退录》卷一："兰亭石刻，惟定武者得其真。盖唐太
宗以真迹刻之学士院，朱梁徙置汴都。石晋亡，耶律德光辇而归。
德光道死，与辎重俱弃之中山之杀胡林。庆历中，为士人李学究所
得。韩魏公索之急，李瘗诸地中，而别刻以献。李死，其子乃出之。
宋景文公始买置公帑。（原注：荣芑云："宋景文帅定日，有学究李
姓者藏此石，死于妓家。乐营将何水清得之以献，宋留之公库。"）"

是年，常思归京。

《文集》卷一七《登高晚思》："戍壁风烟闲尉候，客亭灯火混渔樵。山川信美非吾乐，已是三年去国遥。"时祁在定州，自皇祐三年出知亳州，至此已三年。

约是年，寄书王省判、张存、韩琦。

《文集》卷四九《王省判学士书》："军中日匆匆，久不通讯防阁，我劳奈何？塞下幸太平，时无简书缓急事。边人帖帖，得轻裘坐阁下，偃息频伸，督刀笔为供职，何幸如之！惟罢归未期，倾企清对耳。事外多爱。"言"塞下"，当作于定州时。

《文集》卷五〇《上张存龙图书二首》其一："白首乘塞，无一善状。赖朝廷抚和，边堡帖然。雨旸以时，农秋如可望。盗贼少，吏益奉法。盖监司条约明具使然，列帅之幸也。便籴日来寖少，才得十六万斛止矣。若秋大穰，必冀外台早为之计。天下本在河北，河北本在多谷而已。盛秋使车必下按属城，余得面禀。暑毒，保御多祐。不宣。"其二："符檄系至，睹署判，知玉体之康。然宿官塞下，不得瞻颜色，奉笑言，为悁悁也。敝邑按部中诸州多稼若云，向两旬许无他灾，则揫敛矣。兹上系朝家普护，使台大庇，期民其少纾乎！入粟之法，望力言诸朝，此时不足食，大事弛矣，惟执事图之。秋浅暑残，千万啬爱。不宣。"言"塞""塞下"则书作于定州时，其一在夏，其二在秋。姑系于此。张存，字诚之，冀州人。《宋史》卷三二〇有传。

《文集》卷五四《答并州韩太尉启》："伏自太尉建节洋道，开府并门。明喻上恩，申慰善俗。万夫圜视以观化，列将抃股而畏威。寻附庆辞，未通便使。而乃屈大国之重，敦邻邦之和。前损台衔，茂申聘旨。奖以情厚，位缘眷隆。伏况真将军之尊，自殊假帅；旧令尹之懿，方仰前规。钦镂欢言，永为惠好。"韩太尉即韩琦。皇祐五年授武康军节度使，知并州。参本谱皇祐五年记事。文作于去年或今年，姑系于此。

约是年，久留边地，庞籍有诗慰问，次韵答之。

《文集》卷一八《次韵天平观文庞相公以久留塞下见寄》："昔驾辂封北护边，已惭星鬓久凋年。御炉香外抛晨谒，刁斗声中废夜眠。梁雪送残他日赋，郭舟谁共此时仙。思归未敢贻公念，更办秋怀敌露蝉。"庞相公即庞籍。《宋史》卷二一一《宰辅表二》：皇祐五年，"庞籍甥与堂吏受赇，谏官韩绛论之，七月壬申，籍依前户部侍郎、同平章事以京东西路安抚使出知郓州"。《宋史》卷三一一《庞籍传》："乃罢知郓州。居数月，加观文殿大学士。"庞籍去年罢相知郓州，则加观文殿大学士或在今年，诗中称观文庞相公，知作于今年或稍后。

约是年，李定来访，叙别并感怀滞边。

《文集》卷一五《省判李度支硕相过叙别兼述感怀》："君趋召节向中台，我滞边州未得回。头白羞论天下事，眼青欣举故人杯。池蛟得雨鳞先动，霜隼乘风翅始开。见上若询颇牧将，为言儒帅果非才。"诗言"边州"，当在定州。姑系于此。李度支即李定。祁有诗《送江西转运李定度支》（见《文集》卷一四），则李定曾为江西转运使。李定，不详，非《宋史》卷三二九扬州李定。

至和二年乙未（1055）　五十八岁

〔时事〕

六月，陈执中罢。文彦博、富弼为相，刘沆监修国史。八月，契丹国主宗真卒，子洪基立。十二月，修六塔河。

二月十二日,向里社龙神祈雨,十六日雨至,有谢文。

《文集》卷四八《里社龙神祈雨文》:"维至和二年,岁次乙未,二月乙丑朔,越十二日庚子,具官宋祁,谨以酒脯果茗养羞舒雁之牲,敢告于里社龙神……"

《文集》卷四八《里社龙神谢雨文》:"敢告于里社龙神:乃雨弗时若,将害粢盛。以庚子致祷于龙,期五日当应。蒙亮哀叩,讫甲辰,油云四隮,佳澍霮霺。有请必答,克就丰岁,显应如期,震动我民。刺史虽德薄,敢忘龙之惠!澄醪洁羞,仰荐报礼。"甲辰日即十六日。

三月,晏殊葬于许州阳翟县,兄庠有挽诗。

《欧阳文忠公集》卷二二《观文殿大学士行兵部尚书西京留守赠司空兼侍中晏公神道碑铭并序》:"明年正月,疾作,不能朝。敕太医朝夕往视。有司除道,将幸其家。公叹曰:'吾无状,乃以疾病忧吾君!'即驰奏曰:'臣疾少间,行愈矣。'乃止。其月丁亥,以公薨闻。天子震悼,亟临其丧,以不即视公为恨。……以其年三月癸酉,葬公于许州阳翟县麦秀乡之北原。"晏殊卒于本年正月,葬于三月。

宋庠《元宪集》卷一五《晏公丧过州北哭罢成篇二首》其一:"昔迎留守萧丞相,今哭谈经戴侍中。一代高情无觅处,落花残日九原风。""昔迎"句下自注:"癸巳秋,公自长安代余守洛。""今哭"句下自注:"公久留经筵,以备顾问。"其二:"故郡迎丧匝野悲,柳车丹旐共逶迤。泉涂自古无春色,可惜森森琼树枝。""故郡"句下自注:"公尝镇许昌。"

春,有咏梅诗感叹南北气候之差异。

《文集》卷二〇《南方未腊梅花已开北土虽春未有秀者因怀昔时赏玩成忆梅咏》:"江南寒意薄,未腊见梅芳。为有轻盈态,都无浅俗香。倚风斜夕脸，呵雪噤晨妆。刀尺凭鲛杼，比邻托粉墙。高枝笼远驿，侧影照回塘。旷望黄昏月，嫮妍半夜霜。一身来上国，三载别炎方。不见南枝早，方惊北道长。当时犹引领，此际故回肠。泪尽羌人笛，魂销越使乡。危楼难极目，恨酒怯盈觞。未到卢家第，终虚白玉堂。"诗言"三载别炎方"，祁自皇祐三年出知亳州，四年徙知成德军，五年徙定州，至本年离亳州三年。

刘伯诚将祁《中山杂咏》诗镂石，石成，有诗纪之。

《文集》卷六《刘伯诚见惠仆所作中山杂咏石刻》："衣冠昔奔波，晋社亦中徙。水府拥宫阙，六姓传剑玺。名卿入理窟，黔首多兵死。真人划塘障，六合如平砥。三山屹不化，城郭无形似。冥冥桑麻村，残锋出耘耔。前朝绝遗老，故事稽野史。我顷为中山，蠲租案田水。刈木枕波涛，砻刀伐荆杞。丛祠及荒垅，幽处无不履。车停客登席，酒尽诗在纸。游深造遇邃，语苦出奇诡。投囊凡几时，蓬尘失料理。刘侯见之笑，谓此那可毁。濡毫请挥洒，买石亲镂纪。嗟予政理疏，无德行崀垒。编民愿尸祝，有愧庚桑子。惟兹楚客谣，可以传下里。何时见椎击，断仆清江尾。"事在祁定州任上，姑系于此。刘伯诚，未详。

在定州，秋，以得疾，纳艾三次，方克少安，至冬，体渐强。

《文集》卷五〇《与友人书》："仆二年来，尪瘵缠痼，略无聊赖，仲秋纳艾三次，方克少安。逮此冬序，寝完强力，故俦相见，无不闵其疲瘵。白发在鬓，月摘十数茎，则知少壮一过，遂及衰雕矣。今兹情态，与五年前异矣。君侯望我以奇礼，容未之知耶？边土早寒，戎幕多裕，把酒开口，谁与相欢？善护兴居，用副虔祝。人回，谨奉状谢，仍咨讯后动止。"文有"与五年前异"，祁自皇祐三年出知亳州至此五年，又言"边土"，显作于边地。友人，未详。

在定州，上《御戎论》七篇。

《文集》卷四四《御戎论并表》表曰："臣于皇祐四年秋七月待罪成德军，五年二月改定武军，皆兼本路安抚部署两司。此河北极选，贤士大夫日夜所望立功名者也。……然所至询疆场事，所以制敌大略，目见耳闻，参以一得，辄次为《御戎论》七篇。其语不文，以便事也；弗泥于古，从权宜也；直取今日利害，决为可行也。不足示后，时异则计有所不用也。伏以中书、枢密院，皆忠力大臣，谋谟阀深，奉承圣算，明烛万里，物无遁情。臣今所上，乃廊庙残计，策牍弃语。犹敢冒昧上陈者，欲明边臣思不出职，亦上佐朝听刍荛千虑之冀也。干冒宸览，臣无任愧羞战栗之至。其论谨附表投献以闻，臣某诚恐诚惧，顿首顿首。谨言。"《文集》卷三八《谢加端明表》题下原注："案：本传，祁在定州上《御戎论》七篇，加端明殿学士，进论在至和二年，见《历代名臣奏议》。"

《神道碑》："又上《御敌论》七篇，凡敌之山川道路、国俗嗜好，与其君臣向背、兄弟之不相能，及后相残，覆视其事，若合符节然。加端明殿学士。"《御敌论》即《御戎论》。《宋史》本传："又上《御戎论》七篇，加端明殿学士。"上《论》在加端明殿学士之前。

八月，加端明殿学士，有谢启及表，望择选他人代己。

《神道碑》："加端明殿学士。"《文集》卷五五《转端明殿学士谢执政启》："被八月日敕诰，加前件职，寻具奏陈让，续准九月十七日堂札，奉圣旨不许辞让者。无庸应黜，有诏蒙褒。冒服迻班，长违孤恳。伏念祁性与愚狷，才止枵疏。一玷从官，五逾闰月。虽数见上而无补，故不称职而外迁。寖治边州，兼护屯垒。"题下原注："案：启中八月敕诰，乃至和二年之八月也。"《文集》卷三八《谢加端明表》曰："惟定武一道，直契丹右廷，咸平以来，号劲兵处。自夏竦分建四帅，韩琦始领九州，节制中军，部分诸将。琦既进律，臣实代居。……未晓者军旅。用非所习，虽勤而弗效；责于未晓，故技有必穷。用是再期，居无底绩，在法云殿，惟黜是宜。……望审择于豪俊，俾临统于方隅。"题下原注："案：本传，祁在定州上《御戎论》七篇，加端明殿学士，进论在至和二年，见《历代名臣奏议》。诰敕在八月，见本集《转端明殿学士谢执政启》。"

秋，作《自讼》诗反思自己。

《文集》卷一八《自讼》其一："史稿虽残得自随，兵符未解定堪蚩。淹留正似周南老，戏剧何争灞上儿。铅笔用多毛秃落，鬓髯愁罢雪纷垂。十年尚滞成书奏，可验相如属思迟。"其二："有人多病卧遥帷，误舍寒耕失故畦。每畏宾朋嘲乘雁，宁教子弟爱家鸡。淹中学废心都塞，辕下鸣余耳更低。自顾上恩无一报，何颜岁晚望金闺。"其三："坐毡无客冻鸥愁，谈树萧然两见秋。执戟不知身寂寞，写书犹得罪风流。官闲无日惭轩鹤，机尽多年谢海鸥。借问殿科能免否，杜陵男子有耕畴。"诗言"兵符""坐毡无客""两见秋"可见作于定州任上第二年。

是年，高若讷卒，受托为撰墓志。

《文集》卷六〇《高观文墓志铭》："至和二年秋八月甲寅，观文殿学士兼翰林侍读学士、尚书左丞、同群牧制置使高公薨于京师之第，享年五十有九。既闻，上震悼，趣莩降酹其寝。既还，明日罢紫宸朝，出尚书右仆射制书告枢，赗币赙金系于庭，太常考行，谥曰文庄。以冬十月己酉，克葬公于开封府开封县褒亲乡之原。前此门人河东裴煜腾状来中山，取文志隧。予与公游也旧，谊不得让。哭寝门已，次其梗概曰：公讳若讷，字敏之。"墓志铭作于葬前。高若讷，参本谱庆历三年。

是年，与吴育唱和。

《文集》卷一四《祗答延州安抚吴宣徽》："共看仙山玉树秋，从簪朝笏记同游。调元遂庆登三府,抱帙惟堪读九丘。重印垂腰荣拥节,征鞍摩体忝为州。如何却舐投残笔,敢与阳春接唱酬。"诗作于今年或稍后。吴宣徽即吴育。《长编》卷一八〇:仁宗至和二年七月"戊辰,资政殿大学士、兼翰林侍读学士、户部侍郎吴育为宣徽南院使、判延州"。庆历三年祁以龙图阁直学士知杭州,未行,留为翰林学士,时吴育知制诰,进翰林学士。故诗"共看"句下自注曰:"庆历癸未岁,予与公同在翰林。"参本谱庆历三年。

是年,有诗寄贾昌朝。

《文集》卷一五《守塞三年上北京留守贾相公》其一:"天心北顾倚长城,上相元戎两印荣。鸡羽静沉传处檄,虎皮间裹战余兵。九宵冬日人蒙惠,万耒春霖俗劝耕。和气愈充身愈退,只忧难避是功名。"其二:"雨洗星街夜禄空,暂持鱼牧守离宫。皋陶旧曲明良内,郤縠高谈礼乐中。载笔后车云盖密,鸣铙前队锦襦红。不妨华发千官上,始称凌烟第一功。"诗作于此时,祁自皇祐五年正月徙知定州,至此三年。贾相公即贾昌朝。贾昌朝皇祐五年判大名府,嘉祐三年移许州。参《宋史》卷二八五《贾昌朝传》。

是年,有书寄范镇、张中行、陈尧佐等人。

《文集》卷五〇《范舍人书》:"仆假节塞下且三年,赖县官威令施设,肆然以朝服治军中,无他虞。承平之盛,不知汉唐时得如此否?但总制一面,刀笔倥偬亦逼人。月中劳宴寮属宾客殆过半,常日操决,逾两时许乃得休,是以少有余景,翻讨残书,常苦力不足耳。比又眸子昏,昼日读大字过十纸即眩;才篝火,则又不能迁延刊削。奈何?近得三十篇余,岁中附上。夏暑,歊毒献替,慎疾晏阴。叩叩。"范舍人即范镇。范镇,字景仁,成都华阳人,与祁同修《唐书》。《宋史》卷三三七有传。《文集》卷五一《张中行屯田书》:"别已一期,凡两得讯。……仆在屯已三岁,未得归,然悉心于官,不敢遗力。人谓之是，仆亦不希进；人谓之非，仆固不恤退。年老意衰，惟待罢去日乞身退，从罢农漫夫，以养天年。仆既自待如此，彼娼颊谤唇，又奚能轻重仆哉！中行知我深者，故及此，终不为他人言也。相见未有涯，悁悁叵奈何？方春，顺爱。”《文集》卷五一《宫师相公书》：“祁居塞下，匆匆阅日，奏记不时上，乃情为劳。瞻跂台座，弗翅霄泥。然惟比日动止清宜否？某度河已三岁，践更未有期。阻奉耆明，情府悁吝。天佚元老，介寿无疆，缙绅所同愿。”宫师相公即陈尧佐。参本谱庆历二年。诸书均言“三年”，祁皇祐五年知定州，至此前后三年。

晏殊卒。（《宋史》卷一二《仁宗本纪四》）

宋仁宗赵祯嘉祐元年丙申（1056）　五十九岁

〔时事〕

闰三月，王尧臣为参知政事。四月，六塔河复决。裁定补荫选举法。京师大雨，畿内、京东西、河北等路水灾。八月，狄青罢枢密使出判陈州。韩琦为枢密使。十一月，王德用罢枢密使，贾昌朝为枢密使。十二月，刘沆罢相。曾公亮参知政事。包拯权知开封府。

正月，仁宗病，二月二十二日愈，御延和殿。三月，进《定州贺圣体康复表》。

《宋史》卷一二《仁宗本纪四》：“嘉祐元年春正月甲寅朔，御大庆殿受朝。是日，不豫。”“二月甲辰，帝疾愈，御延和殿。”甲辰日即二十二日。《文集》卷三六《定州贺圣体康复表》：“今月八日得进奏院状，报圣体康复，已于二月二十（三）［二］日御延和殿，亲见群臣者。……臣忝服近班，欣聆吉语。且念处无为者，当简于事；

谓冲用者，莫啬于神。望略繁几，永光丕祚。"事与《仁宗本纪》合，祁得报状当在三月八日，《表》作于此时。

春，仍在定州，作诗《到官三岁四首》，感叹衰老，归田之意甚浓。

《文集》卷八《到官三岁四首》其一："芳岁已三换，宠名仍再迁。生平一丘壑，衰晚右囊鞬。客眼登楼外，乡愁把酒前。巾箱多旧赋，只是欠归田。"其二："一忝中山守，仍班第四春。老应无所事，少尚不如人。适野愚谋短，将芜旧产贫。须惭丈二组，羁束最慵身。"其三："儒帅非真帅，瓜时定几时。丹心虽许壮，白发不藏衰。罟密游鳞骇，山遥倦翼迟。岁成无奏最，准拟雁门踦。"其四："塞下静无事，军中奚告劳。青山侧身远，白日举头高。作奏闲双笔，流年耗二毛。惟应不能饮，元解读离骚。"祁自皇祐五年正月受命徙知定州，二月到任，至此时正第四个年头，故言"芳岁已三换"，"仍班第四春"。

有书寄杜衍。

《文集》卷五一《上杜相公书》："伏念违台坐，凡五易年，塞下虽静壹，然军中亦匆匆相仍，不得频走一介问左右，非敢怠，力不逮也。伏惟深赐矜宽。祁即日蒙恩，公私粗如。但才短任剧，未克罢去为忧，他非敢恤。敌君长新立，猜阻内讧，惟朝家未有意于乘弱攻昧，故列屯诸校得高枕云。相公与国休戚，辄此及之。趋侍未前，惟保御戬谷，进享万年之遐。区区不宣。"祁自皇祐三年二月出知亳州至此时已"五易年"，仍在定州。杜相公即杜衍，庆历四年拜相，庆历五年罢，时杜衍已致仕，居应天府。参《宋史》卷三一〇《杜衍传》。

五月，兄庠自许州徙河阳。

《长编》卷一八二：嘉祐元年五月甲申，"观文殿大学士、兵部尚书宋庠自许州徙至河阳。戊子，入朝，诏缀中书门下班，出入视其仪物"。宋庠《元宪集》卷一九《河阳谢到任表》云："一蒙策免，三宠州迁。"

王珪《华阳集》卷三五《观文殿大学士行户部尚书知许州宋庠可兵部尚书知河阳制》："敕：文昌本喉舌之司，而总图之万务；盟津兼关梁之阻，而带畿之一都。维德重者秩益峻，政穆者寄愈剧。矧谟耆喆之望，宜蕃誉命之承。具官某夷粹诚于心，文明贯虖道。入则统百工之序，以熙天之载；出则倡九州之牧，以阜民之风。朕居怀观文之访，而寔留颍川之治。岁聿隃闰，宠未隆贤。畴夏官以进卿，眷河雍之更阃。左陪西部之胜，中峙三城之雄，土乐而俗康，讼清而教易。方推良翰之倚，犹浣旧钧之劳。履声如还，衮阙云补。可。"

王珪《华阳集》卷三五《宋庠授依前检校太尉同中书门下平章事充河阳三城节度使莒国公加食邑实封功臣制》："门下：盖闻在天之象，主布政于大辰；在国之阳，有通神之虚府。日者考诸儒之仪，传六经之文，鉴轩皇拜帝之图，举姬周陟文之典，敢曰能飨，又兹历年。粤季秋之嘉辰，会五气之精德，师象山则之固，孝奏天仪之光。庆靡专承，法繇近始。具官某材经物表，知觉民宗，冠天下之伦魁，贲贤人之器蕴。文章载道，该古今治乱之原；醇粹发衷，有东南温厚之气。谋一王之治体，秉二府之神机。属奉堂筵之裎，适寄阃符之剧。维登歌之奏，既听《歆安》之章；维赞享之辞，既授泰元之策。嘉方贡之备物，辑灵蠢之昭庭。载稽功令之书，更锡辅臣之号。拓素荒之奉邑，衍常入之真租。咨合至公，焕为丕命。于戏！天之格祀，固多右善之祥；朝之禄贤，亦先发爵之事。盖礼缛则泽巨，德隆则报丰。益敷令猷，以答鸿施。可。"

六月十八日立秋，有诗感叹衰老。

《文集》卷一八《中山立秋》："峰云晓影破屡颜，万里风生结早寒。人在兜零烟外走，岁从鹎鸠口中残。槽花并滴添新酎，笥月兼轮掩故纮。白发光阴诚可惜，五年搔首望长安。"祁此时仍在定州，自皇祐三年出知亳州至此时五年。本年六月十八日立秋。

八月，韩琦迁枢密使，有书寄之，望其援引。

《文集》卷四九《上韩太尉书二首》其二："节物感人，不言才不才，俱守塞下。执事春秋富，位显，则所感薄。祁年侵地冗，故所感深。把酒四顾，久不能自平也。何时同走阙下，持橐珥笔，陪侍清光耶！"韩太尉即韩琦。《宋史》卷二一一《宰辅表二》：嘉祐元年"八月癸亥，韩琦自三司使加检校少傅，依前行工部尚书、枢密使"。书言"塞下"，时祁仍在定州。

八月，授吏部侍郎，依旧职，移知益州。

《文集》卷三八《益州谢上表》："昨被嘉祐元年八月诏书，授臣吏部侍郎，仍旧职，移知益州。臣以九月解定州符印，十月过阙下。又奉诏旨，许朝见面赐训敕。"《文集》卷五六《益州谢两府启》："昨自定武军被去年八月诏书改吏部侍郎，仍知益州。"

《神道碑》："寻拜吏部侍郎、知成都府。"《宋史》本传："特迁吏部侍郎、知益州。"

《东轩笔录》卷一三："刘沆为集贤相，欲以刁约为三司判官，与首台陈恭公议不合，刘再三言之，恭公始见允。一日，刘作奏札子，怀之，与恭公上殿，未及有言，而仁宗曰：'益州重地，谁可守者？'二相未对，仁宗曰：'知定州宋祁，其人也。'陈恭公曰：'益俗奢侈，宋喜游宴，恐非所宜。'仁宗曰：'至如刁约，荒饮无度，犹在馆，宋祁有何不可知益州也？'刘公惘然惊惧，于是宋知成都，而不敢以约荐焉。"则祁知益州乃因仁宗力主之。

益州（今四川成都），嘉祐四年复为成都府。《宋史》卷八九《地理志五》：“成都府，次府，本益州，蜀郡，剑南西川节度。”《宋史》卷一二《仁宗本纪四》：嘉祐四年十月，“复益州为成都府”。

九月，解定州职，赴益州。

《文集》卷三八《益州谢上表》：“昨被嘉祐元年八月诏书，授臣吏部侍郎，仍旧职，移知益州。臣以九月解定州符印，十月过阙下。”

九月九日，过卫南，有诗纪之。

《文集》卷八《九日至卫南》：“良辰独据鞍，节物强相干。酒驻衰颜浅，风吹客帽寒。暂吟非有属，倦曲不成欢。多谢黄花意，还如故国看。”卫南，属开德府。开德府即澶渊郡，镇宁军节度，本澶州。参《宋史》卷八六《地理志二》。

十月，至开封，奉旨朝见，面赐训敕，仁宗赐“镇静”二字，为祁治蜀之纲。

《文集》卷三八《益州谢上表》：“十月过阙下，又奉诏旨，许朝见面赐训敕。”

朱弁《曲洧旧闻》卷一“仁宗谓治蜀在镇静”条：“宋子京《西征东归录》载云：‘知成都陛辞日，面请圣训。上曰：镇静。子京自著其事，曰：语简而意尽，于治蜀尤得其要，真圣人之言也。’”

吴育有短偈寄来，以诗答之。

《文集》卷一一《答景亳宣徽吴尚书见寄短偈》：“玉帐论兵罢，东方静守藩。有尘都是客，无法可容言。海鸟逢觞怯，醯鸡恋瓮喧。因公四句惠，弥觉对酬烦。”吴尚书即吴育。《长编》卷一八四：嘉祐元年十月“庚午，宣徽南院使、判河中府吴育复为资政殿大学士、尚书左丞、知河中府，育以疾自请之”。吴育寄偈在本年十月或稍后，姑系于此。

十一月，自开封出发，往益州。

《文集》卷三八《益州谢上表》："臣以九月解定州符印，十月过阙下，又奉诏旨，许朝见面赐训敕。自见逮辞凡一月。"十月后推一月即十一月。

宋祁作于定州时，然不能编年之作品有：

1.《塞垣》

《文集》卷五《塞垣》，题言"塞垣"当作于在边地定州时。

2.《书怀》

《文集》卷一五《书怀》，其二有云："万里长风收戍斾，三年零雨拂归鞍。"则作于定州戍边时。

3.《愁吟》

《文集》卷二○《愁吟》："夜雨平阶滴，寒灯照幔孤。……千里徒伤目，三年欲变儒。"言"幔孤""千里""三年"知在定州时作。

4.《腊后晚望》

《文集》卷一二《腊后晚望》："寒日系难定，鸣笳弄已休。冻崖初辨马，昏谷自量牛。汉树临关密，荒泉入塞流。登高能赋未，风物古尧州。"言"鸣笳""塞流"，当作于在边地定州时。

5.《秋日西望》

《拾遗》卷六《秋日西望》："正为中山存阙意，得无平子侧身愁。"定州即中山府。言"中山"，则在定州时作。

6.《登楼望郡中美人物之盛》

《文集》卷一四《登楼望郡中美人物之盛》："猎路向寒鹰眼疾，戍亭无事犬声闲。"言"戍亭"，当作于在边地定州时。

嘉祐二年丁酉（1057）　六十岁

〔时事〕

正月，欧阳修权知礼部贡举，凡文风诡异者皆黜之。三月，苏轼、苏辙、曾巩、程颢及第。四月，幽州地震，死数万人。五月，行磨勘法。

元日，羁旅思家，有诗寄兄庠。

《文集》卷八《途中新岁忆三城兄长相公》："马上逢元朔，匆匆记物华。趁盘呈柏叶，偷笔弄椒花。腊暝残晨炬，春晖上早霞。三城今日酒，知我独思家。"三城，即河阳三城。宋庠自去年五月徙河阳。《长编》卷一八二：嘉祐元年五月，"观文殿大学士、兵部尚书宋庠自许州徙至河阳"。宋庠《和子京旅况》（《元宪集》卷一三）即和此诗，诗曰："春城岑寂早花开，久脱冠梁有薄埃。安邑本缘饥腹累，茂陵非为富赀来。惊罗晚雀同茅宇，争席春农伴茗杯。自有忘言记真意，不烦骚客赋衔枚。"

次渑池，有诗纪之。

《文集》卷一四《渑池道中》："月枢残白伴征轮，雪岭萧萧久垫巾。此去崤函天设险，古来京洛地多尘。翠含山气犹疑夜，紫动林梢已放春。自笑衰翁应分定，宠光行役两平均。"渑池属河南府，参《宋史》卷八五《地理志一》。渑池乃祁往益州必经之地。

过陕州郊野，访魏野旧隐居所，题诗，并赠其子魏闲以诗。

《文集》卷六《次陕郊》："惊风吹客梦，西落剑南天。自问何为尔，官牒见婴缠。遽传非久舍，黎明徒御喧。俯轮千仞底，仰辔百寻巅。凭高一以眺，野气正苍然。崖奔仆僵树，湍躁啼荒泉。羁禽易去木，奔麇不择阡。抚物重增叹，去邦邈以绵。何为久行役，坐使欢心捐。"诗作于祁由开封向西行，经过陕州时。陕州，即陕郡，属永兴军路。参《宋史》卷八七《地理志三》。

《文集》卷一六《题著作魏仲先隐墅》:"隐路高高入翠微,人亡宅在有余悲。自圆溪月知吟处,不散岩云忆卧时。素壁尘昏三纪貌,白杨风老几寻枝。草堂故集篇篇好,要与商翁续紫芝。"魏野,字仲先,原为蜀人,后迁居陕州。自筑草堂于郊野,读书咏诗,不求仕进。天禧三年十二月卒,次年追赠著作郎。《宋史》卷四五七有传。魏野卒至此时已三十七年,故诗中"白杨"句下自注曰:"仲先去世三纪有余。"

《文集》卷一二《赠清逸魏闲处士》:"奕世依岩石,褒恩下帝庭。姓名高士传,父子少微星。池溜遥通涧,家林近带垌。分明诏书意,天极赐鸿冥。"所言与魏野事合。题下原注:"案:闲即处士野之子。"

过华州,游西溪。

《文集》卷一○《华州西溪》:"山近重岚逼,溪长匹练分。霁波平撼日,寒崦侧藏云。弄荇鱼差尾,投汀鹭列群。如何去寻丈,尘路已纷纷。"华州属永兴军。参《宋史》卷八七《地理志三》。祁由开封往西去益州须过此地。

过京兆府,行走于旧长安道中,有诗感古今之变。

《文集》卷一二《长安道中怅然作三首》其一:"三辅古风烟,征骖怅未前。山园蓬颗外,宫室黍离边。树老经唐日,碑残刻汉年。便须真陨涕,不待雍门弦。"其二:"兴亡作今古,事往始堪悲。宫破黄山在,城空北斗移。走冈寒兔急,啼戍暮鸦饥。灞岸重回首,惟余王粲诗。"其三:"城阙今安在,关河昔所凭。种祠秦故畤,抔土汉诸陵。花树圆排荠,楼云淡引缯。南山不改色,千古恨相仍。"京兆府即京兆郡,永兴军节度。参《宋史》卷八七《地理志三》。京兆府乃唐长安旧地,祁往益州过此地。

过旧时唐玄宗与杨氏所嬉戏之玉莲汤池，有感，作诗叹之。

《文集》卷二四《过玉莲汤》："平日宫中赐浴时，玉莲香目涌华漪。锦凫绣雁今安在，汩汩余汤自入池。"王仁裕《开元天宝遗事》卷四"锦雁"条："奉御汤中布以文瑶密石，中央有玉莲，汤泉涌以成池，又缝锦绣为凫雁于水中，帝与贵妃施钑镂小舟戏玩于其间。宫中退水出于金沟，其中珠缨宝络流出街渠，贫民有所得焉。"与诗中所述相合。

过凤翔，游开元寺。

《文集》卷二〇《开元寺塔偶成题十韵》："集福仁祠旧，雄成宝塔新。经营一甲子，高下几由旬。屹立通无碍，支持固有神。云妨垂处翼，月碍过时轮。顶日珠先现，缘风铎自振。沙分千界远，花散四天春。亿载如如地，三休上上人。堆螺俯常碣，缭带视河津。陶甓勤争运，园金施未贫。谁纤简栖笔，为我志琳珉。""经营"句下自注："自至道乙未经始，至至和岁乙未告成。"塔成于至和二年，诗作于祁往益州途中。开元寺，凤翔有开元寺，寺内有吴道子画。《大清一统志》卷一八四"陕西凤翔府二"："开元寺在凤翔县城内北街，唐开元元年建，寺内亦有吴道子画佛像，东阁有王维画墨竹。"凤翔府即扶风郡，凤翔军节度，属秦凤路。参《宋史》卷八七《地理志三》。祁往益州途经此地。

过九成宫故地，有诗和杜甫《九成宫》。

《文集》卷六《拟杜工部九成宫》："云山郁嵯峨，宫户莽嶚輵。摧峰隐驰道，镵岫启绣闼。游鹛邈飞斗，阳马恣陵突。危淙注铜池，翠潋漱崖骨。落虹拖晨轩，奔蟾守夜窟。凭高眺鸿洞，念古一超忽。咄嗟有隋后，缔构穷剞劂。徒矜昔日工，乃忘后世拙。居为唐家保，功业何汩汩。牛酒望幸民，岩廊卫守卒。残松抱空偃，卧杨委新伐。千载遍荒愁，金铺锁崷崒。"《杜诗详注》卷五《九成宫》

注:"《唐书》:九成宫在凤翔麟游县西五里,本隋仁寿宫。贞观间修之以避暑,因更名焉。"祁往益州时经此地。

按:宋祁对杜诗并不像西昆派代表杨亿那样一概排斥,而是持较为公正的态度,其诗有多篇拟杜、和杜诗,此篇为其中之一,另有《文集》卷一七《拟杜子美峡中意》。在其他诗中宋祁也间有对杜诗推崇之言,如《文集》卷七《和贾相公览杜工部北征篇》:"相君览古慨前事,追美子美真诗流。"《文集》卷八《题蜀州修觉寺》:"少陵佳句后,物色付吾侪。"宋周紫芝《竹坡诗话》载宋祁有手书杜少陵诗一卷,可见其对杜诗之喜爱。周紫芝《竹坡诗话》:"晁以道家有宋子京手书杜少陵诗一卷,如'握节汉臣归'乃是'秃节','新炊间黄粱'乃是'闻黄粱'。以道跋云:前辈见书自多,不如晚生少年但以印本为正也。不知宋氏家藏为何本,使得尽见之,想其所补亦多矣。"

过二里山,有诗。

《文集》卷六《晓过二里山》:"黎明走苍山,千仞势如削。北斗挂西巅,徘徊久未落。驿道转岩肩,人烟聚岑脚。太虚交昏旦,颢气自喷薄。阳光排暗升,阴氛值明郤。翔禽散乔栎,啼狖思空壑。逢隈雾尚屯,投险泉争跃。生平好山意,每遭事婴缚。安得乘冷风,穷跻叩寥廓。"

经黄花驿道,叹羁旅之久。

《文集》卷一二《黄花道》:"驿道云山里,悠悠千骑行。猿禽互啼啸,崖岭各阴晴。树合天疑窄,川回地忽平。锦官何日到,菖叶已催耕。"言"锦官何日到"此时当未到益州。《方舆胜览》卷六九"凤州"下有"黄花驿",未言其具体位置。姑系于此。凤州即河池郡,属秦凤路。参《宋史》卷八七《地理志三》。祁过大散关前经此地。

过凤州御爱山，有诗咏之。

《文集》卷二四《御爱山》："翠嶂奔腾一气间，六飞留赏暂怡颜。君王草草非真爱，心愧东方检玉山。"《方舆胜览》卷六九"凤州"条："御爱山，在梁泉县松陵堡之侧。唐韦庄《入蜀记》云：'大散岭之北。唐僖宗巡幸历山下，爱玩不能去。'"

过大散关，有诗言散关之险。

《文集》卷七《散关》："磴道何盘盘，百步人一憩。弭节高山颠，关存不置吏。昔缘暴客须，今为有道废。"散关在大散岭上，为"川陕咽喉"。

峡中逢雪，有诗。

《文集》卷一一《峡中逢雪》："峡内逢霏霰，凌辰望已迷。寒花才集栈，斜片旋沉溪。户入垂缯壤，田成种玉畦。速干殊未惜，山道润无泥。"《文集》卷一七《拟杜子美峡中意》："天入虚楼倚百层，四方遥谢此登临。惊风借穸为寒籁，落日容云作暝阴。岷井北抛王粲宅，楚衣南逐女婴砧。十年不识长安道，九籥宸开紫气深。"二诗皆往益州途中所作。

过三泉县，游龙洞，有诗咏之，后利州路转运使刻石，自以为句拙将为言诗之人所嗤。

《文集》卷二一《三泉县龙洞洞门深数十步呀然复明皆自然而成》："虬洞閟灵峰，缘虚一线通。云披双壁敞，树补半岩空。槩竹森烟蘿，飞泉曳玉虹。重萝不肯昼，阴壑自然风。岭断天斜碧，崖倾日倒红。浮丘邈难遇，留恨翠微中。"三泉县，北魏正始中置，以界内三泉山名，北宋时长期直属京师，其地与利州、兴元府接壤。参《元丰九域志》卷八"利州路三泉县"条。《能改斋漫录》卷一一"宋景文诗尽龙洞之景"条："三泉龙洞，以山为门，深数十步，复见天日及山水之秀。盖自然而成，非人力也。宋景文公赋诗云：'虬洞耸云峰,缘虚一线通。云披双壁敞,树补半岩空;概竹森烟霭,飞泉曳玉虹。垂萝不肯昼,阴壑自然风。岭断天斜碧,崖倾日倒红。浮丘邈难遇,留恨翠微中。'曲尽龙洞之景。利路漕为刻石,仍以石本寄公。公答书云:'龙门拙句,斐然妄发。阁下仍刊翠琰,示方来,言诗之人,得不笑我哉? 江左有文拙而好刊石者,谓之诒蚩符,非此谓乎? 嚇嚇!'"

过朝天岭,有诗。

《文集》卷九《朝天岭》:"天岭循归道,征旟面早暾。滩声逢石怒,山气附林昏。谷啭如禽哢,尘交作马痕。萋萋芳草意,无乃为王孙。"朝天岭在利州北部。《方舆胜览》卷六六"利州":"朝天岭,在州北五十里,路径绝险。"

二月一日,次利州,见桃李盛开,有诗咏之。

《文集》卷二三《二月一日次利州见桃李盛开》:"蜀天寒破让芳晨,雪花霞蚋次第新。解把清香与行路,教人长忆故园春。"《文集》卷二三《李树》:"曾见繁英出缥墙,更将朱实奉华堂。蹊桃得地偏相映,莫损清阴欲代僵。"利州,由陕入蜀所必经地。

过利州蓬池县,有诗记其凋敝。

《文集》卷一二《蓬池二首》其一:"大道来中县,余粮遍近原。狙林朝芋阴,幽屋昼茅喧。短日方催暮,低云屡向繁。我忧宁易写,惟有悄无言。"其二:"天形垂沆瀣,原势带纡余。社久熏无鼠,渊澄察见鱼。駉駉开牧庌,蹇蹇度柴车。却望斜阳市,行人掉臂初。"蓬池属利州路蓬州。参《宋史》卷八九《地理志五》。

次望喜驿,得友人张文裕西使日咏嘉陵江诗于驿馆壁,戏答二首。

《文集》卷二四《次望喜驿始见嘉陵江得予友天章张文裕西使日咏嘉陵江诗刻于馆壁有感别之叹予因戏答二章他日见文裕以为

一笑》其一："江流东去各西行,江水无情客有情。此地怀归心自苦,不应空枉夜滩声。"其二："东流江水鸭头春,南隔高原背驿尘。便使滩声能怨别,此愁不独北归人。"《方舆胜览》卷六六"利州"条有"望喜驿",并引李商隐诗言："嘉陵江水北东流,望喜楼中忆阆州。"与本诗合。张掞,字文裕,张蕴之子。参本谱皇祐元年。

过剑门,有诗纪之。

《文集》卷八《次剑门》："昔驱千骑往,今解五鱼还。谁惮老销髀,自怜生入关。春风来迥野,晓斗挂空山。却整康成帕,依然愧腻颜。"则此时已入春。《文集》卷一八《初入蜀州阁道作》："缘云栈脚转嵯峨,使者重来叱驭过。杜宇有冤啼夜月,女萝凭鬼护山阿。岩深树气埋苍雾,峡窄江形束素波。自问一春行役苦,带环移眼奈衰何。"《文集》卷二四《入蜀》："剑峰重叠抱巴天,从昔奸雄窃慨然。白腹黄牛余谶歇,汉家寻用五铢钱。"三诗皆作于此时。剑门,入蜀必经之地。

次梓潼,访张亚子庙。

《文集》卷八《次梓潼》："行行芳序深,秀色媚诸岑。早叶易经吹,暖云难久阴。拥条孤狖啸,戏荇一凫沉。不是无樽酒,其谁共献斟。"《文集》卷八《张亚子庙》诗题下自注："今封英显王。"诗曰："伟哉真丈夫,庙食此山隅。生作百夫特,死为南面孤。鹿庖偿故约,雷杼验幽符。潼水无时腐,英名相与俱。"马端临《文献通考》卷九〇《郊社考》二三："英显王庙,在剑州,即梓潼神张亚子。"《长编》卷四九:咸平四年七月"丙子,封剑州梓潼神济顺王为英显王"。梓潼属利州路剑州。参《宋史》卷八九《地理志五》。

二月二日,到达绵州,有书启寄王侍读。

《文集》卷五三《王侍读启》："二日次左绵,枉饷人肃给。嗣饷醪笋,皆济所乏,感愧无喻。但去人滋远,思人滋深,奈何? 陟顿虽勤,幸无雨淖。若过二剑,则无阻矣。所过来牟大稔,民屋熙熙,西南信乐国也。"左绵指绵州。杜甫《海棕行》云:"左绵公馆清江濆,海棕一株高入云。"绵州地近益州,二日当指二月二日,是月二十日祁益州到任。

次罗江驿,题诗于驿之翠望亭,寄西游之士人。

《文集》卷一八《题罗江翠望亭兼简西游君子》:"暂解征鞍息使邮,孤亭望断更夷犹。山从剑北呈天险,树遍巴西送客愁。拂衽风和循幌入,濯缨江好近人流。凭君且作刚肠忆,怀远思归易白头。"罗江,县名,属绵州。参《宋史》卷八九《地理志五》。陆游《剑南诗稿》卷三《罗江驿翠望亭读宋景文公诗》曰:"扑马征尘拂不开,高亭敧帽一徘徊。蜀山地暖稀逢雪,闰岁春迟未见梅。陂水近人无鹭下,烟林藏寺有钟来。宋公出牧曾题壁,锦段虽残试剪裁。"[1]据此知至南宋时祁所题诗仍存。

经汉州,游房公湖。

《文集》卷一九《汉州房公湖》:"丞相于藩日,疏湖讼阁西。疑从济川地,写出钓璜溪。流浅初无浪,源清不贮泥。月为宵幌烛,云作曙楼梯。碍马汀筼密,萦船浦蔓低。人亡桃李在,脉脉尚成蹊。"汉州,与益州相邻。房公湖在汉州,祁知益州,过汉州,游之。《方舆胜览》卷五四"汉州":"房公湖,又名西湖。"《文集》卷一八《汉南州按行江涘以诗见寄》:"侧帽风轻过大堤,水村骄马惜障泥。前驱夹道旗开隼,合宴传飨帐绕犀。净练寒江供望阔,赤萍圆日对吟低。轻筒络绎传清唱,知在春烟几曲溪。"诗言"寒江""春烟"与祁至汉州时之时节合,当作于此时。

---

[1] 陆游著,钱仲联校注《剑南诗稿校注》,上海古籍出版社,1985年,第281页。

二月二十日，抵益州，领州事，有谢表及启。

《文集》卷三八《益州谢上表》："昨被嘉祐元年八月诏书，授臣吏部侍郎，仍旧职，移知益州。臣以九月解定州符印，十月过阙下。又奉诏旨，许朝见面赐训敕。自见逮辞凡一月，即乘驿趋官，以今年二月二十日领州事。"表作于到任时。《文集》卷五六《益州谢两府启》："昨自定武军被去年八月诏书改吏部侍郎，仍知益州。以今年二月二十日到任讫。守边无状，易地蒙褒。任非值材，宠实浮愿。即趋治所，祗服彝箴。伏念祁本以属文，早陪禁籍。后缘学政，稍习吏条。向诣朔邮，临总师节。辞穷一郡之守，众为寒心；语逾三至之多，每蒙辨谤。戍瓜四熟，（领）[岭]雪遍纷。何图幽黜之期，更忝骤迁之幸。"启作于到任时。祁《益部方物略记序》："嘉祐建元之明年，予来领州。"

益州到任，告天祈福。

《拾遗》卷二二《知益州醮文》："臣荷天子眷委，临抚西人。立功赋事，多所不逮。虑索智穷，日负罪尤。永惟巴益之地，生聚百万。臣为之长，脱一缪悠，民受厥愆。今者上启天帝，高真列圣，垂监下臣，矜照危恳。俾发寤未通，濯被暗冥，使裁处寡悔，措置时当。上不透朝廷之法，下得遂黎庶所宜。向方远罪，实天之贶。"文作于祁益州到任后不久，姑系于此。

三月二十一日，集海云鸿庆院。

《文集》卷一九《三月二十一日集海云鸿庆院》："地胜祠仍古，春余物遍华。山云时抱石，佛雨不萎花。岭挟楼梯峻，岩牵殿城斜。淙溪杂环佩，怪蔓走龙蛇。供坐僧飞钵，香园客戏沙。吾游真草草，深意负青霞。"《文集》卷一〇《游海云寺》云："十里云边寺，重驱千骑来。"当是重游。《（雍正）四川通志》卷三九收有此二诗。曹学佺《蜀中广记》卷二"成都府二"："东门之胜，禹庙、大慈寺、散花楼、合江亭、薛涛井、海云寺其最著者。"则海云寺在益州。

春,游浣花溪。早夏又泛舟溪上。

《文集》卷一八《春日出浣花溪》:"侧盖天长荡晓霏,暖风才满使君旗。水通江渚容鱼乐,草遍山梁雊雉群。场雨灭尘盘马疾,楼云碍曲进觞迟。少陵宅畔吟声歇,柳碧梅青欲向谁。"浣花溪,在成都西南,昔日杜甫宅于此。《文集》卷二一《忆浣花泛舟》:"早夏清和在,晴江沿溯时。岸风摇鼓吹,波日乱旌旗。醉帟牵细蔓,游鬟扑绛蕤。树来惊浦近,山失悟舟移。雅俗西南盛,归轺东北驰。此欢那复得,抛恨寄天涯。"诗作于祁知益州时,姑系于此。

春,在益州观海棠,与北方所见不同,有诗咏之。

《文集》卷二一《蜀地海棠繁媚有思加腻干丰条苒弱可爱北方所未见诸公作诗流播西人余素好玩不能自默然所道皆在前人陈迹中如国风申章亦无愧云》:"蜀道天余煦,珍葩地所宜。浓芳不隐叶,并艳欲然枝。襞采分群萼,均霞点万蕤。回文锦成后,夹煎燎烘时。蜂蕊迎衔密,莺梢向坐危。浅深双绝态,啼笑两妍姿。绛节排烟竦,丹釭落带垂。童容邨畏薄,便面到忧迟。媚日能徐照,暄风肯遽吹。惜观当晼晚,留恨付离披。丽极都无比,繁多仅自持。损香饶麝柏,照影欠瑶池。画要精俦色,歌须巧骋辞。举尊频语客,细摘玩芳期。"由诗题观之,当作于到益州后不久。姑系于此。

春夏之际,闻杜鹃之声,有诗议望帝杜宇之事。

《文集》卷一一《闻杜宇》:"传闻望帝冤,底处最堪怜。蜀月将残夜,巴山欲晓天。周军尝化鹤,齐后亦为蝉。物变皆如此,非君是偶然。"言"杜宇""蜀月",当作于益州时,姑系于此。

五月竹醉日,种竹,作诗记之。

《文集》卷二四《竹》:"除地墙阴植翠筠,纤茎润叶与时新。赖逢醉日终无损，正似得全于酒人。"诗尾自注："种树家以五月十三日为竹醉日，移之多盛茂。"益州为竹乡，诗或作于益州时。

《苕溪鱼隐丛话·后集》卷三一引《艺苑雌黄》："种竹者多用辰日，山谷所谓'根须辰日斸，笋看上翻成'是也。又用腊月，杜陵所谓'东林竹影薄，腊月更须栽'是也。非此时移之，多不活。惟五月十三日，古人谓之竹醉日，栽竹多茂盛。按《笋谱》云：'民间说竹有生日，即五月十三日也。移竹宜用此日。或阴雨土虚，则鞭行，明年笋茎交出。'故晏元献诗云：'茸茸渭滨族，萧萧尘外姿。如能乐封殖，何必醉中移。'"

祝穆《古今事文类聚·后集》卷二四引《仇池墨记》："竹醉日：种竹者多用辰日。山谷所谓'竹须辰日斸，笋看上番成'是也。又用腊月，杜陵所谓'东林竹影薄，腊月更须栽'是也。非此时移之多不活，惟五月十三日，古人谓之竹醉日，又谓之竹迷日，栽竹多茂盛。或阴雨则鞭行，明年笋茎交出。然又有不拘此者，晏元献诗云：'茸茸渭滨族，萧萧尘外姿。如能乐封殖，何必醉中移。'竹有雌雄，雌者多笋故也，种竹当种雌。自根而上至生梢，一节发者为雄，二节发者为雌。"陈景沂《全芳备祖·后集》卷一六引《仇池墨记》同。

夏，李郎中赠扇，作诗谢之。

《文集》卷七《谢提点刑狱李郎中赠扇》："规裁珍素裂轻云，柄剪春篁燥丛露。制以为扇持赠君，拂君怀袖祛君暑。蜀天六月苦炎歊，赤龙秋秋驻云雾。火走肤脉汗若流，暗逗浮凉下天宇。画作飞蝇缘误点，徐隔游尘不成污。何以为报我知之，奉扬仁风慰黎庶。"诗作于祁知益州首个夏天。李郎中，不详。

夏，游锦江亭，有诗。

《文集》卷七《锦亭晚瞩》："长夏宜高明，缓带散烦窘。凭轩一超然,目与天共尽。山从云端现,日就林外隐。风来草树披,烟生井间近。自公况多暇,冲臆无留蕴。即此可宴居,何须事游轾。"锦亭即锦江之亭。锦江乃岷江流经成都时之称谓。《太平寰宇记》卷七二"益州条":"濯锦江即蜀江,水至此濯锦,锦彩鲜润于他水,故曰濯锦江。"姑系于此。

夏,避暑江渎池,常于江渎亭宴饮。

《文集》卷九《集江渎池亭》:"五月追凉地,沧江剩素涟。林烟昏午日,楼影压池天。筱密工迷径,荷欹巧避船。机忘更何事,鱼鸟亦留连。"《文集》卷一○《避暑江渎祠池》:"溪浅容篙短,舟移觉岸长。烟稠芰荷叶,霞热荔支房。技叠参挝鼓,杯寒十馈浆。便成逃暑醉,官事底相妨。"《文集》卷一○《夏日江渎亭小饮》:"飞槛枕溪光,欢言客遍觞。暂云消树影,骤雨发荷香。辛臼橙齑熟,庖刀脍缕长。蘋风如有意,盈衽借浮凉。"《文集》卷一四《江渎池亭》:"一羣掀翅压溪隅,吏事初闲此晏居。断岸有时通略彴,轻风尽日战栟榈。云鸿送目挥弦后,客板看山拄颊余。芰碧蒲青来更数,江人多识使君旟。"曹学佺《蜀中广记》卷一"成都府一":"南门之胜,如石室、石犀、严真观、江渎池、七星桥、昭烈武侯祠其最著者。"则江渎池在成都南部。诸诗作于祁知益州时。

夏,闻蝉有感,作诗三首。

《文集》卷九《闻蝉有感三首》其一:"初闻蜀树蝉,含喝晚风前。便把凄凉意,催成摇落天。易惊惟远客,所得是流年。空腹悲何事,繁于五十弦。"其二:"残蜕抛何处,新声集回枝。岁芳鹃后妒,露信鹤前知。风坞嘶清御,霞梢咽暝规。此时兼一叶,并助长年悲。"其三:"劳君惊暮节,助我思流年。彗若横吹管,繁如未破弦。城残嘶外月,林暝噪余烟。块坐秋风里,潘郎鬓飒然。"诗言"初闻蜀树蝉"则诗作于入蜀之首年。

七月七日七夕节，有感，作《七夕》诗。

《文集》卷一六《七夕》其一："开秋七夕到佳辰，里俗争夸节物新。乌鹊桥头已凉夜，黄姑渚畔暂归人。裴回月御斜光敛，宛转姝丝巧意真。卜肆沉冥谁复问，年年槎路上天津。"其二："西南新月玉成钩，奕奕神光渡饮牛。素彩低浮承露掌，清香不散曝衣楼。天边华幄催云卷，星外横桥伴客愁。莫使银河到沧海，人间沟水易东流。"诗言"西南新月"可能作于益州，姑系于此。

九月九日，访药市。

《文集》卷六《九日药市作》："阳九协嘉辰，斯人始多暇。五药会广廛，游肩闹相驾。灵品罗贾区，仙芬冒阛舍。撷露来山阿，斸烟去岩罅。载道杂提携，盈檐更荐藉。乘时物无贱，投乏利能射。饔荟互作主，参荠交相假。曹植谨赝令，韩康无二价。西南岁多疠，卑湿连春夏。佳剂止刀圭，千金厚相谢。刺史主求瘼，万室击吾化。顾赖药石功，扪襟重惭嗒。"言"西南"知作于益州时，姑系于此。

九月十日，宴江渎亭。

《文集》卷一九《十日宴江渎亭》："节去欢犹在，宾来赏更延。悠扬初短日，凄紧乍寒天。霁沼元非涨，秋花自少妍。蚁留新献酎，蕙续不残烟。戏鳣冲余藻，游龟避折莲。流芳真可惜，从此遂凋年。"据诗题及首句知事在秋季重阳节后一天，姑系于此。

秋，赏月，有诗怀京。

《文集》卷六《凉蟾》："凉蟾啮残云，飞影上西庑。鹊鸦依空墙，蟏蛸已在户。君行阅三岁，确战亦云苦。新衣本自绽，故裳复谁补。朔风万里来，傥或从君所。风过无传音，徘徊独谁语。"诗言"朔风万里""无传音"，则在益州外任时，姑系于此。

秋，庞籍久留塞下，有诗寄来，祁次韵和之。

《文集》卷一八《次韵天平观文庞相公以久留塞下见寄》："昔

驾轺封北护边,已惭星鬓久凋年。御炉香外抛晨谒,刁斗声中废夜眠。梁雪送残他日赋,郭舟谁共此时仙。思归未敢贻公念,更办秋怀敌露蝉。"庞相公,即庞籍。《长编》卷一七五:皇祐五年十月"己亥,户部侍郎、知郓州庞籍为观文殿大学士"。又卷一八〇:至和二年六月"甲辰,观文殿大学士、户部侍郎、知郓州庞籍为昭德节度使、知永兴军,寻改知并州"。又卷一八六:嘉祐二年十一月"戊戌,昭德军节度使、知并州庞籍为观文殿大学士、户部侍郎、知青州"。庞籍至和二年知永兴军,寻改并州,嘉祐二年十一月始离边,调知青州。诗作于至和二年至嘉祐二年间,姑系于此。

十二月,高亭驻眺。

《文集》卷七《高亭驻眺招宫苑张端臣》:"蜀天向腊寒未极,倚槛绵睇亭皋分。一萍团红江上日,数盖淡白楼头云。杯中竹叶与谁举,笛里梅花那忍闻。愿君枉步数相劳,他时离绪徒纷纷。"诗言"蜀天""腊寒未极"当作于在益州之十二月,姑系于此。张端臣,不详。

冬,览蜀宫故城,祭诸葛亮,有诗。

《文集》卷二一《览蜀宫故城作》:"国破江山老,人亡岸谷摧。鸳飞今日瓦,鹿聚向时台。故苑犹霏雪,荒池但劫灰。赪遗糊处壤,阄记数残枚。恨月窥林下,悲风觅陇来。依城狐独速,失厦燕裴回。废社才存柳,阴垣自上苔。有情惟杜宇,长为故王哀。"诗言"霏雪"知作于冬季,姑系于此。康熙刻本《诸葛忠武志》卷八宋祁《祭诸葛武侯文》:"南国之纪,山川秀钟。偶来自蜀,汉水抚封。皆公故国,祇谒遗宫。借公余略,潜折敌冲。惮公德威,遐迩所同。载祀襄人,永护柏松。"文中言"祇谒遗宫"则在览蜀宫故城时。

冬,种竹南轩。

《文集》卷六《种竹》:"世皆笑幽独,可不少自贬。种竹南轩间，亦足以相验。况兹岁华晚，众卉日凋敛。清节良自如，栽培匪为谄。"益州为竹乡，诗当作于益州时，姑系于此。按：《拾遗》卷五《公斋植竹》："对植同奇树，扶疏对近轩。旧经梁苑赋，初结太山根。就简供书刻，乘秋爽些魂。鸢风朝作籁，鹤露夜留痕。招隐宜先桂，忘忧可并萱。会当充凤食，荐实帝家园。"《文集》卷一一《新竹》："最爱中唐竹，春来百个鲜。笋残霞落泊，梢散粉婵娟。早叶危衔露，昏枝巧住烟。宁孤一日赏，况在此君前。"《文集》卷二〇《新笋成竹》："雨町犀株突，阳皋锦槊攒。窍均轩世律，皮解汉廷冠。冉冉生能直，萧萧意自寒。翠云舒作叶，碧血染为竿。梢弱烟方定，筠浮粉未干。抛阴照流水，进节犯朱栏。会待翔鸑集，非缘戏马残。林间谁共赏，坐想七贤欢。"《文集》卷二二《竹》："修修稍出类，辞卑不肯丛。有节天容直，无心道与空。"以上诸咏竹之诗或皆作于益州时。

友元净来访，归时有诗送之。

《文集》卷一五《送元净归中岩并序》序云："予昔家景陵，与师同预北禅祚公法席。后三十年，予守成都，师自富顺监肯来，洒然话旧。昔之壮也今瘁，昔之鬒也今华，师虽忘怀，予不能无感。俄而告还，作诗一解，以慰其行。"诗曰："景陵同坐贯花筵，日月飞驰三十年。两股寻回江上锡，一灯分照剑南天。岩云护钵龙降咒，林露侵衣鹤警眠。此地相逢须重别，在家灵运已华颠。"景陵指复州。祁天圣二年举进士，释褐为复州军事推官，天圣五年代还，至此时正三十年。参本谱天圣二年、五年记事。元净，不详。

在益州，多赋诗美成都。

《文集》卷一五《成都》："风物繁雄古奥区，十年伧父巧论都。云藏海客星间石，花识文君酒处垆。两剑作关屏对绕，二江联派练平铺。此时全盛超西汉，还有渊云抒颂无。"《文集》卷一五《岁稔务闲因美成都繁富》：“岷峨俗美汉条宽，野实呈秋照露寒。卖剑得牛人息盗，乞浆逢酒里余欢。锦波濯彩霞湔浦，碹浪催轮雪沸滩。告稔不须腾驿奏，自应铜爵报长安。”姑系于此。

约是年，游成都信相院，题诗默庵。

《文集》卷七《题信相院默庵》：“对言方有默，因默乃名庵。庵留默不遣，一物遂为三。龟扫泥中痕，正恐力弗堪。自问呵默者，了然成妄谈。”信相院位于成都。曹学佺《蜀中广记》卷三“成都府三”：“《高骈筑城记》，唐中和四年翰林王徽作，在城中信相院。”姑系于此。

约是年，悟为文之难，悔前所作文章，提出“文章必自名一家”的文学思想。

《宋景文公笔记》卷上：“年过五十，被诏作《唐书》，精思十余年，尽见前世诸著，乃悟文章之难也。虽悟于心，又求之古人，始得其崖略。因取视五十已前所为文，赧然汗下，知未尝得作者藩篱，而所效皆糟粕刍狗矣。夫文章必自名一家，然后可以传不朽。若体规画圆，准方作矩，终为人之臣仆。古人讥屋下作屋，信然。陆机曰：‘谢朝花于已披，启夕秀于未振。’韩愈曰：‘惟陈言之务去。’此乃为文之要。五经皆不同体，孔子没后百家奋兴，类不相沿，是前人皆得此旨。呜呼！吾亦悟之晚矣。虽然，若天假吾年，犹冀老而成云。”五十岁后推十年即本年。

吴曾《能改斋漫录》卷一〇“著述须待老”条：“前辈未尝敢自夸大。宋景文公尝谓：‘予于为文，似蘧瑗。瑗年五十，知四十九年非；余年六十，始知五十九年非。其庶几至道乎？’又曰：‘予每见旧所作文章，憎之，必欲烧弃。’梅尧臣曰：‘公之文进矣，仆之为诗亦然。’故公晚年修《唐书》，始悟文章之难。且叹曰：‘若天假吾年，犹冀老而后成。’南城李泰伯叙其文，亦曰：‘天将寿我乎？所为固未足也.'类皆不自满如此,故其文卓然自成一家。"

约是年,宴于锦江,微寒,诸婢送半臂十余枚,恐有厚薄,不服而归。

魏泰《东轩笔录》卷一五:"宋子京博学能文章,天资蕴藉,好游宴,以矜持自喜,晚年知成都府,带《唐书》于本任刊修,每宴罢,盥漱毕,开寝门,垂帘,燃二椽烛,媵婢夹侍,和墨伸纸,远近观者,皆知尚书修《唐书》矣,望之如神仙焉。多内宠,后庭曳罗绮者甚众,尝宴于锦江,偶微寒,命取半臂,诸婢各送一枚,凡十余枚皆至。子京视之茫然,恐有厚薄之嫌,竟不敢服,忍冷而归。"《苕溪渔隐丛话》前集卷二六同。此虽为小说家言,然思及祁在蜀中好宴游之状,此事或有所据,姑存于此。

约是年,依东阳沈立所撰《剑南方物二十八种》,补其缺遗,成《益部方物略记》,备述蜀地六十五种动植物。

《益部方物略记》卷首《序》:"嘉祐建元之明年,予来领州,得东阳沈立所录《剑南(阳)[方]物二十八种》,按名索实,尚未之尽。故遍询西人,又益数十物,列而图之,物为之赞。图视状赞,言生之所以然,更名《益部方物略记》。凡东方所无及有而自异,皆取之,冀裨风土聚丘之遗云。"《四库全书总目》卷七〇《益部方物略记》提要:"是编乃嘉祐二年,祁由端明殿学士吏部侍郎知益州时所作。因东阳沈立所撰《剑南方物二十八种》,补其缺遗,凡草木之属四十一,药之属九,鸟兽之属八,虫鱼之属七,共六十五种。列而图之,各系以赞,而附注其形状于题下。赞居前,题列后,古书体例,大抵如斯。今本《尔雅》,犹此式也。其图已佚,赞皆古雅,盖力摹郭璞《山海经图赞》,往往近之。注则颇伤謇涩,亦每似所作《新唐书》,盖祁叙记之文类如是也。胡震亨跋引范成大《圣瑞花》诗,证是花开于春夏间,祁注称率以秋开为非。殆由气候不齐,各据所见。又引薛涛《鸳鸯草》诗‘但娱春日长，不管秋风早’句，证祁注是草春叶晚生之非，则横生枝节。夫春日已长，非春晚而何欤！至虞美人草自属借人以名物，如菊号西施之类，必改为娱美人草，曲生训释，是则支离无所取耳。”按:《景文集》卷四七中方物赞文多就《益部方物略记》哀集，《全宋文》注释已言明。

嘉祐三年戊戌（1058） 六十一岁

〔时事〕

四月，吴育卒。六月，文彦博罢相，富弼、韩琦为相。贾昌朝罢枢密使，宋庠、田况并为枢密使。包拯权御史中丞。

正月二十八日，州人祠保寿侯及杜邠公，李长学士出郊观之，有诗寄来，和之。

《文集》卷二一《次韵和李长学士正月二十八日出郊见寄之作》："雅俗传祠日，年华重宴辰。初阳澹江雾，小雨破街尘。客盖浮轻吹，斋刀俨后陈。林芳催兔目，原色换龙鳞。壤路歌声杂，褠倡舞叠新。持杯遍酬客，惟欠眼中人。""雅俗"句自注："州人以二十八日祠保寿侯及唐杜丞相惊于崇真堂。"此乃蜀人习俗。曹学佺《蜀中广记》卷二"成都府二"条："《岁华纪丽》云：'正月念八日出笮桥门，即拜保寿侯祠，次诣净众寺拜杜邠公祠。'"李长，不详。

春末，游北园，有诗。

《文集》卷九《春晏北园三首》其一："春物在无几，景随人意闲。笋生迷坞缺，花尽失林殷。坠絮来何所，轻云久未还。持杯问流照，肯信有朱颜。"其二："天意歇余芳，人闲日始长。落花风观阁，睡鸭雨池塘。稍倦持螯手，犹残麮尾觞。春归无所预，羁客自回肠。"《载酒园诗话》："小宋镂刻似逊于兄，韵度殊胜。守成都

《春宴北园》曰：'天意歇余芳，人间日始长。落花风观阁，睡鸭雨池塘。稍倦持螯手，犹残婪尾觞。春归无所预，羁客自回肠。'"则诗作于成都时，姑系于此。

游修觉寺，访司马相如琴台、扬雄墨池，皆有诗。

《文集》卷八《题蜀州修觉寺》："蜀嶂纷重沓，祇园隐寂寥。花供法界雨，江助梵音朝。海水闻钟下，天风引磬遥。少陵佳句后，物色付吾僚。"《方舆胜览》卷五二"崇庆府"："修觉寺，在新津县南五里。杜甫《新津寺寄王侍郎》诗：'何限倚山木，吟诗秋叶黄。蝉声集古寺，鸟影度寒塘。风物悲游子，登临忆侍郎。老夫贪佛日，随意宿僧房。'"祁诗中"少陵佳句"即《新津寺寄王侍郎》。诗作于祁知益州时，姑系于此。按：杜甫《新津寺寄王侍郎》原名《和裴迪登新津寺寄王侍郎》，见《杜诗详注》卷九。

《文集》卷九《司马相如琴台》："故台千古恨，犹对旧家山。半夜鸾凰去，他年驷马还。死忧封禅晚，生爱茂陵闲。惟有飘飘气，仍存天地间。"《方舆胜览》卷五一"成都府"："琴台，即司马相如宅。《寰宇记》：'在华阳县市桥西。'《成都志》云：'在浣花溪之海安寺南。'今为金花寺，城内非其旧。"祁知益州时游之。《文集》卷一〇《扬雄墨池》："宅废经池在，人亡墨溜干。蟾蜍兼滴破，科斗共书残。蠹罢芸犹翠，蒸余竹自寒。他杨无可问，抚物费长叹。"题下原注："即草元所。"《方舆胜览》卷五一"成都府"："草玄台，《图经》云：'即今中兴寺，有载酒亭及墨池。'郫县有子云读书堂，赵清献为记。"草元所即草玄所、草玄台，在此地。诗当宋祁在成都时所作，姑系于此。

六月，兄庠拜检校太尉、同平章事，复为枢密使兼群牧制置使。

《长编》卷一八七：嘉祐三年六月，"观文殿大学士、兵部尚书宋庠为枢密使、同平章事"。《续通鉴》卷五七同。《元宪碑》："嘉祐三年,拜检校太尉、同平章事,复为枢密使兼群牧制置使。"

欧阳修《欧阳文忠公集》卷八七《除宋庠制》:"门下:尽其志以飨亲,因而馂惠;爵于朝而示众,所以褒功。考祭典而可稽,著国章而有旧。矧乃枢机之任,惟余鼎鼐之臣,饬事齐庄,宣力左右。方此庆行之始,宜推宠数之隆。推忠协谋同德佐理功臣、枢密使、开府仪同三司、检校太尉、行兵部尚书、同中书门下平章事兼群牧制置使、上柱国、广平郡开国公、食邑七千八百户、食实封二千九百户宋庠,履行清纯,器识深茂。夙有佳誉,蔚为名臣。文足以为国华,学足以谋王体。入则登于三事,备馨谟猷;出则殿于大邦,蔼存风绩。自还机务,颇历岁时。秉一德以协恭,出处不更其守;展四体而尽瘁,夙夜匪懈其劳。属盛礼之有成,广推恩而自近。按夫舆地,特启于新封;加以宠名,盖遵于故事。惟是便蕃之锡,式申眷倚之怀。于戏!君子者邦之基,大臣者民之表。搢绅之望,所属老成,德业之隆,岂烦多训?服我休命,往惟钦哉。可特授依前检校太尉、行兵部尚书、同中书门下平章事兼群牧制置使,充枢密使,特封莒国公,仍赐推忠协谋同德守正佐理功臣,散官、勋、食实封如故。主者施行。"

欧阳修《欧阳文忠公集》卷八七《赐枢密使宋庠并河阳三城节度使判河南府文彦博加恩告敕口宣》:"朕以飨亲致孝,馂惠均恩。宜有宠章,以褒旧德。往钦新命,当体眷怀。"

欧阳修《欧阳文忠公集》卷八八《赐枢密使检校太尉同中书门下平章事宋庠让恩命第二表不允断来章批答口宣》:"卿陪祀畴劳,启封加命,再形恳让,深识冲怀。顾定志之弗移,宜承命而毋忽。"

宋庠《元宪集》卷一三《寄子京》诗题下自注:"为郡八年,荣愿已息,朝恩念旧,复假相印管内枢,然思归之心日以切怛矣。"宋庠自皇祐三年罢相至嘉祐三年复相历时正八年，其间历任洛阳、许州、河阳等州郡。诗作于复相之后。

有诗寄题韩琦昼锦堂。

《文集》卷一四《寄题相台太尉韩公昼锦堂》："瑞节前驱昼锦身，堂成署榜示州民。迁莺贺燕翩翩集，大树甘棠次第春。漳岸夕波通沼溜，魏堂暾日弄梁尘。君看千古青编上，得意如公有几人。"《宋史》卷二一一《宰辅表二》：嘉祐三年六月，"韩琦自枢密使、工部尚书依前官加同平章事、集贤殿大学士"。诗作于本年或稍后，姑系于此。

夏，登西楼，有诗咏其景。

《文集》卷一一《西楼夕望》："炎氛随日入，岑寂坐遥帷。倦鹜昏投浦，惊蝉夜去枝。桂华兼月破，槎影带星移。珍重窗风好，羲人即此时。"此诗《全蜀艺文志》卷六题作《西楼夕登》，则诗作于益州，姑系于此。

秋，再游北园，有诗。

《文集》卷一〇《北园池上》："中园稍萧槭，日脚净空埃。寒蝶飞还下，饥鸥去又回。林高风搅叶，垣暗雨留苔。颇赋高秋兴，人非骑省才。"《文集》卷一三《晚秋北园二首》其一："寂寥台榭使君家，日涉中园到日斜。林下归心纷似叶，菊前衰鬓晚于花。支离粟饱宁无愧，漫漶书成未足夸。犹有一杯相伴在，判从鹍鸠耗年华。"其二云："蒲芰因依残涨沼，枣梨狼藉晚秋园。"祁本年春已有游北园之诗，此乃秋时再游。

游嘉州明月湖，有诗。

《文集》卷一一《明月湖》："湖色淡无际，月华相与闲。临波双璧映，照浦一珠还。宿火汀洲外，横烟桑柘间。不妨清思剧，举国尽溪山。"《方舆胜览》卷五二"嘉定府"："明月湖，在州东。"嘉定府即嘉州,属成都府路。参《宋史》卷八九《地理志五》。祁知益州时游之,姑系于此。

在益州,常思京。

《文集》卷一一《菌阁》:"菌阁俯江干,西南蜀塞宽。看云记巫峡,望日省长安。钿崒峰头碧,霞皴荔子丹。比来秋物好,谁伴数凭栏。"《文集》卷六《和登山城望京邑》:"子牟怀魏阙,陈咸思帝城。他乡岂不美,吾土乐所生。况复抚凋节,凭高怀上京。山川不可见,葱郁凝神县。紫气抱关回,玉斗侵城转。负羽长杨猎,撞钟平乐宴。高冠照华蝉,英俊皆比肩。朝奏主父牒,夜召贾生贤。五侯交荐币,诸公亟为言。我生流离极,十年悲去国。叶愿洛阳飞,鱼宁武昌食。当弃关下符,一对危言策。"诗言"玉斗侵城转"与京城在北方合。诗言"我生流离极,十年悲去国",祁自皇祐三年出,至此近十年。诗作于益州任上,姑系于此。

是年,在益州,谒文翁祠,惜其残破,遂别建之,肖其像于宁间,绘司马相如等像于东西壁,以高朕和蒋堂配祠。

《文集》卷五七《成都府新建汉文公祠堂碑》:"蜀之庙食千五百年不绝者,秦李公冰、汉文公翁两祠而已。……嘉祐二年,予知益州,往款公祠。至则区位湫逼,埃蚀垢蒙,不称所闻。大惧礼益懈忽,神弗临享。其明年乃占学宫之西,(改)[攻]位鸠工,弗亟弗迟。作堂三楹,张左右序及献庑,大抵若干间。布寻以度堂,累常以度庭,疏窗以快显,壮阓以严闭。采有青丹,陛有级夷。瓦密栋强,若棘若飞。乃肖公像于宁间,绘相如等于东西壁。本古学之复莫若朕,本今学之盛莫若故枢密直学士蒋公堂,故绘二公于宦漏,皆配祠焉。"嘉祐二年之明年即本年。《神道碑》:"始至,葺文翁学,自为记刻。"文翁,庐江舒人也。尝为蜀守,教蜀人读书,吏民为立祠堂,岁时祭祀不绝。参《汉书》卷八九《文翁

传》。蒋堂,字希鲁,常州宜兴人。大中祥符五年进士及第,历官
至枢密直学士。庆历四年知益州。皇祐五年,以礼部侍郎致仕。
《宋史》卷二九八有传。按:《成都府新建汉文公祠堂碑》又见《元
宪集》卷三六。

　　是年,赵抃以其祖文集《南阳集》来请为序,为作《南阳集序》,
主张为文不傍古、不缘今。

　　《文集》卷四五《南阳集序》:"曩予以布衣偕计来京师,凡当
世有名士,必求得其文章,尽疏之牒,凡数十百家。其间南阳赵叔
灵诗才十余解,清整有法度,浑焉所得,不琢而美,无丹臒而采。然
恨未见其多,唠醴巫醨,闻雅音不竟曲,其嗛于愿也。后四十年,
予为益州,于是叔灵之孙抃以殿中侍御史领益路转运使,始尽得叔
灵所集。……殿中曰:'君既知吾祖,请遂冠篇,以信于传。'予曰:
'诺。'大抵近世之诗,多师祖前人,不丐奇博于少陵,萧散于摩诘,
则肖貌乐天,祖长江而摹许昌也。故陈言旧辞,未读而先厌。若叔
灵不傍古、不缘今,独行太虚,探出新意。"

　　《西塘集耆旧续闻》卷八:"赵叔灵,清献之祖也,初举进士,主
司先题其警句于贡院壁上,遂擢第。有诗集数十篇,闲雅清淡,不
作晚唐体,自成一家。清献漕成都日,宋祁公镇益都,为序其诗。"

　　赵抃《赵清献公集》卷五《益州路转运使到任谢上表》:"今月
十一日,进奏院递到敕牒一道,蒙恩就差臣权益州路转运使,已于
二十三日到任讫。领漕左潼,仅能逾月,移司西(夏)〔蜀〕,只是邻
邦。"赵抃移梓州路转运使在嘉祐三年,《表》言逾月移司西蜀,则
嘉祐三年领益州路转运使,故《南阳集序》作于此时。

　　西南学者奔走请业,祁循循指教,莫不中其所偏。

　　《神道碑》:"西南学者,奔走请业,公循循指教,莫不中其所偏。"

为益州先贤作赞。

《文集》卷四七《蜀郡太守庐江文公赞》《王褒字子渊赞》《严遵字君平赞》《张宽赞》《宋枢密直学士知益州蒋堂字希鲁赞》五篇,《成都文类》又有《司马相如字长卿赞》《李仲元赞》《何武字君公赞》《杨雄字子云赞》《后汉蜀郡太守高眹赞》五篇,诸赞皆作于此时。《蜀郡太守庐江文公赞》下《全宋文》整理者注:"按:以下十篇,《成都文类》《全蜀艺文志》总题为《(成都)府学文翁祠画像十赞》,注引吴曾《能改斋漫录》云:'蒋堂字希鲁,宜兴人,仁宗时以枢密直学士知成都。尝召高才硕生会试府中,亲校才等,劝成学者。于府学之侧别建西学,以广诸生斋室。迄成,而公移蒲中。其后转运使毁之,以增廨舍。既而常山宋公尚书至府,闻其事,叹息久之。且欲成公意,乃即其旧址建文翁祠,祠之内图庄君平、郑子真、司马相如蜀士先贤凡九,及公之像而十,常山公为之赞。'《景文集》仅收其中严遵、文公、王褒、张宽、蒋堂等五赞。今据《成都文类》等书补足,并据《文类》次序调整。"由此知诸赞作于文翁祠建成之后。按:宋祁文集又有《蜀人李仲元赞》(《文集》卷四七)一篇,内容与上《李仲元赞》不同。

在益州,常受朱公绰惠物,并与之唱和。

《文集》卷一二《答朱公绰牡丹》:"珍卉分清赏,飞邮附翠笼。蹄金点鬓密,璋玉镂趺红。香惜持来远,春应摘后空。玩时仍把酒,恨不与君同。"《文集》卷二〇《答朱彭州惠茶长句》:"芳茗标图旧,灵芽荐味新。摘侵云崦晓,收尽露腴春。焙暖烘苍爪,罗香弄缥尘。铛浮汤目遍,瓯涨乳花匀。和要琼为屑,烹须月取津。饮英闻药录,奴酪笑伧人。雪沫清吟肺,冰瓷爽醉唇。嗅香殊太粗,瘠气定非真。坐忆丹丘伴,堂思陆纳宾。由来撤腻鼎,讵合燎劳薪。得句班条暇,分甘捉麈晨。二珍同一饷,嘉惠愧良邻。"《文

集》卷一五《答彭州职方朱员外公绰》："四忝方州换隼旟，九番官
树老储胥。淹留太史编残稿，废忘河东箧里书。远想渊云才不逮，
略通邛僰计仍疏。梦回密友偏矜我，时损瑶音附鲤鱼。"《文集》卷
二〇《答朱彭州喜雪》："雪集先何所，天彭关内州。云渐结河汉，
风砾洒林丘。眩晃三霄接，缤纷一气浮。光逢晨睍薄，花得冥寒
稠。拂树琼争动，萦墙粉暂留。缩毛惊苲马，埋目惮吴牛。客至兰
矜曲，仙归鹤拥裘。盐边混熬素，玉处乱方流。并响鸣岩竹，分滋
浃垄莘。印沙鸿雁喜，蔽叶鹓鸹愁。蒙福沾余润，称觞隔并游。锦
官才涷雨，赓和负妍讴。"诸诗皆是与朱公绰唱和之诗。姑系于此。
扈仲荣、程遇孙编《成都文类》卷一一有朱公绰《与宋景文公唱酬
牡丹诗》："仁帅安全蜀，祥葩育至和。地寒开既晚，春曙力终多。
翠幕遮蜂蝶，朱阑隔绮罗。殷勤凭驿使，光景易蹉跎。"诗言"仁帅
安全蜀"，当作于祁知益州时。又诗题言"宋景文"则题为后人所
加。彭州与益州相邻，属成都府路。朱公绰，吴人，天圣八年进士。
曾为盐官令，事见厉鹗《宋诗纪事》卷一三、陆心源《宋诗纪事小传
补正》卷一。

在益州，修《唐书》不辍。

《东轩笔录》卷一五："宋子京博学能文章，天资蕴藉，好游宴，
以矜持自喜，晚年知成都府，带《唐书》于本任刊修，每宴罢，盥漱
毕，开寝门，垂帘，燃二椽烛，媵婢夹侍，和墨伸纸，远近观者，皆知
尚书修《唐书》矣，望之如神仙焉。"

《苕溪渔隐丛话》前集卷二六云：《东轩笔录》云：'子京博学
能文章，天资酝藉，好游宴，以矜持自喜。晚年知成都府，带《唐书》
于本任刊修，每宴罢盥漱毕，开寝门垂帘，燃二椽烛，媵婢夹侍，和
墨伸纸。远近观者，皆知尚书修《唐书》矣，望之如神仙焉。多内
宠，后庭曳罗绮者甚众。尝宴于锦江，偶微寒，命取半臂，诸婢各送

一枚,凡十余枚,皆至。子京视之茫然,恐有厚薄之嫌,竟不敢服,忍冷而归。'"

《曲洧旧闻》卷六"宋子京修唐书大雪与诸姬拥炉"条:"宋子京修《唐书》,尝一日,逢大雪,添帟幕,燃椽烛一,秉烛二,左右炽炭两巨炉,诸姬环侍。方磨墨濡毫,以澄心堂纸草某人传,未成,顾诸姬曰:'汝辈俱曾在人家,曾见主人如此否?可谓清矣。'皆曰:'实无有也。'其间一人来自宗子家,子京曰:'汝太尉遇此天气,亦复何如?'对曰:'只是拥炉命歌舞,间以杂剧,引满大醉而已,如何比得内翰?'子京点头,曰:'也自不恶。'乃阁笔掩卷起,索酒饮之,几达晨。明日,对宾客自言其事。后每燕集,屡举以为笑。"

仁宗促上《唐书》稿,经三时,悉送史馆。

《文集》卷四八《西州猥稿系题》:"会天子促上唐家书,遣使者就索副草,经三时乃悉送官。凡再期之间,身事交逼,操楫佐辕,伎不两工,故于他论著,不遑及也。"言"再期",当在知益州之第二年。

常会饮于广厦中,外设重幕,内列宝炬,歌舞相继,达昼不休,名曰"不晓天"。

《宋人轶事汇编》卷七引《老学庵笔记》:"宋景文好客,会饮于广厦中。外设重幕,内列宝炬,歌舞相继,坐客忘疲,但觉漏长,启幕视之,已是二昼。名曰不晓天。"按:今中华书局本《老学庵笔记》不见此条。《长编》卷一八九:嘉祐四年三月,"先是,右司谏吴及言祁在定州不治,纵家人贷公使钱数千缗,及在蜀奢侈过度;而拯亦言祁在益部多游宴"。吴及、包拯皆言祁在益州多游宴,故系此于益州任时。

详勘张咏生平，作《张尚书行状》进史馆。

《文集》卷六二《张尚书行状》："张咏，字复之，年七十。……治益部也，宿师屯结，县官乏食，掾吏搏手，狂狡启心。公乃贱售盆盐，翔贵囷米，贸迁钟豆，讽告乡县。民或妄言沮公，公斩之以徇，自是见粮大集，战士倍气矣。自不逞挺乱，重城晏闭。主帅王继恩、上官正顿师入保，埋根不进，坐失脱兔之拒，居若贾胡之留。公以为将不亲行，众不可使，乃劝正自当一队，以贾群勇。正许诺，行有日矣，公虑其不进，于是椎牛宿帐，具出饯之礼，中坐酒酣，亲举属军尉曰：'尔曹俱有亲弱在东，蒙国厚恩，恐无以塞责。此行当直捣寇垒，尽其噍类，平定之日，东向以报，目见朝廷，举万年之觞，岂不快耶！若犹老师逸囚，疲民旷日，即此地还为汝死处也。'正由此东行冞入，诡道兼进，殊死鏖战，尽俘凯旋。公乃出车劳勤，搅金大会，以次论获，先命行赏。皆伏公气决，不敢迎视。继恩帐下卒缒城夜逸，吏执以告，公恶与继恩不协，即命絷投眢井，一府无知者。先时，劫掠之际，诬染尤众，胁从有状，归诉无阶，各保营壁，共怀猜贰。公以为麑不释音，既亡其路，虫入其腹，惧益厉阶，亟下移符，镌说魁宿，宥其枝党，纵归田里，譬以大恩，讫无敢桀。及再任也，属六羸南牧，灵旗薄伐，公虑远夷为变，欲出奇以胜之。因取盗贼之尤无状者，磔死于市，凛然人望，遂臻靖嘉。每吏牍便文，久不得判，公率尔署决，人皆厌伏，罚既值罪，按无廋情。蜀中喜事者，论次其词，总为《诫民集》，镂墨传布。虽张敞之为京兆，时时越法纵舍；黄霸之守颍川，人人咸知上意，无以过之。"题下原注："案：状在天禧四年，祁时年二十四，尚未登第，疑属代作。"《全宋文》整理者题下注曰："今按：此说误，状中称'真考''真宗'，明作于仁宗时。"诚是。张咏两次知益州，行状又详于益州之事，疑此文作于祁益州任上，姑系于此。张咏，字复之，濮州鄄城人。西昆派诗人。《宋史》卷二九三有传。

十月,王素知成都,祁召还待阙。

《北宋经抚年表》:嘉祐三年"十月,祁迁三司,见包拯奏。定州王素知成都。《长编》,参《宋史》"。按:今"包拯奏"不存,今《长编》亦不载嘉祐三年王素知成都事,《宋史》王素传有言其知成都事,然不言年月。《宋史》卷三二〇《王素传》:"出知定州、成都府。"陈傅良《止斋集》卷四一《跋宋景文公帖》:"三年,王侍读来成都,于是还阙。"按:王侍读当为王素,本年知成都。然《经抚年表》言祁迁三司使时间与《长编》所记不合,《长编》卷一八九:嘉祐四年三月己亥,"端明殿学士兼翰林侍读学士、吏部侍郎、集贤殿修撰宋祁为三司使"。本年十月宋祁之任官当如《跋宋景文公帖》所云"还阙",至四年三月五日方代张方平为三司使,见本谱嘉祐四年事,然祁是否在本年起程"还阙",其事待考。

为友人代渊撰墓志铭。

《文集》卷五九《代祠部墓志铭》:"嘉祐二年秋九月有疾,召术家曰:'为我择胜日。'对曰:'丙申良。'蕴之颔许,即敕家人具潘浴,左右不识谓何。是日卒于寝。……明年,诸子卜冬十二月某日葬通化原,从屯田蕴之志也。予以蕴之为同年弟,知之也熟。又履祥持虢略杨冕状来请铭,呜呼!予能言之。"墓志铭作于葬前。代渊,字蕴之,导江人,天圣二年举进士入第一甲,与宋祁同年。

罢郡还,有诗寄梁适,叹息老衰方回京。

《麈史》卷中"不遇"条:"景文出知成都,听以书局自随。既成,上之。旌赏都毕。已而,景文召还,故有《罢郡将还先寄永兴梁丞相诗》云:'留滞鱼符素领垂,十年方喜觐彤闱。平台赋罢邹阳至,宣室釐残贾谊归。疲马有情依栃叹,倦禽知困傍林飞。相君门下余尘在,拥彗应容一叩扉。'至雍,道中被命郑州,不得朝,卒于外。"《罢郡将还先寄永兴梁丞相诗》即《文集》卷一三《回郡将东

还献梁相公》，诗曰："留滞符鱼素领垂，十年方喜觐彤闱。平台雪
罢邹阳老，宣室釐残贾谊归。疲马有情依枥叹，倦禽知困傍林飞。
相君门下余尘在，拥篲应容一叩扉。"然《麈史》言祁"卒于外"则
误，参本谱嘉祐六年记事。

《邵氏闻见后录》卷一九："宋子京罢守成都，故事当为执政，未
至，宰相以两地见次，尽以他人充之。子京闻报怅然，有'梁园赋罢
相如至，宣室釐残贾谊归'之句。言者又论蜀人不安其奢侈，遂止
为郑州，望国门不得入，久之再为翰林承旨。未几，不幸讣至成都，
士民哭于其祠者数千人。谓'不安其奢侈者'诬矣。宰相，韩魏公
也。言者，包孝肃也。"叶梦得《石林诗话》卷中："宋景文公子京，
不甚为韩魏公所知，故公当国，子京多补外。"祁与韩琦之关系，笔
记多有记载，参本谱明道元年、至和元年记事。

《东轩笔录》卷一一："嘉祐中，禁林诸公皆入两府。是时包孝
肃公拯为三司使，宋景文公祁守郑州，二公风力名次最著人望，而
不见用。京师谚语曰：'拨队为参政，成群作副枢。亏他包省主，闷
杀宋尚书。'明年，包亦为枢密副使，而宋以翰林学士承旨召。景
文道长安，以诗寄梁丞相，略曰：'梁园赋罢相如至，宣室釐残贾谊
归。'盖谓差除两府足，方被召也。"《笔录》将寄梁丞相诗置于知
郑州之后，误。祁自郑还京，无须"道长安"。

梁相公、梁丞相即梁适。《宋史》卷二一一《宰辅表二》：皇
祐五年，"梁适自参知政事加礼部侍郎、同平章事、集贤殿大学
士"。梁适，字仲贤，东平人，翰林学士颢之子也。《宋史》卷二八五
有传。

约是年，在益州，罗承制自戎州罢归来访。

《文集》卷七《罗承制自戎州罢归》："乘障一麾遽出守，终更三
岁今来旋。巴云晨趣东北道，僰月晓背西南天。故人把酒数卷白，

离亭赠柳长于鞭。属羌羁诏久款塞,归为天子细论边。"诗言"西南天",则作于益州任时。罗承制,不详。

约是年,在益州,有诗与李先唱和。

《文集》卷一〇《答劝农李渊宗嘉州江行》:"嘉月嘉州路,轲峨按部船。山围杜宇国,江入夜郎天。霁引溪楼望,凉供水馆眠。愧君舟楫意,遂欲济长川。"嘉州属成都府路,诗作于去年或今年,姑系于此。李先,字渊宗,许州临颍人。《宋史》卷三三三有传。

在益州,有诗为友人送行。

《文集》卷六《提刑使者还嘉州》:"使者舣行舟,是行及凄序。祖帐俯平沙,从骑罗前渚。一进酒惟醴,再进鲂及鲂。远客已少惊,况将暌宴语。劲风自薄林,寒流稍分浦。讼矢久已闲,农坻矧就绪。岁晏亟言旋,无为负延伫。"《提刑劝农使者还嘉州》:"案部聊北征,肃舲复东下。江溜澹泱泱,樯乌纷雅雅。离醑不余杯,征棹亟沿洄。远岫随时见,幽花无候开。清氛霁平陆,林芳信重复。槭路缭山颜,駞田耨岩腹。属此屡丰期,仍当省敛时。击壤系途乐,余粮寻亩栖。嘉阳信嘉处,时与赏心遇。霁树抱空轮,寒涛下翔鹭。还辕眷仲秋,秋序日方遒。归诺果无负,迟子临江楼。"嘉州,属成都府路,二诗疑作于益州时。

在益州,有"明月空为两地愁"诗,人以为诗谶。

《邵氏闻见后录》卷一九:"宋子京罢守成都,故事当为执政,未至,宰相以两地见次,尽以他人充之。子京闻报怅然,有'梁园赋罢相如至,宣室鳌残贾谊归'之句。言者又论蜀人不安其奢侈,遂止为郑州,望国门不得入,久之再为翰林承旨。未几,不幸讣至成都,士民哭于其祠者数千人。谓'不安其奢侈者'诬矣。宰相,韩魏公也。言者,包孝肃也。然子京先有'碧云漫有三年信,明月长为两地愁'之句,竟不至两地,悲愤而没,世以为谶云。"

《能改斋漫录》卷八"明月空为两地愁"条："《云斋广录》云：
'二宋以文章齐名天下。子京守蜀日，有诗云："碧云谩有三年信，
明月空为两地愁。"其后卒不入两地，人以为谶。'予以子京用何逊
与胡兴安《夜别》诗：'念此一筵笑，分为两地愁。'《广录》之论，不
知所自也。"按：今祁文集不见"碧云漫有三年信，明月空为两地愁"
诗句。

**编益州所作诗为《西州猥稿》，刻石置于大智禅坊之亭，以期备
于乐府杂家彰显治世之音。**

《文集》卷四八《西州猥稿系题》："西州者，益也；猥，杂也；稿，
其未工之辞也。……凡再期之间，身事交逼，操楫佐辕，伎不两工，
故于他论著，不遑及也。惟览山川，采谣俗，观风云怪奇，草荣木
悴，岁时故新，朋昵判合，时寓诸诗。诗者，探所感于中而出之外者
也，所以怡性情，娱僚宾，故狭章不为贫，积韵不为广，悼于往弗及
于流。自假守至满更，月衰日次，凡得百余篇，杂内褚中，命曰《猥
稿》。野庖之芹，穷纬之蒯，自爱而不忍弃也。或曰，君之诗往往为
邦人写去，奈何？不如因出之，可见本末。予不能谢，即诿门人邛
州从事段绎释之书而刻之石，置大智禅坊之亭。噫！后之人孰为
我窜其辞，删其冗，掇所得百分之一，以备乐府杂家，俾知治世之音
安且乐云。"言"再期"则诗稿编成于嘉祐三年。按：关于《西州猥
稿》诗，佚存本《景文宋公集》于《西州猥稿系［题］》下注云："西州
诗今分类在此集内。"惜佚存本乃残帙，未得窥全貌，而聚珍本乃从
《永乐大典》中所辑出，亦非全貌。所录诗的数量，祁在此《系题》
自言百余篇，《宋诗纪事》卷一一："《优古堂诗话》：《云斋广录》云：
'……子京守蜀日，作诗三百，名曰《猥稿》。有句云云，后卒不入两
府，人以为诗谶。予以子京用何逊与胡兴安《夜别》诗：'念此一筵
笑，分为两地愁。'《广录》之论，不知所自也。'"则言三百篇，未详

孰是。宋庠诗《因览子京西州诗稿感知音之难遇偶成短章》(《元宪集》卷一五):"小集曾因善叙传,西州余藻复盈编。中郎久已成枯骨,争奈柯亭十六椽。"则庠阅过此诗稿。"小集"句自注:"子京《出麾小集》甚为元献晏公所重,叙以冠篇,行于世。"则祁此前已有《出麾小集》,然晏序今亦不存,不知《小集》成书于何年。《两宋名贤小集》收录《西州猥稿》。

在益州,编定《益部方物略记》,并作序。

宋祁《益部方物略记》卷首《序》备述其成书曰:"嘉祐建元之明年,予来领州,得东阳沈立所录《剑南(阳)[方]物二十八种》,按名索实,尚未之尽。故遍询西人,又益数十物,列而图之,物为之赞。图视状赞,言生之所以然,更名《益部方物略记》。凡东方所无及有而自异,皆取之,冀裨风土聚丘之遗云。"后人对此书评价颇高。明沈士龙:"检子京《方物略记》,便使人欲登汶岭蹑峨眉,作右军驰想。"《四库全书》收录此书。

宋祁作于知益州时,然不能编年之作品有:

1.《重阳不见菊》

《文集》卷二四《重阳不见菊》有云:"蜀地秋高未拟寒,翠苞如粒露华干。"诗言"蜀地",当作于益州时。

2.《秋兴》

《文集》卷一二《秋兴》其一:"天地西风遍,亭皋衰意生。……默然孤客思,年序共峥嵘。"其二有云:"朔雾摩边垒,羌风殷战枹。"言"西风""羌风",则作于西蜀。其三有云:"南风随楚俗,北斗望都城。"东京开封在成都之北,故有此言。

3.《秋兴》

《文集》卷七《秋兴》有云:"西颢肃凉氛,天宇正岑寂。"言"西颢肃凉氛",则作于益州。

4.《草木杂咏五首》

《文集》卷五《草木杂咏五首》,所咏五种植物,其中"楠""海棕"二种出宋祁所著《益部方物略记》,其他如"橼""枇杷"皆南方之草木,知诗作于祁益州时。

5.《葵》

《文集》卷五《葵》,佚存本《景文宋公集》卷一七题作《黄蔷薇》。诗有云"刬蘖染新花,插钿成密房",鲍照《拟行路难》其九有"刬蘖染黄丝",则蘖为黄色。钿乃金钿,亦为黄色,故诗题当作《黄蔷薇》。据黄蔷薇之生长地,疑诗作于益州时。

6.《筠亭》

《文集》卷六《筠亭》有云:"山阿彼有人,葺宇映修竹。"修筠亭,须在竹之盛产区,疑诗作于益州时。

7.《僖宗在蜀谏官孟昭图上疏言田令孜屏书不奏沉之虾蟆津诗人郑谷伤之略曰徒将心许国不识道消时予钦其人作诗投吊》

《文集》卷一〇《僖宗在蜀谏官孟昭图上疏言田令孜屏书不奏沉之虾蟆津诗人郑谷伤之略曰徒将心许国不识道消时予钦其人作诗投吊》,据诗题知作于益州时。

8.《望月》

《文集》卷一〇《望月》有云:"早月始娟娟,西南寥沉天。"诗言"西南",则作于益州时。

9.《转运李宥学士》

《文集》卷一四《转运李宥学士》有云:"属城导骑宾歌密,近野迎浆蜀老喧。"言"蜀老",或作于益州时。

10.《寄题眉州孙氏书楼》

《文集》卷一五《寄题眉州孙氏书楼》,眉州属成都府路,诗当在益州时作。

11.《万州齐都官》

《文集》卷一七《万州齐都官》有云："西京地大民风厚，蜀秝沉波月蚌还。""万州"属夔州路，地近益州，诗又言"蜀"，或作于益州时。

12.《过摩诃池二首》

《文集》卷二四《过摩诃池二首》其一有云："清尘满道君知否，半是当年浊水泥。"其二有云："百岁兴衰已如此，争教东海不为田。"《太平寰宇记》卷七二："污池，一名摩诃池。昔萧摩诃所置，在锦城西。"知作于益州时。

13.《让木》

《拾遗》卷六《让木》，题下自注："木即相也，其生直上，柯叶不相妨，蜀人号让木。"让木产于蜀地，诗作于益州时。

14.《王龙图书》

《文集》卷五〇《王龙图书》有："到益部，尽勒指使辈，不与一事，物物关检，庶免于悔云。"文言"到益部"，知作于益州时。

15.《送将归赋》

《文集》卷二《送将归赋》有云："问驾言其焉往，饯我友兮川湄。"言"川湄"，知作于益州时。

嘉祐四年己亥（1059）　六十二岁

〔时事〕

正月，京师大雪，民多冻死。四月，陈执中卒。十一月，汝南郡王允让卒。

春，离蜀归京。

《文集》卷一二《将归二首》其一："远假西南守，三逢梅柳新。

衰令宦情薄，老惜岁华频。郫酿供销日，巴禽巧唤春。离家何所恨，雁后作归人。"其二："云栈短长亭，今兹重作经。邛崃叱残驭，蜀分使回星。旅鬓双垂雪，羁怀一泛萍。骊驹在门久，此曲若为听。"祁嘉祐二年二月益州到任，诗言"三逢梅柳新""巴禽巧唤春"则至本年春方离蜀。

三月五日，诏为三司使。

《长编》卷一八九：嘉祐四年三月己亥，"端明殿学士兼翰林侍读学士、吏部侍郎、集贤殿修撰宋祁为三司使"。《续通鉴》卷五七：嘉祐四年三月己亥，"以端明殿学士宋祁为三司使"。按：今祁文集中不见三司使谢上任表启。

将至洛阳，有诗寄文彦博。

《文集》卷一四《将道洛先寄太师文相公》："两鬓蓬飞岁月侵，收还秘殿上恩深。鸟毛落尽那胜弹，桐尾烧焦敢望琴。前日化工依大冶，今兹旧物恃遗簪。尘容喜接荧煌座，未忍公然动越吟。"言"收还秘殿"当已知晓改三司使。"前日"句下自注："守蜀改官，相府启拟。"指嘉祐元年知益州。文相公即文彦博。《宋史》卷二一一《宰辅表二》：嘉祐三年"六月丙午，文彦博自检校太师、同平章事以河阳三城节度使判河南府兼西京留守"。

春，祖无择知陕州，有诗寄之。

《文集》卷一四《陕府祖择之学士》："白发书林作丈人，陕郊迢递驾朱轮。谩夸燕许文章手，未得严徐侍从臣。列岫倚窗吟榭晓，乱花窥酒宴堂春。几篇新咏留珉刻，首记銮舆八月巡。"《东都事略》卷七六《祖无择传》："至和二年，诏封孔子四十七世孙宗愿为文宣公，无择言：'前代封孔子之后者，在汉魏曰"褒尊宗圣"，在晋宋曰"奉圣后"，魏曰"崇圣"，北齐曰"恭圣"，后周及隋封邹国公，唐初曰"褒圣"，开元中始追谥孔子为文宣王，又以其后为文宣公，

是以祖谥而加后嗣也。'乃下两制更定美号，而令世袭。遂改封宗
愿为衍圣公。加直集贤院，为三司户部判官出知陕州。"祖无择出
知陕州在嘉祐四年。《梅尧臣集编年校注》卷二九《送祖择之赴陕
府》："古来分陕重，犹有召公棠，此树且能久，后人宜不忘。君从
金马去，郡在铁牛旁，山色临关险，河声出地长。樽无空美酒，鱼必
荐嘉鲂，天子忧民切，行当务劝桑。"系为嘉祐四年。《欧阳文忠公
集》卷八《小饮坐中赠别祖择之赴陕府》："明日君当千里行，今朝
始共一尊酒。岂惟明日难重持，试思此会何尝有。京师九衢十二
门，车马煌煌事奔走。花开谁得屡相过，盏到莫辞频举手。欢情落
寞酒量减，置我不须论老朽。奈何公等气方豪，云梦正当吞八九。
择之名声重当世，少也多奇晚方偶。西州政事蔼风谣，右掖文章焕
星斗。待君归日我何为，手把锄犁汝阴叟。"诗亦系嘉祐四年。祁
诗有"乱花窥酒宴堂春"之句，欧诗有"花开谁得屡相过"之句，知
祖无择知陕州在春季，祁时未到京，未能为无择送行，诗当为寄诗。
祖无择，字择之，上蔡人。《宋史》卷三三一有传。

　　**三月二十五日，未到任，因吴及、包拯等论罢，改加龙图阁学士
知郑州。**

　　《长编》卷一八九：嘉祐四年三月"己未，新三司使、吏部侍郎
宋祁为端明殿学士、翰林侍读学士、龙图阁学士、集贤殿修撰、知
郑州。右谏议大夫、权御史中丞包拯为枢密直学士、权三司使。先
是，右司谏吴及言祁在定州不治，纵家人贷公使钱数千缗，及在蜀
奢侈过度；而拯亦言祁在益部多游宴，且其兄庠方执政，不可任三
司，累论之不已。庠因自言身处机密，弟总大计，权任太重，乞除祁
外官，故命祁出守而拯代居其位。翰林学士欧阳修言：……伏见陛
下近除包拯为三司使，命下之日，外议喧然，以谓朝廷贪拯之材，而
不为拯惜名节。然犹冀拯能执节守义，坚让以避嫌疑，而为朝廷惜

事体。数日之间，遽闻拯已受命。是可惜也，亦可嗟也。……昨闻
拯在台日，尝自至中书诟责宰相，指陈前三司使张方平过失，怒宰
相不早罢之。既而台中僚属相继论列，方平由此罢去，而以宋祁代
之。又闻拯亦曾弹奏宋祁过失，自祁命出，台中僚属又交章力言，
祁亦因此而罢，而拯遂代其位。此所谓蹊田夺牛，岂得无过，而整
冠纳履，当避嫌疑者也。如拯材能资望，虽别加进用，人岂间言！
其不可为者，惟三司使尔，非惟自涉嫌疑，其于朝廷所损不细。"
《续通鉴》卷五七同。己未日即二十五日。

《宋史》本传："乃加龙图阁学士、知郑州。"《神道碑》："元宪
公居西府，加龙图，以三学士知郑州。"《宋史》卷三一六《包拯传》：
"张方平为三司使，坐买豪民产，拯劾奏罢之；而宋祁代方平，拯又
论之；祁罢，而拯以枢密直学士权三司使。"

钱大昕《修唐书史臣表》："祁三月以端明殿学士兼翰林侍读
学士、吏部侍郎、集贤殿修撰除三司使，寻加龙图阁学士知郑州。"

《邵氏闻见后录》卷一九："宋子京罢守成都，故事当为执政，未
至，宰相以两地见次，尽以他人充之。子京闻报怅然，有'梁园赋罢
相如至，宣室釐残贾谊归'之句。言者又论蜀人不安其奢侈，遂止
为郑州，望国门不得入，久之再为翰林承旨。未几，不幸讣至成都，
士民哭于其祠者数千人。谓'不安其奢侈者'诬矣。宰相，韩魏公
也。言者，包孝肃也。"

郑州（今河南郑州），即荥阳郡，奉宁军节度。参《宋史》卷
八五《地理志一》。

四月十九日，诏改加龙图阁学士、知郑州。

《文集》卷三八《郑州谢到任表》："伏奉四月十九日诏书，授
臣依前官加龙图阁学士、知郑州。臣见乞免所加职名、候朝旨外，
已于今月二十四日到任上事讫。让还剧使，恩与近藩，始冀避亲，

终成冒宠。"《文集》卷五六《郑州到任谢两地启》："伏奉去年四月十九日诏书,还旧职兼龙图阁学士知郑州。已于五月二十四日赴任讫。避亲辞剧,得可赐藩。大造烛幽,举宗蒙幸。伏念祁天资拙甚,时事昧然。尽信古言,自安素守。数忝帅领,并付便宜。以方有为之时,责非所习之伎,类难称职,恩弗汝瑕。擢领计廷,正妨枢省。引诉既苦,成命改班。帖以美资,假之便郡。地虽三辅,靡及于浩穰;人匪独贤,乃叨于燕息。此盖阁下迈种阴德,推衍上慈。罔俾处于嫌疑,遂遑宁于转侧。敢忘忠敬,归报坯陶。"三月二十五日已改知郑州,四月十九日方诏。

三让龙图阁学士,不允,终受之,有谢表及启。

《文集》卷五六《兼龙图谢两地启》："奉中书札子,以祁三让,便令授告敕者。丹诉数闻,成音三却。愿孤易夺,恩重难违。伏念祁年景颓侵,才力衰钝。召自西蜀,归领计廷。属有内避之嫌,尤滞官联之总,蒙便私请,还授故资。仍因进藩,更帖新职。"《文集》卷三八《谢龙图表》："臣伏奉今月七日中书札子,以臣陈让龙图阁学士,奉圣旨,令臣依累降圣旨,不许辞让,便令受告敕者。危愫数陈,严音三却。拒命难固,蒙宠增惭。伏念臣天俾蠢愚,性止崖介,时借其运,实不副名。然十七年中,遍践美职,为龙图阁直学士者一,翰林、端明殿者各再,龙图阁、侍读者三。"题下原注:"案:本传,祁知益州还,以包拯言其兄方执政,不可任三司,乃加龙图阁学士。据本集《西州猥稿系题》云:自嘉祐初来州,已阅再期,则此时当为嘉祐四年。祁自庆历三年知制诰授龙图直学士,至此已历十七年。"

五月二十四日,郑州到任,有谢表。

《文集》卷三八《郑州谢到任表》："伏奉四月十九日诏书,授臣依前官加龙图阁学士、知郑州。臣见乞免所加职名、候朝旨外,

已于今月二十四日到任上事讫。"《文集》卷五六《郑州到任谢两
地启》："伏奉去年四月十九日诏书，还旧职兼龙图阁学士知郑州，
已于五月二十四日赴任讫。避亲辞剧，得可赐藩，大造烛幽，举
宗蒙幸。"则五月二十四日郑州到任，《表》作于此时，《启》作于
明年。

　　**郑州境内有王赞漱玉斋，斋前有赞所植杂卉，有诗咏之，欲
寄赞。**

　　《文集》卷二二《漱玉斋前杂卉皆龙图王至之所植各赋一章
凡得八物或赏或否亦应乎至之意欤遂写寄至之》，诗凡八首，分
别为《牡丹》："压枝高下锦，攒蕊浅深霞。叠采晞阳媚，鲜葩照露
斜。"《澹红石榴》："移植自西南，色浅无媚质。不竞灼灼花，而效
离离实。"《蜀葵》："红白相嗣繁，色纯香亦浅。相对庭户间，俗尚
焉能免。"《萱草》："修茎无附叶，繁萼攒庭首。每欲问诗人，定得
忘忧否。"《芍药》："有名见郑风，今赏异畴日。采花当采根，可能
治民疾。"《竹》："修修稍出类，辞卑不肯丛。有节天容直，无心道
与空。"《菊》："纤茎寒始密，秀叶晚逾滋。芳意君须识，群葩摇落
时。"《芭蕉》："不枝惟叶茂，无干信中空。所以免摧折，为依君子
风。"王赞，字至之。《梅尧臣集编年校注》卷二八有《郑州王密谏
漱玉斋》，系于嘉祐三年。张方平《乐全集》卷三九《王公墓志铭》：
"岁余职罢还朝，复领三班院，迁左谏议大夫，出知郑州。久之，迁
龙图阁学士，移高阳关路马步军都总管兼安抚使、知瀛州。"知漱玉
斋在郑州，诗作于祁知郑州时。

　　王拱辰知泰州，有诗寄来，和之。

　　《文集》卷七《和君贶学士宿淮上见寄》："使舣既遭回，淮溜
剧沿溯。我行非不远，君节自前路。烟汰历濠汭，雾氛逗荆树。感
此言迈情，慰予索居慕。曰归归未辰，惨别别已屡。努力保素祫，

天途迟还耆。"王拱辰,字君贶,时知泰州,故诗题言"淮上"。《宋史》卷三一八《王拱辰传》:"至和三年,复拜三司使。聘契丹,见其主混同江,设宴垂钓,每得鱼,必酌拱辰酒,亲鼓琵琶以侑饮。谓其相曰:'此南朝少年状元也,入翰林十五年,故吾厚待之。'使还,御史赵抃论其辄当非正之礼,'异时北使援此以请,将何辞拒之?'湖南转运判官李章、知潭州任颙市死商真珠,事败,具狱上,拱辰悉入珠掖庭。抃并劾之。除宣徽北院使,抃言:'宣徽之职,本以待勋劳者,唯前执政及节度使得为之,拱辰安得污此选?'乃以端明殿学士知永兴军,历泰、定二州。"诗云"曰归归未辰,惨别别已屡。努力保素衿,天途迟还耆",与祁由知益州还为三司使,道改知郑州合。

十月,祫于太庙,加恩百官,兄庠进封莒国公,祁加封常山郡开国公。

《文集》卷三八《谢加常山郡开国公表》:"十月二十三日,进奏院递到敕诰,伏蒙圣恩,授臣常山郡开国公、加食邑实封者。制出中天,恩临蔑品,扪躬匪称,拜命载兢。伏念臣才不适时,智非周物,坐逢熙序,历践华涂。会国家追讲旷代之遗,盛修合食之享。孝思上格,臣职骏奔。俯惟守土之拘,莫预奉璋之助。魂驰龙宸,魄集弩憕。"题下原注:"案:《仁宗本纪》,嘉祐四年十月癸酉,大祫于太庙,大赦。戊寅,加恩百官。祁时知郑州,故表内有'盛修合食'及'守土之拘'等语。"表作于此时。《宋史》卷一二《仁宗本纪四》:嘉祐四年十月"壬申,朝飨景灵宫。癸酉,大祫于太庙,大赦。……戊寅,加恩百官"。按:时宋庠为仪仗使,礼成,封莒国公。《元宪碑》:"祫飨太庙,为仪仗使,其年封莒国公。"

《曲洧旧闻》卷一"仁宗却尊号"条:"仁宗皇帝尝言尊号非古也。自宝元之郊,诏群臣毋得以请,殆二十年,嘉祐四年孟冬祫,丞相又欲因此上尊号。宋景文曰：'却尊号，甚盛德也。臣下乃欲举陛下所不用之故事，是一日受虚名而损实美也。'上曰：'我意正如是。'于是遂止。"按：此处"宋景文"或为"宋元宪"之误，时宋祁在郑州，不当有此对话。

十一月，皇兄汝南郡王允让卒，上慰表。

《拾遗》卷一二《慰皇兄汝南郡王薨表》："臣某言：得进奏院状报，今月八日，皇兄汝南郡王薨谢，追封濮王者。……臣限守藩符，阻趋廷陛。臣无任瞻天望圣惨恻屏营之至。"《全宋文》整理者此文题下注："汝南郡王允让薨在嘉祐四年十［一］月，见《宋史》卷一二《仁宗本纪四》。"《宋史》卷一二《仁宗本纪四》：嘉祐四年"十一月庚子，汝南郡王允让薨"。时祁在郑州，故《表》中有"臣限守藩符，阻趋廷陛。"

自益州还，常处病中，为己祈福，明年仲春稍愈。

《文集》卷五一《兖州学士书》："某自蜀还，中热，胃气虚滑，日饭半升许不能尽。数月间顿成衰翁，肤冻梨而发纷雪也。入仲春，稍良愈，但癯弱未完。"《拾遗》卷二二《祈福醮文》，言"边要师领，皆责便宜"，知在知定州之后；又言"抱疢沉顿，出入三年。寒暑交侵，药石无效。诚恐值乃厄会，不复永年。内求诸心，敢不知罪。向者预编条敕，兼领史书。情浅意迂，斟酌无准"，知《唐书》列传已上，则祈福在郑州。

在郑州，有诗寄连庠。

《文集》卷一五《寄连元礼屯田员外》："忆共西州把酒卮，酒酣风味未全衰。人惊李郭同舟日，句索羊何共和时。省帐飘香君觐早，箧书腾谤我归迟。他年会面须惊怅，瘦尽昆山玉树枝。""箧书"句下自注："予留为郑。"则诗作于郑州时。连庠，字元礼。参本谱大中祥符三年。

在郑州，获知益州思贤阁图已像，愧而作诗。

《文集》卷六《思贤阁图予真愧而成咏》："忝中二千石，罢去辄图真。揆予本完士，蚤蒙善养仁。执笏班华位，飞绶侍邃宸。如何金紫服，乃裹丘壑身。西南一面重，褐来驾朱轮。牵拙岁再期，初无德在民。形象安足纪，崖略聊自陈。质陋眸子瞭，志泰眉宇伸。谁谓彼其子，而传阿堵神。爵里三十八，赫赫多名臣。瞻前谢前哲，垂后惭后人。"诗作于离益州后郑州任上。

嘉祐五年庚子（1060）　六十三岁

〔时事〕

三月，刘沆卒。四月，程戡罢枢密副使，孙抃为枢密副使。五月，京师大疫，地震。王安石为三司度支判官。七月，欧阳修上新修《唐书》。十一月，宋庠罢枢密使。曾公亮为枢密使。张昇、孙抃参知政事。

春，赋《残花》诗，人以为诗谶。

《老学庵笔记》卷四："宋子京亦有《落花》诗云：'香随蜂蜜尽，红入燕泥干。'亦不久下世。诗谶盖有之矣。"丁传靖《宋人轶事汇编》卷七引《（桥）〔稿〕简赘笔》曰："宋子京平生数赋《落花》诗。晚守圃田，又赋此题云：'香随蜂蜜尽，红入燕泥干。'人谓景文与落花俱尽，未几果卒。"圃田指郑。《诗·小雅·车攻》："东有甫草，驾言行狩。"郑玄笺："甫草者，甫田之草也。郑有甫田。"诗作于祁守郑时。诗见《文集》卷九《残花》："林下感余欢，流芳逐雨残。香归（密）〔蜜〕房尽，红入燕泥干。梦短休成蝶，肠回却掩鸾。故应成异果，持去掷潘安。"

有启文谢两地已郑州到任，对此次改任多有不满。

《文集》卷五六《郑州到任谢两地启》："伏奉去年四月十九日诏书，还旧职兼龙图阁学士知郑州，已于五月二十四日赴任讫。……擢领计廷，正妨枢省。引诉既苦，成命改班。帖以美资，假之便郡。地虽三辅，靡及于浩穰；人匪独贤，乃叨于燕息。"言"去年"，则表作于今年。

春夏之际，在郑州，访子产庙，游废郑河，有诗。

《文集》卷八《郑子产庙》："不知东里叟，遗迹但堪寻。语爱东家泪，论交季子心。故坟犹有石，遗鼎遂无金。谬政为邦久，千秋谢所钦。"子产庙在郑州新郑县陉山。《文集》卷八《废郑河》："当年食溱洧，此地控长津。却见为陵日，难寻病涉人。落霞遥送鹜，荇草暗留麇。代往诗风变，田渠数报春。"题下自注："民间呼此名，或曰即古洧水，河芜塞，惟春夏污潦所集。"祁自益州还，处病中，本年仲春稍愈，得出游。

三月十八日，以《唐书》成，进尚书左丞，上札子让恩，诏不允。

《神道碑》："《唐书》成，进尚书左丞。"

《文集》卷二八《让转左丞札子》："今月十八日，本州进奏院递到官诰敕牒各一道，以《唐书》了毕，转臣尚书左丞。闻命惊惧，不知所舍。臣自庆历中受诏纂修，与诸儒讨论，首尾才及六年，便值臣差任出外。虽朝廷许将史草自随，悉力编纂，其如极边事务荒废转多。皇祐中，史未有绪。蒙朝廷差欧阳修分总纪、志，与臣共力。臣任益州日，烦差使臣督趣列传残卷。及移郑州，又蒙遣编修官吕夏卿乘驿就臣商较同异，催促了当。历一十七年，书克奏上。书成淹延，职臣之罪。至如欧阳修撰列纪、志等众篇，各有法度，方成一家。范镇、王畴以下，撰次精该。一代大典，非修等不成。臣去书局已十有一年，修撰之时，不与诸儒研确；成书之日，又不与伏奏殿廷。臣于修书之勤，十不得一二，若然，臣有稽延之罪，无编次之勤，不可与修等均赏。伏乞陛下收还臣此来恩命，只旌赏修以下诸儒，庶责赏分明，允惬公议。"《全宋文》整理者此文题下注："嘉祐五年七月。"误，当系在三月，时祁仍在郑州。《拾遗》卷一二《谢转左丞表》言"三月十八日，进奏院递到官诰敕牒各一道，以臣同修《唐书》成，除臣尚书左丞"。

《宋文鉴》卷三七刘敞《翰林学士给事中知制诰欧阳修可礼部侍郎端明殿学士吏部侍郎宋祁可尚书左丞礼部郎中知制诰范镇可吏部郎中刑部郎中知制诰王畴可右司郎中三司度支判官太常博士集贤校理宋敏求可工部员外郎并依旧职任制》："敕：……翰林学士、兼龙图阁学士、朝散大夫、给事中、知制诰、充史馆修撰刊修《唐书》兼判秘阁、秘书省、兼充群牧使、护军、乐安郡开国侯、食邑一千三百户、食实封二百户、赐紫金鱼袋欧阳修，端明殿学士、兼翰林侍读学士、龙图阁学士、朝请大夫、守尚书吏部侍郎、充集贤殿修撰、知郑州、上柱国、常山郡开国公、食邑二千三百户、食实封六百户、赐紫金鱼袋宋祁创立统纪，裁成大体。……凡十有七年，大典乃立，闳富精核，度越诸子矣。朕将据古鉴今，以立时治，为朕得法，其劳不可忘也。皆雠有功，迁秩一等，布其书天下，使学者咸睹焉。修可特授守尚书礼部侍郎、依前知制诰、史馆修撰，充翰林学士、散官、差遣、勋、封、食实封、赐如故。祁可特授守尚书左丞、依前集贤殿修撰，充端明殿学士、兼翰林侍读学士、龙图阁学士，散官、差遣、勋、封、食实封、赐如故，仍放朝谢。"

王珪《华阳集》卷一八《赐端明殿学士知郑州宋祁修唐书成免恩命不允诏》："朕惟唐室之兴，耳目之所接者未远。观刘氏所著旧史，秉笔于仓卒之际，使当时君臣事业，郁而靡彰，朕甚悼焉。顷诏文学之臣，更纂其异同。比上送观，盖有十七年之功绪。虽卿奉职于外，然采集放失之闻，考之行事，以论次一代之典，顾积厥勤。左辖之司，名秩虽重，然亦出于例迁之恩尔，卿何辞焉？且伏奉之日，叹于滞留，朕亦怀卿之耿耿也。所乞宜不允。”

《拾遗》卷一二《谢转左丞表》：“臣某言：三月十八日，进奏院递到官诰敕牒各一道，以臣同修《唐书》成，除臣尚书左丞，依前充端明殿、翰林侍读、龙图阁等学士，集贤殿修撰。寻具奏陈让。今月八日，奉答诏不允者。冒荣而授，抚己增惭。臣某诚荣诚感，顿首顿首。伏念臣曩与诸儒共刊旧典。粗使在外，衰稿自随，十有七年，书乃绝笔。伏蒙尊号皇帝陛下，列责其缓，止录所勤，外嘉终篇，例诏增秩。臣实无状，辄用固辞。而成命已行，如汗不返。众力相藉，孤让难从，永惟剧司，是号中辖。臣敢不以痿补拙，勉懦为强。一得一酬，允殒无惮。臣无任戴天荷圣激切屏营之至。”表言“三月十八日，进奏院递到官诰敕牒各一道……寻具奏陈让。今月八日，奉答诏不允者”，则谢表作于四月。

按：《新唐书》之成书，一般将曾公亮上《进唐书表》之六月视为成书之期。宋敏求《春明退朝录》及钱大昕《修唐书史臣表》均视六月为成书之期。《春明退朝录》卷下：“嘉祐五年六月，成书。鲁公以提举日浅，自辞赏典，唯赐器币。欧宋二公、范王与余，皆迁一官。缙叔直秘阁。仲更崇文院检讨，未谢而卒。圣俞先一月余卒，诏官其一子。”《宋文鉴》卷三七载刘敞《翰林学士给事中知制诰欧阳修可礼部侍郎端明殿学士吏部侍郎宋祁可尚书左丞礼部郎中知制诰范镇可吏部郎中刑部郎中知制诰王畴可右司郎中三司度支判官太常博士集贤校理宋敏求可工部员外郎并依旧职任制》，刘敞之制所授各人官与宋敏求所记正合，《春明退朝录》言祁“迁一官”当为迁尚书左丞。又《春明退朝录》卷下：“嘉祐五年六月，成书。……圣俞先一月余卒，诏官其一子。”据《欧阳文忠公集》卷三二《梅圣俞墓志铭》,梅卒于嘉祐五年四月癸未,"一月余"后亦在六月,知宋敏求将《唐书》成书及加官日定在六月。《修唐书史臣表》:"六月书成,七月戊戌奏上,刊修及编修官皆进秩或加职。"然据祁《让转左丞札子》《谢转左丞表》则在三月已成书,且编修、刊修官已进秩加职。关于宋祁之进官,《宋史》本传言:"《唐书》成,迁左丞,进工部尚书。"《文集》卷五二《回贺加尚书启》:"向以成书,冒荣左辖;兹缘满岁,进秩中台。"两者皆记迁尚书左丞在前,进工部尚书在后。尚书左丞在正四品上,而工部尚书位在正三品,则迁尚书左丞在前,进工部尚书在后无疑。然进工部尚书在六月二十三日,参本谱本年六月二十三日记事,则迁左丞应在此日之前。又《长编》卷一九二:嘉祐五年七月"戊戌,翰林学士欧阳修等上所修《唐书》二百五十卷,刊修及编修官皆进秩或加职,仍赐器币有差"。戊戌日即七月十二日。《长编》所记时间为上书之时间,成书时间当在此之前。

五月,张瓌出知黄州,韩绛出知蔡州,有书慰勉二人。

《文集》卷四九《上紫微张唐公舍人书二首》其一:"承驰驿赴召,已止阙下,大慰斯文景止之望。偃薄埃雾,喜玉体为爽叶和,乃心慰抃。某久病在告,人事多不闻知,失于迎讯,想至仁亮之矣。几日入对,上固想见风采。俟病已造朝,得首走清防,谨奉启陈闻。"其二有云:"侧闻以言透出领便州,殊用惋怅。虽然,唐公以直道进,以直道去,想无所悔。"张唐公即张瓌。《会要》职官六五之二○:嘉祐五年"五月八日,户部郎中,知制诰张瓌降知黄州"。《宋史》卷三三○《张瓌传》:"入修起居注、知制诰。草故相刘沆赠官制,颇言其附会取显位……执政以褒赠乃恩典,瓌不当为贬词,出知黄州。"事与书其二所言合。

《文集》卷五六《上蔡州韩谏议启》:"承以尽言触宰相,出守近州。初闻之甚骇怅,俄而释然。古之人当官而行,亦皆如此。坚车大舻,不能不小留却而后臻于所趣也。雅怀想以此自慰,但暑热,馆次少为劳烦,矧素简上心,当不远而复,慎护斋疾。"韩谏议即韩绛。《长编》卷一九一:嘉祐五年五月,"降右谏议大夫、权御史中丞韩绛知蔡州"。事与《启》所言合。

六月二十三日,序迁工部尚书。

《神道碑》:"移疾自郑还也,判尚书都省,序迁工部尚书,复领群牧使。"按:《神道碑》将转迁工部尚书置于祁回京之后,误。此次授官乃四年年满序迁也。《文集》卷三八《谢转工部尚书表》:"奉去年六月二十三日制诰,授臣工部尚书,职任、勋、封、食实封、赐等并如旧,仍放朝谢者。成命临下,愧汗交颜。伏念臣性本迂疏,能有涯分,论撰清选,每得审名。虽边要至雄,亦叨假节。奏课弗效,误眷无酬。向以众力成书,特恩进秩。避让既却,冒受尚新。俄录岁勤,更偕省坐。名品尤峻,迟暮难堪。但四载叙迁,已成定制。一辞祈免,恐近取名,辄服褒言,肃祗官次。"言"放朝谢者",则授工部尚书时祁仍在郑州。《表》作于第二年。

有启文回僚友加工部尚书之贺。

《文集》卷五二《回贺加尚书启》:"向以成书,冒荣左辖;兹缘满岁,进秩中台。宠过者灾必相寻,食浮者人将不称。惕然自愧,罔或遑宁。敢图评旦之优,助协朝金之允。华褒已定,危惴差安。遂系金石之交,更决桑榆之胜。瞻言厚德,载戢丹衷。"

七月,欧阳修进奏《唐书》时,《纪》《志》书修姓名,《列传》书祁姓名。

《长编》卷一九二:嘉祐五年七月"戊戌,翰林学士欧阳修等上所修《唐书》二百五十卷"。则进书在七月。

张邦基《墨庄漫录》卷八:"及书成,奏御史,白旧例修书,只列书局中官高者一人姓名，云某等奉敕撰，而公官高，当书。公曰："宋公于列传，亦功深者，为日且久，岂可掩其名而夺其功乎！"于是《纪》《志》书公姓名，《列传》书宋姓名。此例皆前未有，自公为始也。宋公闻而喜曰："自古文人不相让，而好相陵掩，此事前所未闻也。'"然《麈史》卷中"论文"条云："宋景文公始独撰史，岁月虽久而书盖将成。后文忠公分撰《纪》《志》。今与景文所撰《列传》共行于世是也。然景文亦自撰《唐纪》与《志》。家藏其稿，世莫得见。"则祁亦尝撰有《唐书》之《纪》《志》。

祝穆《古今事文类聚·别集》卷五"文不必换字"条："宋景文修《唐史》好以艰深之辞文浅易之说，欧公思有以讽之，一日大书其壁曰：'宵寐匪贞，札闼洪休。'宋见之曰：'非"夜梦不祥，题门大吉"耶？何必求异如此？'欧公曰：'《李靖传》云"震雷无暇掩聪"，亦是类也。'宋公惭而退，今所谓'震霆不及掩耳'者，系再改。"按：欧阳修至和元年始入局修《唐书》，时祁正在定州，参本谱至和元年。祁至《唐书》进奏时始终未回京任职，无法与欧阳修同在史局，欧阳修讽祁之事不可信。

夏，上书张方平，述己衰病之况。

《文集》卷五一《上安道张尚书六首》其一："自承天水之命，侧闻固让，让不免，已过阙，将遂西。让之固善，让而不固免亦善。虽仆为阁下计，亦无易此。道有伸屈，时有钝利，不可也。但暑赫若此，又有次舍之勤，得无惮耶？或可须秋行否？缘奉侍尊府，理宜审稳，以是执哓哓者，可乎？阁下图之。某到郑一期，病乃过半，尪瘰殊可骇。他恳待面乃究。肆觐方虔，千万慎爱。"祁去年五月到任郑州，至此时一年。张方平，字安道，参本谱庆历四年。

七月，以病乞解郑州职还京求医。

《文集》卷三〇《乞解郑州还京求医状》："臣伏以臣子危急，必干朝廷，祈君父。虽诛戮在前，不敢避也。伏念臣自去年五月脾胃寒泄，服暖药过度，虚风客热，结成沉疴。发歇不定，经一年有余。臣以所领州路当两京冲要，诚欲尽瘁，死节官下。是以不敢请假，牵勉勾当，偶无旷败。昨自六月中，寒溏顿作，不复支持。经四十余日，饮食减少，出厅不得，肌肉销尽，惟有皮骨，左脚麻木，行履艰难。情志昏塞，委实勾当不前。遂于七月二十一日牒公事与本州通判管勾，已奏闻讫。”

《文集》卷五一《文裕待制书二首》其二：“病卧穷簀，自写不得。某自六月十四日苦寒利，迄今四十余日未能平。肌肉瘦尽，惟存皮骨。方谋解官寻医，以救残喘。”张掞字文裕，蕴之子。参本谱皇祐元年。此《书》所言时间与《乞解郑州还京求医状》合。

七月，移疾自郑州启程还，入判尚书都省。

《神道碑》：“嘉祐五年秋，常山宋公自郑州移疾还京师。”“移疾自郑还也，判尚书都省。”《宋史》本传：“以羸疾请便医药，入判尚书都省。”《文集》卷七《嘉祐庚子秋七月予还台明年始对家圃春物作》，据诗题知七月已还京。

途经中牟，有诗。

《文集》卷八《去郑暮次中牟》：“暮投京县宿，气象已纷罗。菀树道旁密，侯田关内多。高城切星斗，秋水似天河。自问还台马，犹余几子珂。”言“去郑”“秋水”“还台马”，当作于回京途中。中牟，属开封府。

梅尧臣、刘羲叟相继卒，讣至，长恸，有诗。

《文集》卷二一《书局梅圣俞刘仲更二学士讣问继至潸然有感》：“二子继沦阒，惜哉难具论。麈毛如昨语，墨稿未干痕。霪雾迷归柩，怆风惨葬原。风流尽逝水，日月促陈根。从古死皆有，由来命罕言。病夫长恸罢，翻幸岿然存。”梅尧臣，字圣俞。刘羲叟，字仲更。宋敏求《春明退朝录》卷下："嘉祐五年六月,成书。……仲更崇文院检讨,未谢而卒。圣俞先一月余卒,诏官其一子。"范镇《刘检讨羲叟墓志铭》："未入谢,以病卒,年四十四,实五年八月壬戌也。"则刘羲叟卒于八月六日,诗当作于此时或稍后。

还京后,伤时叹衰,有归隐意。

《文集》卷二〇《还都有感》："去国已十载,召还今见收。初无颍川最,真忝茂陵求。物色多新识,寒温减旧游。宫毫与尘晦,省树向人秋。奏乏三千敏,恩难万一酬。重寻紫荷橐,却侍翠云裘。建礼文书少,汤官饼饵优。屏营趋虎殿,子细认奎钩。晚节诚知止,吾生况若浮。身来虽魏阙,病免合沧洲。浅醉贻樽耻,衰容作鉴羞。归年非雁后,破月是刀头。依圣谂方弭,逃阴景自休。乞骸从此近,终计返林丘。"祁自皇祐三年出知亳州至此时,前后恰十年。

八月二十二日,授翰林学士承旨,上让表,诏不允。

《文集》卷三八《让加承旨表》："臣今月二十二日阁门降到诰敕各一道,授臣翰林学士承旨,依前兼端明殿学士、翰林侍读学士者。闻命震惊,抚躬愧汗,伏念臣病求解郡,恩许还朝,获便医药之良,以救桑榆之晚。是为再造,举戴深仁。然自休偃于私居,尚苦缠绵于旧疹。深虞盈满,遂致颠隮。今兹诏除,尤出望外。且承密旨者,或膺疾召,或访欲谋。法从翠华之严,恭持紫橐之重,必资该敏,仰副眷求。如臣者,年事颓侵,气力衰耗。……伏望皇帝陛下,推云戢霈,破蒢延光,许回误恩,少安危悃。"据表则此时已解职还朝,然后乃加翰林学士承旨。《宋史》本传:"入判尚书都省。逾月,拜翰林学士承旨。"祁七月受命还都判尚书都省,"逾月",则在八月。王珪《华阳集》卷一八《赐翰林学士承旨宋祁免恩命不允诏》:"敕:卿早以瑰材,延于近侍。荐屈使符之守,居怀辞橐之英。宜还与于禁游，且进承于密旨。况智略足以经国论，文章足以幽帝谟，奚为露章，乃至引疾？方圆朝夕之访，勉近医药之良，毋执冲怀，即祗嘉命。所乞宜不允。"

既拜翰林学士承旨，感而成咏。

《文集》卷一八《罗学士出守复拜承旨感而有赋》："十八年前玷玉堂，当时绿发此苍苍。伤禽纵奋愁疮重，厩马虽还笑齿长。薰罢山炉飘暗烬，漱余铜碗冰寒浆。须惭清切銮坡地，不是吾人得性场。"《永乐大典》卷一〇一一五本诗题作《庆历初召为学士岁余罢久之出守凡三十年还拜承旨感而成咏》。祁庆历三年为翰林学士，至本年正好十八年。

有启文回友人贺转翰林承旨。

《文集》卷五二《回诸官为转尚书承旨启》："向者以偕众成书，擢升左辖；满年循例，进齿中台。缘内署之乏员，枉复门之召节。多病在告，恳让未俞，静言衰晏之余，曷称凝严之拜。此盖阁下素加优品，仍既雅游。因成命之已行，借褒言而为地。敢忘悉力，仰答重知。"

八月末，到京。

《神道碑》："移疾自郑还也，判尚书都省。"《宋史》本传："以羸疾请便医药，入判尚书都省。"《文集》卷五二《上王尚书启》："祁八月末到都，卧家养疾。"知八月末始到京。

有文上王尚书，谢其援引。

《文集》卷五二《上王尚书启》："祁八月末到都，卧家养疾。得不事事，故羸瘠欣欣有生意。但神疲气耗，未任趋走，日不遑舍。上恩如天，可胜道哉！不审比来明公百况何似？知深究导养术，尘缘日轻，此仆晚闻道之罪，不得望公藩墙矣。然冀遂进之毋怠，于九德三事，亦何所妨嫌云。"《文集》卷五一《王尚书书》："递中得教谆谆,俄专使来,又慰存累幅。某,病残人也,曷以堪之。自六月苦痢,弥五十日不克损,皮骨仅存,遂乞身便医药。蒙朝旨许还台,君相更生之恩也。"王尚书,不详。

即为翰林学士承旨,以未入两府为憾,有诗自慰。

《东轩笔录》卷一一:"嘉祐中,禁林诸公皆入两府。是时包孝肃公拯为三司使,宋景文公祁守郑州,二公风力名次最著人望,而不见用。京师谚语曰:'拨队为参政,成群作副枢。亏他包省主,闷杀宋尚书。'明年,包亦为枢密副使,而宋以翰林学士承旨召。景文道长安,以诗寄梁丞相,略曰:'梁园赋罢相如至,宣室鳌残贾谊归。'盖谓差除两府足,方被召也。为承旨,又作诗曰:'粉署重来忆旧游,蟠桃开尽海山秋。宁知不是神仙骨,上到鳌峰更上头。'"后诗即《文集》卷二三《答梵才见贺忝承旨之作》:"玉署重来访旧游,蟠桃熟遍碧城秋。不知身是真仙未,上到鳌山最上头。"《全宋诗》整理者此诗题下注:"《天台续集》卷上作宋庠诗,题为《送梵才大师归天台》。"诗尾《全宋诗》整理者又注:"元《群书通要》戊集卷六题作《守益州以翰林承旨召诗寄丞相》,全诗如下:'粉署重游来忆旧,蟠桃开尽海山秋。宁知不是神仙骨,上到鳌峰更上头。'"诗与本集文字略异,其所述与祁合,然非"守益州以翰林承旨召",祁为翰林承旨在知郑州后。

初宿玉堂东阁,追忆丁度。

《文集》卷八《初宿东阁追忆文简丁公作》:"辞阁玉堂东,依然昔所从。旧池空叹凤,残友不成龙。制稿流尘积,砖花驳藓重。过车三步约,何日酹莹松。""依然"句下自注:"予庆历初入翰林,公雅为承旨,独与予更直。凡岁余,予以避亲罢。"丁度,字公雅,皇祐五年卒,谥文简。祁即为翰林承旨,故有此追忆。

秋,在翰林,感衰,有归隐意。

《文集》卷一三《老还》:"老还东观复怀铅,坐对秋风鬓飒然。怨曲未平曾破瑟,故疮虽愈尚惊弦。萧条门巷张罗外,阒寂曹司搁笔前。借问不才为累否,古来山水尽天年。"

刘敞出知永兴军,到任有书启寄来。

刘敞《公是集》卷四三《永兴到任谢宋承旨启》:"右,某启:肃将命书,临署吏牍。貌是空疏之质,寄以会繁之区。方地数千,连城累百。内修民社之政,外总兵戎之机。俛俛事为,经营分表。力非其任,智不逮心,此盖某官雅怀并容,余论推假,不遗三益之素,使就一麾之安,顾恐非才,终无云补。冀因德辉之及,犹有期月之成。方阻披瞻,曷胜铭向。"刘敞本年请求外任知永兴军,祁本年八月为翰林学士承旨。

十一月,因殿中侍御史吕诲等论罢,兄庠罢枢密使为河阳三城节度使、同平章事、判郑州。

《长编》卷一九二:嘉祐五年十一月"辛丑,枢密使、兵部尚书、同平章事宋庠罢为河阳三城节度使、同平章事、判郑州。殿中侍御史吕诲等论庠……章凡四上,右司谏赵抃亦论庠不才,诏从优礼罢之"。

由于言者弹奏,庠上《乞罢枢相表》,赵抃又有《论宋庠乞罢免枢密使状》《再论宋庠札子》《乞检详前奏罢免宋庠札子》。宋庠《元宪集》卷一九《乞罢枢相表》:"臣闻器小易盈者难持,任重将颠者思止。傥奉承之有失,即陨越之可虞。敢援至言,冒陈丹蕴。臣某中谢。窃念臣早由谨朴,参备丞疑。出入践扬,二十余载。食浮日积,官谤愈喧。而自再冠洪枢,渐逼衰景;徒竭短虑,终误远图。故经制边陲,或蛮蜑内侮;按列军伍,或戍卒未充。上资圣谟,并禀成算。至于稍严赏格,则群煦漂山;暂塞幸门,则众怨成府。孤特少助，怯懦自知。敢窃天工，久妨贤路？伏望皇帝陛下许还重柄，垂丐残骸。得宽典刑，庶保要领。傥未令便归田里，或且许近守藩州。补报之心，内外惟一。投诚至切，得请为期。"

赵抃《赵清献公集》卷四《论宋庠乞罢免枢密使状》："臣伏以辅翊之臣，岂宜备位；枢机之地，尤须得人。一有乖方，曷副求治。窃见枢密使宋庠，措置无状，阿谀不公，下情多壅蔽之辞，物论有昏沉之刺。久处宥密，取轻朝廷。臣愚伏望圣慈特赐指挥，罢免宋庠枢密使之命，以叶公议。"

赵抃《赵清献公集》卷四《再论宋庠札子》："臣近累次论列，乞罢宋庠枢密使之任，未蒙省纳。窃缘昨以武臣差遣不平，屡有词诉，都不接览。待漏院与程戡争忿喧哗，取笑中外。戡以平和坐免，而庠理固不直，方且安然尸素，不恤去就，人言沸腾，又已半稔。迩来凡百处事，愈更乖方，官僚怨嗟颇多，台谏弹奏不已。如闻引退，未见施行。臣愚欲望圣慈蚤赐指挥，罢庠柄任，则天下幸甚！"

赵抃《赵清献公集》卷四《乞检详前奏罢免宋庠札子》："臣等近者各具论列，乞罢宋庠枢密使柄任，至今未蒙指挥。伏缘庠素乏才谋，重以昏眊，自专枢务，处事乖方，变更祖宗以来选用武臣法度，以致差任不当，众情怨嗟，至有对御称冤，奏渎理诉者。中外籍籍，以为非材。而复取媚中人，超迁重职，保持宠禄，以固身谋，避位庙堂，实玷任使。伏望圣慈特赐检详臣等前奏，蚤降指挥罢免，庶叶公议。"

兄庠罢枢密使出判郑州。道出西苑，作《赴郑出国门经西苑池上》诗，祁和之。

《长编》卷一九二：嘉祐五年十一月，"辛丑，枢密使、兵部尚书、同平章事宋庠罢为河阳三城节度使、同平章事、判郑州。殿中侍御史吕诲等论庠：'老疾昏惰，选用武臣辄紊旧法。加外宽内忌，近者李玮家事，猥陈均州缪例，欲陷玮深罪，阿公主意。赖上明察，不行其言。且交纳内臣王保宁，阴求援助。昨除御药院供奉四人遥领团练使、刺史，保宁乃其一也。三班院吏授官隔过季限，略不惩诫。御前忠佐年当拣退，乃复姑息。其徇私罔公率如此。'章凡四上，右司谏赵抃亦论庠不才，诏从优礼罢之"。《元宪碑》："五年，公数求去位，不许。公固请之，除河阳三城节度使、检校太尉、同平章事、判郑州。"

胡宿《文恭集》卷二三《除宋庠河阳三城节度使检校太尉同中书门下平章事判郑州制》："门下：古者谋帅，必本于《诗》《书》；雅云宪邦，实系于文武。眷言俊老，久典烦机，比陈控避之章，宜举闵劳之典。有嘉旧德，早正中阶，宜升节制之荣，仍宠台司之重。诞扬孚号，颁告外朝。具官宋庠，为时耆英，秉德纯粹，通于道术之蕴，济以文采之华。向自机廷之严，入正岩廊之拜。辅相厥辟，协泰象财成之宜；偃休于藩，得大雅进止之度。顷从列屏，召置首枢，咨帷幄之筹，赖樽俎之算。直清行己，粹密存诚，温树不言，奏章随削。参万几之务，均三品之更，夙夜惟寅，耆艾斯久。出于兢畏之性，比形挹损之言，表解洪枢，请行外阃。是用辍从前箸，宠以命圭，崇利建于盟津，便均劳于郑圃。师干之试，盖宠于元猷；台钺之崇，用褒于哲辅。优封拓井，真食加田，兹示便蕃，以畴密勿。于戏！左右陪辅，地虽重于二枢；内外屏毗，义则均于一体。往服朕命，以藩王家。"

蔡绦《西清诗话》卷上："二宋俱为晏元献门下士，兄弟虽甚贵显，为文必手抄寄公，恳求雕润。尝见景文寄公书曰：莒公兄赴镇圃田，同游西池，作诗'长杨猎罢寒熊吼，太一波闲瑞鹄飞'，语意惊绝。因作一联云：'白雪久残梁复道，黄头闲守汉楼船。'仍注'空'

字于'闲'之旁,批云:'二字未定,更望指示。'晏公书其尾云:'空'优于'闲',且见虽有船不御之意,又字好语健。盖前辈务求博约,情实纯至如此。"《苕溪渔隐丛话》前集卷二六引《西清诗话》、江少虞《宋朝事实类苑》卷三九"前辈务求博约"条略同。

按:《西清诗话》等所记祁寄书晏殊,请其雕润其诗事。其言"莒公兄赴镇圃田,同游西池",宋庠于本年出守郑州,然晏殊已卒六年,不可能批示,未足为信。宋庠此诗出自诗《赴郑出国门经西苑池上》(《元宪集》卷一二),诗曰:"十里商中抱帝畿,苑烟宫雾共霏微。长杨猎近寒熊吼,太液歌余瑞鹄飞。碧护斗城天倚盖,光衔蓬岛日舒围。楼船法从年年盛,借问孤臣何岁归。"宋祁和诗《兄长莒公赴镇道出西苑作诗有"长杨猎近寒熊吼,太液歌余瑞鹄飞"语警迈予辄拟作一篇》(《文集》卷一七),诗曰:"宝楼斜倚阙西天,北转楼阴压素涟。白雪久残梁复道,黄头闲守汉楼船。尘轻未损朝来雾,树暖才容腊外烟。珥节不妨饶怅恋,待歌鱼藻记他年。"

久病,作诗自叹。

《文集》卷一二《属疾五首》其一:"腐肉填鸱素,华轩载鹤身。闭关吾有谓,当路彼何人。带眼移仍数,颠毛变愈新。惟无公干誉,他味似漳滨。"其二:"淹卧日无聊,年侵葆鬓凋。久衰翻似凤,危息乍成鹪。笔倦长栖格,琴慵不褫襓。心知烦虑苦,宁望一丸销。"其三:"自昔闻称疾,于今是养疴。三杯留客案,五子倦朝珂。落落堪忧苦,星星奈老何。酒希非所嗜,杨宅竟谁过。"其四:"天假支离养,人怀寂寞惭。衰容行得老,苦节遂无甘。飞鸟惟宜下,疲驴讵可骖。吾生知所守,嘲客勿多谈。"其五:"里旅居仍隘,台家疾见宽。何言汉朴学,正似楚枝官。煦渚藏劳尾,投林戢倦翰。上恩何日报,怯步已蹒跚。"诗其五言"台家",则已回京。

冬，寄书曾公亮，述己之衰病。

《文集》卷四九《上曾太尉书三首》其一：“祁病虽小愈，余苦一二尚未平。告满百日，再荷朝旨宽疾。入新岁，或可赴紫宸之谒。莒公尝谕钧诲，令饵金液丹，可补羸茶。今遣孺息仰丐余剂，庶治合精到，有十全之用。轻易干闻，伏待风旨。”其二：“祁衰老绵痼，病势留连，未能悉平。敢不用钧教，以救危喘。衔荷衔荷。悃悰灭裂难尽，聊用布谢。不宣。”曾太尉即曾公亮。《宋史》卷二一一《宰辅表二》：嘉祐五年，“十一月辛丑，曾公亮自参知政事、检校太傅依前礼部侍郎除枢密（副）使”。二书作于曾公亮除枢密使之后。

是年，有书寄吉大师。

《文集》卷五一《吉大师书》：“去夏五月，自蜀留郑，首得手教，具审少病少恼，道体佳宜远静，欣欣之至。日来殊衰疾，心厌嚣烦，惟阅儒篇梵典不知倦，殆宿业使然。”祁知郑州在去年到任，参本谱嘉祐四年记事，书作于本年。吉大师，不详。

是年，还京后，有术士李士宁视疾，曰不可过春分，因作《治戒》以训儿，以勿请谥、勿乞遗恩、勿为铭志、勿修佛事告之。

《隆平集》卷五本传：“戒其子勿请谥、勿乞遗恩、勿为铭志、勿修佛事。”《文集》卷一三《移病还台凡阅半岁乃愈始到家园视园夫治畦植花因成自叹二首》其二“壶公天壤非真死”句自注：“术士李士宁来谒予病曰：‘公殆矣，形神离矣，不可过春分。’予谓人生危厄不可常，故作终制以训儿息。明年至期，不死而愈。”诗作于明年二月，参本谱嘉祐六年二月。终制指《治戒》，作于本年。《宋景文公笔记》卷下《治戒》：“吾殁后，称家之有亡以治丧。敛用濯浣之鹤氅、纱表帽、线履。三日棺，三月葬，慎无为阴阳拘忌。棺用杂木，漆其四会，三涂即止，使数十年足以腊吾骸、朽衣巾而已。吾之焘然朗朗有识者，还于造物，放之太虚。可腐败者，合于黄垆，下付无穷，吾尚何患？掘冢三丈，小为冢室，劣取容棺及明器。左置明水，水二盎，酒二缸。右置米面二盆，朝服一称，私服一称，靴履自副。左刻吾志，右刻吾铭，即掩圹。惟简惟俭，无以金铜杂物置冢中。吾学不名家，文章仅及中人，不足垂后。为吏在良二千石下，可著数人，故无功于国，无惠于人，不可以请谥有司，不可受赗赠，又不宜求巨公作志及碑。冢上树五株柏，坟高三尺，石翁仲兽不得用。盖自标置者，非千载永安计尔。不得作道佛二家斋醮，此吾生平所志，若等不可违命作之。违命作之，是死吾也，是以吾为遂无知也。丧之诣埏，以绘布缠棺，四翣引，勿得作方相俑人，陈列衣服器用，累吾之俭。吾生平语言无过人者，慎无妄编缀作集。"《治戒》对死后之事交代甚详。《神道碑》："明年夏四月，疾益侵。召门弟子蜀郡范镇而谓之曰：'疾病者，既死，毋受赠典，毋丐子孙恩，毋请谥，毋立碑。我虽戒诸子，恐其弱，不能闻于朝。子其为我达之。'"知在"明年夏四月"召范镇前已戒诸子，与诗注相合。

是年，偶朝会，因疾谒告，为韩琦所不乐。

《苕溪渔隐丛话》前集卷二六："《石林诗话》云：'子京不甚为韩魏公所知，故公当国，子京多补外，嘉祐中始再入为翰林学士。偶朝会，子京因疾谒告，以表自陈云："不获预率舞之列。"魏公见之殊不乐。'"

是年，庞籍致仕后常有新诗传至京都，作诗二首以纪其盛德。

《文集》卷一三《丞相庞公归政就第数有新诗传播都下偶成拙句上纪盛德二首》其一："方道逍遥一品身，尽收和气付凝神。小车殿里抛丞相，南极星边伴老人。双鹤对眠云帐月，五芝催蓐雨岩春。支离旧客公知否，私计东山作近邻。"其二："第门行马护清埃，

拂席时时宴具开。安石风流今日是，平津宾客几人来。幄中谋熟
君筹在，川上身闲汝楫回。绝俗新章满都纸，向时疏傅定无才。"丞
相庞公即庞籍。《长编》卷一九一：嘉祐五年五月，"甲午，观文殿
大学士、户部侍郎庞籍为太子太保致仕"。致仕时祁尚未还京，诗
作于八月祁还京后。

是年，为《淮海丛编集》作序。

《拾遗》卷一五《淮海丛编集序》："予友梵才吉公其人欤！公
资能诗，始来京师，以高言警章与士大夫相酬谢，士大夫争从之游，
名彻天子，故锡命服师号。"《淮海丛编集》作者乃吉姓释者。《文
集》卷五一《吉大师书》："去夏五月，自蜀留郑，首得手教。……顷
须丛编题辞，久欲附上，但不能得善便，今且托邮置，未知果得尘观
览否？"则吉姓释者即诗中吉大师，《序》作于是年。

约是年，回京后，有诗送范恪出为坊州刺史。

《文集》卷二一《送马军范太尉》，题下原注："恪。"则范太尉
乃范恪。《长编》卷一八二：嘉祐元年六月，"时京师自五月大雨不
止，水冒安上门，门关折，坏官私庐舍数万区，城中系筏渡人，命辅
臣分行诸门；而诸路亦奏江河决溢，河北尤甚，民多流亡，令所在赈
救之。水始发，马军都指挥使范恪受诏障朱雀门"。知范恪至迟在
嘉祐元年已为马军都指挥使。《宋史》卷三二三《范恪传》："恪骁
勇善射，临难敢前，故数有战功，自龙、神卫四厢都指挥使累迁至侍
卫亲军马步军副都指挥使，历坊州刺史、解州防御、宣州观察使、保
信军节度观察留后。"则范恪在马步军都指挥使后出为坊州刺史，
诗当作于祁回京之后。姑系于此。

嘉祐六年辛丑（1061）　六十四岁

〔时事〕

三月，富弼以母丧罢相。四月，包拯为枢密副使。六月，王安石知制诰。闰八月，复以成都府为剑南西川节度。韩琦、曾公亮为相，张昇为枢密使，胡宿为枢密副使。

二月，病稍愈，到家园视园夫治畦植花，作诗《移病还台凡阅半岁乃愈始到家园视园夫治畦植花因成自叹二首》。

《文集》卷一三《移病还台凡阅半岁乃愈始到家园视园夫治畦植花因成自叹二首》其一："十年独漉走天涯，耗尽流光得鬂华。犹喜此身随社燕，拟将何面对林花。牢懵续罢文谁读，块垒绕平酒自赊。旧隐不须相掉罄，要须归种邵平瓜。"其二："卧治无功赐告回，骤叨鸣履上中台。壶公天壤非真死，蒙叟轩裳是悗来。经灌早蔬扶陇出，失刊园蕊犯檐开。此身疏拙真丘壑，不是当年王佐才。"祁自去年八月还京至此正半岁。诗其二"壶公天壤非真死"句下自注："术士李士宁来谒予病曰：'公殆矣，形神离矣，不可过春分。'……明年至期，不死而愈。"本年春分在二月二十三日，诗当在此之后作。又诗题"还台凡阅半岁"，祁去年八月还，后推半年，亦在二月。

见春物欣盛，有临眺之意。

《文集》卷一七《病兴见春物欣盛释然有临眺之意》："东风掠野暂轻埃，洒洒残寒伴落梅。晓报谷莺朋友动，暖将塞雁弟兄回。骤生溪水迎人远，自喜林花索露开。老罢何颜玩芳物，试凭狂醉上春台。"言"老罢"，当作于晚年，姑系于此。

往见张先（乌程人），二人相见甚欢。

《苕溪渔隐丛话》前集卷三七"张子野"条引《遁斋闲览》云：

"张子野郎中,以乐章擅名一时。宋子京尚书奇其才,先往见之,遣将命者,谓曰:'尚书欲见云破月来花弄影郎中乎？'子野屏后呼曰:'得非红杏枝头春意闹尚书邪？'遂出,置酒尽欢。盖二人所举,皆其警策也。"

张思岩辑《词林记事》引《古今词话》:"景文过子野家,将命者曰:'尚书欲见云破月来花弄影郎中。'子野内应曰:'得非红杏枝头春意闹尚书耶？'"

曾慥《类说》卷四七"云破月来花弄影"条:"郎中张子野以乐章擅名,宋子京往见之。先令人戏曰:'尚书欲见云破月来花弄影郎中。'子野屏后呼曰:'得非红杏枝头春意闹尚书耶？'"

潘自牧《记纂渊海》卷一五六"滑稽"条:"张子野以乐章擅名一时,宋子京往见之。先令人戏曰:'尚书欲见云破月来花弄影郎中。'子野屏后呼曰:'得非红杏枝头春意闹尚书耶？'"诸文称祁为"尚书",盖祁已加工部尚书,二人相见或在本年。姑系于此。

春,视家圃,作诗感旧叹衰。

《文集》卷七《嘉祐庚子秋七月予还台明年始对家圃春物作》:"十年去国老蒙召,今岁始见家园春。双燕初来即宾客,群莺相逢如故人。蒙茸草树延野色,碎璀鲑菜供盘珍。多惭吾党共醒醉,收得泽边憔悴身。"

三月,病亟,诏遇入直,许一子侍汤药。

《神道碑》:"翰林学士承旨,听一子入侍。"《宋史》本传:"逾月,拜翰林学士承旨,诏遇入直,许一子主汤药。"

《长编》卷一九三:嘉祐六年三月"甲辰,诏翰林学士承旨宋祁遇入直,许一人主汤药。祁以羸疾请之也"。《续通鉴》卷五九:嘉祐六年三月"甲辰,诏翰林学士承旨宋祁遇直许一子主汤药,祁以羸疾请之也"。甲辰日即三月二十一日。

《会要》职官六之五〇：嘉祐"六年三月，承旨宋祁言：'久病，不可稽朝谒，入学士院，欲带一子侍汤药。'从之"。

洪遵《翰苑群书》卷一二："嘉祐六年三月，承旨宋祁言：'久病不敢稽朝谒，入学士院，欲带一子主汤药。'从之。"

春，病告中有诗寄胡宿，宿回诗慰之。

《文集》卷一八《病告作寄武平湖内翰》："病拥绨袍雪领垂，当关重叠报晨晖。夷吾畏事将成吃，蘧瑗增年转悟非。宦路风波频岁剧，故山薇蕨每春肥。余生正似风前鹢，惭负阳秋说退飞。"观诗所述，当在春天。又"宦路"句自注："予十一年历五州。"祁皇祐三年出知亳州，后历成德军、定州、益州、郑州而还，至本年正十一年。武平湖内翰即胡宿。胡宿，字武平，时为翰林学士。《长编》卷一九一：六月"辛未，翰林学士胡宿、御史中丞赵概磨勘转运使、提点刑狱课绩"。胡宿《文恭集》卷四《和承旨宋尚书告中之作》："鹊声频绕大槐枝，鳌禁欢闻旧老归。哆舌人间无訾訾，奎钩天上有晶晖。西山五色分灵药，南极三光接太微。只待延英朝只日，便应调鼎向黄扉。"由诗题知作于祁为翰林学士承旨之时。

三月二十五日，仁宗召宰臣以下后苑赏花钓鱼，赋诗唱和，祁以病不预，次日上和诗。

《文集》卷一九《奉和御制后苑赏花诗有状》，状曰："臣伏见今月二十五日，召宰臣以下赴后苑赏花钓鱼。侧闻降赐天什，许群臣属和。荣幸之极，二纪罕逢。臣滥直北门，于法当从。而偶以移疾，适在告中，不得侍欢秘幄，与百兽参舞。怅恨三陌，飞肉无阶。谨率芜累，次歌奉和圣制诗一章。局情浅致，无以称道盛德万分之一，干渎呈览。"诗曰："诏跸回清籞，宸旒驻紫烟。乔云霏汉幄，法曲度文弦。猎翠雄风度，凝香甲帐褰。仙葩浮羽葆，藻卫缛芝廛。式宴千钟酒，迷魂七日天。宸章纡宝思，休咏掩楼船。"

《邵氏闻见后录》卷一七："嘉祐六年三月，仁皇帝幸后苑，召宰执、侍从、台谏、馆阁以下赏花钓鱼，中觞，上赋诗：'晴旭晖晖花尽开，氤氲花气好风来。游丝冒絮萦行仗，堕蕊飘香入酒杯。鱼跃纹波时泼刺，莺流深树久徘徊。青春朝野方无事，故许欢游近侍陪。'宰相韩琦、枢密曾公亮、参政张昇、孙抃、副枢欧阳修、陈旭以下皆和，帝独称赏韩琦'轻阴阁雨迎天步，寒色留春送寿杯'之句。时翰林学士承旨宋祁久疾在告，明日和诗来上，帝览之已怅然。不数日祁薨，益加震悼云。"按：祁卒在五月，非数日后。

春末，退卧北斋，有归隐意。

《文集》卷九《春晏病体少惊退卧北斋有寄》："小有负薪疾，早成憔悴姿。无人来迓跸，赖酒与扶衰。朴斫知林短，腥臊厌席卑。西山一丸药，何忍独相遗。"

复领郡牧使。

《宋史》本传："逾月，拜翰林学士承旨，诏遇入直，许一子主汤药。复为群牧使，寻卒。"然《神道碑》曰："移疾自郑还也，判尚书都省，序迁工部尚书，复领群牧使，翰林学士承旨，听一子入侍。"将领群牧使放在翰林学士承旨之前，未知孰是，此处从本传。

群牧使任，上《论复河北广平两监澶郓两监》《乞收还牧地罢民间马禁》。

《论复河北广平两监澶郓两监》见《文集》卷二九。《又乞养马札子》见《文集》卷二九，又见于《国朝诸臣奏议》卷一二五，题为《乞收还牧地罢民间马禁》，文有："臣顷年为群牧使，其时曾擘画欲于诸监市母马。"知作于是年。

四月，病益重，戒诸子并嘱门弟子范镇在其死后毋受赠典，毋丐恩，毋请谥，毋立碑，毋编缀文集。

《宋景文公笔记》卷下《治戒》："吾殁后，称家之有亡以治丧。

敛用濯浣之鹤氅、纱表帽、线履。三日棺，三月葬，慎无为阴阳拘忌。棺用杂木，漆其四会，三涂即止，使数十年足以腊吾骸、朽衣巾而已。吾之焞然朗朗有识者，还于造物，放之太虚。可腐败者，合于黄垆，下付无穷，吾尚何患？掘冢三丈，小为冢室。劣取容棺及明器。左置明水，水二盏、酒二缸，右置米面二䆅，朝服一称，私服一称，靴履自副。左刻吾志，右刻吾铭，即掩圹。惟简惟俭，无以金铜杂物置冢中。吾学不名家，文章仅及中人，不足垂后。为吏在良二千石下，可著数人，故无功于国，无惠于人，不可以请谥有司，不可受赗赠，又不宜求巨公作志及碑。冢上树五株柏，坟高三尺，石翁仲兽不得用。盖自标置者，非千载永安计尔。不得作道佛二家斋醮。此吾生平所志，若等不可违命作之。违命作之，是死吾也，是以吾为遂无知也。丧之诣茔，以绘布缠棺，四翣引，勿得作方相俑人，陈列衣服器用，累吾之俭。吾生平语言无过人者，慎无妄编缀作集，使后世嗤诋吾也。"按："使后世"句据聚珍本《宋景文集》补。《治戒》又见于《宋文鉴》卷一〇八。

《神道碑》："明年夏四月，疾益侵。召门弟子蜀郡范镇而谓之曰：'疾病者，既死，毋受赠典，毋丐子孙恩，毋请谥，毋立碑。我虽戒诸子，恐其弱，不能闻于朝。子其为我达之。'某退而白于中书，中书诸公相顾戚然。"

病中，拟遗奏以五事切谏于帝，其一为太子未立。

《神道碑》："病且亟，犹自力以五事切谏，其一言东宫虚位也。"

《宋史》本传："遗奏曰：'陛下享国四十年，东宫虚位，天下系望，人心未安。为社稷深计，莫若择宗室贤材，进爵亲王，为匕鬯之主。若六宫有就馆之庆，圣嗣蕃衍，则宗子降封郡王，以避正嫡，此定人心、防祸患之大计也。'"

作《左志》《右铭》以授其子。

《宋景文公笔记》卷下《左志》："祁之为名，宋之为氏。学也则儒，亦显其仕。行年六十有四，孤操完履。三封之南，葬从先子。"《宋景文公笔记》卷下《右铭》："生非吾生，死非吾死。吾亦妄吾，要明吾理。吾侍上讲劝，凡十七年，上颇记吾面目姓名。然身后不得妄丐恩泽，为无厌事。若等兄弟十四人，惟二孺儿未经任子，此以诿莒国公。莒公在，若等不为孤矣。孔子称天下有至德要道谓之孝。故自作经一篇以教后人，必到于善。谓曰至，莫不切于事，谓曰要，举一孝百行罔不该焉。故吾以此教若等，凡孝于亲，则悌于长，友于少，慈于幼，出于事君则为忠，于朋友则为信，于事为无不敬，无不敬则庶乎成人矣。"《神道碑》："又自为《右志》《左铭》记爵里姓名而已。"《宋史》本传："又自为《志》《铭》及《治戒》以授其子。"按：《志》《铭》各书所录文题不一，今从《宋景文公笔记》。

五月十五日，卒，赠刑部尚书，仁宗为之辍朝一日。

《长编》卷一九三：嘉祐六年五月，"翰林学士承旨兼端明殿学士、翰林侍读学士、工部尚书、知制诰、集贤殿修撰宋祁卒，赠刑部尚书。祁兄弟皆以儒学显，而祁尤能为文章，善议论。清约庄重，不逮其兄，论者谓祁不至公辅，盖亦以此。祁自为遗奏，曰：'陛下享国四十年，东宫虚位，天下系望，人心岌业。为社稷深计，莫若择宗室贤材，进爵亲王，为匕鬯之主。若六宫有就馆之庆，圣嗣蕃衍，则宗子降封郡王，以避正嫡。此定人心、防祸患之大计也。'又自为《左志》《右志》及《治戒》以授其子。其子遵《治戒》，不请谥。"

《续通鉴》卷五九：嘉祐六年五月，"翰林学士承旨、工部尚书、知制诰、集贤殿修撰宋祁卒，赠刑部尚书。祁兄弟皆以儒学显，而祁尤能为文章,善议论;清约庄重,不逮其兄,论者谓祁不至公辅,盖亦以此。祁自为遗奏,请早建储。又自为《左志》《右志》及《治戒》以授其子。其子遵《治戒》,不请谥"。

《神道碑》:"五月丁酉,公薨。天子辍视朝,朝廷用故事赠公刑部尚书。顷之,仁皇帝问公之后事,特官其子。"

《会要》礼四一之四七:"翰林学士承旨、兼端明殿学士、翰林侍读学士、工部尚书宋祁(原注:嘉祐六年五月),工部尚书余靖(原注:治平元年七月),礼部尚书张存(原注:熙宁四年三月),并辍一日。"

《会要》仪制一一之四:"翰林学士承旨、工部尚书宋祁,嘉祐六年五月;工部尚书余靖,治平元年十二月,以上赠刑部尚书。"

《说郛》卷二四引章渊《槁简赘笔》:"宋景文平生数赋落花诗,晚守圃田,又赋此题云:'香归蜂蜜尽,红入燕泥干。'人谓景文与落花俱尽,未几果卒。"

张方平有挽诗。

张方平《乐全集》卷二《闻翰林承旨宋子京尚书捐馆》:"平昔雍容两禁游,共陪帷幄奉咨谋。功名不到麒麟阁,词赋空传鹦鹉洲。事业三朝虚物望,声华一代擅风流。清时只作文章老,谁识深怀蕴九畴。"

蜀人闻祁卒,哭于其祠者数千人。

《邵氏闻见后录》卷一九:"未几,不幸讣至成都,士民哭于其祠者数千人。谓'不安其奢侈者'诬矣。"

时人及后人评价。

《神道碑》:"初,公修《礼书》《乐记》,详定《庆历编敕》,改定科场条制,核实提点刑狱考课,知公者,谓公为全能,不知公者,以为礼、乐、刑、政皆出公手,用是毁公,公亦用是多出入藩镇,不大用矣。呜呼！其命矣夫！士大夫所以嗟伤之不已也。"

《长编》卷一九三：嘉祐六年五月，"祁兄弟皆以儒学显，而祁尤能为文章，善议论。清约庄重，不逮其兄，论者谓祁不至公辅，盖亦以此"。

《成都文类》卷四八吴师孟《宋尚书画像记》："至和三年，蜀守将更。前数月，宰议推择一二侍从臣，列名以闻。上谓宋祁伯仲名世，非特文艺为国华，采抑政事精明，可任方面。于是公自定武改辕而西。蜀人积闻公名，举欣欣然东向以俟，唯恐公车之徐也。其士人迟公之来也尤甚，至各厉其道业与其所属词章，缮录赍献，愿得一言质是否，而为进退之决者。公始至部，先即学官，以道义训诸生，而第其所献艺业拔诸翘然者，次补生员，掌其政令。自是西州士人知向方矣。然后设教以束奸吏，裕农政而厚本业。民狱平反而不纵，戎谨严而不残。春泽秋霜，膏润震肃，诸理节适，罔有缺漏。行之岁余，风化大洽，始于户庭，而周于列郡。民益帖泰，讼益衰熄，上下晏然，表里悦穆。廷中清静，日日无事。圉数千里，以妥以安，再期召还。民庶遮迥，襁幼掖老，随数十百里而后返。道拜大司会，移病固辞，且以亲嫌，得请守辅郡。未几，上意必欲任用，召冠北门。不幸沉痼，国医罔效。捐馆之日，朝野盡伤。讣及西州，士民相吊，官吏缁白，争诣佛祠，营斋荐严，涕泣追慕。治蜀之效，于是可知。噫！屏翰之臣，惨舒所系，奉法循理，式是一方，使数十郡守长环视以律其身，百万口生齿安堵以乐其业，愿得治世长如此时，朝廷纡恫然之忧者，其亦可以为吏师矣。先是，邦人画像以式瞻，伐石以篆德。石既砻矣，久而未刊。一日，龙图谏议东平公见而愀然曰：'吾闻子京以仁惠为政，民有去思，殁而益甚。虽古之遗爱，何以尚此。失今不纪，善治几废。子为我识其所以然，俾前人恩政之所被者，子孙得以览观焉。'师孟谨承命直书。赞云：

信彼南山,储神会粹。笃生宋公,佐天子之治。帝念坤维,命公来尸。我泽既渥,民安而嬉。教化所先,文翁是式。殁有余思,如武子之德。形容可传,襟灵曷宣。雾卷乔岳,月沉深渊。惠沦人心,歌在人耳。锽然春容,无有穷已。”

有文集一百五十卷,南宋嘉定二年刊,已佚。今存聚珍本《景文集》乃四库馆臣从《永乐大典》中辑出,厘为六十二卷,随后日本发现《景文宋公集》残帙三十二卷。

《神道碑》:“所著《唐书》列传一百五十卷行于世,文集一百五十卷,藏于其家;太学篆隶石经、《礼部韵略》《集韵》,皆公倡之也。”《郡斋读书志》卷一九著录:“宋景文集一百五十卷。”[1]《宋史》卷二〇八《艺文志七》:“宋祁集一百五十卷。”

《隆平集》卷五本传:“有文集一百卷。”《东都事略》卷六五本传:“有文集一百卷。”《直斋书录解题》卷一七著录:“宋景文集一百卷。”[2]《宋史》本传:“文集百卷。”则宋祁文集有两个版本系统,其一为百卷本,其二为一百五十卷本。

聚珍本《景文集》卷首唐庚序曰:“仁庙初,号人物全盛时,而尚书与兄郑公以文章擅名天下。其后郑公作宰相,以事业显于时,而尚书独不至大用,徘徊掖垣十数年间,故其文时多奇特。兄弟于字学至深,故其文多奇字,读者往往不识。其将殁世,又命其子慎无刊类文集,故甚秘而不传于世。元符二年,其子衮臣为利路转运判官,予典狱益昌,始得尚书所为文,读之粲然。东坡所谓‘字字照缣素’,讵不信哉。文集二百卷,予得九十九卷。其余云在曾子开

---

① 晁公武撰,孙猛校证《郡斋读书志校证》,上海古籍出版社,1990年,第982页。

② 陈振孙《直斋书录解题》,上海古籍出版社,1987年,第495页。

家,衮臣谓予,他日当取之,并以授子云。"按:"二百卷"乃衮臣所言,"九十九卷"是唐庚所得。

　　聚珍本《景文集》卷首陈之强序曰:"荆湖之间,国朝以来安州为望都,名公巨卿相继而出,元宪、景文宋公伯仲,则其杰也。昔太守今右司李公揆绘其像而立之祠,逮之强之来,请于郡而春秋致祭,亦可以夸示后学矣。然宋公之典刑虽在,而文集不传于乡郡,谓之阙典。寓公李令尹之家旧有缮本,太守今都运王公允初昔为通守,每与之强言欲借而刊之,未能逮。持节京西,于其行,以帑藏之余几千缗属之强与之锓本,以广其传,又分数册以往,将以速其就也。然考之二集,既富且赡,其言八十余万,工以字计为钱几四百万,米以石计百有二十,他费不预焉。之强惧其难成也,而白之太守陈公苪,公一闻之,欣然谓之强曰:'是亦予志也。郡当疮痍之后,虽赈恤施予日不暇给,然亦当辍他费以成之。'二公政事文章两极其至,故能于侘傺艰难之际而为粉饰治具之举。其与蓄财而不知予,妄费而不知用者,岂不大有径庭耶!之强深有感焉。因其成也,书之篇首,以告来者。若夫赞元宪、景文之巨篇大作,则有国史在。于前辈之铺张扬厉而为之序,则之强晚生不敢措辞,观是集者自当知所敬叹。今之序姑记其文集之传云尔。嘉定二祀三月上浣郡文学陈之强序。"陈之强只言宋庠、宋祁文集合八十万言,不及卷数。

　　《四库全书总目》卷一五二《宋景文集》提要:"宋景文集六十二卷补遗二卷附录一卷……兹就《永乐大典》所载,汇萃衰次,厘为六十有二卷。又旁采诸书,纂成《补遗》二卷。并以轶闻余事各为考证,附录于末。虽未必尽还旧观,名章巨制,谅可得十之七八矣。"《四库全书》本《景文集》与聚珍本《景文集》即此本,但未见补遗及附录。

《佚存丛书》第六帙《景文宋公集》天瀑山人（林衡）跋："本集或称百卷，或称百五十卷，盖集非一种，而别种已亡矣。近时闻清国亦从《大典》中采掇，厘成六十二卷，知其非完篇也。余偶获宋椠零本，称百五十卷者，所憾仅仅数卷，不过观本集原式，第以宋人旧帙，存世甚罕，今印出以置丛书函中。文化七年庚午阳月二十二日，天瀑山人识。"按：佚存本存三十二卷，日本宫内厅书陵部藏有佚存本所据原书，今存十八卷。

宋英宗赵曙治平三年丙午（1066）　卒后六年

四月十八日，兄庠卒于京师，英宗作挽辞三章哀之，并为之辍朝二日。赠太尉兼侍中，谥曰元宪。

《长编》卷二〇八：治平三年四月，"司空致仕郑国公宋庠卒。帝方以灾异避正殿，有司误奏毋临丧，乃为挽辞二篇赐之，赠太尉兼侍中，谥元宪，帝为篆其墓碑曰'忠规德范之碑'"。

《续通鉴》卷六四：治平三年四月，"司空致仕郑国公宋庠卒。帝方以灾异避正殿，有司误奏毋临丧，乃为挽辞二篇赐之，赠太尉兼侍中，谥元宪。帝为篆其墓碑曰'忠规德范之碑'"。

《元宪碑》："治平三年四月辛丑，司空致仕郑国公薨于京师。时天子方以灾异避殿，有司误奏毋临丧，乃作挽辞三章以哀之，为废朝二日。赠公太尉、兼侍中，谥曰'元宪'。"辛丑日即四月十八日。

《会要》礼四一之四四："司空、（邓）〔郑〕国公宋庠：治平三年四月辍二日，葬辍一日。"

张方平为祁请谥，曰"景文"。

《长编》卷一九三：嘉祐六年五月，"其子遵《治戒》，不请谥。

久之，张方平言祁法应得谥，谥曰景文"。请谥时间，《长编》此条原注云："谥景文在治平三年，今并书。"

《续通鉴》卷五九：嘉祐六年五月，"其子遵《治戒》，不请谥。久之，张方平言祁法应得谥，谥曰景文"。

《神道碑》："两禁常僚又谓公事业暴于世，不可以无谥，列请于朝，乃谥曰'景文'。"

十月二十八日，祁祔兄庠葬于许州阳翟县三封乡之先原。

《神道碑》："治平三年五月己酉，祔元宪公葬于颍昌府阳翟县三封乡之先原。"按：五月甲寅朔，无己酉日，五月当为十月之误。《元宪碑》："五月丙寅，天子成服于苑中，百官慰殿门下。其年十月己酉，葬公许州阳翟县之三封原，是日又废朝。既葬，御篆其碑曰'忠规德范之碑'。"己酉日即十月二十八日，今从《元宪碑》，祁与兄庠葬于十月二十八日。

庠、祁墓。

《（康熙）河南通志》卷四《禹州》载："宋庠墓、宋祁墓，俱在州城西南二十里三峰山。"

宋神宗赵顼元丰三年庚申（1080） 卒后二十年

范镇为撰《宋景文公祁神道碑》。

《神道碑》："后二十年，公之诸子来求文以表于墓道。鸣呼，其受言于卧内者，其可违乎！虽然，一时之言，与扬公后世之美以慰其子孙，孰愈哉？于是铭之而不辞也。"祁嘉祐六年卒，后二十年即本年。

宋徽宗赵佶大观四年庚寅（1110）　卒后五十年

　　孙宋羲年知应山县，为宋庠、宋祁、连庶、连庠四人建四贤堂于县之法兴寺。

　　张耒《柯山集》卷四一《二宋二连君祠堂记》："治国有善政，不如在位有善人之化民速也；在位有善人，不如其乡有善人之化民易也。夫人之情所感动，常在其所易接而亲者。若夫政事者，固民之所畏，则其从之盖有不得已之心焉，其及物浅矣。安陆之应山，楚之穷邑也，然其民好文，多学者，其俗善良不争，纯静易治。其里之人为予言曰：'始吾邑之人，未甚知学之利也。有宋氏兄弟者，讲学吾邑之法兴佛舍，其后两人皆取高第，有声名，久之并为大官，名益尊显。所以吾邑之人，其鄙鲁不学，自弃于夷者愧之。其居法兴时，有连氏兄弟者，与二宋君游，相好也，其后亦登科。两人起家仕不振，然视所同舍生富贵光显，可攀为声势，而两人亦自力，不少屈己以附之，其官终不显。故吾邑之人，其不笃于廉耻徼幸贪利者愧之。凡吾邑之俗，好学而文、纯静有耻者，四君子之化也。'后五十年，宋景文之孙羲年令应山，与连君之从子仲儒，缘邑人之意，作祠堂于法兴方丈之西。呜呼！为吏于乡，其有恩德久而民祠之者几人？在位之人，不如其乡里之君子也。二宋公之行事爵里，书于《国史》，士大夫举知之。连君锡，以尚书职方员外郎致仕，好修而自重，直谅多闻之君子也。其仲伟庠，字元礼，为尚书都官郎中，敏于政事，号良吏。世称王阳在位，贡禹弹冠者，为故旧之美，然严光所以逃光武不肯仕，彼独何哉？连君不因宋君以显名当世，卒以湮没而不悔，彼诚知所处，与世俗所谓显晦异矣。"《（嘉靖）应山县志》卷上，宋代知应山县事的有"宋羲年（原注：景文之孙，大观中，即法兴寺厢建四贤堂）"。《祠堂记》称"后五十年"，以宋祁卒年后推之当在大观四年（1110）。《县志》称"大观中"，乃指大观年间，与《祠堂记》合。

附录一:《宋史》宋庠宋祁传

宋庠,字公序,安州安陆人,后徙开封之雍丘。父玘,尝为九江掾,与其妻钟祷于庐阜。钟梦道士授以书曰:"以遗尔子。"视之,《小戴礼》也,已而庠生。他日见许真君像,即梦中见者。

庠,天圣初,举进士,开封、试礼部皆第一,擢大理评事、同判襄州。召试,迁太子中允、直史馆,历三司户部判官,同修起居注,再迁左正言。郭皇后废,庠与御史伏阁争论,坐罚金。久之,知制诰。时亲策贤良、茂才等科,而命与武举人杂视。庠言:"非所以待天下士,宜如本朝故事,命有司设次具饮膳,斥武举人令别试。"诏从之。

兼史馆修撰、知审刑院。密州豪王澥私酿酒,邻人往捕之,澥绐奴曰:"盗也。"尽使杀其父子四人。州论奴以法,澥独不死。宰相陈尧佐右澥,庠力争,卒抵澥死。改权判吏部流内铨,迁尚书刑部员外郎。仁宗欲以为右谏议大夫、同知枢密院事,中书言故事无自知制诰除执政者,乃诏为翰林学士。帝遇庠厚,行且大用矣。

庠初名郊,李淑恐其先己,以奇中之,言曰:"宋,受命之号;郊,交也。合姓名言之为不祥。"帝弗为意,他日以谕之,因改名庠。宝元中,以右谏议大夫参知政事。庠为相儒雅,练习故事,自执政,遇事辄分别是非。尝从容论及唐入阁仪,庠退而上奏曰:

入阁,乃有唐只日于紫宸殿受常朝之仪也。唐有大内,又有大明宫,宫在大内之东北,世谓之东内,高宗以后,天子多在。大明宫之正南门曰丹凤门,门内第一殿曰含元殿,大朝会则御之;第二殿曰宣政殿,谓之正衙,朔望大册拜则御之;第三殿曰紫宸殿,谓之上阁,亦曰内衙,只日常朝则御之。天子坐朝,须立仗于正衙殿,或乘舆止御紫宸,即唤仗自宣政殿两门入,是谓东、西上阁门也。

以本朝宫殿视之:宣德门,唐丹凤门也;大庆殿,唐含元殿也;文德殿,唐宣政殿也;紫宸殿,唐紫宸殿也。今欲求入阁本意,施于仪典,须先立仗文德庭,如天子止御紫宸,即唤仗自东、西阁门入,如此则差与旧仪合。但今之诸殿,比于唐制南北不相对尔。又按唐自中叶以还,双日及非时大臣奏事,别开延英殿,若今假日御崇政、延和是也。乃知唐制每遇坐朝日,即为入阁,其后正衙立仗因而遂废,甚非礼也。

庠与宰相吕夷简论数不同,凡庠与善者,夷简皆指为朋党,如郑戬、叶清臣等悉出之,乃以庠知扬州。未几,以资政殿学士徙郓州,进给事中。参知政事范仲淹去位,帝问宰相章得象,谁可代仲淹者,得象荐宋祁。帝雅意在庠,复召为参知政事。庆历七年春旱,用汉灾异策免三公故事,罢宰相贾昌朝,辅臣皆削一官,以庠为右谏议大夫。帝尝召二府对资政殿,出手诏策以时事,庠曰:"两汉对策,本延岩穴草莱之士,今备位政府而比诸生,非所以尊朝廷,请至中书合议条奏。"时陈执中为相,不学少文,故夏竦为帝画此谋,意欲困执中也。论者以庠为知体。

明年,除尚书工部侍郎,充枢密使。皇祐中,拜兵部侍郎、同中书门下平章事、集贤殿大学士。享明堂,迁工部尚书。尝请复群臣家庙,曰:"庆历元年赦书,许文武官立家庙,而有司终不能推述先典,因循顾望,使王公荐享,下同委巷,衣冠昭穆,杂用家人,缘偷袭弊,甚可嗟也。请下有司论定施行。"而议者不一,卒不果复。

三年,祁子与越国夫人曹氏客张彦方游。而彦方伪造敕牒,为人补官，论死。谏官包拯奏庠不戢子弟，又言庠在政府无所建明，庠亦请去。乃以刑部尚书、观文殿大学士知河南府，后徙许州，又徙河阳，再迁兵部尚书。入觐，诏缀中书门下班，出入视其仪物。以检校太尉、同平章事充枢密使，封莒国公。数言："国家当慎固根本，畿辅宿兵常盈四十万，羡则出补更戍，祖宗初谋也，不苟轻改。"既而与副使程戡不协，戡罢，而御史言庠昏惰，乃以河阳三城节度、同平章事判郑州，徙相州。以疾召还。

英宗即位，移镇武宁军，改封郑国公。庠在相州，即上章请老，至是请犹未已。帝以大臣故，未忍遽从，乃出判亳州。庠前后所至，以慎静为治，及再登用，遂沉浮自安。晚爱信幼子，多与小人游，不谨。御史吕诲请敕庠不得以二子随，帝曰："庠老矣，奈何不使其子从之。"至亳，请老益坚，以司空致仕。卒，赠太尉兼侍中，谥元献。帝为篆其墓碑曰"忠规德范之碑"。

庠自应举时，与祁俱以文学名擅天下，俭约不好声色，读书至老不倦。善正讹谬，尝校定《国语》，撰《补音》三卷。又辑《纪年通谱》，区别正闰，为十二卷。《掖垣丛志》三卷，《尊号录》一卷，别集四十卷。天资忠厚，尝曰："逆诈恃明，残人矜才，吾终身弗为也。"沈邈尝为京东转运使，数以事侵庠。及庠在洛，邈子监曲院，因出借县人负物，杖之，道死实以他疾。而邈子为府属所恶，欲痛治之以法，庠独不肯，曰："是安足罪也！"人以此益称其长者。弟祁。

祁字子京，与兄庠同时举进士，礼部奏祁第一，庠第三。章献太后不欲以弟先兄，乃擢庠第一，而置祁第十。人呼曰"二宋"，以大小别之。释褐复州军事推官。孙奭荐之，改大理寺丞、国子监直讲。召试，授直史馆，再迁太常博士、同知礼仪院。有司言太常旧乐数增损，其声不和。诏祁同按试。李照定新乐，胡瑗铸钟磬，祁皆典之，事见《乐志》。预修《广业记》成，迁尚书工部员外郎、同修起居注、权三司度支判官。方陕西用兵，调费日蹙，上疏曰：

兵以食为本，食以货为资，圣人一天下之具也。今左藏无积年之镪，太仓无三岁之粟，南方冶铜匮而不发。承平如此，已自凋困，良由取之既殚、用之无度也。朝廷大有三冗，小有三费，以困天下之财。财穷用褊，而欲兴师远事，诚无谋矣。能去三冗、节三费，专备西北之屯，可旷然高枕矣。

何谓三冗？天下有定官无限员，一冗也；天下厢军不任战而耗衣食，二冗也；僧道日益多而无定数，三冗也。三冗不去，不可为国。请断自今，僧道已受戒具者姑如旧，其他悉罢还为民，可得耕夫织妇五十余万人，一冗去矣。天下厢军不择屡小尫弱而悉刺之，才图供役，本不知兵，又且月支廪粮，岁费库帛，数口之家，不能自庇，多去而为盗贼，虽广募之，无益也。其已在籍者请勿论，其他悉驱之南亩，又得力耕者数十万，二冗去矣。国家郡县，素有定官，譬以十人为额，常以十二加之，即迁代、罪谪，随取之而有。今一官未阙，群起而逐之，州县不广于前，而官五倍于旧，吏何得不苟进，官何得不滥除？请诏三班审官院内诸司、流内铨明立限员，以为定法。其门荫、流外、贡举等科，实置选限，稍务择人，俟有阙官，计员补吏，三冗去矣。

何谓三费？一曰道场斋醮，无有虚日，且百司供亿，至不可赀计。彼皆以祝帝寿、奉先烈、祈民福为名，臣愚以为此主者为欺盗之计尔。陛下事天地、宗庙、社稷、百神，牺牲玉帛，使有司端委奉之、岁时荐之，足以竦明德、介多福矣，何必希屑屑之报哉？则一费节矣。二曰京师寺观，或多设徒卒，添置官府，衣粮率三倍他处。居大屋高庑，不徭不役，坐蠹齐民，其尤者也。而又自募民财，营建祠庙，虽曰不费官帑，然国与民一也，舍国取民，其伤一焉，请罢去之，则二费节矣。三曰使相节度，不隶藩要。夫节相之建，或当边镇，或临师屯，公用之设，劳众而飨宾也。今大臣罢黜，率叨恩除，坐靡邦用，莫此为甚。请自今地非边要、州无师屯者，不得建节度；已带节度，不得留近藩及京师，则三费节矣。

臣又闻之，人不率则不从，身不先则不信。陛下能躬服至俭，风示四方，衣服起居，无逾旧规，后宫锦绣珠玉，不得妄费，则天下响应，民业日丰，人心不摇，师役可举，风行电照，饮马西河。蠢尔戎首，在吾掌中矣！

徙判盐铁勾院，同修礼书。次当知制诰，而庠方参知政事，乃以为天章阁待制，判太常礼院、国子监，改判太常寺。庠罢，祁亦出知寿州，徙陈州。还知制诰、权同判流内铨，以龙图阁直学士知杭州，留为翰林学士。提举诸司库务，数厘正弊事，增置勾当公事官，其属言利害者，皆使先禀度可否，而后议于三司，遂著为令。徙知审官院兼侍读学士。庠复知政事，罢祁翰林学士，改龙图学士、史馆修撰，修《唐书》。累迁右谏议大夫，充群牧使。庠为枢密使，祁复为翰林学士。

景祐中，诏求直言，祁奏："人主不断是名乱。《春秋》书：'殒霜，不杀菽。'天威暂废，不能杀小草，犹人主不断，不能制臣下。"又谓："与贤人谋而与不肖者断，重选大臣而轻任之，大事不图而小事急，是谓三患。"其意主于强君威，别邪正，急先务，皆切中时病。

会进温成皇后为贵妃。故事，命妃皆发册，妃辞则罢册礼。然告在有司，必俟旨而后进。又凡制词，既授阁门宣读，学士院受而书之，送中书，结三省衔，官告院用印，乃进内。祁适当制，不俟旨，写告不送中书，径取官告院印用之，亟封以进。后方爱幸，觊行册礼，得告大怒，掷于地。祁坐是出知许州。甫数月，复召为侍读学士、史馆修撰。祀明堂，迁给事中兼龙图阁学士。坐其子从张彦方游，出知亳州。兼集贤殿修撰。

　　岁余，徙知成德军，迁尚书礼部侍郎。请弛河东、陕西马禁，又请复唐驮幕之制。居三月，徙定州，又上言：

　　天下根本在河北，河北根本在镇、定，以其扼贼冲，为国门户也。且契丹摇尾五十年，狼态猘心，不能无动。今垂涎定、镇，二军不战，则薄深、赵、邢、洺，直捣其虚，血吻婪进，无所顾藉。臣窃虑欲兵之强，莫如多谷与财；欲士训练，莫如善择将帅；欲人乐斗，莫如赏重罚严；欲贼顾望不敢前，莫如使镇重而定强。夫耻怯尚勇，好论事，甘得而忘死：河北之人，殆天性然。陛下少励之，不忧不战。以欲战之士，不得善将，虽斗犹负。无谷与财，虽金城汤池，其势必轻。

　　今朝廷择将练卒，制财积粮，乃以陕西、河东为先，河北为后，非策也。西贼兵锐士寡，不能深入，河东天险，彼惮为寇。若河北不然，自蓟直视，势同建瓴，贼鼓而前，如行莞衽。故谋契丹者当先河北，谋河北者舍镇、定无议矣。臣愿先入谷镇、定，镇、定既充，可入谷余州。列将在陕西、河东有功状者，得迁镇、定，则镇、定重。天下久平，马益少，臣请多用步兵。夫云奔飙驰，抄后掠前，马之长也；强弩巨梃，长枪利刀，什伍相联，大呼薄战，步之长也。臣料朝廷与敌相攻，必不深入穷追，殴而去之，及境则止，此不待马而步可用矣。臣请损马益步，故马少则骑精，步多则斗健，我能用步所长，虽契丹多马，无所用之。

　　夫镇、定一体也，自先帝以来为一道，帅专而兵不分，故定搤其胸，则镇捣其胁，势自然耳。今判而为二，其显显有害者，屯砦山川要险之地裂而有之，平时号令文移不能一，贼脱叩营垒，则彼此不相谋，尚肯任此责邪！请合镇、定为一路，以将相大臣领之，无事时以镇为治所，有事则迁治定，指授诸将，权一而责有归，策之上也。陛下当居安思危，熟计所长，必待事至而后图之，殆矣。

河东马强，士习善驰突，与镇、定若表里，然东下井陉，不百里入镇、定矣。贼若深入，以河东健马佐镇、定兵，掩其惰若归者，万出万全，此一奇也。臣闻事切于用者，不可以文陈，臣所论件目繁碎，要待刀笔吏委曲可晓，臣已便俗言之，辄别上择将畜财一封，乞下枢密院、三司裁制之。

又上《御戎论》七篇。加端明殿学士，特迁吏部侍郎、知益州。寻除三司使。右司谏吴及尝言祁在定州不治，纵家人贷公使钱数千缗，在蜀奢侈过度。既而御史中丞包拯亦言祁益部多游燕，且其兄方执政，不可任三司。乃加龙图阁学士、知郑州。《唐书》成，迁左丞，进工部尚书。以羸疾，请便医药，入判尚书都省。逾月，拜翰林学士承旨，诏遇入直，许一子主汤药。复为群牧使，寻卒。遗奏曰："陛下享国四十年，东宫虚位，天下系望，人心未安。为社稷深计，莫若择宗室贤材，进爵亲王，为宗庙之主。若六宫有就馆之庆，圣嗣蕃衍，则宗子降封郡王，以避正嫡，此定人心、防祸患之大计也。"

又自为《志》《铭》及《治戒》以授其子："三日敛，三月葬，慎无为流俗阴阳拘忌也。棺用杂木，漆其四会，三涂即止，使数十年足以腊吾骸、朽衣巾而已。毋以金铜杂物置冢中。且吾学不名家，文章仅及中人，不足垂后。为吏在良二千石下，勿请谥，勿受赠典。冢上植五株柏，坟高三尺，石翁仲他兽不得用。若等不可违命。若等兄弟十四人，惟二孺儿未仕，以此诿莒公。莒公在，若等不孤矣。"后赠尚书。

祁兄弟皆以文学显，而祁尤能文，善议论，然清约庄重不及庠，论者以祁不至公辅，亦以此云。修《唐书》十余年，自守亳州，出入内外尝以稿自随，为列传百五十卷。预修《籍田记》《集韵》。又撰《大乐图》二卷，文集百卷。祁所至，治事明峻，好作条教。其子遵

《治戒》不请谥，久之，学士承旨张方平言祁法应得谥，谥曰景文。

论曰：咸平、天圣间，父子兄弟以功名著闻于时者，于陈尧佐、宋庠见之。省华声闻，由诸子而益著。尧佐相业虽不多见，世以宽厚长者称之。尧叟出典方州，入为侍从，课布帛，修马政，减冗官，有足称者。庠明练故实，文藻虽不逮祁，孤风雅操，过祁远矣。君子以为陈之家法，宋之友爱，有宋以来不多见也，呜呼贤哉！

（《宋史》卷二八四，中华书局点校本）

附录二：《东都事略》宋庠宋祁传

宋庠字公序，开封雍丘人也。举进士，开封、礼部俱第一，与弟祁同时有名，以诗赋为学者所宗，谓之二宋。

初为大理评事，同判襄州，迁直史馆、修起居注，迁右正言。会郭皇后废，庠与诸谏官伏阁力争，坐罚金。景祐元年，知制诰。当是时，制举人与武举杂试，庠建言："六科待天下异士，宜设次具酒食礼之，武举人别试。"仁宗从其请。五年，仁宗欲以为同知枢密院事。故事无自知制诰除者，乃召入翰林为学士，而以弟祁知制诰。宝元二年，遂拜右谏议大夫、参知政事。

仁宗眷之厚，宰相吕夷简不悦。会范仲淹在延安焚元昊国书，不以闻而以私书复之，事至朝廷，群公议之。夷简谬谓不可，庠信之，亟于上前乞斩仲淹。夷简徐救之。时郑戬为枢密副使，叶清臣为三司使，皆庠同年进士，或诬以朋党，尽逐之。庠得知扬州，加资政殿学士，移郓州。庆历五年，复拜参知政事。

仁宗御资政殿召两府，亲策以时事，庠独进，以为"两汉对策，本延岩穴草莱之人，臣等备位大臣，自视遇如贱士，非所以尊朝廷也。乃请归中书合议"。上奏，从之。后复手诏以时事询两府，两储皆推庠为对。八年，以工部侍郎充枢密使。皇祐元年，拜兵部侍郎、同中书门下平章事、集贤殿大学士，迁工部尚书。三年，祁之子与越国夫人张氏客张彦方游，而彦方伪造敕牒为人补官，论死。御史奏庠不戢子弟,又言庠在政府无所建明,乃罢为刑部尚书、观文殿大学士,知河南府。徙许州、河阳。

嘉祐三年,拜枢密使同平章事,封莒国公。与副使程戡不协,戡罢,而御史言庠昏耄,以河阳三城节度使同平章事判郑州,移镇武宁,改相州。英宗即位,封郑国公,为景灵宫使,出判亳州。庠所至以静镇为治,末年信爱幼子,颇致物议。至是,御史有言,勿令其子侍庠之官。英宗曰:"庠老矣,奈何不使其子随乎?"请老,以司空致仕。卒,年七十一,赠太尉兼侍中,谥曰元宪。

庠性俭约,不喜声色,读书至老不倦。初名郊,李淑在翰林,因对言于仁宗曰:"宋郊,姓符国号,名应祀天,不祥也。"仁宗语之。更焉。

祁字子京。与兄庠同试礼部,会谅闇正奏,名初为第一,章献皇后曰:"弟可先兄乎?"乃以郊为第一,而祁为第十。兄弟友爱甚笃。

初,释褐授复州军事推官,代还,为国子监直讲,迁太常礼院、修起居注。陕西用兵,调费日促,祁上疏曰:

兵以食为本,食以货为资,诚圣人一天下之归之具也。以天下取之,以天下用之,量入为出,故天子不得私焉。今左藏无积年之钱,太仓无三载之储,南方冶铜匮而不发,承平如此。已自凋困,何哉?良由取之既殚,用之无度也。今朝廷大有三冗,小有三费。

何谓三冗?天下有定官无限员,一冗也。天下厢军不任战而耗衣食,二冗也。僧道日益多而无定数,三冗也。三冗不去,不可以为国。请断自今日,僧道以受戒具者且使如旧,其在寺观为徒弟者释还为民,勿复岁度。今日已后,州县寺观留若干所,僧道定若干人,更不得过此数。此策一举,可得耕夫五十万人,则一冗去矣。天下厢军,不择屠小尪弱而刺之,才图供役,本不知兵,亦且月费廪粮,岁费库帛,数口之家,不能自庇,于是相挺逃匿化而为盗者不可胜计。朝廷每有夫役，更籍农民以任其劳。假如厢军可驱以就役，且又别给口券，复赐钱帛，广劝无益，请罢天下招厢军，已在籍者，许备役终身。如此则中下之家，悉入农业，又得力耕者数十万，则二冗去矣。国家郡县，素有定官，譬以十人为额，则常以什二加之，即迁代、罪谪，足以无乏。今则不然，一官未缺，十人竞逐，纡朱满路，袭紫成林。州县之地不广于前，而官五倍于旧。吏不可以苟进，官不可以滥除，请诏三班审官院诸司、流内铨明立限员，以为定法。其门荫之外，贡举之色，实置选限，稍务择人，候有阙官，计员补吏，则三冗去矣。

何谓三费？一曰道场斋醮，无日不有，供亿不可资计，而皆以祝帝寿、奉先烈、祈民福为言，令臣下不得开说。臣愚以谓陛下上事天地、宗庙，次事社稷、百神，醴酪粢盛，牺牲玉帛，使有司端委而奉之，岁时而荐之，足以竦明德于天极，介多福于黔庶，何必道场斋醮希屑屑之报哉？是国家抱虚以考祥，小人诬神以获利耳。宜取其必不可罢者，使略依本教，以奉薰修，则一费节矣。二曰京师寺观，或多设徒卒，或增置官吏，衣粮所给，三倍他处。幄帐谓之供养，田产谓之常住，不徭不役，坐享斋名，而又别筑神祠，争修塔庙，皆曰："不费官帑，自用民财。"此诚不逞罔上之尤者也。夫民藏于国，国藏于民。财不天来，而由地出也。役不使鬼，而待人作也。舍国取民，其伤一焉。请一切罢之，则二费节矣。三曰使相节度，不隶藩要，贪取公用，以济私家。迹夫节相之建，或当边镇，或临师屯，公用之设，所以劳众而享兵也。今则不然，大臣罢黜、率叨恩除。取生人之资财、为无功之奉养。坐麋邦用，莫此为甚。请自今地非边要，州无师屯，不得建节。已带节度，不得留近藩及京师，则三费节矣。

臣又闻之，人不率则不从，身不行则不信，陛下若能躬服至俭，先示四方。衣服醪膳无益旧规,请自乘舆始;锦彩珠玉不得妄费,请自后宫始;然后天下响应,民业日丰,人心不摇,师役可举,虽使风行雷照,饮马西河,蠢尔戎酋可玩之掌中矣。

次当知制诰,以兄庠参知政事,乃除天章阁待制。庠罢,亦出知寿州,徙陈州。还知制诰,除翰林学士。庠复执政,改龙图阁直学士,迁群牧使。庠为枢密使,复为翰林。

当张贵妃制,初欲行策礼,而祁乃以诰进。妃怒抵于地曰:"何学士敢轻人!"遂落职,知许州。未数月,复翰林侍读学士、史馆修撰兼龙图阁学士。张彦方与祁子游,乃出知亳州,知成德军。请弛河东、陕西马禁,听蕃落民间自相卖,民养马者,不得升户等。又请复唐驮幕之制。居三月,徙定州。又言:

天下根本在河北,河北根本在镇、定,以其扼贼冲,为国门户。且契丹摇尾五十年,习不畏人,狼态猘心,不能无动。今舐龃垂涎欲肆啮者,惟镇与定尔。臣日夜深计,以为欲兵之强,莫若积谷与财;欲士训练,莫若善择将;欲令人乐斗,莫若重赏而严罚;欲贼顾望不敢前,莫若使镇重而定强。

今朝廷择将练卒,制财强势,反以陕西、河东为先,河北为后,非计也。夫陕西兵锐士勇,贼不能深入,河东天险,虏惮为寇。惟河北不然,失长城之防,自蓟而南直视千里,贼鼓而前,如莞衽上行。故曰:"谋契丹不得不先河北,谋河北舍定与镇无可议矣。"故臣愿先入谷镇定,镇定已足,可入谷余州。列将在陕西、河东有功状者,得迁镇定,则镇定重。以天下久平,马益少,臣请多用步兵。夫哄然聚,霍然去,云奔飙驰,抄后掠前,此马之长也。强弩巨梃、长枪利刃、什什相联、伍伍相缝、大呼薄战,此步之长也。臣料今不待马而步可用也。臣请损马而益步,故马少则骑精,步多则斗健。我能用步所长,虽契丹多马,无所用之。

夫镇、定一体也。自先帝以来为一道，帅专而兵不分，故定搤其胸，则镇捣其胁，势自然耳。今判而为二，其显有害者，屯砦山川要险之地，裂而有之，脱或一贼叩营垒，则彼此不相谋，谁肯任责邪？臣请合镇、定为一路，愿以将相大臣领之，无事时以镇为治所，有事则迁治定，指授诸将，权一而责有归，事无苟且之意，策之上也。惟陛下当安思危，熟计所长，必待事至而后图之，殆矣。

既又上御戎七论，加端明殿学士，知益州。代还，除三司使。御史中丞包拯言："祁在益州多游燕，又其兄在政府。"乃加龙图阁学士，知郑州。

初，贾昌朝建议修《唐书》，始令馆职日供《唐书》所未载者二事，附于本传。命祁与王尧臣、杨察、张方平为修撰，又命范镇、邵必、宋敏求、吕夏卿为编修，而以昌朝提举。昌朝举王畴编修。必以为史出众手非是，辞之。昌朝罢相，以丁度兼领。度卒，刘沆代之。沆罢，王尧臣代之。尧臣卒，曾公亮代之。《唐书》初修，而尧臣以忧去，方平、察相继出外，祁遂独秉笔，虽外官亦以稿自随。久之，又命欧阳修刊修，分作纪志，刘羲叟修律历、天文、五行志。将卒业而梅尧臣入局，修方镇、百官表。祁与范镇在局一十七年，王畴一十五年，宋敏求、吕夏卿并各十年。刊纂纪、志六十卷，列传一百五十卷。至是书成，祁进工部尚书，逾月，拜翰林学士承旨，复除群牧使。卒，年六十四，赠刑部尚书。

祁将终，亲草遗表，劝立皇嗣。戒其子勿请谥，勿求遗恩，勿为铭志，勿修佛事。其后，翰林学士承旨张方平为祁请谥曰"景文"。有文集一百卷、《广乐记》六十五卷。祁非特文章有见于世，其守边议兵，虽古名将不能过也。然不至大用，时论惜之。

（《东都事略》卷六五，清振鹭堂刊本）

附录三：宋景文公祁神道碑

嘉祐五年秋，常山宋公自郑州移疾还京师。明年夏四月，疾益侵。召门弟子蜀郡范镇而谓之曰："疾病者，既死，毋受赠典，毋丐子孙恩，毋请谥，毋立碑。我虽戒诸子，恐其弱，不能闻于朝。子其为我达之。"某退而白于中书，中书诸公相顾戚然。粤五月丁酉，公薨。天子辍视朝，朝廷用故事赠公刑部尚书。顷之，仁皇帝问公之后事，特官其子。两禁常僚又谓公事业暴于世，不可以无谥，列请于朝，乃谥曰"景文"。皆非公志也。后二十年，公之诸子来求文以表于墓道。呜呼，其受言于卧内者，其可违乎！虽然，一时之言，与扬公后世之美以慰其子孙，孰愈哉？于是铭之而不辞也。

公讳祁，字子京。其先，周武王封微子于宋，因以为氏，望于广平。至公之高祖绅，唐昭宗时为御史中丞，以言得罪，遂家于开封之雍丘。生四子，以伯仲叔季列东南西北四院，公之系实出西院。曾祖骈，汉兖州乾封令。祖耀，周寿州霍丘令。父玘，终荆南节度使推官。初，四院之子孙仕者数十人，或以荫，或以明经，或以明法，或举进士，皆有才名，然不甚显。至公之兄弟遂大显。自曾祖而下并赠开府仪同三司、太师、中书令兼尚书令，开齐、楚、秦三国为公。曾祖妣王氏、丁氏，祖妣贾氏，妣王氏、高氏、王氏、钟氏、朱氏，疏齐、魏、楚、梁、汉、晋、秦、燕八国，为太夫人。自唐季以来历五代，文物扫地尽矣。天圣初，宋兴六十余年，寝明寝昌，而赋诗取士特卑弱不振。仁皇帝在谅暗,公兄弟试礼部,糊名籍奏公第一,兄元宪公第三。章献太后曰:"弟不先兄。"遂擢元宪第一,降公为第十人,调复州军事推官。代还,改大理寺丞、国子监直讲、直史馆。再迁太常博士、知礼院兼判吏部南曹。修《广乐记》成,擢尚书工部员外郎。先是,李翰林宗谔、燕龙图肃相继言:"太常乐比燕乐为高,李照乃以纵黍累尺,律下五声,钟磬才下两声,与其律不相应。"公上言:"照之乐降黄钟为太簇,君实寄于臣管,不可以事天地宗庙。"会韩魏公为谏官,亦言照乐无法。乃诏详定而罢之。寻修起居注,权三司度支判官。是时陕西用兵,国用日广。公言:"今大有三冗,小有三费。州县之地不加广,而官五倍,且以十二加之,迁代罪谪足以无乏。若节其入流,计员补吏,则一冗去矣。僧尼道士已受具戒者且如旧,其徒弟子一切还为民,可得耕夫织妇五十万人,则二冗去矣。厢军不任兵而任役,每役则更调农人,罢招厢军,又得数十万人,则三冗去矣。道场斋醮寺观置官设徒卒、使相非边任而享公给者,罢之,则三费节矣。三费节,三冗去,使国用饶,虽兴师讨罪,戎酋可玩于掌股间耳,宁与今日课盐榷茗为戚戚计同年而语哉!"判盐铁勾院,次当知制诰,会元宪公参知政事,乃为天章阁待制,判太常礼院、国子监,俄改太常寺,兼礼仪事。元宪罢,亦出知寿州,徙陈州,还知制诰、判吏部流内铨,以龙图阁直学士知杭州,未行,为翰林学士,知审刑院兼提举诸司库务,判史馆兼侍读学士。元昊之败契丹也,二国交献捷,公为契丹馆伴使,耶律褒等妄自夸大,欲求军费者,公语以西人亦尝献俘,皇帝不之受,因道所俘姓氏官爵,褒等相顾愕眙,终其去,不敢妄出一语。仁皇帝闻之,欲大用公。遂会元宪公自天平复参政事,解堂职,兼龙图阁学士、史馆修撰,累迁右谏议大夫,充群牧使。元宪为枢密,复翰林学士。张美人为贵妃,公当制,乃先进告,或言公以告代册者,落二职,以本官知许州。未几，为翰林侍读学士。久之，召还，再为史馆修撰，判太常寺、秘阁、秘书省。大享明堂，迁给事中，复兼龙图阁学士、集贤殿修撰，出知亳州。岁余以礼部侍郎知成德军，充本路安抚使兼马步军都总管。河北骑军虽多，而马常少，公请复驵幕之制，及弛河东、陕西马禁，听民间买卖，养马者不升户等。益募步卒，弩居十之五，弓十之三，枪刀十之二，辎车为阵，掘堑为营，强弩射人，大刀斫马。如此则骑军马多而士精，步人众而弩强，敌畏。居三月，徙定州，言："天下根本在河北，河北根本在镇、定，论兵不得不先河北，谋河北，舍镇与定，无足议者。请合镇、定为一路。夫耻怯尚勇、好论事，甘得而忘死，河北之人殆天性然。若少厉之，不忧不战，欲兵之强，莫如多谷与财；欲士之训练，莫如善择将；欲人乐斗，莫如赏重而罚严；欲敌顾望不敢前，则合镇、定是矣。"乃积谷百余万斛，增大团敌楼十二，棚橹营会、弓弩刀枪，凡战之具，莫不更新之，曰："恃吾有以待之也。"公前后论事多施行者，或不施行亦降诏褒答之。又上《御敌论》七篇，凡敌之山川道路、国俗嗜好，与其君臣向背、兄弟之不相能，及后相残，覆视其事，若合符节然。加端明殿学士，寻拜吏部侍郎、知成都府。始至，葺文翁学，自为记刻。西南学者，奔走请业，公循循指教，莫不中其所偏。代还，道除三司使。元宪公居西府，加龙图，以三学士知郑州。《唐书》成，进尚书左丞。移疾自郑还也，判尚书都省，序迁工部尚书，复领群牧使，翰林学士承旨，听一子入侍，病且亟，犹自力以五事切谏，其一言东宫虚位也。又自为《右志》《左铭》，记爵里姓名而已。初，公修《礼书》《乐记》，详定《庆历编敕》，改定科场条制，核实提点刑狱考课，知公者，谓公为全能，不知公者，以为礼、乐、刑、政皆出公手，用是毁公，公亦用是多出入藩镇，不大用矣。呜呼！其命矣夫！士大夫所以嗟伤之不已也。享年六十四，治平三年五月己酉祔元宪公葬于颍昌府阳翟县三封乡之先原。娶刘氏,彭城郡君,先公十七年以亡。子男十五人:定国,进士及第,终太常博士;次不及名;靖国;彦国,国子博士;惠国,尚书虞部员外郎;辅国;奉国;祚国,太子右赞善大夫;顺国,大理寺丞;佑国,终秘书省正字;亮国;保国,大理评事;嗣国;俊国;广国,太常寺太祝;嗣国,早亡。孙十人:松年;延年,光禄寺丞;儋年,进士及第,试秘书省校书郎;羲年,试将作监主簿;昌年,未仕;姚年,太庙斋郎;颐年,大理评事;余尚幼。公性明果,所至以严肃称。其言事謇謇无所回避,而于论兵,若素习然。其为文章,乃天资也。所著《唐书》列传一百五十卷行于世,文集一百五十卷,藏于其家;太学篆隶石经、《礼部韵略》《集韵》,皆公倡之也。铭曰:

宋姓之始,肇自微子。后之苗裔,以国为氏。望于广平,世济其英。至唐中丞,有直其声。谪居雍丘,处躬裕休。积善储庆,为后昆谋。序列四院,以表以劝。公西院出,兄弟赫烜。一门文章,为国之光。灪灪河汉,帝图用黄。曰礼曰乐,自性而学。曰刑曰兵,适时而程。息偃翰藩,非猛非宽。文绥安安,武厉桓桓。回翔台阁,有猷有作。炳焉彬彬,昌焉谔谔。呜呼上天,德备才全。曷不大用,又啬其年。泉深地厚,大夜不昼。子孙众多,必侈于后。

(宋杜大珪编《名臣碑传琬琰之集》上卷七范镇撰《宋景文公祁神道碑》,影印文渊阁《四库全书》本)

附录四:北宋文臣宋祁籍贯考实

王福元

摘要:宋祁是北宋著名史学家、文学家,素有"红杏尚书"的美名,然而对他的籍贯一直存在争议,给研究带来不少遗憾。本文通过翔实考订认为:宋祁为开封雍丘人,生于江州,后徙居安州安陆。宋祁的籍贯、出生地和侨居地的变化反映了宋代士大夫迁徙的特色。

关键词:北宋;宋祁;籍贯

北宋宋祁以文学显于天下,被视为后期"西昆派"的重要代表。天圣二年(1024),宋祁与其兄庠二人同时举进士,宋庠第一、宋祁第十,人呼曰"二宋",以大小别之。《宋史》评曰:"咸平、天圣间,父子兄弟以功名著闻于时者,于陈尧佐、宋庠见之。"①宋祁著述颇丰,存《益部方物略记》一卷、《宋景文公笔记》三卷、《宋景文杂说》一卷、《新唐书》列传一百五十卷、《景文集》六十二卷、《拾遗》二十二卷。但是宋祁的籍贯一直存有异说,至今尚无定论,给研究其人其文带来不少遗憾。本文通过翔实的考订,认为宋祁是开封雍丘人,安陆是其侨居地。

---

① 脱脱等《宋史》,中华书局 1977 年版,第 9599 页。

一

　　宋祁(998—1061),字子京,谥曰景文。其籍贯何地,历来有
两种说法:一曰安州安陆(今湖北安陆)人,二曰开封雍丘(今河南
杞县)人。从宋代到近现代一直聚讼不已。

　　主张安州安陆人的以《宋史》影响最大。《宋史》宋庠本传载:
"宋庠字公序,安州安陆人,后徙开封之雍丘。"[①]宋庠传后附宋祁,
庠为祁同父同母之兄,宋庠籍贯即为宋祁籍贯。《隆平集》《续资治
通鉴长编》皆主安陆说,但未言及是否徙居雍丘。陈振孙亦称:"安
陆宋祁。"[②]《宋名臣言行录·前集》:"宋庠,字公序,安州人。"[③]

　　称开封雍丘人的以宋代王珪《宋元宪公庠忠规德范之碑》(以
下简称《宋庠碑》)为代表。其文曰:"公讳庠,字公序。开封雍丘
人。"[④]《东都事略》《郡斋读书志》《宋宰辅编年录》同。宋黄震
《古今纪要》则曰:"宋庠,公序,开封人。"[⑤]

　　明、清两朝宋祁籍贯归属依然存在争论。明柯维骐《宋史新
编》称:"宋庠,字公序,安州安陆人。"[⑥]并以宋祁事迹附于庠传之
后。清毕沅《续资治通鉴》曰:"赐进士安陆宋郊(按:宋庠原名
郊)、长洲叶清臣、吴县郑戬等一百五十四人及第。"[⑦]清历鹗《宋

---

① 脱脱等《宋史》,第 9590 页。
② 陈振孙《直斋书录解题》的《新唐书》《宋景文公笔记》等叙录均称"安陆
　宋祁"。见上海古籍出版社 1987 年版,第 103、309 页。
③ 朱熹《宋名臣言行录·前集》卷六,影印文渊阁《四库全书》本。
④ 杜大珪编《名臣碑传琬琰之集》上卷七,王珪撰《宋元宪公庠忠规德范之
　碑》,影印文渊阁《四库全书》本。
⑤ 黄震《古今纪要》卷十八,影印文渊阁《四库全书》本。
⑥ 柯维骐《宋史新编》卷八十六,明嘉靖刻本。
⑦ 毕沅《续资治通鉴》卷三十六,中华书局 1957 年版,第 821 页。

诗纪事》称宋庠："安州安陆人，徙开封之雍丘。"① 则沿袭了《宋
史》的提法。明清地方志中也有主安陆说者。如《（嘉靖）应山县
志》卷上曰："宋庠，初名郊，安陆人。"② 雍正年间所修《（雍正）湖
广通志》曰："宋祁，应山人。"③ 应山乃安州下属之县。清周玑纂
所修《（乾隆）杞县志》曰："宋庠，字公序。安州安陆人，后徙雍
丘。"④《（道光）安陆县志》卷二十四"选举"之"天圣二年甲子宋
郊榜"录有宋郊、宋祁。此时期亦有主开封雍丘者。如《（万历）开
封府志》卷十八"人物"录有宋庠、宋祁。雍正年间所修《（雍正）
河南通志》："宋庠，杞人。"⑤ 陈衍《宋诗精华录》则曰："宋祁，字
子京，开封雍丘人。"⑥ 这一时期甚至出现一书中前后表述矛盾的。
如《大清一统志》卷八十九称"宋庠，雍丘人"，而卷一百四十三、
一百五十二、二百六十七又称其为"安陆人"。《四库全书总目》之
《国语补音》提要称宋庠"安陆人，徙居雍丘"，而《益部方物略记》
提要则称宋祁"雍丘人"，误把兄弟二人籍贯分属成不同地方。

　　直到近现代，宋祁的籍贯问题仍无定论。唐圭璋《全宋词》宋
祁小传称："祁字子京，安州安陆人，徙开封之雍丘。"⑦ 唐先生的
《两宋词人占籍考》亦将宋祁列入湖北省，并归籍为"安陆"。⑧《全

---

① 历鹗辑撰《宋诗纪事》卷十一，上海古籍出版社 1983 年版，第 254 页。
②《（嘉靖）应山县志》卷上，《天一阁藏明代方志选刊》本。
③《（雍正）湖广通志》卷三十二，影印文渊阁《四库全书》本。
④ 周玑纂修《（乾隆）杞县志》卷十四，乾隆五十三年刊本。
⑤《（雍正）河南通志》卷四十五，影印文渊阁《四库全书》本。
⑥ 陈衍《宋诗精华录》，上海古籍出版社 2008 年版，第 28 页。
⑦ 唐圭璋编《全宋词》第一册，中华书局 1965 年版，第 116 页。
⑧ 唐圭璋《宋词四考》，江苏古籍出版社 1985 年版，第 14 页。

宋文》宋祁小传则称其为："安州安陆人,后徙开封雍丘。"①《全宋诗》宋祁小传称其为："开封雍丘人,后徙安州之安陆。"②

二

欲确定宋祁籍贯,必须先对他的郡望、祖居地、出生地以及成长地有清晰的认识。

宋氏造于微子,郡望为广平(今属河北)。范镇《宋景文公祁神道碑》(以下简称《宋祁碑》)曰："其先周武王封微子于宋,因以为氏。""宋姓之始,肇于微子。"③考《通志·氏族略》:"宋氏,子姓,商之裔也。武王克商,封纣子武庚以绍商,武庚与管蔡作乱,成王诛之,立纣庶兄微子启为宋公。"④宋氏乃商之后裔,因微子封地名宋,而因以为姓。《宋祁碑》曰："望于广平。"《荆南府君行状》(以下简称《行状》)亦曰:"宋氏本广平望族,代有冠冕。"⑤考《通典》,西汉初置广平国,东汉光武帝并广平入巨鹿郡,魏复广平郡,晋因之,隋、唐废置。⑥考《宋史》,不置广平,其地属河北东路大名府。⑦广平乃古地名,为宋祁之郡望。

宋祁祖先自高祖绅徙居开封雍丘,其后曾祖骈、祖耀、父玘一直居于雍丘,故雍丘为宋祁的祖居地。《行状》有云:"府君(按:高

---

① 曾枣庄、刘琳主编《全宋文》第二三册,上海辞书出版社、安徽教育出版社 2006 年版,第 86 页。
② 傅璇琮等主编《全宋诗》第四册,北京大学出版社 1991 年版,第 2330 页。
③ 杜大珪编《名臣碑传琬琰之集》上卷七,范镇撰《宋景文公祁神道碑》。
④ 郑樵《通志》卷二十六,中华书局 1987 年版,第 450 页。
⑤ 宋祁《景文集》卷六十二,《湖北先正遗书》本。
⑥ 杜佑《通典》卷一百七十八,中华书局 1988 年版,第 4697—4698 页。
⑦ 脱脱等《宋史》,第 2121—2122 页。

祖绅）事唐昭宗,位至御史中丞,坐法贬州司马。子孙蕃衍,为东畿著姓。"《宋祁碑》言:"至公之高祖,唐昭宗时为御史中丞,以言得罪,遂家于开封之雍丘,生四子,以伯仲叔季列东南西北四院,公之系实出西院。"由此观之,宋祁的祖先自高祖宋绅始徙居开封雍丘,曾祖宋骈分居于西院。《行状》言及祖宋耀时曰:"宋受禅,铨符追集,调蔡州团练判官,谢病不行。俄而易箦,年四十八。"北宋建立于建隆元年（960）正月,宋耀卒于是年,逆推之,耀当生于后梁乾化三年（913）。又由《行状》"乾封府君（按:曾祖骈）事后唐,历晋、汉,多为剧邑"及《宋庠碑》"曾祖骈,为汉兖州乾封县令",知曾祖骈出仕始于后唐,时祖耀已出生多年,则耀生于在雍丘之西院,亦成长于此。由《行状》"霍丘府君（按:祖耀）弱冠秀发,通王霸之术。是时诸侯据藩岳,招豪英,因感艰运,濡足当世,由是连应沧、魏、兖、冀之辟。周世宗用兵淮上,铺敦深入。府君自田里献书行在,陈灭吴之策。世宗奇其材,拜真令。随王师东下而安辑之,淮人忘亡"和《宋庠碑》"祖耀,后周寿州霍丘县令",知宋耀在出仕之前居雍丘。这一点从宋耀卒后,其夫人贾氏回到开封雍丘亦可得到证明。据《行状》:"（先府君）年四十,亲友劝以仕,始游京师。太宗端拱二年,明经及第。"逆推知,父玘最迟生于后汉乾祐二年（949）。祖耀卒时,玘年十二,与《行状》所言"先府君蚤孤"合。玘在父卒后,依母贾氏居雍丘,以孝闻于乡里,与里人邢敦交游。《行状》:"先府君蚤孤,事母贾夫人至谨。……以孝闻邑中。里人邢敦盘桓遁世,罕通谢问,独以府君为益者之友。"检《宋史·隐逸传》曰:"邢敦,字君雅,不知何许人。家于雍丘,与宋准、赵昌言交游甚厚。……慨然有隐遁意。……乾兴元年,无疾而卒,年七十四。"①邢敦乃雍丘之隐士，与玘交游，则玘出仕前生活在雍丘。综上可知，宋祁高祖、曾祖、祖、父四世皆居于开封雍丘，则宋祁祖籍为开封雍丘无疑，但是到了宋祁，其出生地和居住地都发生了变化。

宋祁出生于江州（今江西九江），重要成长地为安州（今湖北安陆）。据《行状》，父玘端拱二年（989）明经及第，释褐为宁州襄乐主簿，代还调江州司理参军，居官八年，弗得代，后为常州掾。考《宋史·职官志》，知初任官一般为三年②，则宋玘可能在淳化三年（992）调江州司理参军，至咸平三年（1000）方调常州掾。宋祁《庞秘校掾九江兼归汝南迎侍》诗尾自注云："先君昔掾九江，予与伯氏皆生于廨舍，旧老今犹识之。"③九江为江州旧称，则宋祁生于江州无疑。此后，宋祁可能随父宦而徙居常州、光州、安州、江陵。《行状》在"居官八年，弗得代"之后曰："复掾常州，三考皆最。掌狱凡十年……九江、毗陵二郡父老至今能言之。俄为光州录事参军、安州应山令、江陵府从事。……居六官，更三十载，结考十七。……天禧元年，调都下，疾终于僦庑。"宋制，通常一任三考，宋玘为常州掾，历三考，即而"俄"为光州录事参军。可见，宋玘在常州约三年，又"掌狱凡十年"，则江州、常州之任合计约十年，知宋玘咸平五年（1002）调任光州。若仍按三年一任，则宋玘调安州应山令最早在景德二年（1005）。光州任上也可能长于三年，但观《行状》行文语气，光州之任最长不超过八年，则宋玘调应山令最迟在大中祥符三年（1010）。宋祁随父宦而迁徙，最早在景德二年，最

① 脱脱等《宋史》，第 13411—13412 页。
② 脱脱等《宋史》，第 3858 页。
③ 宋祁《景文集》卷二十。

迟大中祥符三年开始侨居安州。考《元丰九域志》卷六，安州，治
所在安陆县，下辖安陆、景陵、应城、孝感、应山五县。《（嘉靖）应山
县志》卷上"古迹"条载："二宋少随父宦寓法兴寺读书。有胡僧相
曰……后十年，僧惊问大宋曰……天圣三年（按：原误，应为二年）
同举进士。"①《（乾隆）杞县志》对此事亦有记载，胡僧两遇"二宋"，
相隔十年，而后"二宋"及第，则"二宋"最迟于天圣二年之前十年，
即大中祥符七年（1014）已寓居安陆，与前文所推测的时间相符。
随后宋玘调任江陵府从事，宋祁可能随父侨居江陵，但仍不离今湖
北地域。由《麈史》"宋元宪，继母乃吾里朱氏也，与仲氏景文以未
第，因依外门，就学安陆"②和宋庠《天禧初侨寓安陆有宅一区……
因成感咏》③之诗题知天禧元年（1017）父玘卒后，"二宋"随继母
朱氏回到安州安陆依舅家，直到天圣二年（1024）出仕。"二宋"诗
文亦可证他们曾侨居安陆。宋庠《送外门朱秀才见访都下却归安
陆旧隐》诗末自注曰："余昔侨居安陆，小圃正在翁宅之南。"④宋
祁《谢直馆》："甫冠而孤，未堪多难。"⑤指父卒后侨居安陆时期。
"二宋"在安陆交游令狐揆、夏竦等人，史料亦有明确记载。《麈
史》云："令狐先生子先，安陆名儒也，与二宋同时。尝谒郡守，值
守出方归。三人遂立于戟门后，驺骑传呼而来。"⑥又云："夏英公
谪守安陆，……英公他日见二宋，得其所著，大嗟赏。"⑦《青箱杂

---

① 《（嘉靖）应山县志》卷上。
② 王得臣《麈史》，上海古籍出版社 1986 年版，第 28 页。
③ 宋庠《元宪集》卷二，《湖北先正遗书》本。
④ 宋庠《元宪集》卷三。
⑤ 宋祁《景文集》卷五十六。
⑥ 王得臣《麈史》，第 27 页。
⑦ 王得臣《麈史》，第 29—30 页。

记》云："文庄守安州，宋莒公兄弟尚皆布衣，文庄亦异待，命作《落花》诗。"① 宋祁曾多次侨居安州，尤以父卒至出仕居安陆这段时间为关键时期。综上所述，宋祁入仕前的行实可以概括为：咸平元年（998）生于江州，咸平三年（1000）至咸平五年（1002）随父宦居常州，随后徙居光州，最早在景德二年（1005）最迟大中祥符三年（1010）因父出任应山令而寓居安州应山，其后或居江陵，天禧元年（1017）因父卒而随继母朱氏依外家，侨居安州安陆，直到天圣二年（1024）进士及第方离开。

三

　　以上明确了宋祁祖籍开封雍丘，出生于江州，侨居安陆。再看宋祁对自我的籍贯是如何认识的。宋祁《宋府君墓志铭》："余四世祖在晚唐时，以御史中丞失官，始籍雍丘。"② 称"始"籍雍丘是对自身籍贯雍丘的认同。前文所引宋庠诗《天禧初侨寓安陆有宅一区……天圣庚午冬屏居畿邑……因成感咏》，此诗为天圣八年（1030）丁继母朱氏忧所作，诗题中"畿邑"指雍丘。宋庠丁忧时居雍丘，是对雍丘本贯的认同。诗题又言"侨寓安陆"，可见宋庠并未把自己当安陆人。又宋庠诗《送外门朱秀才见访都下却归安陆旧隐》诗末自注："余昔侨居安陆。"也是言"侨居"。宋祁《过安陆旧居邻里相送》诗题于安陆也只称"旧居"。既然"二宋"自认为是雍丘人，为何会把他们记载成安陆人呢？大致有两方面原因。首先，"二宋"未及第前在安陆侨居了相当长的一段时间，易引起人

---

① 吴处厚《青箱杂记》，中华书局 1985 年版，第 40 页。
② 宋祁《景文集》卷六十。

们的误载。其次，与二人科举考试取解地有关。宋人籍贯与科举考试密切相关，特别是发解制度。"宋代的发解式有国子监试、开封府试、州府军监试及各种别头试。"① 宋祁《宋景文公笔记》卷上曰："余少为学，本无师友。……天圣甲子，从乡贡试礼部。"② 则宋祁在州府参加发解，此类发解式一般要求本贯取解，但亦可寄应。宋太宗至道三年"仍令今年秋赋举人并于本贯州府取解，不得寄应"③ 说明虽然要求本贯取解，但寄应仍存在。考《麈史》"场屋"条曰："宋景文应举安陆。"④ 此书作者王得臣乃宋祁安陆之邻里，其记载较为可信，则宋祁在寄居地安陆取解。宋人因离本贯，而在寄居地取解并不少见。如欧阳修，本吉州永丰人，大中祥符三年，因父卒往随州依叔父欧阳晔，后分别于天圣元年和天圣四年在随州取解。⑤《宋史》："庠，天圣初，举进士，开封、试礼部皆第一。"⑥ 则宋庠本年由开封府取解。开封雍丘乃宋庠祖籍，留有先人住宅及田产，可作为本贯取解地。如前所论，"二宋"父宋玘年四十游京师之前，居于雍丘侍奉其母贾氏，则必留有住宅。宋庠诗《有邑子夜宿话余先畴芜废》有"一身仕东观，三载寄灵台"，则诗作于直史馆三年后的天圣七年。诗中又有"目想社枌老，心知门柳摧"⑦，则诗题中所言"先畴"在雍丘。《麈史》又曰："元宪宋公应举，再上及第，……景文一上及第。"⑧ 则宋庠两次参加取解试，第二次是在开

---

① 傅璇琮等《宋登科记考》，江苏教育出版社 2005 年版，第 18 页。
② 宋祁《宋景文公笔记》卷上，《百川学海》本。
③ 徐松辑《宋会要辑稿》，中华书局 1957 年版，第 4490 页。
④ 王得臣《麈史》，第 31 页。
⑤ 参刘德清《欧阳修纪年录》（上海古籍出版社 2006 年版）相关条目。
⑥ 脱脱等《宋史》，第 9590 页。
⑦ 宋庠《元宪集》卷二。
⑧ 王得臣《麈史》，第 86 页。

封取解。从宋祁安陆取解来看,宋庠首次参加科举考试可能也是在安陆,而第二次应试时为避免与弟同州争抢解额而在开封府取解,这正显示了"宋之友爱,有宋以来不多见也"① 的兄弟情谊。由此看来,"二宋"科举考试取解地的差异是引起其籍贯不同记载的重要原因。

　　从宋代官员差遣考察,可以进一步加深对宋祁籍贯的认识。宋代官员差遣一般要求回避本籍任职。官员出仕时要求填写"脚色",登记户籍、年龄、亲属关系等内容,以作为差遣时回避的依据。太平兴国七年(982)诏:"应文武京朝官,委御史台取乡贯、年甲、出身、历任文状,如赴举时,先于他州寄应者,亦明陈本贯,不得妄缪,足日以大策录进,今后除授者亦续供奉。其西川、广南、荆湖、江南、两浙人勿充本道知州、通判、转运使并临莅公事,已差往者具名以闻。"② 不但乡籍、年龄、出身等要登记,而且及第前若存在寄应还需申明本贯,并规定需回避乡贯、本贯差遣。宋祁之孙宋羲年在徽宗大观年间出知安州应山县,并建四贤堂。③ 应山不在其差遣回避之列,则宋祁子孙并未改籍安州,可见安州不应作为宋祁籍贯。然而,"二宋"对安州还是产生过重大影响。四贤堂的建立,使"二宋"受到安州人的世代瞻仰。"二宋"文集嘉定二年刻本亦是在安州官员王允初、陈苕和陈之强的大力支持下刊刻的④,民国十二年(1923),湖北沔阳卢氏慎始基斋《湖北先正遗书》也将"二宋"文集收录并刊行,他们都为"二宋"文集的保存和传播做出了重大贡献。

---

① 脱脱等《宋史》,第9599页。
② 徐松辑《宋会要辑稿》,第3718页。
③ 《(嘉靖)应山县志》卷下。
④ 《景文集》卷首陈之强序,聚珍本。

结 语

综上所述，宋祁郡望广平，祖籍开封雍丘，出生于江州，曾侨居安陆。称宋祁为开封雍丘人，是以祖籍为标准，这是今天籍贯的通行标准。称宋祁为安州安陆人，则是由他的侨居地和科举考试取解地所导致的错误。宋祁籍贯、出生地、侨居地的变化典型地反映了宋代士大夫迁徙特色。今天，我们介绍宋祁籍贯时应参照古今文献的通例，既要介绍其籍贯，也当交代其出生地或成长地。那么可以这样表述：宋祁，开封雍丘人，生于江州，后徙居安州安陆。

（原载《文艺评论》，2014年第8期，收入本书时略有改动）

主要参考文献

（一）古籍

〔宋〕丁度等编《宋刻集韵》，中华书局 1989 年版。

〔宋〕欧阳修、宋祁《新唐书》，中华书局 1975 年版。

〔元〕脱脱等《宋史》，中华书局 1977 年版。

〔元〕脱脱等《辽史》，中华书局 1974 年版。

〔宋〕曾巩《隆平集》，康熙辛巳七业堂刊本。

〔宋〕曾巩著，王瑞来校证《隆平集校证》，中华书局 2012 年版。

〔宋〕王称《东都事略》，清振鹭堂刊本。

〔清〕陆心源《宋史翼》，中华书局 1991 年版。

〔宋〕李焘《续资治通鉴长编》，中华书局 2004 年版。

〔清〕毕沅《续资治通鉴》，中华书局 1957 年版。

〔宋〕杨仲良《续资治通鉴长编纪事本末》，北京图书馆出版社 2003
　　年版。

〔明〕陈邦瞻《宋史纪事本末》，中华书局 1977 年版。

〔清〕李铭汉《续通鉴纪事本末》，甘肃人民出版社 2005 年版。

〔宋〕吕中《宋大事记讲义》，影印文渊阁《四库全书》本。

〔清〕赵翼著，王树民校证《廿二史札记校证》，中华书局 1984 年版。

〔清〕王鸣盛《十七史商榷》，上海书店出版社 2005 年版。

〔宋〕杜大珪编《名臣碑传琬琰之集》，影印文渊阁《四库全书》本。

〔清〕黄宗羲原著，全祖望补修《宋元学案》，中华书局 1986 年版。

〔宋〕郑樵《通志》，中华书局 1987 年版。

〔元〕马端临《文献通考》，中华书局 1986 年版。

〔宋〕徐自明著，王瑞来校补《宋宰辅编年录校补》，中华书局 1986 年版。

〔清〕徐松辑《宋会要辑稿》，中华书局 1957 年版。

〔清〕吴廷燮《北宋经抚年表》，中华书局 1984 年版。

〔北魏〕郦道元著，陈桥驿校证《水经注校证》，中华书局 2007 年版。

〔宋〕宋祁《益部方物略记》，影印文渊阁《四库全书》本。

〔宋〕乐史《太平寰宇记》，中华书局 2007 年版。

〔宋〕王存《元丰九域志》，中华书局 1984 年版。

〔宋〕祝穆《方舆胜览》，中华书局 2003 年版。

〔明〕曹学佺《蜀中广记》，影印文渊阁《四库全书》本。

《（乾道）临安志》，光绪四年刊本。

《（咸淳）毗陵志》，《宋元方志丛刊》本。

《（洪武）无锡县志》，影印文渊阁《四库全书》本。

《（嘉靖）应山县志》，《天一阁藏明代方志选刊》本。

《（嘉靖）沔阳志》，《天一阁藏明代方志选刊》本。

《（乾隆）杞县志》，乾隆五十三年刊本。

〔宋〕晁公武撰，孙猛校证《郡斋读书志校证》，上海古籍出版社 1990 年版。

〔宋〕陈振孙《直斋书录解题》，上海古籍出版社 1987 年版。

〔清〕纪昀等《钦定四库全书总目》，中华书局 1997 年版。

〔五代〕王仁裕《开元天宝遗事》，中华书局 2006 年版。

〔宋〕宋祁《宋景文公笔记》，《百川学海》本。

〔宋〕宋祁《宋景文杂说》,《学海类编》本。

〔宋〕范镇《东斋记事》,中华书局 1980 年版。

〔宋〕宋敏求《春明退朝录》,中华书局 1980 年版。

〔宋〕欧阳修《归田录》,中华书局 1981 年版。

〔宋〕王得臣《麈史》,上海古籍出版社 1986 年版。

〔宋〕司马光《涑水记闻》,中华书局 1989 年版。

〔宋〕苏辙《龙川别志》,中华书局 1982 年版。

〔宋〕释文莹《玉壶清话》,中华书局 1984 年版。

〔宋〕释文莹《湘山野录》,中华书局 1984 年版。

〔宋〕龚鼎臣《东原录》,影印文渊阁《四库全书》本。

〔宋〕吴处厚《青箱杂记》,中华书局 1985 年版。

〔宋〕魏泰《东轩笔录》,中华书局 1983 年版。

〔宋〕胡仔《苕溪渔隐丛话》,人民文学出版社 1962 年版。

〔宋〕孔平仲《孔氏谈苑》,《宋元笔记小说大观》本,上海古籍出版
社 2001 年版。

〔宋〕何薳《春渚纪闻》,中华书局 1983 年版。

〔宋〕邵伯温《邵氏闻见录》,中华书局 1983 年版。

〔宋〕邵博《邵氏闻见后录》,中华书局 1983 年版。

〔宋〕赵令畤《侯鲭录》,中华书局 2002 版。

〔宋〕张邦基《墨庄漫录》,中华书局 2002 年版。

〔宋〕朱弁《曲洧旧闻》,中华书局 2002 年版。

〔宋〕吴曾《能改斋漫录》,上海古籍出版社 1979 年版。

〔宋〕洪迈《容斋随笔》,中华书局 2005 年版。

〔宋〕周辉撰,刘永翔校注《清波杂志校注》,中华书局 1994 年版。

〔宋〕江少虞《宋朝事实类苑》,上海古籍出版社 1981 年版。

〔宋〕王明清《挥麈录》,中华书局 1961 年版。

〔宋〕祝穆等《古今事文类聚》,影印文渊阁《四库全书》本。

〔宋〕陆游《老学庵笔记》,中华书局 1979 年版。

〔宋〕周密《齐东野语》,中华书局 1983 年版。

〔宋〕陈鹄《西塘集耆旧续闻》,中华书局 2002 年版。

〔清〕丁传靖辑《宋人轶事汇编》,中华书局 1981 年版。

〔宋〕释道原《景德传灯录》,《四部丛刊》本。

〔宋〕普济《五灯会元》,中华书局 1984 年版。

〔宋〕赞宁《宋高僧传》,中华书局 1987 年版。

〔宋〕杨亿《武夷新集》,影印文渊阁《四库全书》本。

〔宋〕杨亿编,王仲荦注《西昆酬唱集注》,中华书局 1980 年版。

〔宋〕张咏《张乖崖集》,中华书局 2000 年版。

〔宋〕夏竦《文庄集》,影印文渊阁《四库全书》本。

〔宋〕尹洙《河南先生文集》,《四部丛刊》本。

〔宋〕石介《徂徕石先生文集》,中华书局 1984 年版。

〔宋〕祖无择《龙学文集》,影印文渊阁《四库全书》本。

〔宋〕宋庠《元宪集》,影印文渊阁《四库全书》本、《湖北先正遗书》本。

〔宋〕宋祁《景文集》,聚珍本、影印文渊阁《四库全书》本、《佚存丛书》本、《湖北先正遗书》本。

〔宋〕宋祁《西州猥稿》,《两宋名贤小集》本。

〔清〕孙星华辑《景文集拾遗》,《湖北先正遗书》本。

〔宋〕范仲淹《范仲淹全集》,四川大学出版社 2002 年版。

〔宋〕梅尧臣著,朱东润校注《梅尧臣集编年校注》,上海古籍出版社 1980 年版。

〔宋〕欧阳修《欧阳修全集》,中华书局 2001 年版。

〔宋〕欧阳修著,洪本健校笺《欧阳修诗文集校笺》,上海古籍出版社 2009 年版。

〔宋〕欧阳修著，周必大编《欧阳文忠公集》，《四部丛刊》本。

〔宋〕余靖《武溪集》，影印文渊阁《四库全书》本。

〔宋〕蔡襄《端明集》，影印文渊阁《四库全书》本。

〔宋〕苏舜钦《苏舜钦集》，上海古籍出版社1981年版。

〔宋〕赵抃《赵清献公集》，康熙中南阳赵用栋刊本。

〔宋〕韩琦《安阳集》，影印文渊阁《四库全书》本。

〔宋〕张方平《乐全集》，影印文渊阁《四库全书》本。

〔宋〕王珪《华阳集》，影印文渊阁《四库全书》本。

〔宋〕胡宿《文恭集》，影印文渊阁《四库全书》本。

〔宋〕苏轼《苏轼诗集》，中华书局1982年版。

〔宋〕苏轼《苏轼文集》，中华书局1986年版。

〔宋〕曾巩《元丰类稿》，影印文渊阁《四库全书》本。

〔宋〕张耒《柯山集》，影印文渊阁《四库全书》本。

〔宋〕李昭玘《乐静集》，影印文渊阁《四库全书》本。

〔宋〕陈傅良《止斋集》，影印文渊阁《四库全书》本。

〔宋〕楼钥《攻媿集》，影印文渊阁《四库全书》本。

〔宋〕陆游著，钱仲联校注《剑南诗稿校注》，上海古籍出版社1985年版。

〔元〕方回《桐江续集》，影印文渊阁《四库全书》本。

〔宋〕吕祖谦《宋文鉴》，中华书局1992年版。

〔宋〕扈仲荣、程遇孙编《成都文类》，影印文渊阁《四库全书》本。

〔元〕方回《瀛奎律髓汇评》，上海古籍出版社1986年版。

〔明〕杨慎编《全蜀艺文志》，线装书局2003年版。

〔清〕高步瀛《唐宋诗举要》，上海古籍出版社1978年版。

〔清〕高步瀛《唐宋文举要》，上海古籍出版社1982年版。

唐圭璋编《全宋词》，中华书局1965年版。

傅璇琮等主编《全宋诗》，北京大学出版社1991年版。

曾枣庄、刘琳主编《全宋文》，上海辞书出版社、安徽教育出版社
　　2006年版。

〔宋〕蔡绦《明抄本西清诗话》，张伯伟编校《稀见本宋人诗话四种》
　　本，江苏古籍出版社2002年版。

〔宋〕周紫芝《竹坡诗话》，影印文渊阁《四库全书》本。

〔宋〕阮阅编《诗话总龟》，人民文学出版社1987年版。

〔宋〕魏庆之《诗人玉屑》，中华书局2007年版。

〔清〕何文焕辑《历代诗话》，中华书局1981年版。

丁福保辑《历代诗话续编》，中华书局1983年版。

〔清〕王夫之等撰《清诗话》，上海古籍出版社1978年版。

郭绍虞编《清诗话续编》，上海古籍出版社1983年版。

郭绍虞辑《宋诗话辑佚》，上海古籍出版社1980年版。

吴文治主编《宋诗话全编》，江苏古籍出版社1998年版。

〔清〕王士禛《带经堂诗话》，人民文学出版社1963年版。

〔清〕厉鹗辑撰《宋诗纪事》，上海古籍出版社1983年。

〔清〕沈辰垣等编《历代诗余》，上海书店1985年版。

〔清〕翁方纲《石洲诗话》，人民文学出版社1981年版。

（二）近现代著作

谭其骧主编《中国历史地图集》，中国地图出版社1982年版。

傅增湘《藏园群书经眼录》，中华书局1983年版。

燕京大学引得编纂处编《四十七种宋代传记综合引得》，中华书局
　　1987年版。

昌彼得等编《宋人传记资料索引》，中国台湾鼎文书局 1990 年版。

龚延明编著《宋代官制辞典》，中华书局 1997 年版。

夏承焘《唐宋词人年谱》，上海古籍出版社 1979 年版。

章培恒《洪昇年谱》，上海古籍出版社 1979 年版。

郑再时《西昆唱和诗人年谱》，《西昆酬唱集笺注》附，齐鲁书社 1986 年版。

严杰《欧阳修年谱》，南京出版社 1993 年版。

洪本健《宋文六大家活动编年》，华东师范大学出版社 1993 年版。

王兆鹏《两宋词人年谱》，台湾文津出版社 1994 年版。

孔凡礼《苏轼年谱》，中华书局 1998 年版。

曾枣庄、舒大刚《北宋文学家年谱》，台湾文津出版社 1999 年版。

吴洪泽、尹波主编《宋人年谱丛刊》，四川大学出版社 2003 年版。

刘德清《欧阳修纪年录》，上海古籍出版社 2006 年版。

程千帆、吴新雷《两宋文学史》，上海古籍出版社 1991 年版。

王水照主编《宋代文学通论》，河南大学出版社 1997 年版。

祝尚书《宋人别集叙录》，中华书局 1999 年版。

周勋初《周勋初文集》，江苏古籍出版社 2000 年版。

郝润华《〈钱注杜诗〉与诗史互证方法（修订本）》，中华书局 2020 年版。

李之亮《宋两浙路郡守年表》，巴蜀书社 2001 年版。

钱钟书《谈艺录》，生活·读书·新知三联书店 2001 年版。

钱钟书《宋诗选注》，生活·读书·新知三联书店 2002 年版。

祝尚书《宋人总集叙录》，中华书局 2004 年版。

张毅《宋代文学思想史（修订本）》，中华书局 2006 年版。

祝尚书《宋代文学探讨集》，大象出版社 2007 年版。

陈衍《宋诗精华录》，上海古籍出版社 2008 年版。

祝尚书《宋代科举与文学》，中华书局 2008 年版。

段莉萍《后期“西昆派”研究》，巴蜀书社 2009 年版。

曾枣庄、吴洪泽《宋代文学编年史》，凤凰出版社 2010 年版。

王瑞来《知人论世：宋代人物考述》，山西教育出版社 2015 年版。

（三）论文

王瑞来《试论宋祁》，《西南师范大学学报》（哲学社会科学版），
　　1988 年第 4 期。

王瑞来《〈宋景文集〉版本源流考》，《古籍整理研究学刊》，1988 年
　　第 4 期。

谢思炜《宋祁与宋代文学发展》，《文学遗产》，1989 年第 1 期。

段莉萍《试论宋祁的文学思想及其影响》，《江汉论坛》，2004 年第
　　2 期。

段莉萍《试论宋祁对“西昆派”文学思想的继承和发展》，《西南民
　　族大学学报》（人文社科版），2004 年第 2 期。

刘培《雍容闲雅的治平心态的流露——论宋庠、宋祁的辞赋创作》，
　　《江西师范大学学报》（哲学社会科学版），2005 年第 1 期。

李一飞《宋集小考三题》，《中国韵文学刊》，2007 年第 1 期。

段莉萍《将飞更作回风舞，已落犹成半面妆——论宋祁的诗歌创
　　作及其影响》，《重庆工商大学学报》（社会科学版），2007 年第
　　5 期。

杨晓霭《北宋真宗仁宗朝的“乐府声诗并著”——以宋祁为个案》，
　　《乐府学》，第五辑，2009 年第 1 期。

张立荣《宋庠、宋祁的七律创作及其诗史意义》,《齐鲁学刊》,2009
　年第 6 期。

何灏《北宋文史学家宋祁安陆交游考》,《中华文化论坛》,2010 年
　第 3 期。

后　记

本书是在我的博士论文基础上修改而成的。时光飞逝,岁月如梭。不知不觉,距离博士毕业已经过去十一年了。2010年我负笈北上,到西北师范大学求学。西北师大文学院是中国古代文学、古典文献学研究重镇,那里学术氛围浓厚,成果丰硕。入学后在恩师郝润华先生的鼓励和支持下将《宋祁年谱》作为自己的博士论文题目,从此与宋祁结缘。2013年6月顺利通过毕业论文答辩,回到贵州师范大学工作。2014年以《宋祁年谱长编》申请了教育部人文社科青年基金项目,尔后顺利通过了结项。十年来,书稿经过了数遍修改,增加了大量材料。尽管在写作中竭尽了全力,然而由于学力不足,识见不广,其间的疏漏和缺陷仍可能存在,敬请读者批评指正。

在这十多年宋祁年谱研究历程中,我深感自己资质驽钝。所取得的一点点成就离不开师友的无私帮助和亲人的大力支持,在此对所有帮助过我的人道一声:谢谢。

首先,要感谢我的恩师郝润华先生。先生为人质朴温和,治学一丝不苟,对学生关怀备至。博士毕业论文从选题、结构框架到行文规范,无不浸透着先生的心血。在我博士毕业后长达十年的时间里,先生始终关心着我的毕业论文修改。不但对论文体例、行文结构多次提出建议,而且对考证过程、字词使用都有细致指导。在书稿即将出版之际，又承蒙先生在日本进行课题调研期间抽出宝贵的时间为本书赐序。

再次，要感谢各位师友。博士论文答辩委员会虞万里先生、宁希元先生、赵逵夫先生、伏俊琏先生、张兵先生等提出了宝贵的意见，对书稿的修改大有裨益。吾师北京大学张剑先生不但为书稿的修改提出了很多中肯的意见，而且始终关心着书稿的进展。在书稿的完成过程中，又得到上海师范大学吴夏平教授、西华大学李朝军教授、闽南师范大学王照年教授、西北师范大学许琰教授的帮助和指点。

最后，要感谢我的家人。在艰辛而漫长的书稿修改过程，他们不断给予我鼓励和支持，并担负起了所有的家务，使我能够有充裕的时间投身科研中。

本书的出版得到贵州师范大学文学院国家级一流专业（汉语言文学）建设点经费资助。研究生张琴、沈晓梦、李海艳、周艳等同学为书稿的文字校对做了大量工作。中华书局责任编辑白爱虎先生以丰厚的学养和严谨的态度，纠正了书中不少文字上的讹误，为本书的出版付出了辛勤的劳动。在此表示诚挚的感谢！

王福元

2024 年 5 月 9 日

贵州师范大学花溪校区